U0717270

繆鉞先生編年事輯

缪元朗 撰

中华书局

图书在版编目(CIP)数据

缪钺先生编年事辑/缪元朗撰. —北京:中华书局,2014.7
ISBN 978-7-101-10217-8

Ⅰ.缪… Ⅱ.缪… Ⅲ.缪钺(1904~1995)-生平事迹
Ⅳ.K825.81

中国版本图书馆 CIP 数据核字(2014)第 126603 号

书　　名	缪钺先生编年事辑
撰　　者	缪元朗
封面题签	来新夏
责任编辑	李天飞
出版发行	中华书局 (北京市丰台区太平桥西里 38 号　100073) http://www.zhbc.com.cn E-mail:zhbc@zhbc.com.cn
印　　刷	北京瑞古冠中印刷厂
版　　次	2014 年 7 月北京第 1 版 2014 年 7 月北京第 1 次印刷
规　　格	开本/850×1168 毫米　1/32 印张 16¼　字数 380 千字
印　　数	1-3000 册
国际书号	ISBN 978-7-101-10217-8
定　　价	48.00 元

青年时期的缪钺先生

中年时期的缪钺先生

晚年时期的缪钺先生

凡　　例

一、本书尽可能详尽准确地收集使用有关缪钺先生生平、思想、著述、社交以及社会活动等方面的资料，记述缪钺先生一生的行迹。各年之间，内容详略有异，均视资料多少而定。

二、本书叙列以年、月、日为序。一年之中，无日可考者系月，无月可考者系年，以“是年”标明于该年之末。凡属某一时期之事迹，则系于此一时期之最后一年之后。

三、凡参考、引用之资料，一律注明出处，并列于书后之“主要参考文献”。1973 年 5 月至 1992 年 5 月，凡根据先生《日常要事随录》者，不注出处。

四、凡引用资料中有无法辨识之字迹，一律用□代替。所引书信中的双行小字，用括号内的小字替代。部分引文的分段提行处以“/”表示。

五、为求行文简洁、格式统一，书中人物姓名后一般不冠尊称或职称，只在第一次出现时写明工作单位，其后若工作单位无变动，则不再注明（先生所在单位行政领导以工作身份出现时，姓名前保留职务）。人物表字只在该人物于正文首次出现时在姓名后加括号注明，以字行者不加标注。

目 录

卷一　1904-1940年

○清光绪三十年甲辰(1904年)

先生名钺字彦威。江苏溧阳人。12月6日(农历十月三十日),出生于直隶迁安(今属河北省)。时先生双亲随外祖父邹梓生(字蘅衫,江苏镇江人,时任迁安县令)居住①。

高祖壬,字汝黙,号质庵,生于清乾隆四十三年(戊戌,1778),邑庠生,屡赴举,不第。卒于清道光元年(辛巳,1821),年四十四。高祖母狄氏,溧阳人,生于清乾隆四十八年(癸卯,1783),卒于清嘉庆二十四年(己卯,1819),年三十七②。

曾祖梓,字可培,号南卿,生于清嘉庆十二年(丁卯,1807),道光五年秀才,道光八年举人,道光年间历任知县于浙中。咸丰年间历任绍兴、宁波、杭州知府,署杭嘉湖道,两署浙江盐运使、按察使。卒于咸丰十年(庚申,1860),谥武烈,年五十四。著有《缪武烈公遗集》六卷,已刊行。曾祖母王氏夫人,溧阳人。生于

①参见先生《自传》,四川大学历史系编《冰茧彩丝集》,成都:成都出版社,1994年9月版,第571页。

②参见《缪氏宗谱》卷九《甓桥支上集》,1918年刻本。

清嘉庆十六年(辛未,1811),卒于光绪十五年(戊子,1889),年七十九①。

祖父巩,字坚士,为武烈公幼子。生于清咸丰元年(辛亥,1851)。“幼不好弄,与兄彝共学,互相切劘,经史百籍,靡不淹贯。弱冠后,有志经世,襟抱宏达,见者目为伟器。中光绪己卯科乡魁(光绪五年),寻议叙员外郎,改知府,又以浙江海运劳保归部,尽先选用,历办直赈及上海洋务差。光绪十三年(丁亥,1887)春,谒选入都,触暑遂卒,年三十七,时论惜之。著《海上卮言》、《菁华山馆诗文集》、《日记》,各若干卷,稿藏于家”②。祖母金氏,浙江嘉善人。生于咸丰七年(丁巳,1857),卒于光绪十五年(乙丑,1889),年三十三③。

父亲颂唐,字饮仙,生于清光绪七年(辛巳,1881),早失怙恃,由六伯祖父彝抚养成人,生长于北方。任北洋军械局秘书多年,家居保定。性温靖恬淡,喜藏书,公务之暇,以读书教子为乐。卒于民国十三年(1924),年四十四。著有《惟是斋文集》、《惟是斋笔记》,藏于家。母邹氏,名守媛,字稚衫,江苏镇江人。生于清光绪九年(癸未,1883),卒于1968年,年八十六④。

是年,张尔田31岁,王国维28岁,陈寅恪15岁。

○清光绪三十一年乙巳(1905年) 先生一岁

随双亲住外祖父迁安寓中。

---

①参见《清史稿》卷三九五《缪梓传》,北京:中华书局,1977年7月版,第11781—11782页;《缪氏宗谱》卷九《甓桥支上集》,1918年刻本。

②《溧阳县续志》卷十一《人物志·文苑》,清光绪乙亥刻本。

③参见《缪氏宗谱》卷九《甓桥支上集》,1918年刻本。

④参见先生《先世》,家藏手稿。

○清光绪三十二年丙午(1906 年)　先生二岁

随双亲住外祖父迁安寓中。

○清光绪三十三年丁未(1907 年)　先生三岁

随双亲住外祖父迁安寓中。

○清光绪三十四年戊申(1908 年)　先生四岁

随双亲住外祖父迁安寓中。

○清宣统元年己酉(1909 年)　先生五岁

随全家迁居直隶省保定(今属河北省)。

○清宣统二年庚戌(1910 年)　先生六岁

随全家居保定。

○清宣统三年辛亥(1911 年)　先生七岁

随全家居保定。

读《论语》、《孟子》,由先生外祖父口授。是岁,先生外祖父病卒。"(蘅衫公)晚岁致仕,居保定。钺七八岁时①,读《论语》、《孟子》,即公所口授。宣统三年卒,年八十"②。

10 月 10 日,武昌起义爆发。

○中华民国元年壬子(1912 年)　先生八岁

随全家居保定。

---

①盖为按旧法计算,以出生年为一岁。

②先生《〈玉虹鉴真帖〉残本跋》,《冰茧庵序跋辑存》,成都:巴蜀书社,1989 年 9 月版,第 85 页。

1月1日,中华民国临时政府在南京成立。

2月12日,清帝退位。

○中华民国二年癸丑(1913年)　先生九岁

就读于保定直隶省立第二师范附属小学①。

○中华民国三年甲寅(1914年)　先生十岁

就读于保定直隶省立第二师范附属小学。

○中华民国四年乙卯(1915年)　先生十一岁

就读于保定直隶省立第二师范附属小学。

○中华民国五年丙辰(1916年)　先生十二岁

就读于保定直隶省立第二师范附属小学。

○中华民国六年丁巳(1917年)　先生十三岁

就读于保定直隶省立第二师范附属小学。

①先生《华西大学教职员登记表》,1952年8月填写,四川大学档案馆馆藏人事档案。后四年同。时直隶省立第二师范附属小学俗称莲池小学,校址接邻莲池公园,公园旧为莲池书院所在地,抗战前更名为"保定师范附属第二小学"。先生1987年4月作《寄怀姜长英学兄》诗,有"七十年前同读地,荷香藤影忆平湖"之句,自注云:"……余十二三岁时,与长英学兄同在保定读小学,校舍接邻莲池公园,有春藤夏荷之胜。"(《缪钺全集》第8卷《冰茧庵诗词稿》,石家庄:河北教育出版社,2004年7月版,第81页)

○中华民国七年戊午(1918年)　先生十四岁

8月,考入直隶省立第六中学①。

编年诗

《蟋蟀》

○中华民国八年己未(1919年)　先生十五岁

就读于直隶省立第六中学。

○中华民国九年庚申(1920年)　先生十六岁

就读于直隶省立第六中学。

编年诗

《乞宋子痴先生画山水》

○中华民国十年辛酉(1921年)　先生十七岁

就读于直隶省立第六中学。

编年诗

《人日寄怀李子撝许君远》

---

①先生《高等学校教师登记表》,1953年4月填写,四川大学档案馆馆藏人事档案。后三年同。时直隶省立第六中学校址在保定西南郊,为灵隐寺旧址。

○中华民国十一年壬戌(1922年)　先生十八岁

6月,从直隶省立第六中学毕业①。在中学四年中,先生先后受业于高兰坡(庆题)②、马献图③、王心研(念典)④等三位国文教师,获益甚多⑤。

由于少承庭训,加以师长教诲,先生于中学毕业前已“受过文史之学的基本训练,学习了文字、声韵、训诂以及目录等诸种学科的常识,略通治学门径(譬如参阅《书目答问》、《四库总目提要》、段氏《说文解字注》、王氏《经义述闻》、章氏《文史通义》等);读过一定数量的经、史、子、集类的重要书籍(少量是精读,大多数是选读或翻检),也看过一些小说戏曲”。先秦书中“最喜读《诗经》、《左传》、《庄子》、《楚辞》。同时,又练习写作古文、诗、词等”⑥。并与中学同学共结吟社,先生1928年所作《与张益孺共饮》诗自注云:“君昔年与余共负笈中学时,共结吟社,君有‘长空万里送秋雁,流水一溪冷钓船’句,余最爱诵之。”⑦还是校刊的主要撰稿人。“最初写稿应该远溯到中学读书时间,校中发行校刊,由地理教员夏云僧先生主其事。我们那一班很有几个国学成绩卓越的人,如前年在北平病逝的李子撝兄,和现在成都齐鲁大学任课的缪彦威兄⑧,都是家学渊源,一校之俊(他两人后来都是北大同学)。/彦威兄作诗填词,子撝兄担任翻译。两

---

①先生《高等学校教师登记表》,1953年4月填写,四川大学档案馆馆藏人事档案。

②束鹿人。

③肃宁人。

④宁河人,系桐城吴挚甫(汝纶)的再传弟子。

⑤参见先生《追忆三位中学老师》,《中学生文史》1985年第7期。

⑥先生《自传》,《冰茧彩丝集》,第572页。

⑦《缪钺全集》第8卷《冰茧庵诗词稿》,第112页。

⑧该文写于1947年5月31日,其时,先生任教于成都华西协合大学,而非齐鲁大学。

人作品名重一时，我的国学基础不及他们，但因为缺人，他们拉我合作。我试写小说。……”①

8月，就读于河北大学预科②。

编年诗

《京都旅舍中作》

○中华民国十二年癸亥(1923年)　先生十九岁

8月4日，《北京大学日刊》第1282号刊登《北京大学布告》，谓“本校此次复试新生试卷业经评定完竣，兹将取定各生姓名揭布于左”。先生名列其间③。是月，先生就读于北京大学文预科④。

○中华民国十三年甲子(1924年)　先生二十岁

6月，因父亲病重，先生从北京回到保定⑤。

8月，经马殿元介绍，任保定私立培德中学国文教员⑥，兼保

---

①许君远《写作二十年》，《读书与怀人》，北京：中国长安出版社，2010年7月版，第190页。

②校址在保定。

③参见王学珍等主编《北京大学史料》第2卷上册，北京：北京大学出版社，2000年12月版，第553页。

④先生《高等学校教师登记表》，1953年4月填写，四川大学档案馆馆藏人事档案。其时学制为六年，前两年为预科，成绩合格者，后四年进入本科。

⑤先生《高等学校教师登记表》，1953年4月填写，四川大学档案馆馆藏人事档案。

⑥校址在北关(即北门城关)外。校长段云峰，字巍霄，河北蠡县人。

定私立志存中学国文教员①。先生教书所获薪金成为全家的生活来源,供养父母、两弟、两妹。

夏秋之际,先生父亲逝世,安葬于保定城郊江苏义茔②。其地属保定江苏会馆所有。其后先生正式从北京大学辍学③。

在培德中学,先生先后讲授"国文"、"国学概论"及"中国文学史"三门课程。"1924 年我小学毕业,考入培德中学。在培德中学,我非常幸运,遇到国文老师缪先生。……1924 年,先生 20 岁时,……在培德中学任教,以赡养家人。缪先生在培德中学四年,先后开国文、国学概论及中国文学史三门课程,材料充实,分析明确,口齿清俐,语言生动简洁,深受同学欢迎。又指导同学课外读书,根据梁任公所开书目,凡先秦经子,《说文解字》,四史、《通鉴》,《昭明文选》和诗词选集等等,无不研习"④。所教学生中有胡厚宣⑤、任绩⑥、王崇武⑦等。

○中华民国十四年乙丑(1925 年)　先生二十一岁

任保定私立培德中学国文教员,兼保定私立志存中学国文教员。

---

①校址在城西南角,校长张敏斋,河北深县人。七七事变后,辗转入川,曾居江安。先生《高等学校教师登记表》,1953 年 4 月填写,四川大学档案馆馆藏人事档案。后五年同。

②1927 年,先生作《夏历七月十三日谒先君墓于江苏义茔》诗,见《缪钺全集》第 8 卷《冰茧庵诗词稿》,第 4 页。

③参见先生《自传》,《冰茧彩丝集》,第 571 页。

④胡厚宣《人生漫漫为"甲骨"》,许明主编《我与中国 20 世纪》,开封:河南人民出版社,1994 年 9 月版,第 283-284 页。

⑤幼名福林,河北望都人,第一班学生,后专治甲骨文和殷商史。

⑥字熙亭,河北文安人,第二班学生,后专治地质。

⑦字之屏,河北雄县人,第四班学生,后专治明史。

秋,与贾湘蘋女士结婚①。

○中华民国十五年丙寅(1926年) 先生二十二岁

任保定私立培德中学国文教员,兼保定私立志存中学国文教员。

7月1日,长子缪慈明生。

同月,《学衡》第59期节录发表先生致《学衡》编者函:

> 神州厄运,百事殂落。文化沈黯,尤为大忧。即以文学论,晳人之长,清澄细腻,毫分厘析,抉择入微,婉达衷情,曲肖物状,如水银泻地,无孔不入,如游丝袅空,缠绵无绝。而评衡之作,尤多善言。此固学人所同感。吾宗邦近虽不竞,然以数千年之蕴积,其璀璨之光,要自有不能掩没者。譬如梨柚异味,而同悦于口;施嫱殊色,而同美于魂。不可以国势强弱横生轩轾也。故居今之世,尊人尊己,举无一当。惟有镜照衡权,撷长弃短,镕冶为崭然之真新文学,兼蓄新质,而能存故美,庶几得之。自三五巨子,以肤受末学,投国人嗜奇趋易之心,登高一呼,得名而去,使后生嚣嚣然狂走不已,其弊既为识者所洞鉴矣。而鸿生硕彦,湛溺旧闻,墨守故矩,傲然自尊,于西人之作,一切闭拒,以为绝不可相谋,斯亦未为得也。荀卿有言:"万物异则莫不相为蔽。"今哗众取宠之士,既蔽于今,蔽于浅矣,而老师宿儒,抱残守缺,又不免蔽于古,蔽于博。闳达不出,孰通其邮,此千钧之责,惟冀诸君子负之。而华夏文运,亦将于斯卜盛衰焉。然则钺之所以景慕高明者,又岂独声应气求之感而已哉。

---

①河北保定人,生于1906年4月10日(清光绪三十二年丙午三月十七日)。

编年诗

《七夕雨夜》《观菊》《寄怀李子撝北京》

○中华民国十六年丁卯(1927年)　先生二十三岁

任保定私立培德中学国文教员,兼保定私立志存中学国文教员。

2月26日,《甲寅周刊》第1卷第44号"通讯"发表2月21日先生致章士钊(行严)函及章士钊回覆:

……前岁曾有芜笺,辱蒙省览,浮辞鄙意,无当伟怀。嗣因丛感百端,复欲有所陈述,疏懒因循,操翰旋止。适会停刊,遂致中辍。今《甲寅》继起,蚀日重明,凡属同心,忭慰无量。读三十六期,知先生方于撰述馀暇,研讨《论衡》。王充绝学,久湮尘土。近人习于浅尝肤受之风,虽震其说之惊创,稍稍称道之,然终无大裨。先生以精邃之思,治深美之籍,阐发微义,昭宣士林,庶几仲任之子云乎?乃观近数期,先生与人往复,似殊注意于校勘考订。钺窃以为治学者,宜以闳识孤怀,旁搜远绍,校同异,辨根枝,执其纲纪,则以简御繁;泛其波流,则由博返约。呼吸千载,卓然撢古人之用心。而居今之世,文轨沟通,尤宜取吾先哲遗宝,散漫者条理之,幽隐者阐扬之,发潜德之耀,增邦国之荣。若夫校订训诂,乃学术之蘧庐,可一宿而不可久留,纵研之至深,不为造极。譬如自沪赴都,秣陵、历下,为所必经。然若终身徘徊于秦淮河边、大明湖畔,访六朝之遗迹,挹山水之灵光,即使选胜搜奇,纤细不漏,亦只可为抵宁抵济而已,岂可谓已抵都乎?恒持此义,讥评清儒,以为唯休宁戴君,濯汉暴阳,邈不可及;会稽章氏,亦嘉禾秀出,颖竖群伦。馀则虽如高邮王氏父子，吾未敢许其为成学。钺甚愿先生为戴、章，不欲先生为王氏。甚愿先生能取《论衡》，剥肤存液，本逻辑妙术，加以推阐，选为一书，使仲任之学，大明于世，承学之士，均受沾溉，不欲先生仅为一《论衡集解》，高者视孙仲容《墨子间诂》，下者仿佛王益吾庄、荀《集解》而已也①。又《甲寅》"通讯"一栏，博致众义，随事发摅，通人己之情，广应求之效。至善！至善！而钺又希先生特辟一栏，使天下学子，皆得条举疑难，广徵解析；鸿生硕彦，亦可藉资研讨，发布心得。本以文会友之意，免独学寡闻之苦，施者受者，两有所裨。据地无多，为益甚宏。去岁友人李君杏南，曾建此议，嗜学之士，必多同心。先生肯惠而许之乎？……缪钺　保定西河沿（一九二七年）二月二十一日

彦威所规一义，所提一事，均极善。夫校刊者为学之初步也，止于初步，故不得谓学，然初步不为，学亦难日起有功。此象形文字之国治古学者之特征，非他土所能比也。至彦威所持闳识以下各义，字字精当。钊虽不敏，敢不拜嘉。辟栏举疑，正合钊意。但有此类函件，当即开始，彦威、杏南诸君，试倡为之。栏名是否即用"质疑"二字，希酌。士钊

2月，五弟缪锺赴京。锺，字君山。时年18岁。此次赴京，盖欲谋职养母②。

3月13日，金毓黻日记记："阅《甲寅》周刊，缪钺致章行严书云：'治学者宜以闳识孤怀，旁搜远绍，校同异，辨根枝，执其纲纪，则以简御繁，泛其波流，则由博转约，呼吸千载，卓然撢古人

①指王氏所著《庄子集解》、《荀子集解》。

②缪锺《赴都述怀》："负米嗟何补，空生十八秋。衰亲升斗累，孤客稻粱谋。"《缪钺全集》第8卷《冰茧庵诗词稿》附录二《君山遗稿》，第112页。

之用心。而居今之世，文轨沟通，尤宜取吾先哲遗宝，散漫者条理之，幽隐者阐扬之，发潜德之耀，增邦国之荣。若夫校订训诂，乃学术之蘧庐，可一宿而不可久留，纵研之至深，不为造极①。……恒持此义讥评清儒，以为唯休宁戴氏，濯汉暴阳，邈不可及；会稽章氏，亦嘉禾秀出，颖竖群伦；馀则虽如高邮王氏父子，吾未敢许其为成学。'以上所论，精当之至，足为治许、郑学者下一针砭，训诂之业，为治学门径，谓古人之文字难解，不通其邮，则无以知其命意之所在，始从事及此，为之不懈；若既通其邮，而犹徘徊于声音文字之间，是以升堂为极致，而入室为不足尚也，岂理也哉？衡其大小轻重，自以缪氏之论为当。"②

6月2日，王国维自沉于颐和园排云殿西鱼藻轩前昆明湖中。年51岁。

8月10日，先生谒先父墓于江苏义茔③。

9月23日，吴宓（雨僧）将其《吴宓诗集》副本寄先生④。此前，先生经友人李濂镗（杏南）向吴宓转达了倾慕之意，并示以诗文⑤。

10月，先生写就《读〈吴宓诗集〉题辞》，并寄吴宓。吴宓1927年10月7日日记："谒黄节先生于高井胡同宅。黄先生谈次。谓（一）六朝人诗，似若一体，然实各有面目。宜深研以得其真，而当从陶渊明入手（按

①此处之省略号由笔者根据先生原文添加。

②金毓黻《静晤室日记》（第3册），沈阳：辽沈书社，1993年10月版，第1841页。

③先生是年作《夏历七月十三日谒先君墓于江苏义茔》诗，见《缪钺全集》第8卷《冰茧庵诗词稿》，第4页。

④参见吴宓《吴宓日记》第3册，北京：三联书店，1998年3月版，第413页。

⑤参见先生《回忆吴宓先生》，黄世坦编《回忆吴宓先生》，西安：陕西人民出版社，1990年7月版，第2页。

缪钺君保定。顷细读宓诗稿，为序以评之，所论亦同。其谓宓诗欠精练，亦中宓之病根）。"①"缪彦威（钺）先生评他②的诗，大加赞扬，但又说'若求白璧微瑕，惟在未臻精练'。这是公允的批评。"③

冬，五弟缪锺因患肺结核病逝，先生从学校赶回家中，已成永诀。先生为作《自校归家君山弟已卒口占一绝》诗。出殡后，先生又作《送君山弟葬》诗。

是年，先生写录诗稿二十馀首，请人介绍，就正于任丘籍忠寅（亮侪），籍忠寅覆书嘉勉④。

编年诗

《夏历正月送五弟君山北上四首》《寄周式南》《李杏南以近作修辞学见赠赋此报之》《呈张效直先生》《夏历七月十三日谒先君墓于江苏义茔》《与梁鹤铨论诗》《嘉桔》《月下有作示梁鹤铨》《奉呈沈雨人丈》《夏历九月初七张效直先生招饮寓庐谨呈一律》《雨后西郊访李杏南》《寄怀吴雨僧北京》《读李杏南近作》《寒夜感怀》《自校归家君山弟已卒口占一绝》《送君山弟葬》《偕梁鹤铨在李杏南斋中话旧并观其秋林课诗图》

○中华民国十七年戊辰（1928年） 先生二十四岁

任保定私立培德中学国文教员，兼保定私立志存中学国文教员。

6月，为《保定培德中学校同学录》作《送第一班同学卒业序》。河北教育出版社版《缪钺全集》失收，抄录如下：

---

①吴宓《吴宓日记》第3册，第416-417页。

②指吴宓。

③萧公权《问学谏往录》，上海：学林出版社，1997年12月版，第163页。

④参见先生《纪念籍忠寅先生》，《文献》1986年第3期。

今诸生将以卒业而进于大庠，异日出而涉世，为途百殊，吾将召生二言，可以随时宗之，终生行之者，曰“利群”而已。利群之道众矣，农之耕稼，工之制造，商之通有无，此利群者也。惠洽乎乡，泽被乎国，拨乱反治，拒敌固圉，此亦利群者也。验物穷微，制造新器，谓之学人；抒情明理，濬发心灵，谓之文人；言植一家，独擅真秘，谓之哲人；知周万物，道贯人天，谓之圣人。此四人者，其视恒民，峣然若嵩华之出培塿也，照乎若日月之耀星辰也。其利之所被，岂独一国哉，将横及乎天下也；岂独一时哉，将纵贯乎百代也。有之，则世由野僿而日进于辉光；无之，则斯民至今犹将榛狉如禽鹿。……然则生将何道之由以利群乎？圣人尚矣。所谓哲人、文人、学人者，苟即性所近而殚心焉，将随其才之高下，功之深浅，各有所就，以昭世牖民，沾溉无既。若徒颛颛姝姝执一业以生利，如农工商贾，犹其小焉者也。虽然，其贤于饱食无为、徒耗粟帛者远矣，其贤于蚀民自肥、龁龁良善、横暴乡闾者抑又远矣。生其为此而慎无为彼哉。余授生学，于今四年，生之视吾，殷殷然若盲瞽索途而恃其相；吾之视生，悯悯然如莳花树木而冀其长。情由然以亲学，焕焉而彰今，一旦散去，余与生岂能无恋恋乎？然生苟能利群，虽离吾，心乐也；生苟不能利群，虽合吾，心忧也。离合不足为忧欢，生其勉利其群焉，可也。十七年六月溧阳缪钺。

9月，北伐军到达华北，先生经焦烧原介绍在新成立的保定市党部登记加入国民党，次年即脱离关系，其间未参加任何活动和担任过任何职务①。

①先生《高等学校教师登记表》，1953年4月填写，四川大学档案馆馆藏人事档。

秋,先生任保定私立培德中学教务主任,并进入校董事会①。

是年,先生从张效直处获沈汉青题名的《冰茧庵读〈汉书〉图》②。

发表文章

《送第一班同学卒业序》(《保定培德中学校同学录》,1928年6月)

编年诗

《寄梁鹤铨济南二首》《梁鹤铨寄函相勖赋此代柬》《与张益孺共饮》《八月十六日得鹤铨书赋长句报之》《登土台怀梁鹤铨》《寄梁鹤铨沪上》《从张效直先生处取沈汉青先生赐题冰茧庵读汉书图赋此志谢兼呈效直先生》

〇中华民国十八年己巳(1929年) 先生二十五岁

任保定私立培德中学国文教员,兼保定私立志存中学国文教员。

5月,先生第一篇论文《诠诗》在《学衡》第69期发表。

夏,先生赴北平,与吴宓初次相见,并在其"藤影荷声馆"小

---

①白永文《忆保定私立培德中学》,保定市政协文史资料研究委员会编《保定文史资料选辑》第9辑,1992年8月。

②"冰茧庵"乃先生之斋名,"冰茧"二字出于王嘉《拾遗记》:"员峤山有冰蚕,长七寸,黑色,有角有鳞,以霜雪覆之,然后作茧,长一寸,其色五彩,织为文锦,入水不濡,入火不烧。"由此诗可知,先生取用此斋名当在1929年前。先生《从张效直先生处取沈汉青先生赐题冰茧庵读汉书图赋此志谢兼呈张效直先生》,《缪钺全集》第8卷《冰茧庵诗词稿》,第8页。

住数日，谈论甚为契合①。同时，趋府拜谒籍忠寅。数日后，籍忠寅宴请先生，并赠书数种②。

友人梁国常（鹤铨）在北平自印《丽泽第一集》，内收《鹤铨诗稿》、先生的《冰茧庵诗稿》（附先生五弟缪锺《君山遗稿》）、李濂镗《修辞举隅》③。

是年，先生所作两首诗，《缪钺全集》失收，抄录如下：

籍亮侪先生忠寅寄示任公挽诗感赋

独从乱世惜真才，迸泪诗章郁百哀。老子犹龙脱生死，高丘无女叹蒿莱。青萍宁掩丰城气，赤县谁能厄运回。举世争伤书种绝，岂徒朋旧泣岑苔。

送培德中学第二班诸生卒业

国运悲花落，横流嗟水深。危舟期共济，世网莫同沈。洛下治安策，隆中梁甫吟。高踪怀二子，勖尔百年心。

贞节思元亮，清狂叹牧之。千秋空自许，四载愧人师。论学忆寒夜，含情伤路岐。勉持敦厚教，长与古人期。

发表文章

诠诗（《学衡》第69期，1929年5月）

《君山遗稿》序（《丽泽第一集》，私印本，1929年）

编年诗

《籍亮侪先生忠寅寄示任公挽诗感赋》《送培德中学第二班诸生卒业》《赠胡生厚宣》《九畹》《邀张效直先生

①参见先生《回忆吴宓先生》，《回忆吴宓先生》，第2页。

②参见先生《纪念籍忠寅先生》，《文献》1986年第3期。

③参见梁国常《丽泽集叙》，《丽泽第一集》，私印本，1929年版，第1页。

及汉青鹤铨同饮寓庐》《清华园访吴雨僧三首》《古意》

编年词

《江城子 燕》

○中华民国十九年庚午(1930年) 先生二十六岁

8月前,仍任保定私立培德中学国文教员,兼保定私立志存中学国文教员①。

5月20日,七妹缪鈖(宛君)与杨联陞(莲生)②结婚。"莲生先人原籍浙江绍兴,侨居保定。他十馀岁时,在私立志存中学读书,那时我在志存中学教国文,但并未在他那一班任课,不过,我听说他天资颖异,成绩突出。后来,经亲友介绍,我们结成姻戚,我七妹缪鈖(字宛君)与莲生结婚。那是在1930年夏间"③。

8月,经薛声震(效宽)介绍,河南大学校长张广舆(仲鲁)破格聘请先生为该校中文系教授。先生遂至开封,在河南大学任教,利用图书馆藏书,自编讲义,陆续讲授"六朝文"、"六朝诗"、"杜诗"、"词选"诸课④。时刘节(子植)亦在中文系任教,两人时相过从。刘节1939年9月10日日记:"下午作成一诗,题曰:溧阳缪钺兄十年前河南大学同事也。国家丧乱,转徙万里,又得与缪兄重聚于广西宜山浙江大学,感而赋此。诗曰:又得逢君共酒杯,年华真是水相催。何当

①先生《高等学校教师登记表》,1953年4月填写,四川大学档案馆馆藏人事档案。

②浙江绍兴人,生于1914年7月26日。

③先生《回忆妹丈杨联陞教授——我与联陞教授的诗词赠答》,《冰茧庵剩稿》,成都:四川大学出版社,1992年10月,第143页。

④参见先生《高等学校教师登记表》,1953年4月填写,四川大学档案馆馆藏人事档案;陈贤华《缪钺》,《中国现代教育家传》编委会编《中国现代教育家传》第三卷,长沙:湖南教育出版社,1986年7月版,第197页。

复返西湖上,每日与君醉一回。”①

是年,先生任教于保定已有6年,在此期间,相与论学唱和者有:

张效直　又名希象,河北保定人。先生以师事之。先生1927年作《呈张效直先生》诗云:“孤怀涉世叹沈冥,何幸升堂得眼青。百卷藏书司马记,一廛守黑子云亭。久将诗句供歌哭,几见横流辨醉醒。不是先生恕狂简,盈眶有泪敢轻零。”诗前有小序谓:“效直先生寄居同城,时相过往。孤弦妄奏,每获赏音。钺以驽才,兼禀介性,十年涉世,遘此盖寡。聊赋短章,用抒勤恳。”②

梁国常　字鹤铨,山东荣成人。时任教于保定私立培德中学,后又在保定私立同仁中学(校址在南关外,校长为杨绳武先生)任教。先生1990年在《〈梁鹤铨诗词稿〉题记》中曾记:“余与君比屋而居,夜灯静室,共读杜诗,札记所得,集为两册。……余与君互访谈论,恒至日暮,相与斟酌新作,商榷前藻,讥评时政,衡量人物,意气风发,莫逆于心。时同道者尚有张效直先生(希象),高苏垣、薛效宽(声震)两君。每春秋佳日,辄相招邀,或郊野清游,或名园宴饮,甚足乐也。”③

高苏垣　时任教于保定私立同仁中学。

薛声震　字效宽,江苏高邮人,寄寓河南开封。时在保定私立同仁中学任教。

李濂镗　字杏南,河北冀县人。时任教于保定省立第二师范学校。

编年诗

《庚午春日杂诗六首》《送七妹宛君于归》《赠王生鑫章卒业》《登吹台》《疏雨》《籍亮侪先生挽诗》

---

①刘节《刘节日记》上册,郑州:大象出版社,2009年6月版,第142页。

②《缪钺全集》第8卷《冰茧庵诗词稿》,第4页。

③先生《〈梁鹤铨诗词稿〉题记》,《冰茧庵序跋辑存》(增补本),台北:文津出版社,1997年1月版,第148-149页。

编年词

《踏莎行 庚午九月感时事赋》《眼儿媚 去岁余购盆桂一株，清矫绝俗。今秋南游大梁。归后闻人言，盆桂发花繁茂，怅余未及见也》

○中华民国二十年辛未（1931年） 先生二十七岁

2月14日，次子缪征明生。

7月，河南大学校长张广舆辞职，新校长调整人事，先生又回保定①。

8月，经马殿元介绍，任保定河北省立保定中学高中国文教员，兼保定私立培德中学国文教员②。

9月1日，河南大学学生文学社团“心心社”创办的文学半月刊《心音》出版第1期，上刊先生祝辞。《缪钺全集》失收，抄录如下：

> 心声为言，心画为文。吾闻斯语，自扬子云。中闳外肆，如木有根。修辞立诚，圣哲所尊。同庠群彦，学艺讨论。发布所得，以相磨砺；“心音”命名，义本哲人。刊落浮饰，求其诚真。聊贡短语，祝尔日新。③

9月18日，“九一八事变”爆发，日寇侵占东北。

是岁，先生至北平，谒见北京大学文学院张尔田（孟劬），先

---

①参见先生《高等学校教师登记表》，1953年4月填写，四川大学档案馆馆藏人事档案；陈贤华《缪钺》，《中国现代教育家传》第三卷，第197页。

②先生《高等学校教师登记表》，1953年4月填写，四川大学档案馆馆藏人事档案。后三年同。

③转引自李允豹主编《河南新文学大系（1917-1990）·史料卷》，开封：河南大学出版社，1996年版，第35页。

生以师事之。后经常通信请益①。

编年诗

《与子植夜话旧事二首》《上元之夜偕友人市肆小饮剧院听歌》《抵家小住将赴旧京》《奉呈夏蕴生先生》《感愤》《黄叶》《岁暮送薛效宽归大梁》《赠高苏垣》

编年词

《念奴娇　偕薛效宽南海泛舟》

○中华民国二十一年壬申(1932年)　先生二十八岁

任保定河北省立保定中学高中国文教员,兼保定私立培德中学国文教员。

发表文章

鲍明远年谱(《文学月刊》第3卷第1期,1932年5月)

曹植杜甫诞生纪念(《大公报》1932年2月22日《文学副刊》第215期)

龚自珍诞生百四十年纪念(《大公报》1932年5月30日《文学副刊》第230期)

编年诗

《吴碧柳挽诗　并序》　《慰梁鹤铨丧侄二首》

○中华民国二十二年癸酉(1933年)　先生二十九岁

任保定河北省立保定中学高中国文教员,兼保定私立培德

①陈贤华《缪钺》,《中国现代教育家传》第三卷,第198页。

中学国文教员。

1月3日,日寇占领山海关。

2月,日寇进攻热河。原培德中学学生胡厚宣、王鑫章自北大辍学南返,途经保定,与先生话别。是年,先生作《鹧鸪天》词,小序云:“壬申岁末,日寇西侵,幽燕告警。胡生厚宣、王生鑫章自北京大学辍学南归,途经保定,凄然话别。”①

4月3日,三子缪方明生。

4月,先生赴北平,会晤吴宓,并由吴宓介绍认识郭斌龢(洽周),并同游颐和园。此为先生与郭斌龢订交之始。“1933年4月,吴先生函促我赴北平与郭斌龢先生相识。”②后在《郭斌龢译柏拉图〈理想国〉序言》一文中又谓:“一九三三年暮春,余至故都,以雨僧先生之介,与先生相识。惟时胡骑凭陵,幽燕告警,曾同游颐和园,置酒昆明湖畔,伤国运之陵夷,思匹夫之有责,追慕顾亭林之志业风节,相与激励,慨然者久之。……此为余与先生订交之始。”③

5月8日,日寇侵入关内。31日,日中塘沽协定签字。

6月,又赴北平,谒见张尔田。是年,先生作《念奴娇》词,小序云:“癸酉初夏,余以事至北平,时值胡骑冯陵,都人惶恐。两月之后重复北来,势异时移,不胜凄黯。适张孟劬先生出示《槐居唱和诗》,记事哀时,无愧诗史。感赋此阕,并呈孟劬先生。”④

是年,先生所填三首词,《缪钺全集》失收,抄录如下:

鹧鸪天 壬申除夕前一夜,留鹤铨小饮

一载垂垂向尽时,樽中有酒不须辞。知君久识江湖味,岁晚天涯未觉悲。 高秉烛,缓倾卮,今宵无醉且无归。漏舟共载沧溟阔,来日风波岂可知。

---

①《缪钺全集》第8卷《冰茧庵诗词稿》,第15页。

②先生《回忆吴宓先生》,《回忆吴宓先生》,第2页。

③《冰茧庵序跋辑存》,第83页。

④《缪钺全集》第8卷《冰茧庵诗词稿》,第17页。

蝶恋花

何处幽兰生小圃。无意相逢，当日频回顾。翠叶朱蕤香乍吐。人间百草如尘土。　　常恐西园蜂蝶妒。移植三年，颜色犹如故。护惜不辞心力苦，凭君留取芳春住。

浣溪沙　友人有书询近况者，赋此答之

握椠怀铅已可怜。更堪忧患送流年。灵均哀郢有新篇。

常惧榱崩侨亦压。几看巢破卵能全。春来何处觅清欢。

发表文章

顾亭林诞生三百二十周年纪念（《大公报》1933 年 8 月 7 日《文学副刊》第 292 期）

黄仲则逝世百五十年纪念（《大公报》1933 年 10 月 16 日《文学副刊》第 302 期）

编年诗

《今出塞四首》《清华园小住赋呈吴雨僧郭洽周四首》《桂》《游一亩泉在保定西三十里归梁鹤铨出示五律一首并论诗贵自然之义依韵奉和》《沈汉青先生挽诗》《奉和吴雨僧癸酉岁暮述怀即用原韵》

编年词

《鹧鸪天　壬申除夕前一夜，留鹤铨小饮》《蝶恋花》（何处幽兰生小圃）《鹧鸪天　壬申岁末，日寇西侵，幽燕告警。胡生厚宣、王生鑫章自北京大学辍学南归，途经保定，凄然话别》《浣溪沙　友人有书询近况者，赋此答之》《念奴娇　癸酉初夏，余以事至北平，时值胡骑冯陵，都人惶恐。两月之后重复北来，势异时移，不胜凄

黯。适张孟劬先生出示〈槐居唱和诗〉,记事哀时,无愧诗史。感赋此阕,并呈孟劬先生》

○中华民国二十三年甲戌(1934年) 先生三十岁

任保定河北省立保定中学高中国文教员,兼保定私立培德中学国文教员。

发表文章

达辞篇(《国风》第5卷6、7合号,1934年10月)

典籍述略(《国风》第5卷8号、9号,1934年11月)

编年诗

《偶成二绝句》《小园即事》《重游小园》《同张效直先生及梁鹤铨游南郊有感》《南郊游归莲池茗话》《甲戌初夏孙念希招饮感赋》《送梁鹤铨暑假归里》

编年词

《浣溪沙》(犹有心情似旧时)

○中华民国二十四年乙亥(1935年) 先生三十一岁

8月前,仍任保定河北省立保定中学高中国文教员,兼保定私立培德中学国文教员①。

8月,应姜叔明(忠奎)之约,任广州学海书院教授兼编纂②。

---

①先生《高等学校教师登记表》,1953年4月填写,四川大学档案馆馆藏人事档案。

②先生《高等学校教师登记表》,1953年4月填写,四川大学档案馆馆藏人事档案。

皇甫湜论文重修辞，故尚奇。《答李生第一书》云：「夫意新则異於常，異於常則怪矣；詞高則出衆，出衆則奇矣。」故皇甫湜為文，专在奇辞怪句方面發展，雖亦主張奇而無傷於正，然其所作實不免奇而流於僻怪。章学诚評之曰：「世之学韓愈者，翱得其正，湜得其奇。今觀其文，句鍛字削，筆力生健，如挽危弓，臂盡力竭，而強不可制，於中唐人文，亦可謂能自拔濯者矣。第细按之，真氣不足，於学蓋無所得，襲於形貌以為瑰奇，不免外強中乾。」皇甫滞於韩氏之奇，而不復求其所以奇之理，於韩门所得最為粗淺，而又漸染中唐奇碎之病，

缪钺先生“中国文学史”讲义手迹

先生离保赴穗，途经北平，晤别吴宓、张尔田，与李濂镗游太庙。后经济南至青岛，偕同姜叔明，联袂南下。经上海，拜谒叔父缪士衡，过汕头，抵达广州①。

广州学海书院为广东地方政府所办，曾授先生参议虚衔。在书院期间，常与同事谭其骧（季龙）、中山大学中文系龙沐勋（榆生）等往还论学。“学海书院设在广州东山中山路1号。谭其骧任导师（相当于教授），主讲《汉书》和“三通”（《通典》、《通考》、《通志》）研究。他比较熟悉的同事有瞿宣颖、陈同燮、缪钺和燕京大学出身的许宝騤、姚家积、姚曾廙3人。……缪钺字彦威，以后又成为谭其骧在浙江大学的同事，相交甚笃；解放后任四川大学历史系教授，与谭其骧往来书信不绝”②。“抗战前，我在广州学海书院任教，榆生先生在广州中山大学任教，住所均在东郊新住宅区，相距不远，时常往还。离开广州后，仍时常通讯。抗战军兴，我至西南后方，榆生先生留居宁、沪，我曾推荐于浙大（时在宜山），请榆生先生来任教，榆生先生以家累重，未能成行。此后书问渐稀”③。

10月、12月，先生第一本专著《元遗山年谱汇纂》由郭斌龢介绍给《国风》半月刊，由钟山书局出版。

11月10日，四女缪遵明生。

是年，先生所作《缪钺全集》失收诗词，抄录如下：

夜读蓝穆《伊黎亚集》Lamb's Essays of Elia

蟹篆旁行绝妙辞，意含言外耐寻思。彦和隐秀谁能解。仿佛灯前一遇之（《文心雕龙·隐秀篇》曰：“情在词外曰隐，状溢目前曰秀。”Hazlitt评蓝穆文为“Vivid Obscurity”，殆彦和所谓隐秀乎）。

①参见先生《乙亥南游杂诗十六首》诗，《缪钺全集》第8卷《冰茧庵诗词稿》，第21-22页。

②葛剑雄《悠悠长水——谭其骧前传》，上海：华东师范大学出版社，1997年10月版，第103页。

③先生1984年3月23日致钱鸿瑛函（原信复印件，由钱鸿瑛提供）。

幽默为文世所珍。几看风趣出清新。居然绰约如姑射,始信西方有美人。

蝶恋花　和石荪原韵

三月芭蕉犹未展,作意东风,乍冷还微暖。莫叹音尘千里断,谁知咫尺天涯远。　五载花阴常会见,失悔当时,轻放韶光转。杨柳千丝难系绾,梦魂飞去无拘限。

发表文章

读《吴宓诗集》题辞(《吴宓诗集》,北京:中华书局,1935年)

出版专书

元遗山年谱汇纂(《国风》第7卷3、5号专号,南京:钟山书局,1935年)

编年诗

《自题元遗山年谱汇纂后》《张效直先生赠薯蓣并媵以诗依韵奉和》《吴雨僧寄赠黄晦闻先生蒹葭楼诗》《夜读蓝穆伊黎亚集》《别刘愚忱四年矣来保定不数日又复归去怅然有作》《乙亥南游杂诗十六首》

编年词

《蝶恋花　和石荪原韵》

○中华民国二十五年丙子(1936年)　先生三十二岁

夏,学海书院因经费无着停办①。先生乘舟离穗返保,途经北平,于7月13日下午,至清华园拜访吴宓;5点,与吴宓步行经

①参见陈贤华《缪钺》,《中国现代教育家传》第三卷,第198页;先生《高等学校教师登记表》,1953年4月填写,四川大学档案馆馆藏人事档案。

朗润园至燕京，访刘节，不遇。在常盛合馆晚餐，又步行访叶麐（石荪），又同访浦江清，并见张荫麟（素痴）①。

7月14日，除中午叶麐宴请先生外，其馀时间，均与吴宓晤谈。“晨陪缪钺早餐，并谈。……正午叶麐请宴，宓以倦甚，未陪钺往，……4：00钺归，与宓谈中国民族盛衰变化之史略，甚精密，可佩。又言郑康成注经，多针对当时实情而为议论，应以史事与注对读，方合。5：00再偕缪钺至燕京散步，仍在常盛合晚餐。复在燕京大门内荷池畔座谈。……9：00回校。宓以宓半年来所为《人生哲学》讲义稿示钺，并略加讲解。10：00寝。”②

7月15日晨9时，先生与吴宓辞别③，返回保定。

8月，经韩丰斋介绍，复任保定河北省立保定中学高中国文教员④。

12月12日，西安事变。

发表文章

《儒学》序（《国风》第8卷第8期，1936年8月）

马绍伯墓志铭（《禹贡》第6卷第1期，1936年9月）

《遗山乐府》编年小笺（《词学季刊》第3卷第2期、第3期，1936年6、9月）

编年诗

《人日寄怀张效直先生》《卜宅》《马绍伯挽诗》《舟发广州》《自粤返燕喜晤叶石荪于清华园时叶石荪游欧美归

①参见吴宓《吴宓日记》第6册，北京：三联书店，1998年3月版，第13页。

②吴宓《吴宓日记》第6册，第13-14页。

③吴宓《吴宓日记》第6册，第14页。

④先生《高等学校教师登记表》，1953年4月填写，四川大学档案馆馆藏人事档案。

来也》《遣兴》

编年词

《摸鱼儿》(倚危栏、汉京西北) 《齐天乐 余居保定,每值芳春佳日,辄约诸友清游。揭来岭表,阴雨愁人,闻隔户乐声,感念旧踪,悲吟成调》

○中华民国二十六年丁丑(1937年) 先生三十三岁

暑期前,先生仍任保定河北省立保定中学高中国文教员①。

5月5日,致函龙榆生:

榆生吾兄史席:

去冬曾上一函,谅尘清览。数月来久阙声问,时在念中。弟近读唐人集,兼治唐史,诗史互证,时有所获。撰次《杜牧之年谱》、《补笺樊川诗文集》,粗就檃括,尚未杀青。日前在《国闻周报》中得读大作和元遗山韵《鹧鸪天》词三首,深婉醇至,殆伤感不匮室主之作耶?弟因日从事于辑录考订之业,性灵滞塞,作诗甚稀,七律一首附呈教正。如有佳什,惠示为盼。此候

著祺。

弟钺顿首 五月五日②

7月7日,卢沟桥事变,抗战爆发。

30日,北平、天津陷落。

---

①先生《高等学校教师登记表》,1953年4月填写,四川大学档案馆馆藏人事档案。

②原载张晖《龙榆生先生年谱》,上海:学术出版社,2001年5月版,第82页。系于1937年。又见龙沐勋等著,张寿平辑释《近代词人手札墨迹》(中),台北:中研院中国文哲研究所,2005年11月版,第552-553页。张寿平按:"此民国二十六年五月五日札。"

8 月,先生携家自保定南下,至开封暂避,寓薛声震宅①。时薛声震在河南信阳师范学校任教。

8 月 29 日,致函郭斌龢:

洽周吾兄史席:

半载以来,音问疏阔,时切驰念,近惟兴居佳胜为慰。自卢案发生,保定即风鹤频惊,弟家以人口众多,初无迁避之意,及平津失陷,保定已成国防前线,敌机一日数至,且投弹轰炸,人心震恐,纷纷迁移。弟不得已,亦于仓卒中携家南下,甫抵豫中,而淞沪告警,全家老弱困滞汴郑,幸遇故人薛效宽,慨然以居宅相假,异乡漂泊,暂得安居,可谓"穷途仗友生"矣。北平诸友迄无音问,吾兄处亦得雨僧兄消息否?至为忧念。弟穷愁之中,惟以杜诗遣日,亦略有所作,容后抄寄。报载敌机数扰南京,尊处不致②受惊否?极念极念。杜诗云"留滞才难尽,艰危气亦增",愿与兄共勉之。乱离未已,幸时惠音问为祷。此颂

近安。

弟缪钺顿首　八月廿九日

赐函请寄开封鹿角胡同三号后院③

10 月,经薛声震介绍,先生应聘至河南信阳师范学校教授"国文"④。"七七事变后,全民抗战开始,……这时,学校从邻近战争的地区,

①先生 1937 年 8 月 29 日致郭斌龢函(原信扫描件,由郭喜孙提供)。

②疑"致"当作"知"。

③原信扫描件,由郭喜孙提供。

④先生《高等学校教师登记表》,1953 年 4 月填写,四川大学档案馆馆藏人事档案。

聘来了一批年青有为的教师,如……缪钺(彦威)、薛效宽从河北来"①。

10月12日,致函郭斌龢:

洽周吾兄史席:

上月廿三日,在汴曾上一函,谅登签室。弟于上月杪因友人之介,暂来信阳师范任教。信阳为淮河流域,风土稍近江南。城西、南两方颇多山水之胜,尚未暇往游。秋季多雨,淅沥终日,远客殊乡,倍增闷损。浙大已移往天目山上课否?近见报载清华教授多人已至长沙,不知雨僧兄在内否?迩来北方战局虽稍坏,而国际形势于我颇利,要看我国自己之努力如何,以弱胜强,端在坚贞而已。《国命》已刊行否?请赐寄此间为盼。馀俟续陈,此颂

铎安。

弟钺顿首　十月十二日

赐书请寄河南信阳师范第一院②

编年诗

《朱翁舟孙挽诗》《偕鹤铨苏垣效直先生同游南郊》《遣愤》《京阙篇》《卢沟桥事变后自保定违难开封感赋》《初至信阳苦雨》《信阳》《游首贤山》《四君咏》

编年词

《念奴娇　寄友人沪上,时余自保定违难开封,而沪战方起也》

《齐天乐　乱离避地,又值重阳,阴雨经旬,倍增闷损。时客信阳》

---

①周祖训《我任河南省立师范学校校长十年》,周培聚主编《信阳师范学校志》,开封:中州古籍出版社,1993年9月版,第476页。

②原信扫描件,由郭喜孙提供。

○中华民国二十七年戊寅(1938年) 先生三十四岁

年初寒假中,先生与薛声震同返开封,接家眷到信阳。薛声震将全家(夫人王韵铮,二女振藻、振卫,幼子振镛)接至信阳。先生只接来老母及长、次二子。夫人贾湘蘋女士于去冬生一女(取名菊心,不久夭折),产后重病需卧床治疗,无法走动,乃带三子、四女暂留开封,由六弟缪锜(久患肺病,亦惮长途跋涉)及义仆杨妈(自保定同来者)照料,继续治病,期稍愈后,再去信阳。后,病尚未愈,春夏之际,开封沦陷,花园口决堤,黄河改道,南下遂无望。又后数月,乃与逃难至开封的一些保定乡亲结伴,乘马拉大车,越黄河故道河床,经冀南平原,最后返抵保定①。

2月18日,致函吴宓:

雨僧吾兄史席:

奉到手教并拜读大作二首,藉悉近况兼见忧时悯乱之怀,至以为慰。弟自去岁华北战起,即携家南下,流寓汴中。旋以友人薛君之介,来信阳师范任教。上学期考毕,复归汴,当时津浦北段战事失利,汴中风鹤频惊,弟遂奉母携儿复来信阳暂住。时局如再紧时,可移于豫西小县。校中已开学,除上课外,尚施行所谓特种训练,忙碌异常,日无暇晷。此次外患之烈,几为有史以来所未有,五胡乱华、金元侵宋,恐未足相拟。痛舟藏之去壑,惧栋折之无时。半载以来,心境极苦,目击心忧,所积诗料甚众,惟多未能酝酿成篇,仅成短章数首,附呈教正。弟最近仍留此间任课。不拟他往,以后行止恐将随时局之变化而定。洽周兄去岁曾数

①据缪慈明回忆。

次通函，自浙战失利，浙大西移之后，即未通音问，吾兄如得其消息，尚望惠示。文旌移滇之后，亦望时赐德音，以慰乱离相念之怀。此覆，即颂
近祉。

弟钺顿首　二月十九日①

5月19日，致函吴宓：

雨僧吾兄史席：

二月中奉到惠札并大作，曾覆一书，附诗数首，寄长沙，不知已蒙青及否？前得昆明友人来书，言吾兄已到昆明，又有赴蒙自之讯，未审行踪如何？至以为念。此间开课三月，除上课外，尚有特种训练、救亡工作，终日忙碌，几无暇晷。洽周兄处久无消息，浙大不知迁往江西何地？吾兄近得其音问否？石荪兄近在何地？孟劬先生有书来，言燕大仍开课，惟黄昏晚霞非朝暾可比。叔明兄想仍蛰居海滨，今年亦未通声闻。丧乱以来，平生师友流转四方，不知何日得复睹中兴，从容欢聚也。便中幸赐德音为盼。此颂
近祉。

弟钺顿首　五月十九日②

6月6日，致函郭斌龢：

洽周吾兄史席：

自杭州失守，闻浙江大学迁移赣省，惟未能确悉何地，吾兄行止，时在念中。近得雨僧兄自滇南来书，言浙大移至泰和，兄仍都讲其间，差以为慰。宝眷旧居无锡乡间，今亦随兄在赣否？抑更西移于安全地带？弟自去岁秋间来信阳

①原信扫描件，由郭喜孙提供。

②原信扫描件，由郭喜孙提供。

任教，延续至今，半载以来，校事繁忙，心绪忧苦，读书不多，殊愧亭林、梨洲患难为学之义，惟于古人忧时悯乱之诗词领略较为深透，此又非关问学矣。近日豫东战事日紧，信阳亦警讯频传，校中于本月中旬考试结束，弟即拟奉母入蜀，暂依家叔（家叔随上海交通总行迁至重庆）。“傅燮之但悲身世，无处求生；袁安之每念王室，自然流涕”，正可为今日写照矣。平生师友流转四方，不知何日得睹中兴，从容欢聚也。此颂

教祉

弟钺顿首　六月六日

赐函如不能于本月十五、六号以前到达此间，则请寄重庆打铜街交通银行缪士衡先生转①

夏，日寇准备进攻武汉外围。先生偕同薛声震携眷自信阳出发，经武汉，乘“大达”号船西上到宜昌等船。在宜昌等船时，喜遇已逃难到此的保定培德同事、英文教员葛仲诗。先生母亲并登岸在葛家寄住若干日。期间，遇有一次日机轰炸，大家躲到一外国医院花园树林中，伏地听到远处的爆炸声。后换乘民生公司轮船，先生携眷于7月29日抵达重庆②。时叔父缪士衡供职于交通银行总行，已先抵重庆，并代为在七星岗大街上租赁一间铺面二楼上的住房③。

8月19日，致函郭斌龢：

洽周吾兄教席：

奉到七月九日手书，敬悉种切。弟于六月十四日自信

①原信扫描件，由郭喜孙提供。

②此具体时间见先生本年8月19日致郭斌龢函。

③据缪慈明回忆。

阳奉母登程，在汉口、宜昌候船，留滞于七月廿九日始抵重庆，诚令人复兴“蜀道难”之叹矣。峡江景物，得以饱览，山水奇峻，天下壮观，略足慰旅途之苦也（郦道元《水经注》所谓“非亭午夜分，不见曦月”者，峡江中实无此等处，殆艺增之词，又一路亦未闻猿啼，盖古多猿，而今鲜矣）。到重庆后，卜居于一药店楼上一廛之地，暂足容身。弟违难一年，转徙万里，困居巴渝，势难坐食。此间中央大学招新生甚多，闻暑假后尚须增聘国文教师，吾兄于中大文学院中如有挚友，乞函托推荐，重庆他校或文化机构，吾兄如有知交，亦乞代为进行，俾弟获一教席，以为仰事俯畜之资，不胜感盼。辱在至交，故敢烦黩。《国命》在信阳时仅收到三期，寄重庆者尚未递到。大作容收到后细读。此覆，即颂

著祺。

弟钺顿首　八月十九日

赐函乞仍寄重庆打铜街交通银行缪士衡先生转交为妥①

同日，吴宓致函周炳琳，推荐先生为中央政治学校教授②。

8月底，叶麐介绍先生赴四川省江安县省立江安中学讲授“国文”，先生遂奉母携儿溯江西上至江安。9月底先生离开江安中学③。时该校教务主任王介平，其后又与先生在四川大学历史系共事。

时浙江大学已内迁广西宜山，校长为竺可桢（藕舫），文学院院长为梅光迪（迪生），中文系系主任为郭斌龢。经郭斌龢邀请，

---

①原信扫描件，由郭喜孙提供。

②吴宓《吴宓日记》第6册，第348页。

③先生《坦白材料》，1955年8月18日填写，四川大学档案馆馆藏人事档案。

先生应聘浙江大学中文系①。

10 月，先生只身前往宜山，任浙江大学中文系副教授。自此时起，先生陆续在浙大讲授“诗选”、“词选”、“中国文学史”等课程②。

11 月 21 日晚，出席竺可桢宴请教授讲师的晚膳。“晚，邀请教授讲师晚膳，到孟宪承、杨守珍、刘遵宪、彭谦、张清常、缪彦威、黄秉维、马裕藩及费香曾、陈建功等”③。

12 月 12 日，马一浮来访，出示诗、词各一首，均为题先生所撰《杜牧之年谱》者④。

是年秋，先生填《忆旧游　乙亥丙子之间，余客广州，颇极游赏之乐。戊寅秋日，违难粤西，风物有相似者，而粤东已化为异域，怆然不能已于怀也》词，《缪钺全集》失收，抄录如下：

记榕阴觅句，荔浦嬉舟，梅岭探春。多少清游兴，惯晨呼快侣，夜款芳尊。水楼竹绕花径，桄绿暗闲门。叹万里重来，风光感旧，烽火惊魂。　殷勤问来燕，道古塔名台，都没胡尘。也拟登楼望，奈层山遮眼，凄雨愁人。隔墙飞过残叶，无语对黄昏。听几处清笳，西风竟日吹泪痕。

---

①9 月 13 日，竺可桢日记曾记致电先生，但未记具体内容，或许与聘任有关。参见竺可桢《竺可桢日记》，《竺可桢全集》第 6 卷，上海：上海科技出版社，2005 年 12 月版，第 579 页。原文为“电重庆缪钺、彦威”，标点有误，应为“缪钺彦威”。

②先生《高等学校教师登记表》，1953 年 4 月填写，四川大学档案馆馆藏人事档案。据刘操南回忆，先生还讲授过“诗经”、“高级国文”。参见刘操南《浙江大学文学院中文系在遵义》，贵州省遵义地区地方志编纂委员会《浙江大学在遵义》，杭州：浙江大学出版社，1990 年 2 月版，第 62 页。

③竺可桢《竺可桢日记》，《竺可桢全集》第 6 卷，第 579 页。

④参见先生《我所收藏的马一浮先生诗词》，《文献》1988 年第 3 期。

编年诗

《丁丑除夕》《感事》《赴江安》《宜山谒黄山谷祠》《与郭治周论东汉史事》

编年词

《石州慢 丧乱弥载，流转蜀中。感事怀人，漫成此解》《鹧鸪天 蜀黔道中》《忆旧游 乙亥丙子之间，余客广州，颇极游赏之乐。戊寅秋日，违难粤西，风物有相似者，而粤东已化为异域，怆然不能已于怀也》

○中华民国二十八年己卯(1939年) 先生三十五岁

本年先生在浙江大学中文系任教①。

1月1日，先生拜访马一浮，马一浮出示旧作词二首②。

1月19日，《国立浙江大学校刊》复刊第7期发表先生文章《顾亭林先生处国难时之态度》，《缪钺全集》失收，抄录如下：

> 际此国难严重、长期抗战之局面下，应以古圣贤豪为法。其间最亲切而最足资矜式者，莫顾亭林先生若。先生自甲申国变(明崇祯十七年李自成陷京师，思陵殉国)三十二岁始，至于康熙二十一年壬戌七十岁卒止，皆在国难心哀期间。其态度可以"艰贞"二字括之，艰难贞固，终不失其态度。明社既屋，先生曾于顺治二年起事吴江，谋抗清军，兵败出亡。身负沉痛，惓惓宗邦，终其身未尝稍易其志。其时

---

①先生《高等学校教师登记表》，1953年4月填写，四川大学档案馆馆藏人事档案。后五年同。

②参见先生《我所收藏的马一浮先生诗词》，《文献》1988年第3期。

抗拒清人之明臣，非鉴于明势日蹙，自经殉国；即入山遁世，黄服终身。先生则不然，欲留此身待用，此情诗中历历可见。顺治七年，薄游天下，容忍剃发，为便四出，虽山水逍遥，终思结识天下豪杰之士，以为恢复之用。迨后永历帝为缅人献清，明社一缕且绝，然先生不作悲伤哀悼常人之态，作诗述怀，谓“远路不须愁日暮，老年终自望河清”，“平明遥指五云看，十九年来一寸丹”。清兵虽健，力足以囊括百万地土与戮四五帝王，然终不可以易先生之志也。至于先生讲学宗旨，大要尽于两语，一曰“行己有耻”，一曰“博学于文”。先生恃守方严，行己整峻，诚所谓有耻无愧者。清廷既以武力得天下，虑明臣之心违思变，乃百计牢笼，设明史馆也，举博学鸿辞科也，使大明臣庶，尽入彀中。一时明臣多为网罗，即一二守身如玉、义不事清之人，且多佯狂幸免，如李二曲之流是。先生行谊则伟烈卓绝，曜如日星，凛凛劲节，不为威胁，荐者皆不敢或强而止。先生既知以一二人之力不足以言恢复大业，乃讲学以贻后世。平生策马戴笠，往来诸边塞重郡，前后凡十馀年，每出必以二马二骡载书自随，所至扼塞，考察靡遗，其有不明，则呼老兵退卒，详询底细，一一笔而录之。或与平昔所闻不同，则发书对勘，孜孜不稍懈。时或循行原野，则于鞍上默诵诸经注疏，回环熟复，无一字讹者。故虽在颠沛流离无一地居三月之生活中，学殖仍能日进，著述且数百卷也。先生博学之教最著者，为《日知录》、《音学五书》两种，其与友人书，称《日知录》意在：“拨乱涤恶，法古用夏，启多闻于来学，待一治于后王，自信其书之必传。”盖明道救世，实先生为学纲要，后世有以先生为清学开山，推其考据，实则考据良不足以概先生之学也。先生《日知录》一书，“叹礼教之衰迟，伤风俗之颓败，则古称先，规切时弊，尤为深切著明”。其称曰：“君子之为学，以明道也，以救世也。”明道救世之学，春秋为最盛，诸子莫不持此志以游天下，以说人君。三代以次，东汉为最，《日知录》卷十三论两汉风俗，以为：“三代以下，风俗之美，尚无于东京者。”良以其时虽复多难，而党锢之流，独行之辈，依仁蹈义，舍命不渝。吾人当此国难日重，自当由先生以上溯东京三代，我炎黄华胄此种一脉之心传，以恢复我民族之活力，相期于抗战必胜，建国必成云云。

1月29日，马一浮赠先生五言长律二十韵，题为《宜州书怀奉答彦威惠诗赠别二十韵》①。此前，先生有《奉送马一浮先生入蜀讲学》诗，《缪钺全集》失收，抄录如下：

山城三月道相亲，岁晚临岐意未伸。亡礼久嗟车弃辅，惊心真见海扬尘。寒凝粤徼荒途远，气转巴山万卉春。绝学兴衰一身系，他年鹿洞即峨岷。

2月5日，日寇飞机轰炸宜山，浙大校舍一部分被毁②。

2月8日，马一浮乘交通部车赴贵阳，先生前往送行，竺可桢、张其昀、郭斌龢、贺昌群亦往车站送别③。

3月1日，与文学院费巩（香曾）等人共同签名致张其昀函，托转请竺可桢早定再迁校址的计划。信函由先生起草。“致晓峰函，托转请校长早定再迁之计，经缪彦威先生主稿，委婉悱恻，文采斐然。午后偕缪同下乡访洽周，即在彼处由缪誊清。洽周、弘度先生、缪及余皆具

①参见先生《我所收藏的马一浮先生诗词》，《文献》1988年第3期。

②参见竺可桢《竺可桢日记》第1册，北京：人民出版社，1984年1月版，第306-307页。

③参见竺可桢《竺可桢日记》，《竺可桢全集》第7卷，上海：上海科技出版社，2005年12月版，第27页。

名,携回城内。昌群、以中、佐之、孟闻、润科、驾吾、鲁珍继之”①。

春,获悉六弟缪锜病逝保定的噩耗。先生为作《哭六弟季湘六弟锜字季湘》诗。锜,字季湘,1913年(癸丑年)生,卒年26岁。北京大学历史系肄业,因患肺结核,辍学回家。后在保定西关外思罗医院侧一农家果园中赁房疗养,每隔一段时间,到医院做一次“人工气胸”②。七七事变后,曾违难开封,后返保③。

7月20日,为浙大征地一事,随竺可桢等赴小龙江考察。“八点半由校出发赴小龙江,同往者有刚复、亦秋、乔年、壮予、蔡邦华、郭洽周、晓峰、缪彦威、胡建人、向觉民及钱曰坤诸人,并邀县党部李委员同往,由望江亭直至小龙江边。过渡后经中涧村至莫村,在此进点心,并招莫村吴村长来询地价”④。

8月,两次电函刘节,告知浙江大学聘其为史学教授之事⑤。

9月10日,刘节在前往宜山途中,旅次广西南安县,作《溧阳缪钺兄十年前河南大学同事也国家丧乱转徙万里又得与缪兄重聚于广西宜山浙江大学感而赋此》诗⑥。

9月13日,于前一日抵达宜山的刘节,由许绍光、张志岳陪同,前往城外燕山村57号,访问先生与张其昀,“谈近年来经过,并讨论所教功课”。先生并陪刘节在张其昀家午餐。下午3点,先生与刘节回城,在刘节所住旅馆坐谈甚久,并约刘节“天厨饭店”晚餐⑦。

---

①费巩《日记》,《费巩文集》编委会《费巩文集》,杭州:浙江大学出版社,2005年1月版,第491页。

②当时,治疗肺结核无特效药及其他有效之疗法,“人工气胸”一法,盖给胸腔内加压,可使肺部病灶扩展较慢。

③据缪慈明回忆。

④竺可桢《竺可桢日记》,《竺可桢全集》第7卷,第126页。

⑤参见刘节《刘节日记》上册,第124、132页。

⑥参见刘节《刘节日记》上册,第142页。

⑦参见刘节《刘节日记》上册,第143页。

9月14日晨7点，先生访刘节，带去浙大聘书并张其昀书信，并陪刘节到浙大宜山办事处会计处领款。下午6点，张其昀在"天厨"宴请刘节，先生与苏叔岳、顾穀宜、梁嘉彬作陪，其后，又到刘节所住旅馆坐谈甚久①。

9月15日，刘节在张其昀家午餐后，来访先生，谈甚久。因昨日刘节已与先生的房东谈妥，租下东房楼上，先生遂陪刘节入城到所住旅馆，取来先前雇工没搬完的两件行李。时先生住西房楼上，张其昀住西耳房②。

9月16日7点50分，陪刘节往宜山城北中涧村访郭斌龢，10点半到郭家。除午餐外，绝大多数时间在郭家屋后一山洞内坐谈③。

9月17日，致函武汉大学文学院中文系刘永济(弘度)：

弘度长兄史席：

暌隔光仪，倏已数月，相去日远，寤寐增劳。自闻嘉州空袭，深以吾兄为念。冀文旌或在中途，尚未到达。顷读致洽兄手书，始悉抵嘉两日，即遇空袭，幸人物均安，可谓吉人天相也。移寓乡间，谅可安全，闻之甚慰。此间近两月中，警讯频繁，且空袭三次(七月廿一日一次、八月廿八日一次、九月十五日一次)，损失虽微而人心震恐，居民多避于岩穴，朝出暮归。弟与洽兄全家亦居石洞数日，憔悴忧伤，几无乐生之趣。洽兄近徙宅中涧村，距城十馀里，空袭无虞，而上课不便。弟移去与否尚未定(弟假中寄居燕山村洽兄寓中，近仍居此。晓峰兄亦尚未移居)。浙大择地失宜，不能自拔，徙薪无策，烂额堪忧，令人闷损。"中国文学系课程"，教

①参见刘节《刘节日记》上册，第143-144页。

②参见刘节《刘节日记》上册，第144页。

③参见刘节《刘节日记》上册，第144-145页。

部竟依浅人所拟，正式颁布，殊属非宜。弟拟与洽兄商酌，依尊函所示，联合同志诸校据理力争。否则，吾等惟有独行其志，盖上庠讲习本可各自发抒，教部似亦不能强加裁制也。弟于吾兄闻声相慕，已逾十载，山城聚首，深慰素心。方期赏奇析疑，长共晨夕，而文旌远赴西蜀，离索之感，悒结于中。尚乞不弃僻远，时惠德音，既慰契阔之思，兼得攻错之美。诚能共扶正学，著于后世，则百年易尽，天地无穷，今日之交，乃非偶然，离散之故，又不足言也。近作小诗数首，附呈教正。丧乱未宁，诸希为道珍卫。肃此，敬承撰祺，并颂

潭第百福。

弟钺顿首　九月十七日

昌群兄乞代致候。

洽兄附笔请安。①

9月18日，刘节来访，与先生讨论作诗之法。先生谓刘节之诗"缺乏风华"，刘节认为先生的评价"至为中的。前在北平，谭季龙谓余缺少水性，其意与彦威之说实有相通之处"②。

9月19日晚，刘节来访，与讨论英德两民族之特性，先生赞成英国文化，因其接近于人文主义。刘节则赞成德国民族之特性，以其富于研究精神。自康德以来，德国人在自然科学及社会科学各方面皆有很深之贡献③。

9月22日晚，访刘节，"谈甚久，言及去岁自信阳赴重庆情形，途中艰苦备尝，至为感怆"④。

---

①原信复印件，由程千帆提供。

②参见刘节《刘节日记》上册，第145页。

③参见刘节《刘节日记》上册，第145页。

④参见刘节《刘节日记》上册，第147页。

9月25日上午9点,于前一日抵达宜山的薛声震,由许绍光、张志岳陪同来访,租下刘节楼下的房子。夜,先生作《一萼红》词,次日赠刘节①。

9月30日上午,陪薛声震至中涧村访郭斌龢。晚,在薛声震处,与刘节、薛声震讨论先秦诸子年代先后②。

10月3日晚,与薛声震应刘节之邀茶叙,至十点始散③。

10月4日上午9点左右,与刘节同访王焕镳(驾吾),未遇,得晤王星贤④。

10月7日午饭时,刘节与先生"讨论此间一带土山必为古代人聚居之处,因当时此间平地尚为积水之区,如得考古学者发掘,必有所获"。先生不同意刘节的意见⑤。

10月8日晚9点左右,与刘节讨论中国文化问题,刘节认为建设切于破坏⑥。

10月9日下午3点左右,与刘节到宜山北门外同访祝廉先(文白)⑦。

10月10日,因日机空袭日渐频繁,午饭以后,同刘节、薛声震访三里以外一山洞。决定以后有紧急警报,即到此处躲避。晚,先生与薛声震到刘节室,刘节吹《夜奔》一段,薛声震唱《击鼓骂曹》一段,各尽兴而返⑧。

10月11日12点左右,又有警报,与刘节、薛声震相率入山,

---

①参见刘节《刘节日记》上册,第148-149页。
②参见刘节《刘节日记》上册,第151页。
③参见刘节《刘节日记》上册,第152页。
④参见刘节《刘节日记》上册,第153页。
⑤参见刘节《刘节日记》上册,第154页。
⑥参见刘节《刘节日记》上册,第155页。
⑦参见刘节《刘节日记》上册,第155页。
⑧参见刘节《刘节日记》上册,第155页。

直至午后两点始回村午餐①。

10 月 16 日，郦承铨（衡叔）来访，并出示所藏王阳明手迹一卷②。

10 月 18 日上午，与刘节、薛声震谈上古史问题甚久，刘节出金文照片多种传观，而其中禺邗王壶最引人兴趣。晚间又与张其昀、刘节、薛声震三人共谈两小时③。

10 月 25 日晚，与刘节等人论学，“公意皆以为理学家之不易作，第一务须言行一致；第二须克苦力行；第三，须理论统一。而人之天性，实偏感情，使之理想化实非易事。反不如作其他学问者之天趣自然也”④。

10 月 27 日下午，与刘节进城，同访苏步青，又访王国松，不值。回村，与郦承铨至刘节处晤谈。不久张其昀亦来谈，并带来刘永济寄先生书札一封，内言大学应设经学科⑤。

11 月 2 日，在燕山村郦承铨处，与刘节、郦承铨共谈甚久⑥。

11 月 4 日晚，与张其昀、郦承铨、刘节、薛声震一同进城，开文学院会，到会者有学生数十人，教授十馀位，各人皆有演说⑦。

11 月 10 日，下午 5 点左右，与王驾吾、刘节、郦承铨、祝廉先、薛声震、张志岳、许绍光等出席国文系会议。6 点开毕，6 点半在“合陛楼”叙餐。餐毕，同至文庙第 10 教室，听刘节应中国文学会之请所做“孔子论仁为人文主义”的演讲⑧。

---

①参见刘节《刘节日记》上册，第 156 页。
②参见刘节《刘节日记》上册，第 159 页。
③参见刘节《刘节日记》上册，第 160 页。
④参见刘节《刘节日记》上册，第 163 页。
⑤参见刘节《刘节日记》上册，第 164 页。
⑥参见刘节《刘节日记》上册，第 167 页。
⑦参见刘节《刘节日记》上册，第 168 页。
⑧参见刘节《刘节日记》上册，第 171 页。

11月11日上午11点有警报，与刘节、薛声震同至三里外山洞躲避。直至下午2点始得回村，3点午饭①。

11月13日，当选为校务会议教员代表。“校务会议教员公推代表十人，已选出，计费香曾（七票）、顾穀宜、徐季旦、杨耀德、缪彦威、储润科、陈建功、胡建人等七人各四票，此外三票者六人，以舒鸿、钱琢如当选”②。

11月19日傍晚，与刘节等人论学，其间因意见不合，刘节“大为生气”③。

11月23日晚饭时，与刘节、郦承铨、薛声震讨论历代书家④。

11月26日晚，与郦承铨、刘节、薛声震访张其昀，共谈时局，并探听学校方针，并无结果⑤。

11月28日下午4点左右，与张其昀进城出席校务会议⑥。

12月1日晚，与郭斌龢、刘节、薛声震、郦承铨四人，叙餐于“嘉华饭店”。席间讨论校中大政方针，知迁校之说尚未十分确定⑦。

12月4日晚，与郦承铨、刘节、薛声震商议包车先行赴都匀⑧。

12月5日下午，先生进城，得知学生已包定一车，装运行李，诸位先生亦可加入。晚，与刘节、郦承铨同至“惟一”茗饮，晤杨

---

①参见刘节《刘节日记》上册，第171页。

②竺可桢《竺可桢日记》，《竺可桢全集》（第7卷），第200页。

③参见刘节《刘节日记》上册，第175页。

④参见刘节《刘节日记》上册，第177页。

⑤参见刘节《刘节日记》上册，第179页。

⑥参见刘节《刘节日记》上册，第179页。

⑦参见刘节《刘节日记》上册，第181页。

⑧参见刘节《刘节日记》上册，第183页。

耀德。8点半回村。闻校长已决定本星期六作一结束①。

12月6日下午3点半,刘节送四位先生的七件行李进城,交学生起运。5点半刘节回村,告以消息,先生如释重负②。

12月8日下午3点半,与刘节等人到办事处领取11月薪金。到张志岳处坐谈。先生约诸位在"嘉华"便饭,饭后,郭斌龢约诸位在"惟一"茗叙,王国松、杨耀德亦来,坐谈甚久③。

12月12日上午9点,与刘节、薛声震、郦承铨、张志岳等人告别宜山,从西门外发车,下午到南丹县,投宿旅店,与刘节、张志岳同住一室④。

12月13日,上午7点从南丹出发,10点半抵六寨。下午1点半开行,4点至独山附近,投宿旅店⑤。

12月14日,上午7点半始开车,9点半抵墨充。下午1点左右抵都匀,住震川旅社⑥。

12月19日,致函中央研究院历史语言研究所陈槃(槃庵):

槃庵先生撰席:

前在宜山,接奉惠札及大作,拜诵至佩。劳君诗亦极清逸,与台从相伯仲,想见平日切磋倡和之雅,所谓"德不孤,必有邻"者邪。自南宁失守,粤西震动,浙大仓卒北迁,校址究择何地尚未定,师生多暂集都匀,等候消息。钺于本月十四日抵此,寄居逆旅,无所事事,日与友人游荡市中。王静

①参见刘节《刘节日记》上册,第183页。

②参见刘节《刘节日记》上册,第183页。

③参见刘节《刘节日记》上册,第184页。

④参见竺可桢《竺可桢日记》,《竺可桢全集》(第7卷),第219页;刘节《刘节日记》上册,第186页。

⑤参见刘节《刘节日记》上册,第187页。

⑥参见刘节《刘节日记》上册,第187页。先生1939年12月19日致陈槃函(原信复印件,由王汎森、陈鸿森提供)。

安诗云："出门惘惘知何适，白日昭昭每易昏。但解购书那计读，且消今日敢论旬。"颇足写钺近况也。近作小诗数首，附呈郢正。专此，敬承
著祉。

弟钺顿首　十二月十九日①

12月28日上午，在都匀的浙大人员三十馀人在办事处开会，成立迁眷委员会，推举委员，接洽赴遵义事，时校方已正式决定迁往遵义②。

是月，先生作《都匀客舍见盆兰作》诗，《缪钺全集》失收，抄录如下：

客舍残英亦可怜，凌寒憔悴不成妍。故园佳色今何似，流转遐荒又一年。

岁除之夜仍栖泊都匀候车，王星贤招饮③。

是年，先生所作词、诗各一首，《缪钺全集》失收，抄录如下：

鹧鸪天

半卷舆图掩泪看。蛮乡强觅一枝安。巢移客燕秋将尽，风折疏荷露未干。　　贻远者，采芳兰。扬灵江渚路犹难。纵教幽梦来能准，争抵天涯此夜寒。

出　门

出门便有临歧意，观物常存独往情。忧与生来宁自遣，境虽初接似曾更。回潮涤浊怀新世，高鸟鸣秋喜远声。能化天星照灵躅，不辞永夜向君明。

①原信复印件，由王汎森、陈鸿森提供。

②参见刘节《刘节日记》上册，第194页。

③参见先生《一九三九年岁除之夜王星贤招饮戏为长句时栖泊都匀》诗，《缪钺全集》第8卷《冰茧庵诗词稿》，第35页。

发表文章

顾亭林先生处国难时之态度(《国立浙江大学校刊》复刊第7期,1939年1月19日。河北教育出版社版《缪钺全集》失收。)

编年诗

《奉送马一浮先生入蜀讲学》《二月五日日军空袭宜山赋此志愤》《戊寅岁暮》《春望》《独倚》《哭六弟季湘 六弟锜字季湘》《寄李杏南北平并题其秦印室随笔二首》《兰》《寄姜叔明荣成》《蜀山歌》《宜山杂诗四首》《出门》《将离宜山感赋三绝》《一九三九年岁除之夜王星贤招饮戏为长句时栖泊都匀》《都匀客舍见盆兰作》

编年词

《鹧鸪天 刘弘度移居燕山村,小桃花开,三日即谢,惜余未之见也。弘度有词记之,余亦赋此解》《鹧鸪天 弘度依原调见和小桃词,再赋一首奉答》《清平乐》(小园风絮)《玉楼春》(萋萋已遍江南路)《一萼红 子植自重庆来宜山,离乱相逢,话旧增慨》《鹧鸪天》(半卷舆图掩泪看)《淡黄柳 己卯冬日,旅泊都匀,客馆无俚,赋此自遣》

○中华民国二十九年庚辰(1940年) 先生三十六岁

本年先生在浙江大学中文系任教。

1月,到贵阳后候车,至少七日①。后抵遵义。

是月,先生作《贵阳旅舍遣闷》诗,《缪钺全集》失收,抄录

①参见先生《鹧鸪天 贵阳候车,七日不得》,《缪钺全集》第8卷《冰茧庵诗词稿》,第35-36页。

如下：

岁晚黔山道，栖遑岂定居。侵霜思白雁，如燬惜赪鱼。国望中兴日，人怀未乱初。明夷如可卜，敢负箧中书。

2月1日，浙大开始从宜山迁往贵州①。

2月3日（腊月二十六日），先生往江安接取家眷，于是日过重庆，春节前到江安②。

2月14日（正月初七），离江安赴遵义③。

2月22日，浙大二、三、四年级在遵义开课④。

3月，为浙江大学教育系学生讲中学国文教学法⑤。

5月5日，浙大为数学系章用（俊之）举行追悼会，先生在会上致辞。“九点至江公祠。开章俊之追悼会。刚复主席，到教职员四十馀人，学生近百人。首由刚复致辞，次余说数语，其次陈建功代表数（学）系，郭洽周、缪彦威、顾穀宜、梁庆椿、王师羲均致辞”⑥。

7月14日，先生访郭斌龢于其寓所，遇费巩，劝其出任训导长⑦。

7月24日，先生致函吴宓，力劝其即赴浙大，与诸友共图

①参见竺可桢《竺可桢日记》第2册附录一《大事记要》，北京：人民出版社，1984年1月版，第1310页。

②参见先生《北归省亲腊月廿六日过重庆有感》诗，《缪钺全集》第8卷《冰茧庵诗词稿》，第36页。

③参见先生《奉母赴遵义庚辰人日舟发江安》，《缪钺全集》第8卷《冰茧庵诗词稿》，第36页。

④参见竺可桢《竺可桢日记》，《竺可桢全集》第7卷，第301页。

⑤参见先生《中学国文教学法商榷》，《国立浙江大学师范学院院刊》第1集第1册，1940年。

⑥竺可桢《竺可桢日记》，《竺可桢全集》第7卷，第350页。

⑦参见费巩《日记》，《费巩文集》，第521页。

事业①。

8 月 2 日，与张其昀、费巩、郭斌龢联名致电吴宓："浙大聘电已发，师生一致欢迎，务必覆电应聘。"②

本年，《国立浙江大学师范学院院刊》第 1 集第 1 册发表先生文章《中学国文教学法商榷》，《缪钺全集》失收，抄录如下：

> 民国二十九年三月，余为浙江大学教育系诸生讲中学国文教学法，针切时弊，粗陈已见。适师范学院《院刊》征文，迁播初定，撰述未遑，爰取讲稿，略加董理，以供补白之用。中学国文，荒芜日甚，如何改进，实为要图。海内贤达，谅多究心，一得之愚，以质群彦。

> 近十馀年来，吾国中学之英文、算学、理化等科皆较前进步，惟国文则有江河日下之势，此已为无可讳言之事实。虽有少数人士别具见解，谓今日中学生国文程度胜于昔时，吾人实未敢苟同。夫测验中学生国文程度之优劣，不外国学常识与作文能力两端。试观近年之高中卒业生，除极少数优秀者外，语常识，则有不知许、郑为何人，《史》、《汉》为何书者矣。甚至有谓孟子生于汉时，段氏《说文解字注》乃段祺瑞所作者矣。语作文，则意绪芜杂，词句冗长，别字破体，连篇累牍。每年各大学招考新生时，凡阅国文试卷者，鲜不兴黄茅白苇之叹。中学生国文根基既如此浅薄，入大学后各分科系，自非专攻文学，或性好文事，难以期其更有大进。是则吾国通常学子，对于本国文化之了解，及文字之运用，将浅拙可怜，长此终古，岂不可悲。然则中学国文教学应如何改进？中学生国文程度应如何提高？固今日教育上极严重之问题，

①参见吴宓《吴宓日记》第 6 册，第 202 页。

②参见吴宓《吴宓日记》第 6 册，第 205 页。

不可不深□①详论，早谋善策，以期实行者矣。

欲论中学国文教学法之如何改进，须先知中学国文之目标为何？及近年来中学国文程度日降之原因何在？补偏救弊，以求合于理想中之标准，然后教学方法可得而言。

中学国文课程标准，教育部曾经颁定。初中国文目标有四：（一）使学生从本国语言文字上，了解固有文化，以培养其民族精神。（二）养成用语体文及语言叙事说理表情达意之技能。（三）养成了解平易文言文之能力。（四）养成阅读书籍之习惯，与欣赏文艺之兴趣。高中国文目标亦有四：（一）使学生能应用本国语言文字，深切了解固有之文化，以期达到民族振兴之目标。（二）除继续使学生能自由运用语体文外，并养成其用文言文叙事说理表情达意之技能。（三）培养学生读解古书、欣赏文学名著之能力。（四）培养学生创造新语②新文学之能力。综观部定中学国文目标，均极精当。中学国文教学，苟能与此合符，亦可无遗憾。然征之实际，相去甚远。吾尝推原其故，荦荦大者，厥有三端：

（一）教材之不当　教材之适宜与否，于教学效率，关系至巨。教材不宜，虽善教者亦鲜能为力。吾国各中学教授国文，有自选教材者，有采用课本者。自选教材者，殆占少数（自会考改制施行后，各中学教国文多用课本），故置不论。至于各书局出版之中学国文教科书，则殊鲜善本。综其通弊，大抵初中课本则文言、语体分配之比例未能适合，所选语体文不免芜杂；间选翻译作品，有词句过于欧化者，致学生作文，受其恶影响。所选文言文往往取自先秦古籍，与语体文程度悬殊过甚，失循序渐进之意。且易使学生感觉文言文高

①此处原留一空格，疑脱“思”字。

②此处疑脱“言”字。

不可攀，阻其研习之心。高中课本则往往选学术文过多，分量过重，学生于学术思想虽能略知，而于作文技术裨益殊鲜。夫中学国文之教学，徒恃课内讲授，已嫌不足，若并此课内讲授之教材而犹不适当，则收效亦仅矣。

（二）督责之不严　国文、英文、算学，虽同为中学三主要科目，然英、算两科教者督责甚严，学者亦不敢稍懈，惟国文则在若存若亡之间，中学生无不备英文字典，检查生字，而备中文字典查生字者寥寥也。中学生下课后，无不演算题，读英文，而诵国文者寥寥也。算题之演试、英文之默书，教者视为要务，学者弗敢或违，而国文之课其背诵者，则如空谷足音，间或有之，人将讥其迂阔矣。期考、年考之时，英文、算学之不及格者，比比皆是，而国文之不及格者则如凤毛麟角，间或有之，人将议其严峻矣。夫风习既成，贤者不免，教者怀宽恕之心，学者存苟且之念。故中学学生，自非特好文事，则于国文一科，率每星期听讲数时，每两周作文一次而已。其读书也，既乏覃思潜讨、详稽博览之功，其作文也，亦无朗诵恬吟、简练揣摩之力。如是而欲求其有大进，虽生知之资，犹且难之，况中材以下乎。故中学国文，往往数年光阴，等于虚掷，则亦无足怪矣。

（三）师资之不良　在中学中，国文教师，本极重要，非徒知识、技术之传授，而实影响于学生之思想及修养，其感召之力，有时过于训育主任或训导主任。盖一则训迪于有形，一则默化于无迹，有形者勉强，而无迹者自然也。故贤明有经验之中学校长及教务主任，对于遴聘国文教师，均极审慎。然自另一方面言之，国文一科教授时之难易轻重，较有弹性，而其优劣，亦不似英、算、理、化诸科之易显，平庸之士，以授学谋糊口者，亦易滥竽其间。近十馀年来，中学国文教师中，识见卓越，教诲勤恳，以致蔚成风气，孕育英才者，固不乏人，而苟且敷衍，坐耗岁月者，亦繁有其徒。此其人率多和平温厚，学生既不忍苛求，学校亦喜其安分，彼遂得晏然久于其位，而课业实滞误于冥冥之中。又迩来大学文科风气，重专门之研求，轻基本之训练，卒业中国文学系，号为高材生者，于考证训诂，或有所得，而短札小文，未能修洁。对于中国文化精义，及学术要旨，亦尚鲜通识。此其人宜置之研究院中，宽以时日，资其深造。若遽使授国文于中学，反似用违其长。至于等而下者，并此考据训诂之长亦无之，在校时，心慕作家，日读杂志，于中国学问之重要书籍，未能潜心研治，卒业后授中学国文，浅薄空疏，亦固其所。优良教师，既不易得，学生课业，自难期进益也。

又按中学国文师资之不良，其咎亦不尽在教师本身。尝见有初卒业于大学者，学识既佳，志趣亦正，及入中学授国文，因任课之繁（一人任三班或四班），及每班人数之多（一班有超出六七十人以上者），批改文卷，日不暇给，更无馀力顾及其他。久之，遂不得不违其初心，因循敷衍。故欲求中学国文师资之优良，改善待遇，以培养之，亦一要事。此意当于篇末论之。

中学国文所以日见退步，其症结所在，上述已详。然则今后教学方法应如何改进，兹以管见所及，分选材、讲授、作文三节论之（按部颁《中学课程标准》，于国文教学方法叙列甚详，余兹所言，针对时弊，发抒己见，其中有不赅不备之处，阅者仍宜参看部颁《课程标准》）。

一、选材

初中选材标准：

甲）语体文与文言文并选，语体文递减，文言文递增，在三学年中分量之分配，应为七与三、五与五、三与七之比。

乙）语体文应取精简流利者，过于欧化以致生涩难解者不录,翻译作品少选。

丙)文言文应选明畅平易者,使其循序渐进,易感兴趣,作文时,亦易模仿。

至于教材内容,部颁《课程标准》规定七条,均颇适当,兹不具引。

高中选材标准:

甲)以文言文为主

按高中学生对于语体文,已能自看,不必教师讲解。至于文章原理及技术,文言、语体相通,凡能欣赏文言文,无不能欣赏语体文者。且中国文言文有两千馀年之历史,天才辈出,名作如林,如董泽之蒲,采获无尽。中国文化亦均寄于是,自应多读。至于语体文,古人作者既寡,时贤于此虽颇努力,然以二十年之成绩,方诸二千年,仅成一与百之比。是以选文言文,恒觉美不胜收;而选语体文,则有无所取材之叹。综此数因,故高中教材宜以文言文为主。

乙)选艺术文,应以时代为经,以体裁为纬,由选文中讲明中国文章之流变,不必特授文学史。

丙)选学术文,应兼采各时代学术思想重要作品使学生略明中国学术之流变,不必特授国学概论。

按国内各高中,教授国文,有于普通选文之外,特授文学史及国学概论者,以为可以增强学生国学常识,用意甚善。然其中利弊参半。盖高中学生于中国学术或文学之基本书籍阅读甚鲜,若仅以每周二时或一时之课,于一年之间讲明中国学术或文章之源流迁变,其卒也不过粗记姓名,侈陈宗派,仅得模糊影响之知识而已。此只可供谈助,未足为学问也。故不如寓文学史、国学概论于选文之中,使学生略读历代名篇,教者讲解时,加以连贯,以明其迁变演化之迹。如此,庶几一举两得,时间既经济,而学生所知亦较切实也。

丁)诗词亦宜选授,使学生渐有欣赏纯文学之能力与兴趣。

戊)间选翻译精品,并附原文,使学生比较研究,以明中西文章风格、体裁之同异,兼可练习翻译。

至于教材内容,仍参看部颁《课程标准》。

二、讲授

甲)课内讲授

初中讲授应注意者:

(子)解释字句宜清晰正确,以植良好的基础。

初中学生,年稚学浅,而记忆力强,先入为主,往往终身不忘。故教者于此时,宜坚其基础,虽一词一字,亦不可掉以轻心,疏忽放过。遇有生字,应根据六书,作深透之解释,使学生对于一字,不但知其如何写,如何读,如何解,而且并知其何以如此写,何以如此读,何以如此解,异日进读古书,既多裨益,而平日作文,亦不致有破体及白字(凡写破体及白字皆因不明六书,如"舀"、"臽"之递误,"段"、"叚"之互讹,非但中学生为然,在社会中几成习见不鲜之事,如知此诸字所以造成之故,则绝不致有此误矣。譬如学英、法文者,若兼通拉丁文,则于字之了解与记忆更能深透而正确也)。按各中学中,有特授文字学者。窃以为,与其特授文字学,不如在讲文时,解释生字,悉本六书,更为亲切而实用也。昔戴东原幼时读书,遇一字必求其义,塾师略举传注训解之,意每不释,塾师授以《说文解字》,大好之,三年尽得其节目,后研读古书,遂多卓见。吾人固非望人人皆为戴东原,然取法乎上,此意不可不知也。

(丑)讲文时,非徒解释篇章字句而已,凡遇足以讲明吾国文化精义,及唤起民族意识之处,皆宜特加发挥。此外如名人名著，亦宜作较详细之介绍，增加学生国文常识，并引起其读书之兴味，激发其向上之志趣。

国家设立学校，教育青年，应以使其能知本国文化、有民族意识为第一义。在中学中，国文、历史两科实负其责。故中学国文教学，极应注意此点。不可以徒解释篇章字句为已尽能事。然曾见少数中学国文教师，讲授时常发轻蔑中国文化之议论。青年血气未定，或喜其新奇，群相矜尚，流弊所及，遗害无穷。司教育行政之责者，不可不注意及此也。

近来中学会考及升学考试，恒考国文常识。故中学生将卒业时，往往购坊间出版之国学常识小册子，请教师于一两星期之中加以讲解，甚无谓也。盖简单之书名、人名，既非可以仓促尽记，即强记之，亦枯燥无味，不久即忘。窃以为此事应在平时自然灌输，教师讲文时，遇名人名著，作有趣味之介绍。久之，非但学生常识丰富，且有感发兴起之功，进而尚友古人，研读古籍也。

(寅)名篇宜迫令学生背诵(每星期至少背一篇)。

读书背诵，古人所重，今人所轻。曾文正公谓："诗文以声音为本。"文章妙处非熟读不能知，亦非熟读不能学。无问中西，均同此理。近年来中学生作文所以难进步者，不肯熟读名篇，为一重要原因。如每星期背诵一篇，一年可得四十馀篇，三年可得一百二十馀篇(寒暑假中如肯读文则犹不止此数)，则于炼意遣辞、用笔布局之法，裨益甚大。且非独作文贵背诵也，治学亦然。读书譬如交友，草草读过，如泛泛之交，晤面时点首叙寒温而已，缓急不足恃也。若能熟读深思，则如肝胆之交，平居相切磋，患难相救济。故教中学生，宜迫令背书，既训练其记忆力，且可养成治学切实之习惯。

高中讲授应注意者：

（子）每讲一篇文之前，宜对作者作详细而有系统之介绍与批评，使学生了解其在中国学术史或文学史上之地位（名著亦然）。

（丑）讲本文时，非但解释字句而已，如遇艺术文，须研究其技巧。遇学术文，需发挥其义蕴。

（寅）关于欣赏及研究之方法，须时时应用例证，详加启示，引起学生课外读书之兴趣。

高中学生，程度渐进，讲授时宜示以方法，引其兴趣，使其渐能自己读书。故每讲一文，应精详洽熟，所谓读古人书如观当世事，始能亲切获益。常见高中学生，升入大学，询其以前学习国文之经过，则先秦诸子、汉魏高文，皆曾讲授，然叩其心得，茫然不能对。孔子曰："人莫不饮食，鲜能知味。"此不知味者也。故虽有名篇鸿制，苟潦草讲过，非但空耗良时而已，其流弊所及，且使学生感觉古书无意味，而生厌倦之心。夫古书非无意味，讲授时不能发其意味，则教者之过也。窃以为高中讲文，不必求其量之多，惟每讲一篇，须发其应有之义，使学生能得一篇之益，且有隅反之功。

（卯）遇有可以讲明中国文化特点之处，须尽量发挥。

文化空物，不可见也。欲了解一种文化，须研究此种文化所陶冶之人物，譬如讲生物时之有标本。故讲文时，凡遇足以代表中国文化一种典型之人物，皆宜详细评判，说明其特具之才识性情，及其如何修养而成，此种人物能建何种功业？创何种学术？其学术之长短利病如何？影响于国运世风者何若？如此，学生非但能深切了解中国文化，且有知人论世之能，于自己之修养，亦有弘益。

(辰)讲诗词时,注重诗教之修养。

教高中学生读诗,非尽期其作诗为诗人,其目的,一方面在教其能欣赏本国文学中最高美之作,一方面在涵养其温厚之情、超洁之趣,所谓诗教之修养也。中国古时教育,极重诗教。孔子之教弟子,屡以学诗为言。故自汉以后,凡历史上伟大之人物,虽不必尽能诗,而皆有诗教之修养(如诸葛亮、谢安、裴度、范仲淹、李纲、朱熹、王守仁、曾国藩之伦,或工诗,或不工诗,然究其生平言论行事观之,皆深于诗教之修养者)。高中教育宜稍注意此点,培养其高洁之情操,异日无论作何种事业,治何种学问,皆可超出一层也。

(巳)名篇仍宜迫令学生背诵。

乙)课外阅读

(子)选定适当之书籍,并指示阅读之方法。

(丑)学生程度及兴趣不同者,宜因才指导,不必过求整齐划一。

(寅)时时以深入浅出之法,述自己读书之经验及心得,以引起学生之兴趣,而减除其困难。

(卯)责令作读书札记,以资考核。

指导学生课外读书,固不能废督责考核,而尤重在引起其兴趣,使其自动爱读,不存敷衍塞责之心,乃能获益。如何始能引起学生读书兴趣,则须于选择书籍、指示方法两点注意。一班学生,或二三十人,或四五十人,其程度不尽同,兴趣亦各异,若过求整齐,选定一两种书籍,使全班皆读,似不甚适宜。课内讲授,不得不划一,课外指导,无妨因才施教。教师宜与学生作个别谈话,于全班中,择其程度相同,兴趣相近者,分为若干小组,每组选定适当之书籍,令其阅读。初中学生,读书能力尚小，应选浅近者；高中学生，则可以进读古人名著。选择时或取全书，或用节本，惟需有简当之注解。学生初读古书，最易因难生阻，是在教者善于指导，对于一书，既说明其内容价值，及如何读法，最好再就自己读书之经验，详加譬解，譬如指示旅行者，告以自己行此路时，遇险境如何度过，有名胜如何游览，游者必兴趣倍增，不致半途而辍。又须使知开卷有益之义，初学读书，虽不尽解亦无妨，得十之三四或十之五六，已能获益。待学识渐进，读书渐多，自有左右逢源之乐。至于如何蓄疑，如何得间，如何搜集相类相反或相关联之材料，用综合归纳之法，作进一步之撢索，是在高材生亦可以导其一试。总之，指导学生课外读书，如欲真见成效，有时且难于课内讲授，以其范围既广，且非尽用督责所能生效，是尤赖教师之循循善诱矣。

三、作文

甲）讲文时，宜讲明炼意修词之法，并责令学生熟读名篇，简炼揣摩。

乙）作文时，应使学生知惨淡经营之功，不可掉以轻心，信笔直写。

丙）发文时，宜普遍的或个别的说明学生文中之利病，教师自己所作之文，如有与所出题性质相同或相近者，宜印发与学生，以资模楷。

按教作文难于讲书，盖讲书为知识之传授，而作文乃技术之训练。知识之传授，苟讲解时清楚透彻，学生即可了解而记忆之。至于作文技术之训练，重在学生自悟，教者不过启发之，所谓大匠能予人规矩不能使人巧也。然启发苟得其道，则悟入亦不甚难，巧即寓于规矩之中矣。故讲文时于炼意修词之法，宜详加讲解，而尤须责令学生熟读名篇。读文之用意,不仅在能背诵,记其内容,而在由诵读时之音节中以领会其文章中之一切妙处。“旧书不厌百回读,熟读深思子自知。”学文尤然。曾文正公自言,每作文时,必先读文。吴至甫为莲池书院山长时,每晨起必读《史记》。张廉卿听曾文正公读王介甫《泰州海陵县主簿许君墓志铭》,顿悟用笔之法,自此研讨王文,文境大进。初学均不可不知此意。平日既有熟读深思之功,作文时尤须用心。普通中学生作文,往往掉以轻心,不知炼意修词,但信笔写出,即交卷了事。如此,则对于作文之甘苦,毫无经验,焉能求其有心得、有进步?教师虽为删改,彼亦不能揣摩而知其所以删改之故也。故教学生作文,应使其知用苦心,磨练一番,自有一番进益,由苦闷而进于开朗。至于发文时,应为学生详细讲明其文中之长短利病,如何发扬其长,而补救其短。欧阳永叔所谓“多商量”,亦学文之一要事也。

丁)初中作文可皆在课内作限时交卷。高中作文,有时可延长时间,在课外作。

戊)高中作文应多作文言。

高中讲文,既多为文言,而部颁《中学课程标准》“高中国文目标”第四条曰:“除继续使学生能自由运用语体文外,并养成其用文言文叙事说理表情达意之技能。”故高中学生宜多练习文言。工文言者,作白话文亦自进于清简,因其所不同者,仅词句,而原理方法则一也。文言与白话,本无鸿沟严界,而近二十年来文言、白话之争,尤为无谓。白话行文,自古有之,并非一二人之特殊发明,不过古人用白话文之范围狭,今人扩大之而已。然文言也自有其特长,自有其存在的理由,不能废也。且吾人今日所应致力者,不在辨文言、白话之长短优劣,而在如何能使文言、白话相互接近。二十年前提倡白话文者,所持之理由,为语、文一致,如何说即如何写，最为方便，且举欧西诸国为证。国人多信其说，靡然风从。实则纯粹之语、文一致，恐为不可能之事。欧西诸国，亦仅语、文接近而已，并非出诸口者尽可笔诸书，而名家之文，亦迥异于凡夫之语（惟作小说时为摹绘逼真，有时故意用粗俗之语言，以像下等社会中人之口吻）。其所以语、文接近之故，因教育普及，人民知识水准高，平日社交，注重词令，故渐能提高语言之程度以就文，非降低文之程度以就语言也。吾国古时，亦重辞令及语言，春秋时无论矣，即至魏晋间，言谈仍甚美，观《世说新语》可知。其后语言渐退化，精美之情思，皆用文章发表，语、文隔离日甚。试观今日，文盲遍地，通常人之语言，词字既寡，句法亦简，复杂曲折之情思，几不能达出，若再取法乎下，降低文之程度以就语，则恐将日远于文明之域。故窃以为，宜以普及教育提高国民程度为先务，则语言程度自能渐进。文言之词句，尽量运用于语言中（今日知识阶级中人说话即多如此），而新名词、新语法亦尽量融化于文言文内，语与文互相接近。至于著诸楮墨者，或为清空如话之文言，或为简洁修炼之白话，是则吾人之所蕲向者矣。余心怀斯义，历有年所，因论中学作文，粗发其凡于此。

己）学生文卷中之别字、破体字、简笔字，宜随时改正。

庚）学生文卷，宜责令抄写工整。

中学生作文卷，往往抄写潦草，别字、破体字、简笔字，触目皆是，教师改文时，于此不可忽略，应加以纠正，使其养成写字正确及工整之习惯。

以上所陈，虽卑之无甚高论，然大抵皆余昔年教中学时经验所得，行之有效，或朋友平日留意此问题者互相讨论之见解。苟能切实施行，于今日中学国文教学之改进，或亦不无小补。虽然，徒法不能以自行，要在乎教者得其人。教师优良，各有其会心得意之处，固不必拘于成法，反之，教师不良,虽有善法,亦不能行,或行之而失其本意。故欲求中学国文程度之增进,培养良师,为治本之策。培养良师,其道有二:一为在大学读书时之培养,一为在中学教书时之培养。所谓在大学读书时之培养者,中学国文教师,大多数皆为大学中国文学系或师范学院国文系之毕业生。今日国内各大学之中国文学系,其卓然有成绩者,故未尝乏,而因风气之偏,忽视基本训练者亦有之。至于师范学院国文系,虽目的在造就中学师资,然亦须有高一层之理想。凡培养人才,定标准时,须超过其作事时实际之所需要,所谓取法乎上,仅得乎中。若教者以"教书匠"期之,而学者亦以"教书匠"自期,其卒也,虽求之为优良之"教书匠"而不可得。且严格论之,中学国文教师,无异于中国文化之传播者,其责任极重,其培养亦应较难。故吾意一优良之中学国文教师,应具备下列诸条件:(一)能为明通修洁之文。(二)有清新精细之思想,对事理能分析,能批评,无冬烘笼统之弊。(三)四部中之要籍,皆切实读过。(四)研治中国学术,能用精密之考证方法,且具有通识。能如此,授中学国文,庶可胜任矣。所谓在中学教书时之培养者,古人称"教学相长",故一优良之教师,非但读书时须有良好之造诣,即教书时亦须有进修之功。而国内中学,往往因规制之不完善,待遇之不合理,使为教师者,劳碌过当,虽欲尽力授课,犹不可能,更无论自修。此种情形,于国文一科为尤甚。国文教学,其性质有特异于他科者,即改文所废之时间及精力,殆倍于授课。办理合理之中学,其专任之国文教员,每人率任课两班,每周上课十小时或十二小时,每班学生多者五六十人,少者二三十人,每两周作文一次,平均每周改文约四十本。如此,则教师可有充裕之时间精力以预备、讲授、改文,及指导学生课外阅读,且可有馀暇自己读书,以求进益。然各地中学,能如此者甚少,往往以钟点计薪，或对于一专任教员规定必须授课若干小时（恒在十八小时以上），于是一国文教员不得不任课三班到四班，而每班人数，亦不能恪遵部章，恒超过六十人。是故为国文教员者，除每日上课至少三小时外，每两周且须改文一百七八十本，或二百馀本，晨昏伏案，日无暇晷，将成为一改文机器，焉能望其究心教学，更焉能望其努力自修。常见有志上进之中学国文教师，受此羁勒，苦难摆脱，往往杜口公堂，而嗟叹私室。贻误课业，斫丧人材，殆莫此为甚。望负教育行政之责者，能注意及此，而谋改善之方，定合理之制也。

是年，章士钊、沈尹默、乔大壮、江庸（翊云）等在重庆发起创办“饮河诗社”，先生为社员①。

是年，先生作《奉和马湛翁先生上巳寄诗原韵》诗，《缪钺全集》失收，抄录如下：

湖外云山旧结邻，飞来鱼鸟亦能亲。高丘反顾哀无女，空谷相闻傥有人。盈袖馨华遗远者，当门五柳似嘉宾。匆匆又过清明节，听雨听风未是春。

又作《偶成》诗，亦失收，抄录如下：

隔院依稀听玉笙，银缸遮雾梦难成。西园碧树禁风雨，多少羁禽此夜惊。

南来不见柳吹绵，曾记清波照影妍。梁燕未知人意嫩，殷勤犹为说春前。

偶闻剥啄叩门深，延客中堂话素心。隐机醉醒原异趣，晚风吹雨过桐阴。

野鸟飞飞去复回，荆花一树映窗开。奇怀经乱归平淡，

①参见许伯建、唐珍璧《饮河诗社史略》，《文史杂志》，1994 年第 2 期。

犹喜西山爽气来。

发表文章

中学国文教学法商榷(《国立浙江大学师范学院院刊》第1集第1册,1940年。河北教育出版社版《缪钺全集》失收)

编年诗

《游贵阳公园》《贵阳旅舍遣闷》《北归省亲腊月廿六日过重庆有感》《奉母赴遵义庚辰人日舟发江安》《奉和马湛翁先生上巳寄诗原韵》《挽章俊之用兼寄陈弼猷澂江三首》《偶成》《惘惘》

编年词

《鹧鸪天 贵阳候车,七日不得》《玉楼春》(风帘水榭犹相认)

卷二　1941-1949年

○中华民国三十年辛巳(1941年)　先生三十七岁

本年先生在浙江大学中文系任教。

3月,先生作《槃庵寄题拙作赋此奉酬》诗,《缪钺全集》失收,抄录如下:

自愧巴人曲,何来琬琰章。国风哀窈窕,楚赋假兰芳。揽茝荷衣洁,扬灵极浦长。玉炉香未灭,灰印已回肠。

6月,《国立浙江大学文学院集刊》创刊,先生名列编委。

7月2日,致函陈槃:

槃庵尊兄先生著席:

五月十九日寄书及诗,谅尘玄览。暑热,惟动静多祉。此间校课已结束,下星期考试,考毕放假,可以小休。假中拟细读《三国志》、《晋书》、南北史,盖迩来治中古文学史颇有兴趣也。拙作《杜牧之年谱》卷上已印妥,另封寄正①諟正。《浙大文院集刊》第一集亦已出版,贵所当由校中寄赠也。近作小诗两首,附函录奉清娱。专此,敬承

夏安。

弟钺顿首　七月二日

---

①原文作"正",疑当作"呈"。

之屏弟乞代候,《杜牧之年谱》卷上一册另封寄上。①

8月,应聘为浙江大学中文系教授②。

9月6日,致函杨联陞:

莲生吾弟如晤:

八月四日曾寄一函并《周代之雅言》一文,谅蒙青及。吾弟暑假中读何书?近一月中钺仍编"文学史"讲稿,偶读英文小说自遣。本年大学招考新生,中大、浙大、武汉、西南联大四校合招,国文题为"自述在中学学习国文之经过",遵义、贵阳、衡阳三区试卷由浙大阅看,共两千本,颇可看出近年来国文教学之情形。湖南省中学甚重国文,广东、广西则较差。应试学生国文程度之普通水准虽低,然亦有出类拔萃者,观其自述,则皆在中学得遇良师。湖南私立雅礼中学学生国文程度均较佳,盖国文教员邵子风君之力,学生多称道之,可见事在人为也。荫麟兄所居距钺寓所甚远,夏日畏热,少出门,故晤面甚稀。李源澄兄(四川人,吾弟想见过其作品)在浙大讲"中古史"、"中国思想史"等课,人甚笃实天真,与钺甚相得。近应民族文化书院之聘,赴云南大理(书院乃张君劢所办,澄源兄来信言大理风景极佳,书院中教学、研究亦极自由)。浙大新聘两位讲师。一黎子耀君,武大卒业,治中国经济史,曾作《补后汉书食货志》,荫麟兄颇称赞之;一沈鉴君,清华毕业,不知弟识其人否?西洋史尚未请到适当人材,张晓峰兄常谈及,望弟归国后能到浙大授学也。弟如有暇,请为《思想与时代》月刊撰稿(以书评或报

---

①原信复印件,由王汎森、陈鸿森提供。

②先生《高等学校教师登记表》,1953年4月填写,四川大学档案馆馆藏人事档案。

告西洋治汉学之消息为最好,因此种稿件最缺乏也)。母亲仍常苦失眠,形神疲惫,此间产银耳,常常服食,可以补养,惟功效甚缓。拟服西洋参,请弟在美购少许,置信封中寄来,不知可否?如邮寄不便即作罢可也。《杜牧之年谱》卷上印本较厚,分置三个信封中寄上。馀容续陈,此询

近佳。

钺顿首 九月六日①

10月4日(农历8月14日),受方豪之邀,先生与同事数人到遵义天主教堂赏月。"民国三十年,余讲学浙江大学,时在遵义。中秋前夕,约同事若干人,在教堂赏月,缪彦威先生钺赠诗曰:……"②。先生作《夏历八月十四日遵义教堂赏月呈杰人司铎》诗,《缪钺全集》失收,抄录如下:

黔徼难逢月,今宵喜照临。山城哀画角,圣地洁尘心。龙战终无已,蟾辉恐又阴。福音拯世意,相与一沈吟。

10月29日,致函刘永济:

弘度长兄道席:

前承惠书并大词《浣溪沙》二首,近又从洽兄处拜读《月下笛》、《念奴娇》、《鹊踏枝》诸新作,钦佩无已。兄词皆发于哀乐之深,称心而言,风格遒上,有掉臂游行之乐,使读者吟玩讽味,如见其伤时怨生、悲往追来之感。又词中凄艳与沈健鲜能兼美,兄独浑合为一,此皆古人所难者。《鹊踏枝》

①原信原件,由缪鋆提供。

②方豪《咏天主堂诗》,《铎声》第5卷第8期,1967年5月。收入《方豪六十自定稿》下册,(台湾)学生书局,1969年6月版,第2143页。1946年11月出版之《上智编译馆馆刊》第1卷第13页刊有此诗,诗题为《夏历八月十四日遵义教堂赏月呈杰人司铎》。

于正中、永叔之外，自辟境界；《念奴娇·咏燕》苍凉悲咽，怆怀身世，与梅溪异曲同工。弟尤爱“电络灯杆”三句，运用新材料，别有意味。弟近年来教学相长，于此事弥谙甘苦，惟自愧才弱，不足以发之。故每诵兄作，弥深钦慰也。此间于十月十三日开课，弟授“词选”、“中国文学史”及“各体文习作”（指导学生五人），尚不甚累。秋凉夜永，灯火可亲，覙缕书此，聊当晤语。近作三首，附呈

教正。肃此，敬承

著祺。

弟钺顿首　十月廿九日①

11月2日，致函叶麐：

石荪吾兄史席：

前在宜山，曾一度奉书，两载以还，未修音敬。乱离阻隔，所怀万端，握管沈吟，往往中辍。疏阔之咎，尚希曲谅。浙大于去年二月间迁至遵义，较宜山警报少，气候佳，可以安心教学。弟授“词选”、“唐宋诗”、“中国文学史”等课，课馀亦偶有撰述，然苦参考书少，凭藉不足，粗发其端，未能深密。近数年中，得郭洽周兄助益，读西洋文学书不少，批评创作似颇获新境。吾兄近况何似，离乱之感，江山之胜，想词境益进矣。忆曩时故都谭艺，如在天上。西南漂泊，时念光仪。去岁洽周兄曾向浙大校方推荐吾兄，冀得聚首，其事未成（因此间教育系已有三位教心理之教授，故一时未有机缘），为之怅怅，不知何时复得促膝论文，如昔日之欢也。拙作《周代之雅言》及《杜牧之年谱》卷上印本两册，另封寄呈諟正，近作诗词待抄录后奉寄。便中幸惠数行，以慰远念。

①原信复印件，由程千帆提供。

如有佳制，极愿拜读。肃此，敬承

著祺。

弟缪钺顿首　十月二日①

11月11日，致函陈槃：

槃庵尊兄撰席：

奉书及诗，拜诵至慰。杂诗七首，境高味醇。弟尤喜诵四、五两首，极有同感也。此间开课匝月，尚不甚劳。张晓峰兄其昀办《思想与时代》月刊，弟嘱张兄按期寄尊处一份，第一、二期想均递到，乞兄与之屏弟共阅之。张兄偶来征稿，弟不善为论政之文，仅润饰旧作论诗词稿一二篇以塞责，第三期中有弟《论词》一文（第三期日内即可印出），乞教正为盼。近作诗词三首，录奉清娱，专此，敬颂

吟祉。

弟钺顿首　十一月十一日

之屏弟均此致候。②

12月，先生作《奉酬槃庵兄原韵兼呈贞一先生》诗，《缪钺全集》失收，抄录如下：

蜡炬几惊灰，登临怯废台。冬寒兰自活，天重雾难开。宁必花前见，真如梦里来。亦知齐得丧，触物又生哀。又字或作易。

冬，先生与友人方豪、谭其骧等筹办文史类刊物，因经费无着，后由方豪商得重庆《益世报》同意，附该报主办出版《文史副刊》。“三十年夏，余……来浙大讲学，复与君③同事于史地系。是年冬，

①原信原件，由叶韶令提供。

②原信复印件，由王汎森、陈鸿森提供。

③即张荫麟。

友人缪彦威、谭季龙、夏朴山诸君，谋出刊物，以专载有关文史研究之作，君亦竭力赞成，旋以经费无着，印刷困难，复由余商得《益世报》同意，附该报问世焉。……"①。

是年，先生所作诗二首，《缪钺全集》失收，抄录如下：

百　念

百念沈绵积未宣，无端风雨发烦冤。已甘草弱难言命，为底楼高易断魂。沙上枯鱼犹呴沫，梦中残黛愧温存。劳生多难宁如此，拟唤巫阳与细论。

移　花

移植经时节，相期愿不违。受风偏特立，滋露渐能肥。永日徘徊久，雕栏护惜微。轻尘纵无害，莫令近芳菲。

发表文章

论宋诗(《思想与时代》第3期，1941年10月)

论词(《思想与时代》第3期，1941年10月)

周代之"雅言"(《国立浙江大学文学院集刊》第1集，1941年6月)

《杜牧之年谱》(卷上)(《国立浙江大学文学院集刊》第1集，1941年6月)

编年诗

《遵义岁暮书怀》《百念》《杂诗三首》《檗庵寄题拙作赋此奉酬》《奇花》《深怀》《移花》《夏历八月十四日遵义教堂赏月呈杰人司铎》《送李源澄归蜀》《遵义郊外观荷》《秋怀》《奉酬檗庵兄原韵兼呈贞一先生》

①方豪《略论张荫麟先生在史学上之成就》，(台湾)《书目季刊》13卷4期第61页，1980年3月。

编年词

《水调歌头》(圆月向人好) 《归国谣》(春乍暖) 《点绛唇》(薄絮疏花) 《琵琶仙》(一叶敲窗) 《谒金门》(说不得) 《浣溪沙》(哀乐当前未易寻)

○中华民国三十一年壬午(1942 年) 先生三十八岁

本年先生在浙江大学中文系任教。

1 月 22 日,致函刘永济:

弘度长兄著席:

去岁十月二十九日曾肃一笺,并拙作诗词数首,谅尘玄览。天寒,惟道履宁佳。弟本期授"中国文学史",偶撰补充讲稿,已成《王粲行年考》及《何晏王弼事辑》两篇,另封寄呈教正。建安七子,仲宣特秀,足以代表一时风气。何晏、王弼开正始清谈之风,言语之美,影响文章,而名理之文,亦奠基于此时。故辑诸人行事,粗加考释,以为异日立论之资。篇中有疏舛处,乞指示为盼。近又撰《论词》一文,刊布于《思想与时代》月刊中,附函寄上,就正方家。小诗一首,并奉清娱。此间再上课一周,即举行考试。碌碌半载,又可小休矣。专此,敬承

吟祉。

弟钺顿首 一月廿二日①

2 月 3 日,致函刘永济:

弘度学长著席:

一月廿二日曾上一笺及拙著《论词》印稿,另封寄文学

①原信复印件,由程千帆提供。

史补充讲稿《王粲行年考》、《何晏王弼事辑》两篇，谅均蒙玄览。顷奉手示，敬悉种切。吾兄以硕学重望长武大文院，领袖群伦，建树风气，以湘人而兴蜀学，可以上继湘绮遗躅，弟等远道闻之，同深欢忭。尊论屈赋二事，极佩卓识。《九章》自《思美人》以下，殆均非屈原所作，故扬子云《畔牢愁》所仿，自《惜诵》至《怀沙》而止，盖仅以此五篇为真也。吾兄疑《国殇》不应列入《九歌》中，甚是。《九歌》以"九"标名，实则是十一篇，数目不合，末篇《礼魂》为诸祀所通用之送神之曲（王夫之说），可以不计，而尚有十篇，若去《国殇》，则恰为九篇，合于《九歌》之名。尊论可谓能发千载之覆者。惟谓《国殇》即太史公所谓之《招魂》，弟尚有疑义。窃以为，太史公所言之《招魂》，即今《楚辞》中之《招魂》，乃屈原作，非宋玉作。近与友人研讨，获一新证。盖《招魂》属屈或属宋，为千载未决之问题。弟尝反覆研寻，觉篇中藻饰之辞，难施考证，惟"乱"辞中写楚王射猎"路贯庐江兮左长薄"一句，可为探讨之资。盖宋玉在屈原之后，非同时（宋玉为屈原弟子之说，见于王逸《九辩》注，《史记》、《汉书》所记均不如此，《史记·屈原传》："楚自屈原之后，宋玉、唐勒、景差之徒皆好辞而以赋见称。"《汉书·艺文志》著录宋玉赋十六篇，班固自注云："楚人，与唐勒并时，在屈原后。"《汉书·地理志》："寿春亦一都会也。始楚贤臣屈原被谗放流，作《离骚》诸赋以自伤悼，后有宋玉、唐勒之属慕而述之，皆以显名。"观《史》、《汉》所述，宋玉对屈原不过"慕而述之"，并非师生。王逸之说，殆出附会。《汉·地志》记宋玉于寿春之下，可见玉之时代，在楚国末年迁都寿春后也）。屈原之时楚都郢，宋玉之时楚都寿春。《招魂》中所谓"庐江"，究应在何地。如在今湖北，则此文为屈原作；如在今安徽，则为宋玉作（自汉以后，"庐江"之名著于皖，然同一地名，因古今之异而地望不同,此例甚多)。弟尝以此事询之友人谭季龙兄(谭兄精于地理沿革之学,著述甚多),谭兄覆书谓《招魂》中之“庐”在今湖北宜城县北,其地于《汉志》为中卢县。其说精确可据(谭兄书印稿附上),故《招魂》应属屈原作,不知高明以为如何。弟授文学史,未印讲义。讲时口授,学生笔记。偶撰单篇,作为补充讲稿。弟近读魏晋间书,于其时学术文章之升降流变颇有所悟,惟尚未能义据通深,发为论著也。洽兄戏言,屡为吾兄所考,当努力缴卷。梅先生眷属尚在香港,未来遵义。肃覆,敬承

吟祉。

弟钺顿首　二月三日

洽兄附笔致候。

去年十月中曾寄一书并拙作《琵琶仙》、《谒金门》二词,不知已达否①?

3月18日,致函陈槃、劳榦,为新办《益世报》《文史副刊》征稿:

槃庵尊兄、贞一先生著席:

二月五日曾肃一笺,并拙著《论词》印稿,谅登记室。顷承贞一先生惠赐大著两篇,均已拜读,《汉简所见之边郡制度》考证精审,足订王静安说之疏漏。《论鲁西画像三石》谓车耳作輢上反出,辀作半圆形,解疑释惑,为阮氏诤臣,而论后汉尚名节之故一段,尤为透辟,当于人心。敬佩敬佩。此间于三月二日开课,弦诵如恒。近与知友数人办一《文史副刊》,由方杰人兄主编(方君名豪,治中西交通史,在浙大授学),在《益世报》发表,月出两期,第一、二两期已出版,附函

①原信复印件,由程千帆提供。

寄奉清娱。两兄如有短篇考证文字，肯赐下以光篇幅，极所感盼。肃此，敬承
吟祉。

弟钺拜上 三月十八日①

3月24日，《益世报》《文史副刊》第3期发表先生文章《读〈晋书〉札记》，《缪钺全集》失收，抄录如下：

《御览》引《晋书》有误

《御览》二百十五引《晋书》曰："乐广为尚书郎，与何晏、邓飏等谈讲，卫瓘见而奇之，曰：'常恐微言將绝，今复闻之。'"今本《晋书·乐广传》无"为尚书郎，与何晏、邓飏等谈讲"之语。按广《传》谓"父方，参魏征西将军夏侯玄军事。广时年十八岁，玄常见广在路，因呼与语"。玄为征西将军在正始四五年间（《魏志》玄《传》谓云："为征西将军……与曹爽共兴骆谷之役。"按《曹爽传》，由骆谷伐蜀，在正始五年，故知玄为征西将军盖在正始四五年间也）。广是时年八岁，则至正始十年（即嘉平元年）何晏被害时，广不过十三四岁，决不能为尚书郎与晏等谈讲。《晋书·卫瓘传》谓瓘"弱冠为魏尚书郎"，广《传》亦谓瓘"逮与魏正始中诸名士谈论"，然则《御览》引《晋书》所谓"为尚书郎，与何晏、邓飏等谈讲"，乃卫瓘事，而误为乐广者也。《御览》引书，字句间常稍有更易，且有致误如此类者。后人据《御览》以校书，亦应审慎也（梁以前撰《晋书》者，据《隋书·经籍志》所载，有王隐、虞预、朱凤、何法盛、谢灵运、臧荣绪、萧子云、萧子显等。此诸书在北宋初尚未尽亡，或疑《御览》所引《晋书》未必即为今所传唐初官修之《晋书》。然《御览》引何法

①原信复印件，由王汎森、陈鸿森提供。

盛、谢灵运、臧荣绪之作，皆标明"《晋中兴书》"、"谢灵运《晋书》"、"臧荣绪《晋书》"，其只言"《晋书》"者，殆即指唐初官修之《晋书》。且无论据何种《晋书》，亦不应以卫瓘事误为乐广事也）。

王导结人心之政策

王导匡辅东晋，并无赫赫之功，如诸葛亮之治蜀，王猛之治秦，而何以有江左夷吾之誉（桓温、温峤并有此语，见王导及桓温《传》。窃疑此乃一事之误传为二，否则何以如此之巧合）？细读《晋书》，颇悟其故。导之最大功绩，即在于省事宜，结人心，此实东晋苞桑之所系也。江南本孙吴故土，与晋为敌国，晋灭吴后，虽颇登用南人，然观陆机《荐贺循疏》："荆、扬二州，户各数十万，今扬州无郎，而荆州江南乃无一人为京城职者，诚非圣朝待四方之本心。"（《贺循传》）陶侃至洛阳，数诣张华，华以侃远人，不甚接遇（《陶侃传》）。则南北人士之间，仍有轩轾。西晋末年，江南有石冰、陈敏、钱璯之乱，皆吴人周玘、顾荣等自讨平之，以安乡土。元帝一旦以中朝藩王，客寄南来，欲借以建中兴之业，而义兴周氏、吴郡顾氏、丹阳纪氏、会稽贺氏，并江南强宗豪族，人情所归，苟交欢不得其道，则国基将有倾覆之虞，固不必待外患也。导深识此理。元帝初以琅邪王徙镇建康，吴人不附，导即劝以虚己倾心，宾礼故老。帝使导躬造贺循、顾荣，二人应命而至（《王导传》）。循、荣本皆贤者，固宜登用，而吴人有谋反者，如周玘及其子周勰（周玘曾三定江南之乱），事虽发觉，元帝亦隐忍，不加诛戮，或更与官爵，或待之如旧（《周玘、周勰传》）。此盖亦导之策也。尤有一事，最足以见导之苦心者。王敦叛时，周札（周玘之弟）守石头，开门迎敦，王师败绩，后敦忌周氏宗强，遣军杀札。敦死，札故吏诣阙讼冤，请加赠谥。事下八坐，卞壶、郗鉴皆以札石头之役，开门延寇，王敦恣乱，札之责也，不宜追赠。导独为札辩护，谓开门之事，出于风言，而札违逆党顺，不负忠义。鉴又驳不同，而朝廷实从导议（《周札传》）。夫就事而言，壸、鉴持议甚正，导之明智，岂不知此，而所以故为异议者，盖周氏两次谋叛，皆以愤忿中州人士（《周玘、周勰传》），导之追赠周札，特示优渥，消其怨气，此乃政策上微妙之运用，而不能明言于众。明帝知之，故从导议也。导以宰辅之尊，请婚吴人（《陆玩传》），故效吴语（《世说·排调篇》），皆所以泯除界域，思结人情。元帝初至江南，谓顾荣曰"寄人国土，心常怀惭"（《世说·言语篇》）。惴惴之意，溢于辞表。其后东晋百年之中，只有强藩称兵，而无士人兴乱，未尝非王导结人心政策之成功。江左夷吾，盖以此欤。结人心为王导一贯之政策，非独对南人然，故史称其"以宽和得众"（《庾亮传》）。然此种政策之施用，亦有时未尽得当者。西晋虽以清谈误国，而东晋之初，虚玄放诞之风，仍为人所慕向。阮孚、阮放、谢鲲、胡毋辅之、毕卓、羊曼诸名士，避乱渡江，并负时誉。而有识之士，如卞壸、应詹、陈頵、熊远等，皆以为敝风宜革，陈頵与王导书，陈浮竞之弊，谓宜明赏信罚。卞壸以当时贵游子弟，多慕王澄、谢鲲为达，欲奏推之，导皆不从（陈頵及卞壸《传》）。盖亦恐违人心也（《陈頵传》谓頵以孤寒数有奏议，朝士多恶之，出除谯郡太守。壸《传》亦谓壸以褒贬为己任，勤于吏事，欲轨正督世，不苟同时好，故为诸名士所少，而无卓尔优誉。盖综覈名实之人，自不为浮华之士所喜也）。阮放为太子中舍人庶子，时虽戎车屡驾，而放侍太子，常说老、庄，不及军国。导以其名士，常供给衣食（《阮放传》）。殷融为王导司徒左西属，饮酒善舞，终日啸咏，未尝以事物自婴，导甚相亲悦（《御览》二百九引《晋中兴书》）。卫玠將改葬于江宁，王导下教曰"卫洗马明当改葬。此君风流名士,海内所瞻,可修薄祭,以敦旧好"(《卫玠传》)。夫因恐违人情之故,不敢骤改弊风,固有其不得已。然更进而与诸名士相亲厚,相委蛇,且由生者及于死者,对虚浮放达之习,不但不加以矫正,反似有倡导之意,此则结人心政策之施用过当者也。当时卞壶名贤,精勤吏事;陶侃重臣,综覈名实;陈頵、熊远,主持正议;元帝任刑法(《庾亮传》),用申韩(《阮孚传》);明帝亦深契卞壶(《卞壶传》),以导之德望,若再楷柱其间,西晋弊风,未尝不能改革。徒谋一时之融洽,而忽百年之远图,使虚浮之风,衍于江左,殷浩之徒,以虚名任重寄,外为强敌所挫,内为权臣所轻,国运卒以不振,未尝非导之失策也。

《殷浩传》及《庾翼传》记殷羡为人不同

《殷浩传》记浩父羡不为人作致书邮一事,并称其"资性介立",其人似亦贤者。而《庾翼传》则谓殷浩父羡为长沙,在郡贪残。翼兄冰与翼书属之,翼报曰:"殷君始往,虽多骄豪,实有风力之益。……自顷以来,奉公更退,私累日滋。"又曰:"荆州所统一二十郡,唯长沙最恶。"则殷羡盖极贪黩,故庾翼深恶之。自魏晋以来,作家传之风甚盛,记述先人,隐恶扬善。后世修史者以家传为蓝本,故在本传中追叙其祖或父者,多溢美之辞,而其祖或父性行实况,反见于他传中,读史者不可不致意于此也。

7月8日,致函陈槃:

槃庵吾兄左右:

五月曾上一笺,并《文史副刊》,谅登记室。顷奉手简及大诗印稿,拜诵欣佩。贞一先生已抵敦煌,其通讯处望惠示。尊著论谶纬文,极愿拜读。吾兄如有札记短文,肯赐下为《文史副刊》光篇幅,至所感盼。肃覆,敬承著安。

弟钺再拜　七月八日①

7月19日,致函刘永济,

弘度长兄有道:

奉到手示及大词《浣溪沙》六阕,幽忆怨断,自成馨逸,敬佩无已。武大成立文史研究所,由吾兄主持风气,甚盛甚盛。军兴以还,学风荒落,人羡贾鬻,士好游谈。吾等今日应培养真正读书种子,庶几数千年学术文章有所寄托(研究生入院考试、平日督责、毕业考试均应严格)。高明谅以为然也。茅生于美明夏卒业,此君两年以来于词颇致力,兹嘱其录近作十馀首,附呈尊察,并乞不吝赐教为幸。弟近作短文两篇,发表于《益世报》《文史副刊》中,附函寄呈教正。此小刊物乃浙大同道数人所办,由方豪兄主编。吾兄如有短文札记肯赐下,以光篇幅,极所感盼。联大闻有迁移之说,不知确否。雨僧兄拟将书籍运来遵义保存也。暑热,乞为道珍卫,馀俟续陈。肃覆,敬颂

教祺。

弟钺拜上　七月十九日②

8月8日,出席梅光迪主持的师院教师座谈会③。

8月26日,致函陈槃:

槃庵尊兄著席:

手示及大诗均诵悉,蒙惠允为《文史副刊》撰稿,至感。

①原信复印件,由王汎森、陈鸿森提供。

②原信复印件,由程千帆提供。

③竺可桢《竺可桢日记》,《竺可桢全集》第8卷,上海:上海科技出版社,2006年12月版,第379页。

赐下贞一先生《西北考古通讯》两则，已交方杰人兄，下期（十四期）即刊出。以后《通讯》，尚乞时时惠赐。四言诗，汉魏晋人所作，多患板重，惟陶公数篇，称心而言，有清腴之致。尊制新俊渊永，希踪元亮，玩诵无斁。此间于九月中旬上课，《文史副刊》第十，十一，十二、三期附上。肃覆，敬承

吟祉。

弟钺拜上　八月廿六日①

8月27日，《益世报》《文史副刊》第30期发表先生文章《尚书郎——南朝官职杂释之一》，《缪钺全集》失收，抄录如下：

南朝尚书郎之选较轻，高门士胄多不愿为之。《晋书·王坦之传》："仆射江虨领选，将拟为尚书郎，坦之闻曰：'自过江来，尚书郎正用第二人，何得以此见拟？'虨遂止。"《宋书·江智渊传》："元嘉末，除尚书库部郎。时高流官序，不为台郎，智渊门孤援寡，独有此授，意甚不悦，固辞不肯拜。"《梁书·王筠传》："迁太子舍人，除尚书殿中郎。王氏过江以来，未有居郎署者，或劝逡巡不就。"吏部郎虽亦为尚书郎之一，然与其馀曹郎不同。《晋书·王国宝传》："除尚书郎。国宝以中兴豪腴之族，惟作吏部，不为馀曹郎，甚怨望，固辞不拜。"豪腴之族，惟作吏部，不为馀曹郎，盖吏部郎佐吏部尚书掌铨选之事，时人谓之"小选"（《南史·谢朓传》）。故独为显职，非其馀曹郎可比也。宋江智渊初除台郎，不肯拜，后为中书侍郎，世祖深相知待，迁骁骑将军、尚书吏部郎（《宋书·江智渊传》）。齐谢朓为镇北咨议，南东海太守，行南徐州事，启王敬则反谋，上甚赏之，迁尚书吏部郎（《南

①原信复印件，由王汎森、陈鸿森提供。

齐书·谢朓传》)。可见吏部郎之职独高。《南史·何尚之传》:"迁吏部郎。告休定省,倾朝送别于冶渚。及至郡,叔度(尚之父)谓曰:'闻汝来此,倾朝相送,可有几客?'答曰:'殆数百人。'叔度笑曰:'此是送吏部郎耳,非关何彦德(尚之字彦德)也。'"吏部郎声势之煊赫如此,是以高门士族,鄙弃台郎,而独愿为吏部也。

9月13日,张其昀宴请贺麟(自昭),先生与宴①。

本月,齐鲁大学聘先生为国文系主任,先生以公私种种关系,覆函辞聘②。

10月13日,新学期开学,先生讲授"词选"、"中国文学史"、"各体文习作"诸课程③。

10月24日,史地系教授张荫麟去世。后数日,先生撰献挽联:知君以远大自期定论须留千载后;抚棺于乱离之际订交犹忆六年前。

11月29日,致函陈槃:

槃庵尊兄著席:

九月十七日曾肃一笺,并挂号寄《文史副刊》第十四期十叶,谅登记室。冬寒,惟瑶馔佳鬯,撰著多娱。顷于《责善》第二卷第二十三期中读大文《〈左氏春秋义例辨〉自叙》两首,非但翰藻之美,并见识解之卓,及功力之勤,敬佩无斁。此书闻已付商务印书馆刊印,而因乱中辍。尊处谅有副本,不知最近仍可在渝付印否?弟极望大著早日问世,可以嘉惠士林也。吾国先秦学术历史,固赖汉人之解说笺注,

①竺可桢《竺可桢日记》,《竺可桢全集》第8卷,第397页。
②参见先生1942年10月24日致杨联陞函(原信复印件,由杨道申提供)。
③参见先生1942年10月29日致刘永济函(原信复印件,由程千帆提供)。

及网罗纂录，以传于后。然因汉人附会妄说，失其本真，而遂锢蔽二千年之人心者，亦复不少。自两宋以还，迄于清末，虽不乏明识之士，时发其覆，而囿于时代，仍多言之未尽。近人摆脱顾忌，潜思远瞩，益觉气象一新。贵所十馀年之努力，于中国学术有建立标准之功。今日虽仍或有少数乡曲庸腐之士，抱残守缺，党同妒真，然日炳中天，残雾自散，亦不足虑也。《文史副刊》十五至二十期，另封寄奉。贞一先生《考古通讯》仍有可惠示者否？肃此，敬承
吟祉。

弟钺拜上　十一月廿九日①

是年，先生所作诗词三首，《缪钺全集》失收，抄录如下：

书　怀

年来忧患意千端，超物观生境自难。袖手倚阑人尽小，携筐采药路常寒。读书每似临崖返，徙宅惟求容膝安。已解據梧非道要，故凭诗句遣悲欢。

客有游湄潭归者赋赠

七日湄潭去，归来翠满襟。一江清绕郭，千翼晚投林。已慎麻阳路，宁劳却曲吟。且将幽隽意，收拾入灵心。

卜算子

花亦有心期，人世谁相晓。只见因风烂漫开，又被风吹了。　一点点馨香，未肯同凡草。要借东君护，惜心说与天知道。

发表文章

王粲行年考（《责善》第2卷第21期，1942年1月）

①原信复印件，由王汎森、陈鸿森提供。

读《诗经》札记(《益世报》1942 年 2 月 17 日《文史副刊》第 1 期。因字迹无法辨识,河北教育出版社版《缪钺全集》失收,本谱亦未能抄录)

何晏王弼事辑(《责善》第 2 卷第 22 期,1942 年 2 月)

读《晋书》札记(《益世报》1942 年 3 月 24 日《文史副刊》第 3 期。河北教育出版社版《缪钺全集》失收)

六朝五言诗之流变(《益世报》1942 年 6 月 4 日《文史副刊》第 8 期)

《文选》与《玉台新咏》(《益世报》1942 年 6 月 25 日《文史副刊》第 9 期)

《尚书郎——南朝官职杂释之一》(《益世报》1942 年 8 月 27 日"文史副刊"第 13 期。河北教育出版社版《缪钺全集》失收)

读《魏书》札记(《益世报》1942 年 11 月 26 日《文史副刊》第 20 期)

《杜牧之年谱》(卷下)(《国立浙江大学文学院集刊》第 2 集,1942 年)

编年诗

《书怀》　《客有游湄潭归者赋赠》　《十二月六日作》

编年词

《卜算子》(花亦有心期)

○中华民国三十二年癸未(1943 年)　先生三十九岁

本年先生在浙江大学中文系任教①。

春,钱穆(宾四)来浙江大学讲学。先生与之神交已久,此次聚会,相谈甚欢,以后经常通书论学。"是年春,又折赴遵义浙江大学,作一月之讲学,乃由张晓峰力邀成行。……余来浙大,晓峰外,

①先生《高等学校教师登记表》,1953 年 4 月填写,四川大学档案馆馆藏人事档案。

谢幼伟已先识，郭斌龢、缪彦威乃新交。余常与彼等四人往来，相谈甚欢"①。

2月27日，浙江大学龙泉分校夏承焘（瞿禅）致函先生，并附《小重山》词，此为先生与夏承焘论学谈词四十馀年之始②。

5月24日，致函刘永济：

弘度长兄先生道席：

顷奉惠简，承示雅制数章，璀璨溢目。大诗盘空硬语，豪气凌云。弟尤爱《乞画》一首，写新宁山水有镌镵造化之妙。赠徐陈刘诸君诗，具诙诡兀傲之趣，玩诵无斁。日前洽兄出示尊著《贵侠篇》，持论闳伟，光焰万丈，今日世风疲懦，宜多有此等文字以振起之。洽兄近作《读儒行》、钱宾四君寄来《论中国文字与文学》，皆发挥中国文化精义，辟近人奇衺偏浅之说，极为光辉笃实。自来世乱学衰之时，必有三五大师以刚贞之质楮柱其间，下启新运，如兄等数人即其选也。敬佩敬佩。近作小诗一首，录呈教正。肃覆，敬承

吟祉。

弟钺拜上　五月廿四日③

6月3日，《益世报》《文史副刊》第34期发表先生文章《耶律楚材父子与元遗山》，《缪钺全集》失收，抄录如下：

①钱穆《八十忆双亲·师友杂忆》，长沙：岳麓书社，1986年7月版，第211页。

②参见夏承焘《天风阁学词日记》，《夏承焘集》第6册，杭州：浙江古籍出版社、浙江教育出版社，1997年版，第468页。

③原信复印件，由程千帆提供。

姑射神山曾說與夢境驂鸞指
向雲深處海霧迷茫何足數平
生已慣淒涼路　荔子飛來春已
暮謝了鵑花菡萏迎風舞次第
芳菲相繼續憑君莫作傷離語
調寄鵲踏枝一九八四年六月
作
繆鉞

缪钺先生词作手迹

金元之际，论政治家，以耶律楚材为巨擘；而论诗人，则以元遗山为冠冕。元遗山生于金章宗明昌元年(1190)，较耶律楚材小一岁。遗山为元魏拓跋氏之裔，源出于鲜卑，楚材乃辽东丹王突欲八世孙，源出于契丹。契丹亦鲜卑之支裔，二人同为鲜卑族之深受华化者，此其相同之点。而一则为新朝佐命，得志廊庙；一则为故国遗老，隐遁林泉，身世迥异矣。然立功立言，各有千秋，此又异中之同也。遗山与耶律楚材父子，颇有微妙之关系，前人尚鲜有论及者。爰综述之，以资博闻。

遗山家居秀容(今山西忻县)，楚材以贵公子少官中朝，金章宗南渡以前，遗山与楚材殆未尝识。贞祐二年(1214)宣宗徙都汴京，丞相完颜承晖留守燕都，行尚书省事，辟楚材为左右司员外郎。次年(1215)五月，燕都破，楚材留于元，后事太祖、太宗为中书令。贞祐四年(1216)五月，遗山南渡，后举进士第，为县令，仕至尚书省左司员外郎。十馀年间，两人分处异国，无由相闻。而《遗山集》卷三十九有癸巳岁《寄中书耶律公书》，请收养天下名士，书曰“四月二十有二日，门下士太原元某谨斋沐献书中书相公阁下”云云。按癸巳为金哀宗天兴二年，即元太宗五年(1233)，自上年三月，元兵围汴京，冬十二月，哀宗出奔。是年正月，汴京西面元帅崔立作乱，以城降元。遗山居汴京城中，四月二十九日始出京(《遗山集》卷八有《癸巳四月二十九日出京》诗)，何以四月二十二日遗山已有书上耶律楚材，自称“门下士”，颇不可解。赵翼《瓯北诗话》卷八更疑而释之曰：“时楚材为蒙古中书令，遗山在金，由县令累迁郎曹，平日料无一面，而遽干以书，已不免未同而言。即楚材慕其名，素有声气之雅，然遗山仕金，正当危乱，尤不当先有境外之交。此二者，皆名节所关，有不能为之讳者。岂蒙古曾指名取索，如赵秉文之类耶？抑汴城之降在正月，至四月，则已百馀日，此百馀日中，楚材早慕其名，先寄声物色，因有感恩知己之谊耶？”又曰：“又按楚材奉蒙古主命，亲至汴，来索其弟思忠等，遗山盖即是时与楚材投契故也。”瓯北之推论，固颇近情理，而遗山与楚材所以相识之故，尚有可研寻者，耶律楚材有两兄，长曰辩才，次曰善才（善才又名思忠，乃楚材次兄，瓯北误以思忠为楚材之弟），后随金宣宗南渡。辩才仕至武庙署令，善才仕至都水监使。哀宗天兴元年壬辰（1232），元兵围汴京，楚材奉元太宗旨意索其二兄北归。辩才、善才皆忠于金，见哀宗，固乞愿留死汴京。哀宗幸和议可成，赠金币①固遣之，君臣相视泣下。善才投水死。辩才北归后居真定，卒于元太宗九年丁酉（见《遗山集》卷二十六耶律善才墓志铭、卷二十七耶律辩才墓志铭）。遗山撰善才墓志铭，自谓“好问于公有一日之雅”，遗山与辩才、善才兄弟，同官金朝，早已相识，遗山之识楚材，盖出于辩才或善才之介绍，其时间或在壬辰春，或在癸巳春，或不可知矣。

金亡之后，遗山于癸巳年五月三日北渡（《遗山集》卷十二有《癸巳五月三日北渡》诗），羁管聊城，此后数年之中，遗山居聊城、冠氏。元太宗十年（1238），遗山携家还太原，事后来往燕赵齐鲁之间。癸卯年（1243）八月，遗山始至燕京，而楚材已于是年五月逝世。十年之中，遗山和楚材鲜有往还之迹。遗山自金亡后，唯以故国史事为念。楚材在元初大臣中，是最为留意文教者。太宗八年六月，楚材请立编修所于燕京，经籍所于平阳，编集经史（《元史·太宗纪》）。不知遗山□□未以选史之意请于楚材。盖不愿以故国史事助于新朝宰辅欤？《遗山集》中无赠楚材之

①原文“币”为“野”，据《遗山集》卷二六《龙虎卫上将军耶律公墓志铭》改。

诗，楚材《湛然居士集》卷十四有一诗，题为《和太原元大举韵》，颇费解，疑有误字。而以题推之，殆赠一元姓者之作。诗曰："魏帝儿孙气似龙，而今漂泊困尘中。君游泉石初无闷，我秉钧衡未有功。元氏从来多慨慷，并门自古出英雄。李唐名相沙堤在，好与微之继旧风。"观诗中所言，此元姓者，盖晋人，隐居泉石而工于诗，其情形颇与遗山相近，唯因诗题意晦，亦未能确定，姑留之以后更考，遗山与楚材之关系颇疏淡也。

楚材卒于癸卯年夏五月，其子铸嗣为中书令，年甫二十三。耶律铸亦仰慕遗山。癸卯秋八月，铸还燕京葬母，请遗山撰祭文（《遗山集》卷十四）。又请遗山为其祖耶律履撰神道碑铭（遗山所作《故金尚书右丞耶律公神道碑》，《遗山集》中无此篇，见《元文类》卷五十七），云："癸卯八月，中书君使谓好问言，先公神道碑……今属笔于子，幸而论次之，以俟百世之下。"（按《遗山集》卷三十九《答中书令成仲（耶律铸字成仲）书》："癸卯之冬，盖尝从来使一到燕中，承命作先相公碑。"与《神道碑》所谓"癸卯八月"者不合。岂癸卯秋遗山在燕京时，耶律铸已有此请，未及为而遗山南下，故是年冬又遣使往迎欤？抑答耶律铸书所谓"癸卯之冬"，本应作"癸卯之秋"，遗山作书时，追忆前事，偶尔疏误欤）遗山自国亡后笃定遗民之节，不仕新朝，所念念不忘者，唯故国文献，不忍使之泯没。耶律铸慕遗山文名，以先人墓碑为请，而耶律履又金之名臣，则遗山应其所请，固无损名节。唯耶律氏父子相继为相，声势煊赫，于是宵小辈多方揣测，以为遗山有夤缘干进之意，谤骂嬉笑，无所不至。故其后耶律铸复遣使请遗山，遗山遂谢不往，覆以书曰（此书作于何年不可考）："张子敬处备悉盛意。未几张伯宁来，招致殷重，甚非衰谬之所堪任。其还也，不得不以书通。癸卯之冬,盖尝从来使一到燕中,承命作先相公碑。初不敢少有所望,又不敢假借声势。悠悠者若谓凤池被夺,百谤百骂,嬉笑姗侮,上累祖祢,下辱子孙。与渠辈无血仇、无骨恨,而乃树立党羽,撰造事端,欲使之即日灰灭。固知有神理在,然亦何苦以不资之躯蹈覆车之辙,而试不测之渊乎?……复有来命,断不敢往。孤奉恩礼,死罪死罪。"《遗山集》卷九又有《感事》诗,施国祁注谓即感此事而作。诗云:"富贵何曾润髑髅,直须淅米向矛头。血仇此日逢三怨,风鉴生平备九流。瓢饮不甘颜巷乐,市钳真有楚人忧。世间安得如川酒,力士铛头醉死休。"可见其悲愤之意。遗山撰耶律履碑文,既招物议,□□□其稿,故遗山卒后,友人张德辉类次其诗文为四十卷,独无此篇。苏天爵编《元文类》,始从他处收入也。遗山虽避嫌,不复应耶律铸之聘,然耶律铸固仍礼敬遗山。铸之《双溪醉隐集》,仍乞遗山作序,见《遗山集》卷三十六。《双溪醉隐集》卷三有《送元遗山行》诗云:"燕北秋风起,幽花满地开。既邀今日别,合到几时来。白玉烟沉阁,黄金草暗台。不须伤老大,珍重掌中杯。"盖即癸卯秋作。耶律铸之重遗山,似胜于其父也。

7月25日,先生往访竺可桢于其寓所。"七点国文系学生韦廷光、孟醒人、周永康、宋祚胤、傅轶群、熊嘉骏、周本淳诸生来挽留王驾吾,因闻其将去中大。又缪彦威来谈。八点赴旧府中办公室。王驾吾来谈。驾吾、郦衡叔与缪彦威意见不合。缪主张读国文应中外文学并重,驾吾则主张中西各有专长,不能两全。缪主辞章,而王主义理。学生多信服驾吾,故有排缪之议。中央(大学)胡肖堂、张世禄、王玉章约驾吾往,余嘱其俟明年"①。

7月26日,致函刘永济:

弘度长兄史席:

①竺可桢《竺可桢日记》,《竺可桢全集》第8卷,第606页。

四月中奉惠示及大作五古一首，稽迟未覆，至歉。顷又奉手毕并大词，三复浣诵，快同觌面。尊词蕃艳其外，醇至其内，极往复低徊、掩抑零乱之致，而其苦衷之万不得已，大都流露于不自知。常与洽兄谭论，自彊村、夔笙诸老辈凋谢，并世词人，惟吾兄沈健深挚，独树一帜，远非雕绘满眼者所能及。此乃称心而言，非阿好之语也。尊论考订文人行年一事，弟亦旧有此意。抗战前一二年，弟曾立一志愿，凡古之诗人已有年谱者，其详覈者采用之，不详覈者补正之。无年谱者为之撰年谱。事迹简略不能成谱者，为之撰年表。然后择其精要，依年写录，为历代诗人系年。系年等于各谱表之目录，每条皆精覈有据，大可为读诗考史之助。惟兹事体大，非一人之力所能为，望能有同志数人，通力合作。弟意先致力唐宋两代，故作《元遗山年谱汇纂》，又撰《杜牧之年谱》。《杜谱》甫写定，而抗战军兴，数载以还，流离万里，求书亟难，文史考订之业，遂无从致力矣。石帚是否白石？弟久蓄疑，吾兄就吴履斋词中与白石及梦窗往还之迹，证明姜、吴二人年代相及，可谓拨云雾而见青天。弟嗣后读书，如有可以证成尊说者，当即奉告。弟近读《诗经·小雅》"采绿"、"白华"、"苕之华"、"何草不黄"诸短篇，其体极似《国风》，而何以列于《小雅》，古人似尚未有恰当之解释。窃以为《南》、《风》、《雅》、《颂》诸诗之区别，不重在歌辞本身之体制与内容，而重在歌时所用之腔调，因乐调不同，施用不同，其歌辞体制亦随之而异（如《颂》为歌功祀神之乐，故《颂》诗多庄严肃穆，其内容则美盛德之形容，以其成功告于神明）。然亦有同一歌诗可谱入数种乐调者，如《七月》一篇，兼称《豳风》、《豳雅》、《豳颂》（《周礼·籥章》曾云"龡豳诗"、"龡豳雅"、"龡豳颂"云云。郑氏三分《七月》之诗以当之。朱子则谓《七月》全篇，随事而变，其音节或以为

《风》,或以为《雅》,或以为《颂》)。又如《鲁颂》诸诗,颇似《国风》与《小雅》,不似《周颂》,而所以称为"颂"者,殆以《颂》之乐调歌之(周赐鲁公伯禽以天子之礼乐,故鲁有《颂》,以为庙乐)。《南》与《风》皆地方音乐(《南》为南国之音,见《吕氏春秋·音初篇》,郑音、宋音、卫音、齐音之名,亦见于《乐记》),各国民歌(民歌非必尽庶民所作,亦有士大夫仿民歌体裁而作者)皆用其本国音乐歌之,故称《周南》、《召南》、《卫风》、《郑风》等等,《雅》为西周王畿之乐(本章太炎《大疋小疋说》),其初亦一种地方音乐,与郑音、宋音等相似。周人发迹豳岐,建都丰镐,故用其本地音乐为朝会宴飨之乐(亦如汉高祖楚人,乐楚声,故汉房中乐用楚声),盖又经音乐专家(太师)加以修正改善,其地位特尊,号为正乐。朝会宴飨之诗,及西周王朝士大夫伤时感事之作,太师均谱入这种乐调,故称为《雅》诗。至如《采绿》、《苕之华》、《何草不黄》等乃西周王畿之民歌(东周王畿有民歌,如《王风》,则西周王畿亦应有民歌),自应以其本地音乐(即《雅》)歌之,故不必称为某《风》,而即可以列于《小雅》之中矣。愚见如此,尚乞高明正之。此间已放暑假,可有三月闲暇,安静读书。近作数首,附呈教正。肃覆,敬承
撰祺。

弟钺顿首　七月廿六日①

11 月 14 日,任铭善(心叔)从夏承焘处取得先生寄夏的《〈诗〉三百篇纂辑考》,阅后写一长函与先生商榷,15 日由夏承

①原信复印件,由程千帆提供。

焘转寄先生①。其后,先生覆信与任铭善讨论②。

12 月 31 日,致函陈槃、劳榦:

槃庵、贞一尊兄史席:

接奉惠简,拜诵佩慰。拙著辱蒙奖饰,愧不敢承。槃庵兄指示,《王制》所载“天子五年一巡狩”,命大师陈诗,以观民风,为西周盛时之制。《公羊》何注“侯国献诗”,乃后王之制,补衰之法。推勘精密,俟拙稿改订时,当遵照补入。《〈人间词话〉序》,弟终疑为静安自撰,托名于樊志厚者,因其见解及文笔皆极似静安也,未审槃庵兄以为如何? 槃庵兄题晁公武石刻古文《尚书》残字诗风骨遒健。贞一兄西北之行获得古物多否? 叙行役,记风土,谅多佳什也。《思想与时代》第廿三期,弟处已无馀册,当询之社中,如有馀册,当补寄一本。近作小诗二首,短序一篇,附呈郢正。肃覆,敬承

吟祉。

弟钺拜上 十二月三十日

之屏弟乞代候,来函已收到,蒙录《野客丛书》李翱事见示,谢谢③。

发表文章

耶律楚材父子与元遗山(《益世报》《文史副刊》第 34 期,1943 年 6

①参见夏承焘《天风阁学词日记》,《夏承焘集》第 6 册,第 468 页。

②任铭善《寄缪彦威论〈诗〉三百篇纂辑人》、《寄缪彦威论〈诗〉第二书》,见任铭善《无受室文存》,杭州:浙江大学出版社,2005 年 7 月版,第 162-167 页。《寄缪彦威论〈诗〉第二书》有“铭已末学,妄逞愚陋,辱承惠教”之句,可知先生曾回信讨论。

③原信复印件,由王汎森、陈鸿森提供。

月3日。河北教育出版社版《缪钺全集》失收）

论辛稼轩词（《思想与时代》第23期，1943年6月）

《诗》三百篇纂辑考（《国立浙江大学文学院集刊》第3集，1943年8月）

论李义山诗（《思想与时代》第25期，1943年8月）

王静安与叔本华（《思想与时代》第26期，1943年9月）

李冶李治释疑（《东方杂志》第39卷第16号，1943年10月）

评郭沫若著《屈原研究》（《思想与时代》第29期，1943年12月）

出版专书

中国史上之民族词人（重庆：青年出版社，1943年）

编年诗

《得梁鹤铨自荣成来书赋此报之》《萧仲圭嘱题所藏溥心畬山水卷》《郭洽周生子弥月诗以贺之》《夜读》《王树椒寄示所作咏史诗赋此答之》《赠茅于美卒业》《刘弘度自乐山寄示近作长短句赋此答之》《题胡厚宣甲骨学商史论丛》《十二月六日病中拟有所作未就后三日补成之》《十二月廿五日病起访萧仲圭》

编年词

《好事近》（款语似平时）　《浣溪沙》（烟雨秋心冷自知）

○中华民国三十三年甲申（1944年）　先生四十岁

本年先生在浙江大学中文系任教。

1月15日，致函杨联陞：

莲生弟如晤：

去年十一月三十日寄二十三号函（二十二号函亦到

否),附致张晓峰兄一札并宛妹札及小照,谅已递到。近接宛妹函,言家计渐窘,颇望弟早日归国作事,可以负担家庭经济,不知弟何时可以取得博士学位也?钱近来颇读西洋哲学书,哲学史已读过两种,秋间读叔本华之书,近读斯宾诺莎之书(均英译本)。读西洋哲学书,能训练思想灵活清晰透彻。以前读宋元明学案等书,仅能识其源流风气,与诸大师思想之本身,未能有透彻而有统系之了解。今再读学案,参以程朱之书,颇能见其理趣脉络,与向时不同矣。近作七律两首,录寄一阅。近来深悟黄晦闻先生诗之妙处,肺腑之言,自然流露,简淡深隽,毫无火气,如唱老生中之余叔岩,此亦一种极高之境界也。母亲近来体衰,思得西洋参补养,此间难得佳者,暑中晓峰兄如归国时,请弟购参少许,托晓峰兄带来,至所感盼。宛妹札附上,此询

近祉。

钺拜上 第二十四号函一月十五日①

3月12日,致函陈槃:

槃庵吾兄史席:

二月廿一日曾寄一函,谅尘玄览。顷奉惠简并贞一兄大诗,拜诵佩慰。尊论古者实有遒人采诗之制,并谓何休所言,适为班《志》作注脚,推勘精密,启牖良深。惟尚需进而研求者,即此采诗之制,为侯国自置采诗之官,采其本国之诗而献于王朝耶?抑王朝遣采诗之官直至各侯国采诗耶?鄙意则倾向于前说,以为侯国自采其诗(《王制》疏亦如此说)。王朝亦有采诗之官,则仅采王畿之诗(如《小雅》中之《黄鸟》、《我行其野》、《采绿》等,乃西周王畿内所采得者,

①原信原件,由缪钤提供。

《王风》乃东周王畿内所采得者)。盖古时王朝与各侯国之关系并不能如秦汉以后朝廷之与郡县也。至如汉武帝立乐府采歌谣,自是汉制,不能谓周代亦即如此。《国语》所谓"公卿至于列士献诗",乃别为一事,与采诗无涉。采诗者采他人之作,献诗者献自己之诗。《左》昭十二年传谓周穆王欲周行天下,祭公谋父作《祈招》之诗,以止王心,即献诗之例。《大、小雅》中亦有可征者。《小雅·节南山》云"家父作诵,以究王讻",《大雅·民劳》云"王欲玉女,是用大谏",是诸诗之作皆献之时王,以为讽谏之用也(《国语》所谓"天子听政,使公卿至于列士献诗"。又"王者德政既成,又听于民,于是乎使工诵谏于朝,在列者献诗"。乃王者表示政治开明之态度,而公卿列士有诗则献,无诗则否,并非如采诗之事,乃一定之制)。略贡梼昧,不审有当于万一否?先秦载籍,十传一二,古制黯晦,考信为难,望能奉手细论,面相违覆,庶几愚妄之见,更得高明之裁正也。肃覆,敬承
著祉。

弟钺拜上　三月十二日

附致贞一兄一札,乞转致。①

3月,《真理杂志》第1卷第2期发表先生文章《唐代文人小记》,《缪钺全集》失收,抄录如下:

近读唐代诸家集,偶有考证,僻居乏书,不知古人或今人已有先我言之者否,姑记于此,以俟异日删正焉。民国三十二年十二月缪钺自记于遵义。

唐有两岑参两韦应物两李翱

同时代而两人同姓名之事,古时往往有之,辨析不清,

①原信复印件,由王汎森、陈鸿森提供。

易滋岐惑。岑参、韦应物、李翱，皆唐代著名文人，而同时皆有另一人与同姓名。宋沈作喆作《韦应物补传》已误以两韦应物为一人，《四库提要》沿袭其谬，是不可以不辨也。

参证诸书，条述于下。

岑参为开元天宝间著名诗人，后世与高适并称“高岑”，人人知之。新、旧《唐书》均无岑参传。杜确《岑嘉州诗集序》云：“出为嘉州刺史，副元帅相国杜公鸿渐表公职方郎中，兼侍御史，列于幕府。无几使罢，寓居于蜀。……旋轸有日，犯轪俟时，吉往凶归，呜呼不禄。”是杜鸿渐帅蜀时，岑参曾居幕府，使罢，寓居于蜀，不久即卒于蜀。按杜鸿渐于代宗大历元年二月出为剑南西川节度使，旋让于崔旰，大历二年，复还长安（《旧唐书》卷一〇八《杜鸿渐传》）。则岑参之卒于蜀，当在大历初年。而《封氏闻见记》卷九云：“崔祐甫为中书舍人，时宰相常衮当国，百僚仰止。祐甫每见执政论事，未尝降屈。舍人岑参初掌纶诰，屡称疾不入宿直承旨。……崔独见咨，以‘舍人职在枢密，不宜让事于人’。”按常衮为相，在大历十二年至十四年（《新唐书·宰相表》等），距嘉州刺史岑参之卒已将十年，是时为中书舍人之岑参，决为另一岑参无疑。是唐代同时有两岑参也。

《四库提要·集部·别集类二》：“《韦苏州集》十卷，唐韦应物撰。应物，京兆人，新、旧《唐书》俱无传。宋姚宽《西溪丛话》载吴兴沈作喆为作《补传》，称应物少游太学，当开元天宝间充宿卫，扈从游幸，颇任侠负气，兵乱后流落失职，乃更折节读书，由京兆功曹，累官至苏州刺史、太仆少卿，兼御史中丞，为诸道盐铁转运江淮留后。年九十馀，不知其所终。先是嘉祐中，王钦臣校定其集，有序一首，述应物事迹，与《补传》皆合，惟云：以集中及时人所称，推其仕官本末，疑止于苏州刺史。考《刘禹锡集》，有《苏州举韦中丞自代状》，则钦臣为疏略矣。”按王钦臣谓韦应物官止于苏州刺史甚是。沈作喆作《韦应物补传》，谓应物仕至太仆少卿，兼御史中丞，为诸道盐铁转运江淮留后，盖即本于《刘禹锡集》中《苏州举韦中丞自代状》。不知刘禹锡举以自代之韦应物乃另一韦应物，非以诗著称而曾为苏州刺史者。沈氏即偶失之，四库馆臣未加考严，反谓王钦臣为疏略，误矣。何以明之？《刘禹锡集》卷一七《苏州举韦中丞自代状》云：“苏州状上中书门下：诸道盐铁转运江淮留后、朝议郎、守太仆少卿兼御史中丞、上柱国、赐紫金鱼袋韦应物……今具闻奏。大和六年十二月九日。”禹锡举韦中丞自代在大和六年（八三二），上距天宝元年（七四二）凡九十年。工诗之韦应物，开元天宝年间已充宿卫，扈从游幸，至少亦当在二十岁左右，如至大和六年犹存，已寿逾百龄，而仍能任盐铁转运繁剧之务，刘禹锡且举以自代，此必不可能之事。其证一也。白居易《白氏长庆集》卷二八《与元九书》曰，“近岁韦苏州歌行，才丽之外，颇近兴讽；其五言诗又高雅闲澹，自成一家之体。今之秉笔者，谁能及之？然当苏州在时，人亦未甚爱重，必待身后，人始贵之。”（按《四部丛刊》景印日本翻宋大字体《白氏集》此句作“然人贵之”，义不可通。《唐诗纪事》卷三八引居易此书作“然后人贵之”，《旧唐书》卷一六六《白居易传》亦载此书，作“人始贵之”，语较简明，今从之）白居易《与元九书》作于元和十年（八一五）贬为江州司马之时，其论韦应物诗既云：“必待身后，人始贵之。”可见是时工诗之韦应物已前卒，决不能于十七年之后大和六年时复为御史中丞。其证二也。有此二证，则刘禹锡大和六年举以自代之韦应物，与工诗而官苏州刺史之韦应物非一人明矣。

李翱，字习之，受古文于韩愈，文宗时，仕至山南东道节度使，卒于武宗会昌中，《旧唐书》卷一六〇有传。按《旧唐书》卷一六《宪宗纪》，元和十五年六月庚辰，以考功员外郎、史馆修撰李翱为朗州刺史，坐与李景俭相善故也。此字“习之”之李翱也。而同年十一月辛亥，以宗正卿李翱为华州刺史、潼关防御镇国军使。此则同时同姓名之另一李翱。《旧唐书·敬宗纪》：宝历二年三月己亥，右散骑常侍李翱卒，盖即此李翱。字“习之”之李翱卒于会昌中，且未尝为右散骑常侍。是同时有两李翱也。《四库提要·集部·别集类三》“李文公集”条云：“刘颁《中山诗话》云：唐李习之不能诗，郑州掘石刻，有郑州刺史李翱诗云云。此别一李翱，非习之，《唐书》习之传不记为郑州。王深甫编习之集，乃收此诗，为不可晓。《苕溪渔隐丛话》所论亦同。惟王楙《野客丛书》独据《僧录》叙翱仕履，断其实尝知郑州，诸人未考。”据前文所考订，同时实有两李翱，而据《唐书·李翱传》及《李文公文集》，字“习之”之李翱未尝官郑州刺史，郑州石刻所载刺史李翱诗，或即卒于宝历二年官终右散骑常侍之李翱，而非习之欤。俟得王楙《野客丛书》，当更考之。

李贺事考二则

(一)李贺年岁

李贺年岁，新、旧《唐书》所载不同。《旧唐书》卷一三七《李贺传》谓贺年二十四，盖本李商隐《李贺小传》(《樊南文集》卷八)，《新唐书》卷二〇三《李贺传》谓贺年二十七，盖本杜牧《李贺集序》(《樊川集》卷十)。杜牧、李商隐同时人，且距贺卒不久，而于贺年岁所记参差，二者孰是，固难臆断。惟细覈之，似以李商隐所记二十四岁者为是，请列二证以明之。李商隐《李贺小传》云：“长吉姊嫁王氏者，语长吉之事尤备。”则传中资料，多得自长吉之姊，所记二十四岁，自较可信。《小传》又曰:“京兆杜牧为《李长吉集序》,状长吉之奇甚尽。”则李商隐为贺作传,在杜牧作集序之后,且曾见序文,序中已言贺年二十七,商隐苟非别有更确切之根据,决不至与杜牧异撰。此一证也。《唐摭言》卷十:“李贺字长吉,唐诸王孙也。父瑨肃,边上从事。贺年七岁,以长短之制,名动京华。时韩文公与皇甫湜览贺所业,奇之,而未知其人,因相谓曰:若是古人,吾曹不知者;若是今人,岂有不知之理。会有以瑨肃行止言者,二公因连骑造门,请见其子。既而总角荷衣而出,二公不之信,贺就试一篇,承命欣然,操觚染翰,旁若无人,仍目为《高轩过》。……二公大惊,以所乘马连镳而还所居,亲为束发。年未弱冠,丁内艰。他日,举进士,或谤贺不避家讳,文公特著《讳辩》一篇。不幸未登壮室而卒。”冯浩《樊南文集详注》卷八《李贺小传》注,辨此文所记“七岁”之非实,其言曰:“《新书·传》云,贺七岁能辞章,韩愈、皇甫湜始闻未信,过其家,使赋诗,贺援笔辄就,自目为《高轩过》。此盖采自《唐摭言》也。然诗云‘庞眉书客感秋蓬。谁知死草生华风,我今垂翅附冥鸿’,其非七岁明矣。……余以《高轩过》题下原注‘韩员外愈、皇甫侍御见过’考之,韩于元和四年六月改都官员外郎,守东都省;五年,为河南令;六年,行职方员外郎,至京师;七年,兼国子博士;八年,改郎中矣。皇甫之称侍御,未可细考何时,《新书》所叙甚略且错乱,然有云‘愈令河南,厚遇之’,而贺集有《河南府试乐词》,则并辔访李,必元和四五年事,故诗曰‘东京才子,文章巨公’也。其为贺非七岁尤明。”冯氏论《高轩过》诗应作于元和五年时,其说甚是。《唐摭言》所记贺七岁赋《高轩过》,或系传闻之误。要之,贺赋此诗定在早年,故为韩愈、皇甫湜所激赏,观《唐摭言》于记李贺赋《高轩过》诗之后,有“年未弱冠,丁内艰”之语,则贺赋《高轩过》,必在弱冠之前可知也。贺卒于元和十一年(杜牧《李贺集序》作于大和五年,而云“贺死凡后十有五年,京兆杜牧为其叙”,由大和五年(八三一)上溯十五年为元和十一年(八一六),故知贺卒于是年)。假使贺年二十七岁,则元和四五年时已及弱冠矣,与《唐摭言》不合。若贺年二十四岁,则元和四五年时方十七八岁,在弱冠之前,与《唐摭言》所记吻合。此二证也。有此二证,故贺年似应以二十四岁为是。盖生于德宗贞元九年,卒于宪宗元和十一年(七九三—八一六)。姜亮夫《历代名人年里碑传表》,据田北湖《昌谷别传》,定李贺年二十七,不知田氏论据如何,俟得田文,当更考之。

(二)李贺与元稹

《旧唐书·李贺传》:“父名晋肃,以是不应进士,韩愈为之作《讳辩》,贺竟不就试。”《新唐书·李贺传》同。据韩愈《讳辩》云:“愈与李贺书,劝贺举进士,贺举进士有名,与贺争名者毁之曰,贺父名晋肃,贺不举进士为是,劝之举者为非。”是李贺初亦应进士举,后为争名者所毁,以为不避其父之嫌名,故贺遂不再应试。所谓“与贺争名者”,盖当时同举进士之人,故《唐摭言》卷十亦言:“举进士,或谤贺不避家讳。”未言谤者为何人,盖已不可知也。

自康骈《剧谈录》载元稹因宿愤而讥李贺不合应进士举之事,后人多信之者。《剧谈录》云:“元和中,进士李贺善为歌篇,韩文公深所知重,于搢绅之间每加延誉,由是声华籍甚。时元相国稹年少,以明经擢第,亦工篇什,常愿结交贺。一日,执贽造门,贺览刺不答,遂令仆者谓曰:‘明经及第,何事来看李贺?’相国无复致情,惭愤而退。其后自左拾遗制策登科,日当要路,及为礼部郎中,因议贺祖祢讳晋,不合应进士举,贺亦以轻薄为时辈所排,遂成轗轲。文公惜其才,为著《讳辩》,录以明之,然竟不成事。”明胡震亨据此所记加以推论,并谓韩愈之作《讳辩》乃为元稹而发,其中且含有党争之意味,其言曰:“李贺之见格进士举,元稹修怨也。韩愈之为贺作《讳辩》,虽才贺,实与稹素分径,激而为之说也。稹党李逢吉,与裴度左;愈受裴度知,与稹及逢吉左。愈集有刺逢吉诗可考,道固不同。”(《唐音癸签》卷二五《谈丛一》)清乾隆钦定《旧唐书·李贺传》末宗万考证亦引《剧谈录》,并云:“据此,则贺当举进士,而元稹谤之,史云竟不就试非也。”

按《剧谈》所载,出于附会,非尽事实,不可以不辨。据《旧唐书》卷一六六《元稹传》,稹年十五,两经擢第;二十八,制策登科,长庆初为祠部郎中。按稹生于代宗大历十四年(七七九),十五岁明经擢第,当德宗贞元九年(七九三),二十八制策登科,当宪宗元和八年(八〇六),为祠部郎中则在元和十五年(八二〇)夏五月穆宗即位之初(据《资治通鉴》)。据上文所考定,李贺生于贞元九年,卒于元和十一年,则元稹明经擢第时,李贺始生,稹制策登科时,李贺十四岁,及稹为祠部郎中时,贺卒已四年矣。元稹少时思以诗纳交于李贺之事,即使容或有之(《剧谈录》谓,元和中,李贺声华籍甚,时元稹以明经擢第,常愿交贺云云,细勘之,亦与事实不尽合,盖稹于元和元年制策登科,而为明经及第,乃元和元年以前事也)。而为祠部郎中时,因修怨之故,而倡犯讳事沮贺举进士之说,证以年代,其为虚妄甚明。此事既非实,则胡震亨所推论者亦不待辨矣。

8月2日,致函陈槃、劳榦:

槃庵、贞一两兄史席:

四月杪手示及大诗均拜读。弟近为赁房事所扰,三月之中移居两次，心绪不宁，故久稽裁覆，至以为歉。拙撰《评郭著〈屈原研究〉》，陈义谫陋，辱蒙檠庵兄奖饰，并启示数端，至感。关于屈原生年问题，弟尚有一疑义，前撰拙文时未著于篇。愿奉质于高明。《离骚》："摄提贞于孟陬兮，惟庚寅吾以降。"王逸据《尔雅》解"摄提"为太岁在寅，后人因此更进而推算屈原所生之寅年，而结果不同。若据《史记·天官书》，摄提格乃星名，在大角两旁，《离骚》之摄提可能指星，与寅年无涉。此义朱子已发之，晚近学者或谓摄提格乃木星，非大角两旁之星。因中国星宿之名多与印度有关，印度名木星为 Cartica，与摄提格音近也。然摄提无论为木星或大角两旁之星，总之乃星名，则古今人之据太岁在寅推算屈原生年者，皆失去根据也。惟屈原自叙其降生之年，何为举此摄提星，此又一需要解释之问题。两兄于此有何卓见？檠庵兄茶花诗秾丽似飞卿，赠梁方仲诗气骨清奇。贞一兄诸作清拔沈至，浣诵至佩。弟半年未作诗，近得五古一首，附呈諟正，专覆，敬颂

著祉。

弟钺拜上　八月二日

之屏弟均此致候。①

7、8月间，始与陈寅恪②通函请益，以《缪钺文论甲集》与诗稿寄呈请教③。

9月30日，吴宓自昆明西南联大至遵义，小住十馀日，10月13日赴重庆，转往成都。在此期间，先生得以与吴宓从容讌谈，

---

①原信复印件，由王汎森、陈鸿森提供。

②时在内迁成都的燕京大学任教。

③参见陈贤华《缪钺》，《中国现代教育家传》第三卷，第200页；拙撰《陈寅恪先生对缪钺先生的学术影响》，《史学史研究》2008年第1期。

并听吴宓在浙大讲“《红楼梦》人物分析”专题①。

10月7日,先生与张志岳、田德望、张君川合请宴吴宓于大众餐厅②。

10月12日,上午与张志岳访吴宓,谈诗及古文,下午四时始去③。

夏秋,湘桂战事紧张。

11月,日寇自湘入桂,局势严峻。月底浙大实际停课④。

12月2日,贵州独山失守,都匀大火⑤。

12月3日,学校在何家巷十二号教室为教育系黄翼(羽仪)举行追悼会⑥,先生撰献挽联:奇疾陨中年未竟德琏著书志;忍饥存旧义可怜憨度过江来。

12月5日,贵阳戒严,局势危急⑦。

12月8日,先生携家眷随萧璋(仲圭),与浙大川籍部分学生一道,步行入川。翻越娄山关,经桐梓、松坎,最终到綦江。竺可桢1944年12月9日记:“故昨日离校者有川籍学生约六十人,又教员陶天珍、萧仲圭、缪彦威等三人。”⑧由川籍学生组织的这一返川团队,租用盐务局自四川运盐到遵义后空载返川的马车,载运行李(老弱也乘马车,如先生母亲及萧夫人),其他人均步行。每日缓行数十里,夜宿当地小学教室或

①参见先生《赠吴雨僧》诗序,《缪钺全集》第8卷《冰茧庵诗词稿》,第44页;先生《回忆吴宓先生》,《回忆吴宓先生》,第3页。

②参见吴宓《吴宓日记》第9册,北京:三联书店,1999年3月版,第351页;竺可桢《竺可桢日记》,《竺可桢全集》第9卷,上海:上海科技出版社,2006年12月版,第196页。

③参见吴宓《吴宓日记》第9册,第351页。

④参见竺可桢《竺可桢日记》第2册附录一《大事记要》,第1313页。

⑤参见竺可桢《竺可桢日记》第2册附录一《大事记要》,第1314页。

⑥参见竺可桢《竺可桢日记》,《竺可桢全集》第9卷,第231页。

⑦参见竺可桢《竺可桢日记》第2册附录一《大事记要》,第1314页。

⑧竺可桢《竺可桢日记》,《竺可桢全集》第9卷,第240页。

机关、民间空房。在黔川交界处，弃车登木舟，经过一段荒僻少人迹、两岸均为岩石峭壁的峡谷水道，后又弃舟登岸，最后到达綦江①。

后不久，重返遵义②。

发表文章

论李易安词（《真理杂志》第1卷第1期，1944年1月）

汪容甫诞生二百年纪念（《思想与时代》第30期，1944年1月）

评贺麟译斯宾诺沙《致知论》——兼论翻译（《思想与时代》第31期，1944年2月）

姜白石之文学批评及其作品（《思想与时代》第32期，1944年3月）

唐代文人小记（《真理杂志》第1卷第2期，1944年3月。河北教育出版社版《缪钺全集》失收）

读《二程全书》（《思想与时代》第33期，1944年4月）

六朝人之言谈（《思想与时代》第34期，1944年5月）

与钱宾四书——论战国秦汉间新儒家（《思想与时代》第35期，1944年6月）

论荀学（《思想与时代》第36期，1944年7月）

《文选六臣注订讹》序（《国立浙江大学文学院集刊》第4集，1944年8月）

颜之推年谱（《真理杂志》第1卷第4期，1944年10月）

《夜珠词》序（《夜珠词》，自刻朱印本，1944年）

---

①据缪慈明回忆。

②参见先生《一九四四年十二月倭寇犯黔余奉母避难綦江寇军旋退遂复返遵义黎子耀张鸥波寄诗存问赋此奉酬》诗，《缪钺全集》第8卷《冰茧庵诗词稿》，第45页。

出版专书

缪钺文论甲集(成都:路明书店,1944年7月)

编年诗

《桃溪寺探梅》《余以诗寄潘伯鹰中有挽章俊之诗伯鹰思旧有作余亦同赋》《夏夜望月有寄》《赠吴雨僧并序》《题陈弼猷诗稿》

○中华民国三十四年乙酉(1945年)　先生四十一岁

本年先生在浙江大学中文系任教。

2月20日,致函陈槃:

槃庵吾兄史席:

手书、大诗及尊著《谶纬释名》、《谶纬溯原(上)》两篇,均奉悉。尊著谓谶纬异名同实,谶先于纬,谶本于邹衍书所谓"验",其后方士化之。儒生以谶附经,因名之为"纬"。又推论谶纬中迷妄怪诞之思想,皆原于邹衍及燕齐海上之方士。探赜索隐,义据通深,三复浣诵,旷若发矇。敬佩敬佩。弟尝谓邹衍乃吾国古代学术思想史上极值得注意之人物。盖先秦诸子虽立说各殊,然大多崇理智,破迷信。惟墨子明鬼,邹衍言阴阳五行,天人征应,保存初民迷信之观念。然后期墨家又受辩者影响,注重逻辑之思辨,自归于理智;而邹衍之徒,则流为燕齐方士,于迷信之思,变本加厉。西汉号为尊儒,而实则邹衍一派迷妄之思想附托经义,弥漫当世,与先秦儒家相违(战国末,儒家大师如荀卿,深恶巫祝禨祥,作《天论篇》,破除迷信,最足见儒家重理智之态度)。后人研读经书,多假资于汉人之说,习而不察,受其锢蔽。故与其谓汉以后孔子之学统为刘歆所篡,毋宁谓孔子之学统为邹衍所篡。尊著论证精详,诚研治两汉学术之杰作也。浙大一切如恒,寒假期满,明日开课。寇军犯粤,贵乡多风鹤之警,极可忧念。惟望美军早日在中国海岸登陆,救吾民于倒悬也。拙著《颜之推年谱》近在《真理杂志》第四期中刊出,贵所谅有此期刊,乞赐览观,并加指正为祷。小诗二首,录奉清娱。肃覆,敬承

著祉。

弟钺拜上 二月二十日

附致贞一兄一札,乞费神转交。

之屏弟均此致候,日前奉覆一函,谅早达矣。①

2月19日(农历正月初七日),张尔田卒于北平,年72岁。

3月31日,先生获教育部学术奖三等奖金②。获奖项目为《杜牧之年谱》③。

5月18日,因费巩失踪案,美国心理学家Mr.Schreibe及重庆卫戍司令部所派沈醉、潘景翔来校调查有关情况,应校长竺可桢之约,先生与张君川、谢幼伟与其晤谈④。

5月21日,先生以“屈原”为题,在湘江大剧园作总理纪念周演讲⑤。

8月15日,日本投降。

8月18日,致函浙江大学中文系刘操南(冰弦):

---

①原信复印件,由王汎森、陈鸿森提供。

②参见竺可桢《竺可桢日记》,《竺可桢全集》第9卷,第363页。

③先生《华西大学教职员登记表》,1952年8月填写,四川大学档案馆馆藏人事档案。

④参见竺可桢《竺可桢日记》,《竺可桢全集》第9卷,第404页。

⑤竺可桢《竺可桢日记》,《竺可桢全集》第9卷,第406页;《要讯简报·缪钺先生演讲“屈原”》,《国立浙江大学校刊》复刊124期,1945年6月1日,第4页。

操南吾弟如晤：

日前接奉手书，具悉种切。菊田弟于本月三日赴渝，拟十月初归来。吾弟所作《史记天官书校释》将脱稿，闻之甚慰。作序事钺极愿为之，待读原稿后可着笔。吾弟潜思笃学，成绩斐然，钺与郭、萧两先生言及，均极叹赏，以为浙大毕业同学中未可多觏之人才。王树椒弟治学之精锐，亦与弟相仿佛，惜其流落蜀中，不能得其一较佳之治学环境，为可念也。暑中多暇，翻检群书，时有所触，惜不得与弟面论之。"六经"之名，在先秦书籍中仅见于《庄子·天运》篇"孔子谓老聃"一节，钱琢如先生曾向钺谈及必先考明《天命》篇撰作之时代，始能定六经之名是否为先秦所有。钺近得两证，证明《天运》篇——至少"孔子谓老聃"一节——乃出于汉人之手：(一)"三皇五帝"之名其出甚晚，正式见于政府公文者在秦始皇二十六年(顾颉刚《三皇考》)，而《天运》篇数言"三皇五帝"。(二)"七十二"之数字，古书中常见此数字乃由五行思想演化而成之一种术语，盖"七十二"乃一年三百六十日之五等分数也。孔子弟子七十人本为最古之传说，至于改为七十二乃汉人附会五行系统而杜撰者。由"七十二弟子"又生出"干七十二君"之说(闻一多所作《七十二》，见《国文月刊》)。《天运》篇孔子见老聃一节，即言"奸七十二君"，亦可证其为汉人所撰。庄子与惠施同辈友善，而公孙龙年辈颇后，据钱著《诸子系年》。庄子之卒苟年逾七十，公孙龙不过二十馀岁，则庄子卒时，公孙龙之学未成，名亦未显。今庄子书《秋水》、《天下》两篇道及公孙龙，则因此两篇乃出于庄学之徒之手，故无足怪。内七篇世人多信为庄子自撰，其中虽未言及公孙龙之名，然《齐物》篇论曰："以指喻指之非指，不若以非指喻指之非指也；以马喻马之非马，不若以非马喻马之非马也。"显然驳公孙龙"物无非指而指非指”及“白马非马”之说。又《齐物论》及《德充符》均言“坚白”，且用以谓惠施“坚白”，亦公孙龙之说。“指非指”、“白马非马”、“坚白”，皆公孙龙重要论旨（兒说亦持白马非马说〔见《韩非子》〕，其时代早于公孙龙，此或可为公孙龙前已有白马非马说之证，然指物坚白之说则在公孙龙之前毫无迹象可寻），庄子何以能预知而批评之，且又何以加于惠施，此均大可疑之处。岂内七篇亦有庄子后学所附入，非尽庄生之言耶？近人论述庄子名学，多谓其兼评惠施、公孙龙两家。钺谓此等处尚当细辨也。又钺近细读《公孙龙子》，除《迹府》篇为伪作外，觉《指物》篇，终不可甚解。近人诸注释，虽似言之成理，然细绎之，皆不免附会。盖循诵《指物论》原文，未见公孙龙确有如今人所言之种种见解。古人文辞简，文法不清楚，多省略，又有传抄传刻之讹误，此篇论旨岂将终古沈霾耶（《墨经》虽经多人研究，其中不可解处仍甚多）？此覆，即询

近祉。

钺拜上　八月十八日①

9月11日，致函刘操南，谓“暑中将《墨经》校写一遍，博采众家解释，间下己意，颇能通其条例。《公孙龙子》亦参读，以后拟再用名辨观点读其馀诸子，冀有新获”②。

11月20日，致函刘永济：

弘度长兄道席：

前奉惠简并大词五阕，久稽裁覆，为歉。尊作思远忧深，弟殊有同感，“此身也似知秋叶，独向高梧策策鸣”。“新

---

①原信复印件，由刘文绮提供。

②原信复印件，由刘文绮提供。

词刻意说伤春，谁信伤春情已倦”，何其悽怆动人耶。八年苦战，方获休止，而内閧又起。弟颇怀疑吾民族是否尚有复兴与上进之一日也，忧悒无已。浙大竺校长赴杭州尚未归来，原定明年春夏间东返，届时不知是否能成行。此间知友近亦多不如意事，梅公病势转剧，洽兄太夫人于本月四日在故乡仙逝，弟寓中于本月八日夜失盗，舍妹衣物多被窃去。近得北平消息，张孟劬先生于日本投降前归道山，睽隔八年，竟不能复谋一面。弟闻讯后极为伤恸，当即口占挽联云：“学术畅章实斋之流便坐接微言谁为传薪承绝业；身世与元遗山相近野亭存故献老看沈陆痛神州。”嗣又撰挽诗四首，以抒哀思，附呈教正。雨僧兄暑后到嘉定武大讲学，想情况佳胜，晤面时乞代致拳拳。肃此，敬承

著祉。

弟钺拜上　十一月廿日①

12 月 1 日，致函陈槃：

槃庵尊兄道席：

奉到惠札及大著《古谶纬书录解题（二）》、《古谶纬全佚书存目解题（一）》，于群书中探寻线索，钩沉发覆，运思之细，识断之精，敬佩无斁。弟近治先秦学术，以为《吕氏春秋》一书兼备百家之言，不啻先秦诸子之总汇，先秦学术中种种问题多可在吕书中寻得线索。弟拟用分析之法，研究吕氏宾客著书之情形及用心，追溯其资料之来源，察勘其中学说承受融会之迹，并评其得失利病，而推论其对后世之影响。拟先撰单篇论文，然后合为一书，已成《〈吕氏春秋〉中之音乐理论》及《先秦书中老子史料之检讨》，近正拟撰

①原信复印件，由程千帆提供。

《〈吕氏春秋〉与〈山海经〉》。吾兄治先秦两汉学术，撰著精卓，惜山川阻隔，不得面晤承教也。浙大竺校长近自杭州归来，言浙大东归之期须俟明年。暑假前得北平消息，张孟劬先生于日本投降前归道山。八载艰贞，竟不得见神州之光复，而弟北归有期，亦不能再侍几杖。追惟平昔知遇，怆恸何已，当时即口占挽联云："学术畅章实斋之流便坐承微言谁为传薪承绝业；身世与元遗山相近野亭存故献老看沈陆痛神州。"嗣又撰挽诗四首，录呈教正。小词一阕，附博一粲。肃覆，敬承

著祺。

弟钺拜上 十二月一日

贞一兄均此致候。

附致之屏弟一札，乞费神饬交。①

发表文章

欧阳永叔治学之精神（《思想与时代》第 40 期，1945 年 2 月）

编年诗

《一九四四年十二月倭寇犯黔余奉母避难綦江寇军旋退遂复返遵义黎子耀张鸥波寄诗存问赋此奉酬》《张孟劬尔田先生挽诗》《张孟劬先生挽诗四首》

○中华民国三十五年丙戌（1946 年） 先生四十二岁

8 月前，先生仍在浙江大学中文系任教②。

---

①原信复印件，由王汎森、陈鸿森提供。

②先生《高等学校教师登记表》，1953 年 4 月填写，四川大学档案馆馆藏人事档案。

1月27日，学校在何家巷5号为梅光迪举行追悼会①，先生撰献挽联：襟度似魏晋间人从今朋旧讌谈每忆清言哀逝者；学术主中西相济他日湖山都讲谁持风气勉来兹。

2月10日，八妹缪鉌（菱君）与刘之远②结婚。③

4月6日，致函陈槃：

槃庵尊兄道席：

去年十二月曾上一函，谅蒙惠察。春日暄妍，惟撰述多娱为慰。浙大校课即将结束，师生均筹备东归。弟拟奉母携儿北赴保定，一家团聚（内子携两儿居保定）。惟平汉路自元氏至安阳一段，迄未修复，北归不得。只得暂居遵义，俟八九月再启程，届时平汉路或能畅通也。论者谓复员之难，过于逃难，良可叹慨。贵所何时东迁？近作小诗两首，附呈郢正。肃此，敬承

著祺。

弟钺拜上　四月六日

贞一兄、之屏弟均此致候。

之屏弟二月来一函已收悉，请转告。④

5月6日，吴宓⑤向华西协合大学中文系主任、中国文化研究所所长闻宥（在宥）推荐先生，闻宥“欣允聘请”。而此前，胡

①参见竺可桢《竺可桢日记》，《竺可桢全集》第10卷，上海：上海科技出版社，2006年12月版，第27页。

②河北磁县人。1911年3月15日生。时任教浙江大学史地系，专业地质。

③参见先生1946年3月7日致杨联陞函（原信原件，由缪鈖提供）。

④原信复印件，由王汎森、陈鸿森提供。

⑤吴时在内迁成都的燕京大学任教。

厚宣亦曾向闻宥作过推荐①。

6月3日下午,闻宥遣人将聘书送往吴宓处,聘先生为中国文化研究所研究员兼中文系教授。吴宓当即函寄先生②。

6月15日,吴宓致函先生,并附应聘书③。

6月19日,吴宓至校长室,访教务长兼校长方叔轩,告先生就聘④。

6月20日,吴宓致函方叔轩,附先生填妥寄还的应聘书⑤。

7月5日,致函陈槃:

槃庵吾兄史席:

手书及大诗早已诵悉,挽孟劬翁诗尤为沉鍊悽怆,至深佩服。弟以大局未定,北归道阻,而杭州物价腾踊,难以安居,故向浙大请假一年,赴成都小住。已应华西大学之聘(任中文系教授兼中国文化研究所研究员),本月中旬即启程赴蓉,俟到蓉后再函告。成都友人来函,谓成都安定舒适,物价低廉,为今日全国惟一乐土,而华西坝环境优美,不减清华。故弟决意奉母西行。拙作数首,附呈教正。肃覆,敬承

著祺。

弟钺拜上　七月五日

贞一兄均此致候。

附致之屏弟一札,乞费神饬交。⑥

①胡时在内迁成都的齐鲁大学国学研究所任职。参见吴宓《吴宓日记》第10册,第43、45页。

②参见吴宓《吴宓日记》第10册,第61页。

③参见吴宓《吴宓日记》第10册,第67页。

④参见吴宓《吴宓日记》第10册,第69页。

⑤参见吴宓《吴宓日记》第10册,第70页。

⑥原信复印件,由王汎森、陈鸿森提供。

是月，先生填《蝶恋花》词，《缪钺全集》失收，抄录如下：

哀乐深时难自辨，赢得凄迷，陡觉人生倦。拂面飞萤光一闪，回头已向花阴远。　　欲向高山醒睡面，天地悠悠，怆涕无人见。吐尽柔丝空绚烂，惟馀自缚成孤茧。

8月，先生携家人搭黄鱼车离遵义，经重庆，乘公路局客车，前往成都①。

至此，先生结束了在浙江大学中文系近7年的教学工作，对先生这一阶段的教学情况，曾有学生回忆说："我还记得缪彦威老师为我们上诗词课时，讲解精炼透辟，文情交融，生动自然，极其引人入胜。不仅中文系的同学是聚精会神，听得津津有味，还有很多他系的学生也来选课或旁听，教室长为之满。"②

8月10日③，先生偕母亲、长子、二子抵成都。在城内大科甲巷一旅馆中住若干日后，先生母亲寄居胡厚宣寓中，先生携长子、次子暂住于小天竺华大集体宿舍，全家在胡家就餐④。

8月11日上午，拜访吴宓⑤。

8月12日上午，拜访吴宓，述浙大近况。吴宓请先生闵记早餐⑥。

8月14日上午，先生率二子拜访吴宓，请吴宓作函介绍其转学入北门外成都私立清华中学肄业⑦。

---

①据缪慈明回忆。

②杨质彬《浙大中文系在遵义》，贵州省遵义地区地方志编纂委员会《浙江大学在遵义》，杭州：浙江大学出版社，1990年2月版，第70页。

③此具体时间得之于吴宓1946年8月11日日记，见《吴宓日记》第10册，第103页。

④据缪慈明回忆。

⑤参见吴宓《吴宓日记》第10册，第103页。

⑥参见吴宓《吴宓日记》第10册，第104页。

⑦参见吴宓《吴宓日记》第10册，第106页。

8 月 15 日上午，拜访吴宓。吴宓请先生闵记早餐①。

8 月 16 日，吴宓友人张敬、罗汝仪为其设宴祝寿，先生与李思纯（哲生）、叶麐及朱自清（佩弦）夫妇等人应邀作陪②。

9 月，全家迁居华西坝宁村 16 号③。先生在华大开始陆续讲授“诗选”、“词选”、“中国文学史”、“中国通史”、“历代韵文选”等课程④。

从本学期起，经戴明扬介绍，先生在成都私立建国中学兼课，讲授“中国文学史”，每周两小时，至 1949 年上学期止⑤。

是年，与李源澄在少城公园绿荫阁茗叙⑥，李源澄邀请先生明夏往访灵岩书院。先生作《偕李源澄少城公园绿荫阁茗话》诗，《缪钺全集》失收，抄录如下：

> 为避街尘日夕喧，名园茗憩傍风轩。已劳五载沧桑别，喜共今朝斐亹全。治学渐探空曲际，余谓源澄，汪容甫自言："记诵之学无过人者，独于空曲交会之际，以求其不可知之事，心目所及，举无疑滞，钩深致隐，思若有神。"余亦颇有此感。经冬未及雪霜繁。灵山早定明年约，敧石听泉待细论。源澄邀余明年夏赴灵岩山书院小住。

发表文章

先秦书中孔老关系诸史料之检讨（《中央日报》1946 年 6 月 18

①参见吴宓《吴宓日记》第 10 册，第 107 页。

②参见吴宓《吴宓日记》第 10 册，第 108 页。

③据缪慈明回忆。

④先生《高等学校教师登记表》，1953 年 4 月填写，四川大学档案馆馆藏人事档案。

⑤先生《坦白材料》，1955 年 8 月 18 日填写，四川大学档案馆馆藏人事档案。

⑥时李源澄在灌县（今都江堰市）灵岩山主持灵岩书院。

日《文史周刊》第5期)

《吕氏春秋》撰著考(《中国文化研究汇刊》第6卷,1946年)

《吕氏春秋》中之音乐理论(《中国文化研究汇刊》第6卷,1946年)

编年诗

《携友游湘山寺》《赠郭洽周》《将离浙江大学赴成都祝廉先先生自湄潭来遵义话别留呈三绝句》《将离浙江大学赴成都感赋寄黎子耀》《寄赠杨耀德杭州君精电机之学亦喜谈哲理》《成都怀古五首》《偕李源澄少城公园绿荫阁茗话》

编年词

《蝶恋花》(哀乐深时难自辨)《念奴娇 一九三五年冬,余居广州,赏梅萝冈。抗战军兴,转徙粤西黔北,偶睹一两株,楚楚可怜。一九四六年,朅来成都,广益学舍梅花盛开,感念旧踪,因赋此解》

○中华民国三十六年丁亥(1947年) 先生四十三岁

本年先生在华西协合大学中国文化研究所和中文系任教①。

1月4日,夏承焘日记记:"李絜非送来《思想与时代》廿馀本,灯下阅缪彦威论姜白石一文,谓姜词特色在以江西诗法为词,遂开新境。沈伯时谓清颈而未免有生硬处。此正江西诗派之长短。《角招》、《长亭怨慢》、《徵招》等瘦硬隽淡,与黄、陈诗有笙磬同音之妙。其生硬,正其独诣也云云。此语未经人道。彦威今年离浙大,就华西大学。闻由与驾吾不相能。渔阳《香祖笔

①先生《高等学校教师登记表》,1953年4月填写,四川大学档案馆馆藏人事档案。

记》,谓于南渡后诗,自放翁外,最喜白石。彦威谓:白石诗在南宋为名家,词则大家,适与放翁相反。放翁才情宏放踔厉,故诗胜词,白石才情精细深美,故词胜诗。古人学术文章之成就,莫非其才情最适宜之表现。鹤长凫短,难以互易云云。此亦确论。予早年既尽力治白石集,往岁在龙泉,好读放翁诗,为重制年谱。间为小词,往往融入放翁诗境。诵彦威此文,不禁靦然自喜。"①

3 月 3 日,致函陈槃:

槃庵吾兄史席:

顷奉惠札并大著《汉光武与所谓赤伏符》及《谶纬释名叙说》两篇,拜读佩慰。承嘱探询四川省立图书馆所藏古谶纬辑本,日前访蒙文通先生,询及此书购自何处,蒙先生言馆中无此书,恐系马君误记。弟去年秋冬间撰《〈吕氏春秋〉撰著考》,并补改旧作《〈吕氏春秋〉中之音乐理论》两文,均将发表于《中国文化研究汇刊》中,正在付印,印毕当寄奉教正。迩来致力在六朝文史方面。清人治《文选》者,多注意于声韵、训诂、名物、典制诸端,弟拟用文史互证之法研究《文选》中诸名篇,论其旁涉之意义,发其隐微之旨,或可为"选学"开一新途径。成都景象略似北平,在今日国内,尚为物价低廉、生活较适之地,差可安居,读书撰述。惟僻居内地,求书不易,风气亦稍闭塞耳。厚宣弟已赴济南,研究齐鲁大学藏于济南之甲骨文(抗战期间未遗失)。近作诗词两首,附呈斧削。《读曹植〈洛神赋〉》印稿一篇,并呈諟正。肃覆,敬颂

著祉。

弟钺拜上 三月三日②

①夏承焘《天风阁学词日记》,《夏承焘集》第 6 册,第 662-663 页。

②原信复印件,由王汎森、陈鸿森提供。

上半年，经叶麐介绍，先生在四川大学先修班教授国文①。

7月，河南大学校长姚从吾（占卿）电聘先生为中文系主任，先生因交通状况和叶麐劝留而辞聘②。

8月13日，致杨联陞函：

莲生吾弟如晤：

前奉六月十七日手书，敬悉种切。吾弟应哈佛副教授之聘，非但荣誉，且可得一良好治学之环境，甚以为慰。钺下学期在华大任中国文化研究所研究员兼教授，在川大则任史学系教授（川大中文系过于守旧，史学系颇开明，系中同人徐中舒、冯汉骥、蒙文通、李哲生〔思纯〕、闻在宥均与钺相熟友好），两处每周授课共十五小时。在华大仍讲"诗选"、"词选"，在川大则授"中国学术思想史"、"中国通史"等课。七月初，成都遭数十年所未有之水灾，钺处地低，屋中水深尺馀，街中水深及胸，颇受惊恐。又闹米荒，米价激增，与京沪等，各种物价亦随之腾踊，幸川大自五月份起追升为二级待遇（华大因经济困窘，仍为第四级待遇），尚可敷衍。上月河南大学校长姚从吾电聘钺为河大中文系主任，多发三个月薪津约五百馀万，作路费，并托钱宾四、郭洽周函劝，其意甚厚。钺本拟应聘，母亲尤愿赴汴，将来接大嫂等方便。惟交通情形，曾详细打听，南北两路，均甚困难。石荪兄热心发展川大，劝钺留蓉，故钺已去函辞聘。吴保安君已回国否？现在何处？是否已到武大？石荪兄谈及川大少西洋史教授，不知吴君肯赴蓉否？吾弟在美友人中有可推荐者否？洽周兄托购之书，书店已有答复否？如可购得，

①先生《坦白材料》，1955年8月18日填写，四川大学档案馆馆藏人事档案。

②参见先生1947年8月13日致杨联陞函（原信原件，由缪鉁提供）。

务乞购妥迳寄南京。钺所作论文两篇已印毕,待弟到哈佛后再寄。小词一首,附录笺末。此颂

近祉。

钺拜上　八月十三日①

8 月,叶麐聘请先生兼四川大学历史系专任教授。先生少时即嗜读史书,尤熟中古时期,由此遂开始在大学讲授中国古代史。从此时至 1952 年 11 月院系调整,先生在川大讲授“中国学术思想史”、“魏晋南北朝史”和“中国通史”②。

10 月 17 日,致函陈槃:

槃庵吾兄道席:

惠书及大著一册均奉悉。《公矢鱼于棠说》,数年前在《史语所集刊》中曾拜读,今重加补订,更为详密。“矢鱼”之为“射鱼”,经吾兄疏通证明,可成定说,而论及古礼俗之衍变,尤徵通识。《杞子用夷贬爵辨》,亦可破讲《春秋》者拘泥书法之囿见。惟关于“侯”、“男”二字之解释,略可商榷。“侯”字,卜辞作,象张布矢集,其中与《说文》“射侯”意合,此乃“侯”字朔义。封建爵名所以用“侯”者,盖取其有武力,能以弓矢御侮。《孝经援神契》“侯者,候也,所以守蕃”殆后起引申之旨。至于“男”字,《说文》从力田,而卜辞作解释,说者谓象耒形,非“力”字。男从耒,在田间,示耕作之义,亦颇近情理。古人造字,取义偏重具体,抽象之旨多系后来引申。此两事不知可供采择否?拙著辱蒙奖饰,愧不敢承。指示两端,至深感佩。第一事诚如尊论,《吕

①原信原件,由缪鉁提供。

②先生《高等学校教师登记表》,1953 年 4 月填写,四川大学档案馆馆藏人事档案。

览》中有与《荀子》辞句相通者，如必认为出于李斯之手，未免拘泥。将来改订时，再将此处语气加以变易。第二事牵涉较广。《周易》跻于六经之列，由于汉人，近来学者有主张此说者，并非弟之创见。弟对此问题曾加研讨，颇觉此说可信。拙著《吕览撰著考》①并非专论此问题，故未多举证据，仅在括弧内注明“关于此问题，近来学者论述颇详，兹略言之，举证不备”。吾兄惠示诸节，弟亦曾留意，兹粗陈鄙见。《荀子·劝学》、《儒效》两篇以《诗》、《书》、《礼》、《乐》、《春秋》并举者三次，且曰“在天地之间者毕矣”，而不及《周易》，可见荀子心目中认为儒家经典仅《诗》、《书》、《礼》、《乐》、《春秋》，并无《周易》。至于《大略》篇谓“善为《诗》者不说，善为《易》者不占，善为《礼》者不相”，虽以《诗》、《易》、《礼》并举，然只随意标揭，与《劝学》、《儒效》两篇郑重例举《诗》、《书》、《礼》、《乐》、《春秋》者不同，且《大略篇》杂记短语不相通贯，其中容有汉人羼入者，故杨倞注《荀子》，移易篇第，列于卷末。如考荀卿意见，《大略篇》可信之程度自不如《劝学》、《儒效》也。先秦书中以诗、书、礼、乐并称者甚多，荀子则称“《诗》、《书》、《礼》、《乐》、《春秋》”，至于称《诗》、《书》、《礼》、《乐》、《易》、《春秋》者只有《庄子·天运》、《天下》两篇，而细按之，则均有问题。《天下篇》曰：

其明而在数度者，旧法世传之史，尚多有之。

其在于《诗》、《书》、《礼》、《乐》者，邹鲁之士缙绅先生多能明之，《诗》以道志，《书》以道事，《礼》以道行，《乐》以道和，《易》以道阴阳，《春秋》以道名分。

其数散于天下而设于中国者，百家之学时或称而

①即《〈吕氏春秋〉撰著考》。

道之。

“诗以道志”以下二十七字，可能是后人注语误入正文，马叙伦《庄子义证》、吕思勉《燕石札记》均持此说。盖上文只言《诗》、《书》、《礼》、《乐》，而此处增《易》、《春秋》，前后不合，如删此二十七字，上下文脉甚顺也。《天运》篇曰：“孔子谓老聃曰：‘丘治《诗》、《书》、《礼》、《乐》、《易》、《春秋》六经，（中略）以奸者七十二君。’”闻一多作《七十二》一文（《国文月刊》廿二期）谓汉人书中多言“七十二”，七十二乃一年三百六十日之五等分数，此数字乃由五行思想演化而成之一种术语，其通行在汉代。故古人本无一定之数字，及与七十二相近之数字，汉人皆改为七十二。闻氏之说甚确。《天运》篇此节既有“七十二”之语，可见亦汉人之撰，非先秦之文（古子书诸篇时有杂凑而成者，一篇之文，非必出于一人之手，《天运》篇非必尽为汉人之作，至少此节应出于汉人，因其有“七十二”之语，“七十二”在先秦书中几未尝有也）。故《庄子》书中此二事，不足为先秦有“六经”说之证。至于尊札所引《慎子》书中之语，据钱熙祚所辑《慎子逸文》：

> 《诗》，志也；《书》，诰也；《春秋》，往事也（《意林》又《经义考》引此文，下云“至于《易》则吾心，阴阳消息备焉”未见所出，当考）。

《意林》所引《慎子》之文，只言《诗》、《书》、《春秋》，至于“《易》则吾心……”云云，见于《经义考》，所引谅亦后人所增入矣。拉杂书此，以当面论，是否有当，更乞裁正为幸。小诗一首，附录笺尾，以博一粲。肃覆，敬颂

撰祺。

弟钺拜上　十月十七日①

①原信复印件，由王汎森、陈鸿森提供。

1940年代后期摄于华西坝广益学舍

本月，先生因咳嗽剧烈，震破肺中血管，吐鲜血数口，后经名医顾寿昌义诊痊愈①。

11 月 9 日，致函陈槃：

槃庵吾兄道席：

两奉惠书及大著，拜诵感慰。大著《侯与射侯》（已遵嘱将改稿粘贴）辨析详审，至佩。已交徐中舒兄刊入川大史学系主编之《史学论丛》。大诗馨逸婉笃，三复无斁。此间两校均已开课，弟任课依旧，尚不累。上月因咳嗽剧烈，震破肺中血管，吐鲜血数口，经医生打针又休养三星期，已痊愈矣。贞一兄词，渊美宏约，颇近正中。弟病中作小诗一首，附呈吟正。肃覆，敬颂

著祉。

弟钺拜上　十一月九日②

11 月 30 日，与叶石荪、黄稚荃、黄少荃同游新都宝光寺和桂湖③。

12 月 4 日，先生夫人携三子缪方明、四女缪遵明由保定经重庆抵蓉，全家经历十年分离后终于团聚④。

是月，先生作《偕石荪稚荃少荃游新都桂湖及宝光寺》诗，《缪钺全集》失收，抄录如下：

城居久厌栖栖事，胜侣相邀意兴尊。古寺盘桓心自寂，千秋兴废塔犹存。宝光寺塔乃唐僖宗时建。咏怀不落正始后，解梦如闻乐令言。石荪出示近作《咏怀》诗。稚荃解梦颇具胜义。

---

①据缪慈明回忆。

②原信复印件，由王汎森、陈鸿森提供。

③参见先生 1948 年 1 月 31 日致杨联陞函（原信原件，由缪鉁提供）。

④参见先生 1948 年 1 月 31 日致杨联陞函（原信原件，由缪鉁提供）。

一忆当年议礼者，伤心丛桂老荒园。桂湖为明杨升庵故苑。

是年，先生所作四首诗词，《缪钺全集》失收，抄录如下：

十　年

十年涉世惜知难，一札沈吟慨万端。敢说滋兰花易发，勿忘采药路常寒。风前拾蕊春犹昨，梦起推枰局已残。他日相逢蓬岛路，沧波回首尽慢慢。

水调歌头

冰雪久凝冱，日日望春来。谁知二月三月，风雨苦相偕。莫数明年花信，且问今春景色，何计好安排？芳径一蹉跌，咫尺即天涯。　　东皇说，愿与汝，暂徘徊。灵妃相顾一笑，人世几欢哀。斟酌流霞千顷，俯仰明星万点，宇宙属吾侪。陵谷偶成毁，何必挂君怀。

与稚荃论小山词

绝代论词境，谁如晏小山。不容世轩轾，自与古跻攀。托意芳馨里，观生卓荦间。秋窗一商榷，仿佛彩云还。

病中作

劳生蓬累知何已，一病能消十日闲。梦听鸟声疑奏曲，卧观云影当游山。人间醒醉都无与，世事成亏各好还。流幻百年多变劫，愿持一静息千艰。

发表文章

读曹植《洛神赋》(《东南日报》1947年1月16日《历史与传记》第2期。因内容重复，未收入河北教育出版社版《缪钺全集》)

《晋书·潘岳传》疏证(《东南日报》1947年2月6日《历史与传记》第4期)

正始清谈家对于政治之态度(《东南日报》1947年2月13日《历史与传记》第5期。因内容重复，未收入河北教育出版社版《缪钺全集》)

《吕氏春秋》错简(《中央日报》1947年2月17日《文史周刊》第38期)

与友人论《墨经》撰著时代(《中央日报》1947年2月17日《文史周刊》第38期)

《文选》赋笺(《中国文化研究汇刊》第7卷,1947年9月)

编年诗

《咏怀》《感遇》《十年》《与稚荃论小山词》《病中作》《偕石荪稚荃少荃游新都桂湖及宝光寺》

编年词

《水调歌头》(冰雪久凝冱) 《鹧鸪天》(铅椠相亲枉费才) 《踏莎行》(梦起犹迷)

○中华民国三十七年戊子(1948年) 先生四十四岁

本年先生在华西协合大学中国文化研究所和中文系任教,并兼四川大学历史系专任教授①。

1月,在华西协合大学中文系作诗词选的学术演讲②。

7月27日,致函陈槃:

槃庵吾兄道席:

承两次惠寄大著论文五篇,拜读敬佩。谶纬之学盛行于两汉,对于当时政治及学术思想关系甚大,惜纬书久佚,撢索不易,前人偶有论及,多随意指点,语焉不详。吾兄掇

①先生《高等学校教师登记表》,1953年4月填写,四川大学档案馆馆藏人事档案。后一年同。

②参见《四川大学史稿》编审委员会编《四川大学史稿》第4卷,成都:四川大学出版社,2006年8月版,第154页。

拾遗文，考证阐发，用思精而用力勤，将来关于此类之论文，可以集为一编，亦如张皋文之治虞氏《易》，为千载绝业。甚休甚休。《汉晋遗简偶述》，如安石碎金，亦多精光。此间已放假，成都夏日不甚热，可以读书。弟暑后在华大仍授"诗词"，在川大授"魏晋南北朝史"及"中国学术思想史"，假中拟略整讲稿。去年所撰《文选赋笺》四短篇近已印出，附函寄上一册，请兄与贞一兄同赐教正。两月前接之屏弟函，言将赴英研究，即启程。后得南京熟人来函，言之屏弟尚留京未动身。本月初致之屏一函，迄未得覆，不知之屏弟已启程赴英否？又前寄一诗，复略有改易，再录笺末，乞郢削。肃覆，敬颂

著祉。

弟钺拜上　七月二十七日

贞一兄同此致候。①

9月，《诗词散论》由上海开明书店出版。

10月30日，五子缪玄明生。

12月18日，吴宓日记记："宓倚枕读缪钺《诗词散著》论文集②，至12：00夜半电灯熄时。极钦佩。"③

是年④，钱穆邀请先生往无锡江南大学任教，先生"为侍老母，惮远行，未受聘"。"及在江南大学，彦威在蜀，以书招之。彦威为侍老母，惮远行，未受聘"⑤。

---

①原信复印件，由王汎森、陈鸿森提供。

②"著"应作"论"。

③吴宓《吴宓日记》第10册，第486页。

④钱穆1948年春赴江南大学任教，1949年春，由无锡至上海，转赴广州私立华侨大学任教。1949年春，钱穆自己的去意已决，所以"书招"先生当在1948年。

⑤钱穆《八十忆双亲·师友杂忆》，第287页。

发表文章

曹植与五言诗体(《文学杂志》第2卷12期,1948年8月)

颜延之年谱(《中国文化研究汇刊》第8卷,1948年9月)

清谈与魏晋政治(《中国文化研究汇刊》第8卷,1948年9月)

考证批评与创作——敬悼朱佩弦先生(自清)(《西方日报》1948年9月26日)

出版专书

诗词散论(上海:开明书店,1948年9月)

〇中华民国三十八年己丑(1949年) 先生四十五岁

本年先生在华西协合大学中国文化研究所和中文系任教,并兼四川大学历史系专任教授①。

3月21日,华西协合大学文学院哲史系开始举办"哲史周",聘请罗忠恕(贯之)、蒙文通、徐中舒、姜蕴刚、何鲁之和先生做专题学术演讲②。

4月27日,吴虞病逝于成都。其后,先生与闻宥合送挽联(先生撰,闻宥书)悼念:刘子玄疑古惑今早有文章惊海内;王仲任颐神养性晚将声采晦乡间③。

10月1日,中华人民共和国成立。

12月30日,中国人民解放军举行入城式,进入成都城。

---

①先生《高等学校教师登记表》,1953年4月填写,四川大学档案馆馆藏人事档案。

②郭荣良《文学院概况》,《华西协合大学校刊》,1949年4月22日。

③据先生回忆。参见郑诚《反封建礼教的斗士吴虞》,杨天宏主编《川大史学·中国近现代史卷》,成都:四川大学出版社,2006年8月版,第190页。

12月31日，成都市实行军事管制，成立“中国人民解放军成都军事管制委员会”。

发表文章

东魏北齐政治上汉人与鲜卑之冲突（四川大学历史系《史学论丛》，1948年和1949年编印，1956年10月装订）

卷三　1950-1958 年

○ 1950 年庚寅　先生四十六岁

本年初,先生在华西协合大学中国文化研究所和中文系任教,并兼四川大学历史系专任教授①。

1 月 7 日,成都市军事管制委员会军事代表组接管四川大学②。

1 月 12 日,成都市军事管制委员会军管小组对华西协合大学实行军事监督③。

2 月后,专任华西协合大学中文系教授,同时,改任四川大学历史系兼任教授④。为四川大学历史系 1948 级同学讲授中国学术思想史⑤。

4 月 1 日,致函刘永济:

---

①先生《高等学校教师登记表》,1953 年 4 月填写,四川大学档案馆馆藏人事档案。

②《四川大学史稿》编审委员会编《四川大学史稿》第 2 卷,成都:四川大学出版社,2006 年 8 月版,第 4 页。

③《四川大学史稿》编审委员会编《四川大学史稿》第 5 卷,成都:四川大学出版社,2006 年 8 月版,第 3 页。

④先生《高等学校教师登记表》,1953 年 4 月填写,四川大学档案馆馆藏人事档案。

⑤据缪文远回忆。

弘度长兄道席：

音尘阻隔，倏馀半载，思念之怀，与日俱积。成都解放后，得雨僧兄书，寄示吾兄致雨兄函札及新词，三复诵读，得悉左右迩来心境。成都和平解放，故秩序良好，近三月来，一切均在除旧布新之中，川大组织临时校务管理委员会，调整人事，变化颇大（文、法两院尤胜）。弟仍被续聘为史系专任教授。惟新订规章，不得兼两大学专任，弟因住房及种种方便，故决定以华大教职为专任，而在川大兼课。文史两系课程方面亦有变动（大抵遵照华北专科以上学校文法两院暂行课程标准）。弟近来研读马列学说诸书籍，尊词所谓"补读平生未见书"者也。洽周兄仍在南京大学任教，浙大变化甚大。近有佳什，亟望惠示。肃此，敬颂

教祉。

弟钺拜上　四月一日①

9月起，为四川大学历史系1949级同学讲授中国通史秦汉魏晋南北朝部分一学期②。为华西协合大学中文系同学讲授"文学批评"③。

11月25日，《华西协合大学校刊》1950年第2期发表先生文章《我们应当作一次课程改革的学习》，《缪钺全集》失收，抄录如下：

高等学校各院系《新课程草案》（包括教学的内容、观点、方法等），已由教育部颁布施行。在中央人民政府所施行的各项新政之中，课程改革这件事，对于我们大学的教师

---

①原信复印件，由程千帆提供。

②据刘菁华回忆。

③参见先生《批判我的"闲静自适"的帮闲道路》，《新华大》第26号，1952年7月13日。

和学生们,尤其有密切关系。

在最近几个月之中,我常常考虑课程改革这件事,总想如何能遵循《新课程草案》所指示的,用新观点、新教学方法把我所承担的几门课程教好。但是至今我仍然是毫无把握。一个新的方法想定之后,经过短时间的试验,往往又感觉不妥当,需要修正,因此我常在迷闷彷徨之中。我很愿意得到其他先生们的帮助,接受他们宝贵的经验和意见;我更愿意得到同学们的帮助,希望他们常提出建议与批评。更重要的是:希望同学们先能深切地了解这次课程改革的几点重要意义,然后师生合作,把它作好。譬如就教学方法说,新教学方法所规定的,除上课讲授外,尚注重自修和讨论,这就是要使学生在业务学习中处于主动的地位,不仅是被动地接受教师所讲的就算了。如果同学们了解这一点,能把先生所指定的参考资料认真研读,或者自己再能多看有关的书籍,在讨论时,多发问题,多提意见;这样,自然能够真得到学问上的乐趣,增强求知的精神,而且能使所学的更加精熟深透,新教学方法的好处就在此。如果同学们不了解这一点,不切实地这样作,先生虽想帮助也无从用力。当然,先生如果不能启发同学,不愿多加讨论,只是同学们热心地想用新方法学习,也是不能作好的。所以我说要师生合作,先生教书时,如果不能用新观点、新方法,不肯认真负责,同学可以提出善意的批评与建议,同学如果不能切实自修,认真讨论,先生应当加以热诚的劝勉与督促。在这种师生团结相互勉励之下,一定能够按照《新课程草案》所指示的去实行,而得到良好的效果。

在这次援助灾区同胞捐献寒衣代金的运动之中,我们华大的师生工友们都有很好的表现,不但勇于出钱,而且思想提高,大家深切地知道爱祖国爱人民,并表现于行动之中。我希望我们华大师生这种爱祖国爱人民之心,不仅激发于一时,表现于一事,而是能持久地表现于各方面。现在国家需要有知识有技能的人才从事于各种建设,人民需要有知识有技能的人才去为他们服务,而我们大学正是培养人才的机关,如果教者真能精研学术,培育人才,学者真能努力课业,成就自己,以应国家与人民之需要,这岂不正是爱祖国爱人民的一种表现?我们应当把捐献寒衣代金时的那种觉悟与热情再用于课程改革的实行方面。

中央人民政府所颁行的各种重要政策法令,我们都应当学习,而高等学校《新课程草案》尤其和我们大学的师生关系密切,因为这个新政就是为我们而设,要我们切实去做的,我们岂不是更应当认真去学习,认真去实行。所以我们如果能对于《新课程草案》新教学方法加以研究,明确地了解它的意义,并与旧的课程、旧的教学方法比较,有些什么不同。我们一向习惯于旧课程、旧教学方法,养成惰性,现在应该如何检讨自己,提高觉悟,纠正故习。这不是一种业务学习,而正是一种政治学习。在这种政治学习之后,我们才能认真地依照《新课程草案》,运用新教学方法,去教去学,我们的业务学习自然也就能作好。

因此,我向本校教联、学联建议,我们应该作一次课程改革的学习。在大家研究讨论之中,深刻地去认识,在师生团结互助之下,认真地去实行。这是一种政治学习,也惟有在这种政治学习之后,我们才能把业务学习作好,才能在我们自己的工作岗位上,把我们爱祖国爱人民的心表现出来。

(十一月十五日写于华大宁村)

发表文章

我们应当作一次课程改革的学习(《华西协合大学校刊》1950 年

第2期,11月25日。河北教育出版社版《缪钺全集》失收)

南北朝之物价(《中国文化研究汇刊》第9卷,1950年)

北魏立三长年月考(《中国文化研究汇刊》第9卷,1950年)

○ 1951年辛卯 先生四十七岁

本年先生在华西协合大学中文系任教,并任四川大学历史系兼任教授①。

年初,担任成都《工商导报·学林》主编,并撰《发刊词》发表于1月1日《学林》副刊第1期。"为了进一步适应新中国经济建设和文化建设的需要,该报又于1951年初创办了一个学术性的副刊《学林》,邀请缪钺先生担任主编,并组织了一个编委会,担任编委者有:徐中舒、缪钺、蒙文通、冯汉骥、闻宥、蒙思明、胡鉴民、赵卫邦等著名教授和两三个作具体工作的年青人。《学林》每两周出刊一次,每次一整版,约一万二三千字,先后共出了25期。1952年初,才停止出版"②。

1月18日,致函吴宓,劝其接受华西协合大学之聘③。

2月起,为四川大学历史系1949级同学讲授中国通史秦汉魏晋南北朝部分一学期④。

3月初,赴绵阳、眉山、夹江等地参观土改⑤。

3月18日,《工商导报》《学林》第6期发表先生文章《白鸟库吉鲜卑语考释的商榷》,《缪钺全集》失收,抄录如下:

---

①先生《高等学校教师登记表》,1953年4月填写,四川大学档案馆馆藏人事档案。

②李必忠《缪钺先生与〈学林〉》,四川大学历史系编《冰茧彩丝集》,成都:成都出版社,1994年9月版,第71-72页。

③参见吴宓《吴宓日记续集》第1册,北京:三联书店,2006年4月版,第46页。

④据刘菁华回忆。

⑤参见先生《释北魏均田制》,《工商导报》1951年4月15日《学林》第8期。

鲜卑民族在中国中古史上占很重要的地位。自两晋亡灭，到隋朝兴起，二百六十馀年，中国北方被几种异族所侵据，在这几种异族之中，鲜卑文化最高，势力最盛，在所谓"五胡十六国"之中，鲜卑建立的国家就有五个，是前燕、后燕、南燕、西秦、南凉，占十六国的三分之一，在十六国之外，如慕容氏的西燕，段氏的辽西，拓跋氏的代，也都是鲜卑。后来，鲜卑拓跋氏统一中国北部，改国号为魏，魏室分裂，齐周代兴。北齐高欢的世系是假造的，他并不是渤海名族高氏之后，而是塞上汉人鲜卑化者（详拙撰《东魏北齐政治上胡汉之冲突》，载四川大学《史学论丛》第一期），北周宇文氏是南匈奴种之鲜卑化者（详周一良《论宇文周之种族》，载《历史语言研究所集刊》第七本第四分）中国北方经魏齐周三朝，始终被鲜卑人统治。

鲜卑侵占中国北方既然有两百馀年，与鲜卑人一同来到中国的鲜卑语也会盛行一时，和当时的政治、社会、文化发生种种关系，在中国中古期的史书中留下许多痕迹。凡是读两晋南北朝史书的人，常常遇到一些汉字音译的鲜卑语，因此往往对鲜卑语发生兴趣，想做一番研究工夫，我自己就是对鲜卑语发生兴趣的一个人。我在一九四九年曾经作过一篇论文，题目是《北朝之鲜卑语》，把鲜卑语在北朝流行运用的情况，和它对于当时政治、社会、文化发生的种种关系，作有系统的论述（此文尚未发表）。至于就古书所载汉字音译的鲜卑语以推求它的语原，因为我没有学过比较语言学，所以不能做这种工作。日本白鸟库吉在这方面很下过些工夫，他所作的《东胡民族考》，根据中国史书中所载汉字音译的鲜卑语而附释意义者，以满洲、蒙古、土耳其乃至于日本、朝鲜等语，印证疏释，推求语原，用力很勤。我对于满、蒙、土耳其等语文既未尝学习，因此对于白鸟氏所考的是否正确,不敢妄论;但是我读白鸟氏《东胡民族考》(方壮猷译本)的时候,觉得他所用的方法,和他对于史料的了解,还有些可以商榷的地方。所以把我的意见写出来,希望治历史和语言的学者加以指正。

自隋唐统一,鲜卑人完全与汉人同化,鲜卑语也因此而湮灭,到现在有一千馀年了。后世满洲、蒙古、土耳其语与鲜卑语的关系如何,尚在不可确知之列,如果广泛比配,阐释意义,岂能免附会穿凿之讥?并且汉字译音,也难以密合原语,或异语同译,或同语异译,而古书传写,又常有错误,如果但据汉音,推求原语,甚或根据误文,轻加比附,更易生毫厘千里之谬。白鸟氏考释鲜卑语似乎就犯了这些毛病,现在举几个例来说。

"拓跋"与"秃髮",是同一鲜卑语的异译,钱大昕已经说明。《廿二史考异》二十二:

> 按秃髮之先,与元魏同出(钺按:秃髮氏的祖先,出自北魏圣武帝诘汾。诘汾长子匹孤,率领他的部众徙河西,遂为秃髮氏,建国为南凉。南凉灭,秃髮傉檀的儿子贺降魏,魏太武帝说:"卿与朕同源,因事分姓,今可为源氏。"可见秃髮氏与北魏拓跋氏同出于一个祖先)。"秃髮"即"拓跋"之转,无二义也。古读轻唇音如重唇,故赫连佛佛即勃勃,"髮"从"犮"得声,与"跋"音正相近。

钱氏的说明已经很清楚。《隋书·经籍志》霸史类有《拓跋凉录》十卷,不著撰人。钱大昕说:当是记秃髮氏南凉事(《廿二史考异》三十四)。这也是拓跋就是秃髮的又一个证据。"拓跋"与"秃髮"既然是同一鲜卑语的异译,它们的意义自然应当相同,但是白鸟氏考释"秃髮",则从《晋书·载记》之说,认为秃髮的意义是"被",就是蒙古语 debel(皮外套之义)的对音,他考释“拓跋”,又说是 Tabga 的对音,而不能确知它的意义(引 Hirth 的说法,谓蒙古与土耳其语谓印玺为 Tamga,乃 Tamgač 的转讹)。并没有说它与蒙古语 debel 有关。秃髮的意义是“被”,是否正确,姑且不论,总之,“拓跋”与“秃髮”既然是同一鲜卑语的异译,它们的意义应当是相同的,而白鸟氏把它们考成两个语原,两个意义,岂不是错误吗?

《魏书·羯胡石勒传》:“石勒小字匐勒。”《北史·高车传》:阿伏至罗“自立为王。国人号之曰候娄匐勒,犹魏言大天子也”。白鸟氏谓:Osman 语谓王者为 bejlik,高车语的匐勒就是 bejlik 的对音,石勒的小字匐勒,也就是天子或王者的意思。但高车就是汉朝的丁零,乃北狄之种,远居漠北,羯族的特征是深目、高鼻、多须,乃是中亚阿利安种,来自西方(说详谭其骧《羯考》,载一九四七年一月杭州《东南日报》“历史与传记”副刊第一期),两族既非同种,相距又远,他们的语言未必通流,匐勒之名,大概是汉字译音的巧合,并且石勒出身微贱,少时被人掠卖为奴,岂能预知将来建国为君,而小名取义于天子或王者?白鸟氏因为汉字译音的偶然相同,遂远引高车语意,以释羯酋小名,岂不又是错误吗(这一条白鸟氏所考的是羯语、高车语,并不是鲜卑语,但是也可以看出他所用方法的疏误)?

《魏书·官氏志》:“渴烛浑氏,后改为味氏。”白鸟氏谓“渴烛浑”盖拓跋语,而“味”则是它的意义,引蒙古语族中 Tunkinsk 语谓有甘味曰 amtêkhang,谓拓跋语的“渴烛浑”就是 amtêkhang 的略译,以“渴”字对 a,以“烛浑”字对 têkhang,而省略其中的 m。按陈毅《〈魏书·官氏志〉疏证》:

《姓纂》十二“蟹”云:“渴烛浑,可足浑,疑可朱浑音

> 转。"《通志》略同。按林郑说是也,"味"是"咮"字之误,本当作"朱",《广韵》、《姓纂》、《姓解》、《姓氏辩证》、《通志》、《略引志》凡六见,并云改朱氏,其明证也。

陈氏谓"味"是"咮"的误字,本当作"朱",他的说法很可靠。渴烛浑氏即是可朱浑氏,北魏改姓时节取其中一字之音以为汉姓,故改为朱氏(北魏改姓时,这类的例子很多,见《魏书·官氏志》)。"味"是误字,"渴烛浑"的原意是什么,虽然不知道,总之与"味"毫无关系,白鸟氏根据错误的"味"字,引蒙古语来附会解释,岂不是劳而无功吗?

《魏书·官氏志》:"尸突氏后改为屈氏。"白鸟氏谓"屈"就是拓跋语"尸突"意义的汉译,并引蒙古语"屈"为akdoi,因此谓拓跋语"尸突"之"尸"应当是"户"字的错误,就是蒙古语(a)kdoi的略译。按陈毅《〈魏书·官氏志〉疏证》:

> 尸当为屈,《广韵》八物称虏复姓屈突。按屈突,鲜卑种人。《唐书·屈突通传》云:"其先长黎徒河人。"

陈氏的说法很对。尸突应当作屈突,所以改为屈氏,也是节取屈字的音。尸既是误字,则鲜卑语"尸突"(即"屈突")与"屈"字的意义毫无关系,白鸟氏引蒙古语所印证的岂不又是劳而无功吗。

由以上所举的几个例子,可以看出,白鸟库吉对于中国书中鲜卑语史料的考证和校勘过于疏忽,对于清朝学者的说法也未能尽量采用,他举蒙古语印证鲜卑语也未免于大胆附会,因此,他考释的结果是很有问题的。

此外,白鸟库吉考释鲜卑语时,因为没有把中国史书中的文字看清楚,偶尔有把非鲜卑语误认为鲜卑语的事情,下面举一个例子。《南齐书·河南传》:

> 河南，匈奴种也。汉建武中，匈奴奴婢亡匿在凉州界，杂种数千人，虏名奴婢为赀，一谓之赀虏。鲜卑慕容廆庶兄吐谷浑为氐王，在益州西北，亘数千里。

白鸟氏说：

> 河南明为鲜卑种，《南齐书》以之为匈奴种者误也。按“赀虏”者吐谷浑之别称，其名乃鲜卑语也。

白鸟氏认为“赀”是鲜卑语。按《南齐书·河南传》开头几行叙述稍欠明晰，但是并没有把吐谷浑错认为匈奴种，寻绎《南齐书·河南传》的意思，是说：河南（当指今青海黄河以南的地方）在东汉时原为匈奴所据，所谓“汉建武中，匈奴奴婢亡匿在凉州界，杂种数千人”。下文“虏名奴婢为赀，一谓之赀虏”。这里所谓“虏”，是指亡匿凉州界的匈奴奴婢，那么，“赀”应该是匈奴语。下文又说“鲜卑慕容廆庶兄吐谷浑为氐王”，是说明西晋时鲜卑慕容廆的庶兄来此为王。所以称“氐王”者，大概因为此地也有氐人居住，吐谷浑奴役氐人而为王，所以称为氐王。《南齐书·河南传》这一段文辞过简，遂欠清晰，不过无论如何，按上下文寻绎，“虏名奴婢为赀”之“虏”，应当是指匈奴，那么，就绝不能说“赀”是鲜卑语。至于汉人或有称吐谷浑为“赀虏”者，我想，这大概是因为在吐谷浑来到青海河南地之前，汉人已称在此地居住的胡人为“赀虏”，等到鲜卑族的吐谷浑来到这里据地称王之后，汉人仍然沿用旧名称他们为“赀虏”，“赀”与鲜卑并无关系。白鸟氏因为没有把这一段史文了解清楚，于是就把“赀”误认作鲜卑语了。

4月15日，《工商导报》《学林》第8期发表先生文章《释北魏均田制——参观土地改革后对于历史上土地改革的新认识》，《缪钺全集》失收，抄录如下：

新中国今日正在进行一个空前的伟大的工作,就是土地改革。土地改革的目的,是要废除封建制度,发展农业生产。废除封建制度,才能推翻中国两千馀年封建与半封建的旧社会;发展农业生产,才能为新中国的工业化开辟道路,以便建设新民主主义的社会,并且由新民主主义的社会进入社会主义与共产主义的社会。所以土地改革这件工作,在推动中国由旧社会进入新社会的过程中,负有极重大的任务。

川西区中的十个县,现在正进行土地改革,一个月以前,我曾经到绵阳、眉山、夹江等县参观土地改革。这次参观,对于我个人是一个很好的学习。我在参观时,对于今日的土地改革有了深一层的了解;因此,对于历史上的土地改革也有了新的认识,纠正了我所接受的旧历史学者的一些错误意见。

土地分配是封建社会中最重要的问题,远在二千多年以前的战国,正是中国由奴隶社会转变到封建社会的时期,那时土地私有制度已经出现,新的地主已经兴起,许多劳动的农民自己是没有田的,所以孟子提出他所理想的井田制,希望有八口之家的农夫都能有一百亩田。到秦汉时,兼并之风益盛,“富者田连阡陌,贫者无立锥之地”,贫农“耕豪民之田,见税十五,常衣牛马之衣,而食犬彘之食”。所以从两汉以后,一些改良主义者常常提出均田的主张,而各朝代中,也有的实行过土地改革的制度,其中最为旧日历史学家所称颂的,就是北魏的均田制度与唐初的租庸调制。我们学历史的人,很容易由今日的土地改革联想到历史上的土地改革。今日的土地改革与历史上的土地改革不同,这是大家都知道的,但是我们应当更进一步了解,今日的土地改革与历史上的土地改革之不同,不是程度上的,而是本质上的。我在这一次参观土地改革之中，听到各地做土地改革工作人员对于他们工作的详细报告，又听到由成都同去的政府方面的领导人员对于土地改革中许多问题的精要的分析与指示，因此，知道做土地改革工作应以清匪反霸为中心环节，必须彻底消除封建残馀势力，使地主向农民低头，农民才能真正的翻身。如果不这样做，而只是表面上把土地分配，是不够的，所以和平土改是错误的想法。做土地改革是艰巨而精密的工作，要全心全意地为农民谋利益，深细地考虑，适当地处理各种问题，应当如毛主席所说的："依靠贫农，团结中农，有步骤地有分别地消灭封建剥削制度，发展生产。"(《在晋西干部会上的讲话》)不要急躁，不要粗糙，要稳步前进，使工作能在工作的地点保持永久。同时，我又曾到已行改革的乡村与正行土改的乡村中访问农民，认识了农民们政治觉悟的提高与欢欣鼓舞的情绪。他们感谢毛主席，感谢共产党，信任政府，拥护政府，知道土地改革是千载一时的伟大工作。他们在退押和土改之后，分得土地和房屋器具等，生活改善，生产情绪高涨。总结以上所得，我明确地认识：今日的土地改革，是要废除封建制度，消灭地主阶级，为劳动的穷苦农民谋利益，使农村生产力获得解放。而回想历史上的土地改革，恰恰与此相反，它是要维护封建秩序，照顾地主利益，给农民一些小恩小惠，使他们可以勉强生活下去，以供全国唯一的大地主皇室的长期剥削。

我现在把北魏行均田制的史实来分析讨论一下，证明我上文所提出来的一点新认识。

北魏的均田制，是曾经得到旧历史学者的称颂的。郑樵说："井田废七百年，至后魏孝文始纳李安世之言，行均田之法。"(《文献通考》卷二《田赋考》引)言外颇致赞叹之意，认为北魏孝文帝能恢复井田的美制。今日编国史的仍然有人说，北魏“自行均田而农民始有乐生之意”（钱穆《国史大纲》第二十章第三节）。但是北魏的均田制是不是如这些人们所想象的那样好呢？这就需要把当时关于行均田的历史事实来研究一番。

关于研究北魏的均田制，我曾经发现了一个新线索，就是在立三长与行均田年月先后的关系上去推寻当时行均田制的用意。

北魏孝文帝行均田制的时候，同时又行三长制，就是一种乡党制度，五家为邻，五邻为里，五里为党，邻里党各立一长，类似后世的保甲制。关于北魏孝文帝行均田制与立三长制的年月哪个在先，哪个在后，《魏书》中两处的记载自相矛盾。这一个问题，唐宋的历史学者，如杜佑作《通典》，司马光作《通鉴》，马端临作《文献通考》，都未曾注意到。近来研究历史的人，如吕思勉作《魏晋南北朝史》，钱穆作《国史大纲》，虽然注意到，也没有提出满意的解答。在一年多以前，我曾经作了《北魏立三长制年月考》一篇文章（载华西、金陵两大学中国文化研究所合编的《中国文化研究汇刊》第九卷），考定北魏立三长制应当在孝文帝太和九年的上半年，在行均田制之前。这一个史料的考证，对于我们了解当时朝廷行均田制的用意，很有帮助。

现在让我先把这一段史料的考证简单地说一下。

《魏书·高祖纪》：

> （太和九年）冬十月丁未，诏曰：“……今遣使者，循行州郡，与牧首均给天下之田，还受以生死为断，劝课农桑，兴富民之本。”
>
> （太和十年）二月甲戌，初立党、里、邻三长，定民户籍。

据此，太和九年十月下诏均田，太和十年二月立三长，立三

长在行均田之后四个月。但是《魏书》五十三《李孝伯传附李安世传》说:

> 时民困饥流散,豪右多有占夺,安世上疏曰:"……窃见州郡之民,或因年俭流移,弃卖田宅,漂居异乡,事涉数世。三长既立,始返旧墟,庐井荒毁,桑榆改植。事已历远,易生假冒。强宗豪族,肆其侵陵,远认魏晋之家,近引亲旧之验。……群证虽多,莫可取据。……愚谓今虽桑井难复,宜更均量,审其径术,令分艺有准,力业相称,细民获资生之利,豪右靡馀地之盈。……"高祖深纳之。后均田之制,起于此矣。

传中没有记载李安世上疏的年月,但是既然说孝文帝纳李安世之言然后行均田制,那么,李安世上疏必定在太和九年十月下诏行均田之前。而书中已有"三长既立,始返旧墟"之语,那么,李安世上疏又必在立三长之后,所以如果根据《李安世传》,北魏立三长在行均田之前,与《高祖纪》所载恰恰相反。

我们再检查《魏书》中其他地方关于行均田立三长的记载。《食货志》也说是太和九年下诏均田,十年李冲上疏请立三长,孝文从之,与《高祖纪》相合。再检《李冲传》,只说到他建议立三长,没有说在哪一年。如果服从多数,《魏书·高祖纪》与《食货志》都是说行均田在太和九年,立三长在太和十年,行均田在立三长之前之说应当可信。但是李安世以当时之人,说当时之事,似乎不至于有大错误,他上疏时,尚未行均田,而已有"三长既立"之语,又应当如何解释呢?

关于这一个问题,唐宋的学者既未注意,近世学者虽然注意,而又无满意的解答。我怀疑多年,有一次读《南齐书·魏虏传》,偶尔得到一条很可宝贵的记载。《南齐书·

魏虏传》：

> (永明)三年，初令邻里党各置一长，五家为邻，五邻为里，五里为党。四年，造户籍。

南齐永明三年即北魏太和九年，永明四年即北魏太和十年。据《南齐书·魏虏传》所记，北魏太和九年立三长，十年造户籍，与《魏书·高祖纪》所谓立三长造户籍都在太和十年者不同。《南齐书·魏虏传》未记立三长在何月，但是根据《魏书·李冲传》，李冲在文明太后前与群臣专论立三长事，反对的大臣“咸称方今有事之月，校比民户，新旧未分，民必劳怨，请过今秋，至冬闲月，徐乃遣使，于事为宜”。李冲说：“若不因调时，百姓徒知立长校户之勤，未见均徭省赋之益，心必生怨。宜及课调之月，令知赋税之均，既识其事，又得其利，因民之欲，为之易行。”可见立三长必在秋冬之前，课调之月，换言之，即必在上半年中。如果是太和九年上半年中立三长制，立三长后，民返旧墟，李安世上疏请行均田，孝文帝从之，所以十月下诏行均田，《李安世传》中的疑问就可以涣然冰释了。

或者有人要问：如果照《南齐书·魏虏传》所记，北魏立三长是在太和九年，那么，魏收修《魏书》的时候，为什么会误记于太和十年呢？我想，错误的原因大概是这样：立三长和造户籍是有联带性的工作，北魏朝廷把这两件事分在两年做，太和九年立三长，十年二月造户籍。魏收修《魏书·高祖纪》时，因为立三长与造户籍是有联带性的事情，于是偶尔疏忽，把立三长也合并于太和十年二月造户籍的一条记载之中，修《食货志》时，也就根据《高祖纪》，把李冲上疏请立三长记在太和十年。实际上，李冲上疏应当在太和九年(《魏书·李冲传》未记上书请立三长在何年，可见魏收修《李冲传》时，所根据的史料，已经不能确知李冲请立三长的年代，而《食货志》所以记李冲上书在太和十年者，大概因为要符合《高祖纪》而添进去的）。《南齐书》记载北魏的事情，虽然是异国传闻，不免简略，但是倒并未错误。

我们考明北魏立三长在行均田之前，对于北魏朝廷所以要行均田的用意更可有深一层的了解。北魏为什么要立三长制呢？就是全国唯一的大地主皇室向各地方的大地主所谓豪强者争取劳动人民。自五胡乱华以来，百馀年中，中国北方分崩离析，战乱频仍，没有统一的政府，于是一般农民多依附于本地的强宗豪族，替他们种田，为他们服劳役，勉强维持生活。北魏拓跋氏统一中国北方之后，并未立乡党制度，清查户口，这些农民仍然荫附于豪强之下，豪强把他们三十家或五十家算作一户，向政府呈报，缴纳租调时也按一户的租调缴纳；因此农民缴纳于中央政府的租调虽轻，而很多的劳动果实都被豪强剥削。《魏书·李冲传》说："旧无三长，所以民多隐冒，五十三十家方为一户。"《食货志》说："魏初不立三长，故民多隐附，隐附者多无官役，豪强征敛，倍于公赋。"就是说明这类情形。全国许多农民既然都被豪强占去，成了荫户，供皇室剥削的人数自然大大的减少。同时，北魏承百年战乱之后，人少土荒，政府拥有大量的土地，无人耕种，所以为皇室的利益计，第一步必须先向豪强手中争取农民，第二步将荒田分配给农民，使他们耕种，向政府缴纳租调。北魏立三长就是做第一步，行均田就是做第二步。可见这全是为皇室的利益，把农民向豪强手中争取出来，以供皇室的剥削，换言之，就是把农民从各大地主手中争取出来，以供全国唯一的大地主之剥削。立三长在行均田之前这一个史实的考明，更可以帮助我们很明显地了解北魏行均田制的本质是为了皇室的利益，不是为农民的利益，是皇室为自己的利益与豪强斗争，是地主们内部的矛盾与斗争，不是皇室为农民与豪强斗争。

立三长是不利于大地主的，所以李冲建议立三长时，公卿会议，贵族官僚大地主如郑羲、高祐、元丕等，纷纷反对，李冲加以辩驳，文明太后拥护皇室利益，坚决主张施行(《魏书·李冲传》所记如此。《魏书·食货志》说："李冲上书请立三长，诸官通议，称之者众，高祖从之。"恐怕不合于当时的事实。因为立三长不利于大地主，那些官僚自然不会称善。再说当时虽然是孝文居帝位，而实际政权操于文明太后之手，三长制的施行，大概是由于文明太后的主持，《李冲传》所记盖得其实)。李冲也是官僚大地主，但是他得幸于文明太后，所以仰承太后之意，帮助皇室，与其他大地主斗争。

北魏皇室立三长制，清查户口，将农民由豪强手中争取过来，下一步一定要把荒田分配给农民，强迫他们耕种，以供自己的剥削，增加朝廷的收入。李安世是改良主义者，一向抱有古代井田的理想，他恰好在立三长之后上书请行均田，《魏书·李安世传》遂说："高祖深纳之，后均田之制，起于此矣。"这是肤浅的看法。实际上说起来，当时就是没有李安世的上疏，北魏朝廷还是要行均田制的。在人少地荒之时，将土地分配给农民，强迫他们耕种，正是剥削者的利益。北魏孝文帝以前，道武帝天兴元年，曾经在京师计口授田，明元帝永兴五年，又在大宁计口授田(《魏书·太祖纪》、《太宗纪》)。可见授田是北魏惯行之法。所以孝文帝的均田制，可以说是道武、明元两帝计口授田政策的延续。不过道武、明元的授田，仅限于一区域，并且所授的是新徙之民及与外族作战所获的俘虏；孝文时则将全国荫附之民争取而出，普遍授田，定制较密而已。

北魏立三长时，皇室虽然与豪强大地主斗争，但是行均田时，又很照顾到大地主们的利益，以缓和他们的反对。北魏均田法令规定：

> 诸男夫十五以上受露田四十亩，妇人二十亩。奴婢依良。丁牛一头受田三十亩，限四牛。所授之田率倍之，三易之田再倍之。

丁牛可以受田，奴婢可以与普通人一样的受田，丁牛限制四头，奴婢并没有提到数目的限制，当然是有多少奴婢就可以分到多少田。我们试想一想，谁能拥有许多的奴婢？当然是大地主而不是农民。照均田法令的规定，“所授之田率倍之”。所以男子一人受田四十亩，其实就是八十亩；妇人一人受田二十亩，其实就是四十亩。既然“奴婢依良”，假设一个大地主有五十个奴，五十个婢，他就可以多分到六千亩田，这六千亩田的收获，除去缴纳政府的租调之外，全是大地主的。北魏立三长行均田之后，奴婢租调额定得很轻，当时的规定是这样的：“民年十五以上未娶者，四人出一夫一妇之调。奴任耕婢任绩者，八口当未娶者四。”(《魏书·食货志》)那就是奴婢八人只出农民一夫一妇之租调，这也是政府有意照顾大地主的。有一百个奴婢的大地主已经可以多分到六千亩田，而当时的大地主，拥有奴婢最多的，还往往超过一百。所以在均田法令的规定中，大地主们还是可以保有大量土地而坐享剥削的利益。皇帝与大地主们为自己的利益虽然也常有矛盾与冲突，但是在剥削农民这一点上，他们是站在同一方面的。

北魏行均田制之前，每户租调额是帛二匹，絮二斤，丝一斤，粟二十石，又入帛一匹二丈，委之州库，以供调外之费。太和八年，因为要颁给百官的俸禄，于是户增帛三匹，粟二石九斗，后又增调外帛满二匹。立三长行均田之后，租调额是一夫一妇帛一匹，粟二石(《魏书·食货志》)。从表面看来,行均田后的租调额比以前减轻多了,但是政府并不吃亏。因为行均田以前,农民多荫附于豪强,三十家或五十家共为一户,所谓一户的租调,实际上是三十家或五十家缴纳的。立三长行均田之后,清查户口,把许多荫户都清出来,户数大增,每户的租调额虽然减轻,但是全国纳租调的户数大大增加,合算起来,对于政府还是有利的。行均田以前,三十家或五十家共为一户,缴纳一户的租调,政府固然吃亏,农民也并未得到好处;因为“豪强征敛,倍于公赋”,那些作荫户的农民受大地主的剥削,是很重很重的。

上文已经说明,北魏行均田制,同时又行三长制,并且立三长在行均田之前;所以很明显地,它的用意,是皇室向豪强手中争取农民,然后将土地分配给他们,以供皇室的剥削,乃是为皇室的利益,绝不是为农民的利益的。不过,假设当时真正能按所颁布的均田法令实行,农民都分到他们应得的土地,他们的生活究竟要比给豪强作佃户好一些。但是当时各州郡是不是全能按着均田法令切实执行呢?旧日的历史学者总是认为当时是按着均田令做到的,所以歌颂均田制。根据我这一次参观土地改革的经验,知道土地改革是艰巨而精密的工作,有共产党与政府的干部来领导,全心全意为人民服务,又有民主人士的帮助,并且发动群众,有步骤的,有分寸的,才把工作做好。北魏的均田制虽然在本质上与今日的土地改革不同,而在当时也是一次很大的改革,也要有许多奉公守法的官吏去执行的。但是北魏的政治是腐败的,均田法令虽然已经照顾了大地主们,而大地主们贪心无厌,他们必定仍然还要勾结官吏,欺压农民,得到法外的利益;那些官吏们也都是大地主,自然是狼狈为奸,有几个肯奉公守法,执行法令?所以我很怀疑北魏均田法令在当时究竟执行了多少,我推想是很有限的,并不

缪钺先生在讲课

如旧日历史学家所想象的那样多。

我这种怀疑和推想并非毫无证据，北魏行均田法令后的情形，史书上虽然很少记载，但是也还可以搜寻到一些，由这一些史料可以证明我的推想还不大错。《魏书》十九中《任城王澄传》：

> 转澄镇北大将军、定州刺史……表减公园之地，以给无业贫口。

任城王澄作定州刺史在宣武帝时，那时行均田制已十馀年了，但是定州还有许多无业贫口，并未分得土地。《魏书》四十一《源怀传》：

> 怀又表曰："景明以来，北蕃连年灾旱，高原陵野，不任营殖，惟有水田，少可菑亩。然主将参僚，专擅腴美，瘠上荒畴，给百姓（"给"上疑脱一字），因此困弊，日月滋甚。诸镇水田，请依地令，分给细民，先贫后富，若分付不平，令一人怨讼者，镇将以下连署之官，各夺一时之禄。"

源怀上此表在宣武帝景明中，正是他奉命巡行北边六镇恒、燕、朔三州之时，表中所说："主将参僚，专擅腴美，瘠上荒畴，给百姓。"虽然是指北方诸州镇的情形而言，我们可以推想当时其他州镇一定也有类似的情形。这些史料虽然不多，也略可看出北魏均田的法令并未能切实执行。此外，我还可以举一个旁证。北齐武成帝河清三年也颁布均田法，只看条文，也是很好，但是实行的情形如何呢？《通典·食货典二》在叙述北齐均田法令之后，引宋孝王《关东风俗传》：

> 其时强弱相凌，恃势侵夺，富有连畛亘陌，贫无立锥之地。昔汉氏募人徙田，恐遗垦课，令就良美，而齐氏全无斟酌，虽有当年权格，时蹔施行，争地文案，有三

十年不了者,此由授受无法者也。……又河渚山泽,有司耕垦肥饶之处,悉是豪势,或借或请,编户之人,不得一垄。广占者,依令,奴婢请田,亦与良人相似。以无田之良口,比有地之奴牛。宋世良天保中献书,请以富家牛地,先给贫人,其时朝列称其合理。

宋孝王是当时的人,他所说的都是他自己的见闻,当然是可靠的,北齐的均田法明明说"一夫受露田八十亩,妇人四十亩"。而实际上处处是豪强大地主占便宜,贫民吃亏,大地主家的奴婢和牛都分得土地,而贫民分不到土地,均田法令,等于虚设。北齐政治固然是很浊乱,然而北魏政治也不见得比北齐清明多少;所以由此类推起来,北魏均田法令推行的程度也就可想而知了。

以前的史家,虽然大都是为统治阶级服务的,常常歪曲历史事实,但是在他们的记录中,也无形中保留了许多真实的史料。不过我们学历史的人,往往受旧历史学者说法的影响,为自己的主观见解所蒙蔽,因此不能分析史料,窥见历史的真相。旧日历史学者歌颂北魏的均田制,我们也往往附和他们。自从解放以后,我学习了历史唯物论,渐渐地树立新史观,又加以此次参观土地改革,认识今日土地改革的意义与做土改工作的详细情形,联系旧日所学的历史,于是对于北魏均田制有了新的认识,知道北魏均田制的本质是封建社会中唯一的大地主皇室剥削农民的制度,虽然给农民一些小恩惠,但是要长期维持封建秩序的。全国唯一的大地主皇室向其馀的大地主们争取劳动人民,他们彼此之间也有矛盾,而在均田法令中,皇室仍然照顾了大地主们的利益,因为他们究竟是站在同一方面的。但是大地主们贪心无厌,勾结官吏,使还略含有改良主义的均田法令也还是不能实行,农民连那点小恩惠也得不到。因此可以看出,在封建社会之中,地主们内部虽然也有冲突,而农民是永远受着压迫与剥削,北魏的均田制也正是说明了这一点。真正实行土地改革,为农民谋利益,使农民翻身,只有今日中国共产党所领导的人民政府才能做到,绝不是历史上的改良主义者所能梦想到的,更不是代表大地主们的政府所肯做到的,所以我们对于历史上的土地改革,绝不可以为旧历史学者谬误的见解所蒙蔽,而与以过高的评价。

一九五一年四月五日

5月13日,受蒙思明之嘱,致函原浙大同事、史地系教授谭其骧,拟聘谭其骧为华大哲史系教授。信到之日,谭其骧已离开浙大,受聘上海复旦大学①。原信如下:

季龙吾兄史席:

事冗久未通函,时以为念。华大将由政府接收,哲史系主任蒙思明兄(文通之弟,亦燕大研究院卒业,在美治史六七年,去年归国)拟聘中国史教授,向弟征询人选。弟又推荐吾兄,思明亦久慕兄名,极愿延聘,托弟致函道意。成都各大学(华大与川大相同)教授待遇,每月人民币八十馀万至九十馀万(可购米九市石左右)。思明兄为人诚恳负责,极想将系办好,并以中国史为发展重点。除教学以外,再做以新观点研究中国史之工作(弟亦将任中国史课程)。吾兄如肯来蓉任教,非但学校庆得良师,弟等也获切磋之益。以新观点治中国史,可做之工作甚多,惟不知浙大近来情形如何?暑后史系是否恢复?兄是否愿来成都?浙大是否肯放兄离开?兄如愿来蓉而浙大又肯放行时,则移家西上有何困难?需用路费若干?均乞详示,至所感盼。弟与友人徐

①参见葛剑雄《悠悠长水——谭其骧前传》,第163-164页。

中舒、闻在宥、冯汉骥、胡鉴民、赵卫邦诸兄办一学术性副刊,名《学林》(在《工商导报》中刊出),弟任主编之责,已出九期(曾嘱报馆寄兄处一份,不知寄到否),第八期中有拙作一篇,附函寄呈教正,肃此,敬颂

著祉。

弟缪钺拜上　五月十三日

弟已移居,赐函请寄成都华西大学南台村①

7月,任川西区高等教育委员会委员(至1952年秋川西行政区取消为止)②。

7月8日《工商导报》《学林》副刊第13期发表先生文章《读书拾零(一):中国封建社会中官僚地主的心理》,《缪钺全集》失收,抄录如下:

宋庄季裕《鸡肋编》卷中:章谊宜叟侍郎,有田在明州,绍兴二年,出和预买绢(涵芬楼据琳琅秘室本排印本作"出租预买绢",夏敬观校云"原刻作租,元钞作和,两阁本同,疑当作租,仍之"。钺按:作"和"字是,宋代有和预买绢之制,春时由官预出钱与民,至夏秋,以绢折钱交纳,名曰"和买绢",或曰"和预买",详《文献通考》卷二十《市籴考》、《宋史》卷七十五《食货志三》,如作"租预买绢",则不词矣。夏氏偶有未照,反以"租"字为是,亦千虑之一失也。故今从元钞改作"和")三匹。三年,增九匹,叹其赋重。从兄彦武在傍曰:"此作法自弊之过也。"初,宜叟为大理卿,户部侍郎柳庭俊乃其妻兄,寓居章舍。一日,会饮,酣醉,昼寝,遂至暮

①原信复印件,由葛剑雄提供。

②先生《高等学校教师登记表》,1953年4月填写,四川大学档案馆馆藏人事档案。

不醒。柳弟来曰："明当进对，未有札子。"柳惊起，即问章有何事可论。章戏曰："方今财用窘匮，将天下官户赋役同于编氓，此急务也。"柳大喜为然。明日陛对，具陈此事，遂即施行。士大夫之家，既不能躬耕以尽地利，分租已薄，又无商贾他业，而与庶民庸调相等。其受害，盖出于一言之戏，"自弊"之语，诚有味也。

这段故事很能说明中国封建社会中官僚地主的心理。"和预买绢"是宋代政府剥削农民的一种制度。这种制度起于宋太宗时，范镇《东斋记事》说："太宗时，马元方为三司判官，建言：方春民乏绝时，豫给缗钱贷之，至秋夏输绢于官。预买绢䌷，盖始于此。"最初的用意，或许是要给农民一点小恩小惠，但是后来就变成了一种横敛，马端临所谓："其始也，则官给钱以买之，其后也，则官不给钱而白取之，又其后也，则反令以每匹之价折纳见钱，谓之折帛，倒置可笑如此。"陈止斋曾说："今之困民，莫甚于折帛，而预和市尤为无名之敛。"（均见《文献通考》卷二十《市籴考》）宋代农民虽然受这种极重的剥削，但是所谓"官户"，常受优待，或者减半，或者全免。章谊愿意放弃他的特权，劝他的妻兄柳庭俊建议于朝廷，将天下官户赋役同于编氓。朝廷按他的建议施行，章谊也受到和预买绢的剥削，因此他的从兄彦武说他是作法自弊。庄季裕论断这件事说："士大夫之家，既不能躬耕以尽地利，分租已薄，又无商贾他业，而与庶民庸调相等。其受害，盖出于一言之戏，'自弊'之语，诚有味也。"士大夫（即是官僚地主）坐享剥削的利益，普通至少要取农民劳动果实的一半，庄季裕还认为"分租已薄"，农民受剥削，官户幸免，庄季裕认为是应该的，"与庶民庸调相等"，他就认为是"受害"了。这是多么荒谬的思想。但是自庄季裕后数百年中，读《鸡肋编》的士大夫，恐怕很少有认为这种想法是不合理的，因为这并不是庄季裕个人特别的思想，这正代表中国两千多年封建社会中官僚地主普遍的心理。他们剥削农民十分之五以上的劳动果实，还认为是并不多的，他们享受特权，逃避课税，也认为是应该的。今日的地主们心中存有这种封建社会传统思想的恐怕还不少，他们如何肯轻易向农民低头？所以做土地改革时，必须要斗争地主。

8月5日，《工商导报》《学林》副刊第15期发表先生文章《由〈武训传〉、“武训精神”的讨论与批判联系到自己的思想改造和学术革命问题》，《缪钺全集》失收，抄录如下：

关于《武训传》、“武训精神”的讨论与批判，各报纸杂志中已经有许多文章发表，提出许多正确的意见，说明武训是一个应当否定的人物，是向封建统治阶级妥协投降的人物，所谓“武训精神”是自卑、乞怜、屈辱的精神，他的苦行兴学毫无价值，矫正了歌颂武训者的错误思想。在这一方面，我没有更多的新意见要说。我现在所要谈的，是由《武训传》、“武训精神”的讨论与批判联系到自己的思想改造与学术革命的问题。

北京《人民日报》《应该重视电影〈武训传〉的讨论》一文中曾经列举了自从电影《武训传》放映以来，北京、天津、上海三地报纸刊物中所登载歌颂《武训传》、歌颂武训的论文有四十馀篇之多。这些作者们都是学习过马列主义的，在他们作这些文章时，也自以为是用马列主义的立场和观点的，但是都不知不觉地或多或少表现出了资产阶级的反动思想。因此，我就自己检讨一下。在解放以前，我对于武训的认识，也以为他是一个不平凡的人物，他的行乞兴学是一种奇节异行，是值得称颂的。解放以后，我学习了历史唯物论，知道对历史人物应当用马列主义的立场与观点重新批判;但是,因为武训在中国历史上并非很重要的人物,所以我还没有想到如何重新批判武训。《武训传》的电影片也没有来到成都放映,我也没有看过。假设我当时看到《武训传》的电影,并作一篇文章讨论《武训传》或"武训精神",我想我也仍然不免要或多或少地歌颂武训几句,与其他四十几位歌颂武训的作者犯同样的错误。我们都自己以为学习了马列主义,空理论也都会讲一些,但是一遇到具体的问题,我们常是会流露出违反马列主义的思想,这是应当深刻检讨的。

据我自己检讨的结果是这样:我们旧知识分子,以前在封建社会与资本主义社会的学术标准之下,养成了种种的旧思想。这些旧思想在我们头脑中浸润已深,现在虽然学习马列主义,但是那些旧思想并未能一下即全被清除,仍然残存于我们的头脑中,并且它的势力相当雄厚,如同生根多年的宿草一样,"野火烧不尽,春风吹又生",它经常在我们不知不觉之间会出来作祟。当我们批判一个人,一件事,一本书,或讨论一个问题时,我们自以为是用马列主义的立场和观点,但是所发表出来的意见,往往含有旧的错误思想。譬如这次歌颂武训的作者中,有些自己认为是从历史唯物主义的观点出发,但是,相反的,他们的意见恰是脱离了具体历史环境和违反历史事实的论点,而是从资产阶级的反动观点出发以欣赏赞美武训这个封建主义的奴才(关于此点,胡绳《为什么歌颂武训是资产阶级反动思想的表现》一文中第二节曾举例说明)。我自从解放以后,常常试用新观点解释历史事实,批判历史人物,最初我总觉得是对的,但是后来经过与朋友的讨论,或者我自己更多读了些关于历史唯物论的书籍与论文,于是发觉自己以前的意见常是不十分正确的,常是不尽符合马列主义的观点而有旧思想在作祟。我们旧知识分子都在学习马列主义，但是我们绝不应当仅仅接受马列主义作为思想上的一种新的装饰品，而是要用这种“放诸四海而皆准”的真理，清除我们以前在封建社会与资本主义社会的学术标准之下所养成的种种错误思想，进而建立新的革命的人生观与世界观。这是一种思想斗争的工作，是一种学术革命的工作，是痛苦的，是艰巨的，但是我们旧知识分子必须努力去做，并且要时时提高警惕性，不要使旧思想仍然潜伏在我们的头脑中乘机作祟。

中央人民政府教育部发布关于展开电影《武训传》和“武训精神”的讨论与批判的指示中曾说到，要“澄清教育思想上的混乱状态，提高全体教育工作者的政治思想水平”。所以我们这次讨论批判《武训传》与“武训精神”，不仅仅是要对于武训其人与电影《武训传》得到正确的认识而已，而是要更进一步借此检讨自己思想改造的程度如何，虽然学习马列主义，是否仍有资产阶级的反动思想残存在我们的头脑中，常常会出来作祟。如果是这样，我们以后将如何加强学习马列主义与毛泽东思想，清除旧思想，作不断的思想斗争，使新的马列主义的观点，明确地建立，然后运用到自己的业务上，做好学术革命的工作。

8月26日，《工商导报》《学林》副刊第16期发表先生文章《读书拾零（二）：中国封建社会中地租的双重剥削——辽金的“二税户”》，《缪钺全集》失收，抄录如下：

在中国两千馀年的封建社会中，皇帝是全国惟一的最大的地主，此外，贵族、官僚、商人与各地土豪也全是大地主，他们全是剥削农民的。农民缴纳地租时，有少量土地自耕的贫农向皇帝缴纳地租，无地的贫佃农则向佃给他土地的大地主缴地租，而不再向皇帝缴地租，他所耕的地应当向皇帝缴的地租,则由大地主负担。皇帝所收的地租常是比较轻的,而大地主所收的地租则很重。譬如汉代皇帝收地租率是三十分之一,而各大地主的地租率往往是十分之五以上。皇帝收地租率轻,并不是他特别仁慈,因为皇帝剥削农民并不专靠地租,他还有其他的种种方法,例如盐铁专卖和其他随时巧立名目的种种苛捐杂税。宋徐度《却扫编》卷下:"国家财赋之入,两税之外,多有因事所增,条目甚繁,当官者既不能悉其详,吏因得肆为奸利,民用重困。"其实不但宋代如此,各朝代的皇帝,在地租之外剥削农民,都是"因事所增,条目甚繁"。至于各大地主们剥削农民,则专靠地租,所以他们就加重租率。总之,中国封建社会中的农民,向皇帝缴地租的就不向大地主缴地租,向大地主缴地租的就不向皇帝缴地租,只负担一份。

在辽金两朝,农民中有所谓"二税户"者,既向皇帝缴地租,又向大地主缴地租,这是一种地租的双重剥削。元好问《中州集》卷二《李晏传》:

> 晏,字致美,高平人。……与兴陵有藩邸之旧,入翰林,为学士。……拜御史中丞。初,辽人掠中原人,及得奚渤海诸国生口,分赐贵近或有功者,大至一二州,少亦数百,皆为奴婢,输租为官,且纳课给其主,谓之二税户。大定初,一切免为民。闾山寺僧赐户三百,与僧共居,供役而不输租,故不在免例。诉者积年,台寺不为理,又诉于致美,致美上章,大略谓天子为民父母,当同仁一视,分别轻重,乃胥吏舞文法之敝,陛下大明博照,岂可使天下有一民不被其泽者。……书奏,宰相持不可。世宗诏致美与相诘难,致美伏御座前曰:"前日车驾幸辽东,闾山寺曾供从官一宿之具,寺僧物,陛下物也,陛下无以此直寺僧而使三百家受屈。"世宗

> 大笑曰："李晏劫制我邪！"即日免之。

《金史》卷九十六《李晏传》也有同样的记载：

> 初，锦州龙宫寺，辽主拨赐户民，俾输税于寺，岁久，皆以为奴，有欲诉者，害之岛中。晏乃具奏："在律，僧不杀生，况人命乎？辽以良民为二税户，此不道之甚也。今幸遇圣朝，乞尽释为良。"世宗纳其言，于是获免者六百馀人。

《金史·李晏传》中的"龙宫寺"，大概就是《中州集·李晏传》中的"闾山寺"。此外，《金史》卷四十六《食货志一》也记载关于"二税户"的事情：

> 世宗大定二年，诏免二税户为民。初，辽人佞佛尤甚，多以良民赐诸寺，分其税，一半输官，一半输寺，故谓之二税户。辽亡，僧多匿其实，抑为贱。有援左证以告者，有司各执以闻，上素知其事，故特免之。

根据以上所引的几条史料，我们可以知道，"二税户"的制度始于辽，他们是辽人在侵略战争中掠夺来的俘虏，所以被看作奴隶，加重剥削，既要给大地主纳租，又要给皇帝纳租。据《金史·食货志》，"二税户"只是赏给寺庙僧人；而据《中州集》，"二税户"乃是"分赐贵近或有功者"，因为辽代僧人也是受皇帝优待的特权者，所以也就被分给"二税户"，供他们剥削，"二税户"并不是专门给僧人的。这两个不同的说法，我认为《中州集》之说更确实些。因为元好问是金末元初著名的诗人，平日留心金朝掌故，对于修史很有兴趣。金亡后，他曾想根据《金实录》修《金史》，未得元代朝廷允许，他在家中建筑野史亭，作《壬辰杂编》，为后来修《金史》者重要的参考资料，所以他对于辽金史实的记载应当是可靠的。修《金史·食货志》的人大概只注意了李晏请求放免龙宫寺二税户的特殊事件，于是把二税户解释作专给寺庙僧人的了。“二税户”是一种双重的地租剥削，封建社会中的士大夫也认为是不合理的，所以李晏说它是“不道之甚”。金世宗大定二年，虽然下诏免二税户为民，但是《金史·食货志》又记载：“章宗大定二十九年十一月，上封事者言乞放二税户为良。”可见大定二年的诏书并未能彻底施行。因为放免二税户，对于拥有二税户的大地主们是不利的，在实行时，大地主们一定是多方阻挠，所以在世宗下诏放免二税户以后二十多年，仍然有二税户存在。世宗死了，章宗初立，于是又有人请求放免二税户。在中国二千多年的封建社会中，皇帝有时采纳士大夫中改良主义者的意见，要给农民一些小恩小惠，而大地主们为了自己剥削的利益，常常从事阻挠，使皇帝的诏令不能彻底施行，金朝放免二税户的事情也是一个例子。因此，我们读史书时，就应该注意这一点，不要只看到皇帝下的一纸诏书，就认为这件事已经做到了。

10月6日，由美国、英国、加拿大的5个基督教会组织创办的私立华西协合大学正式由人民政府接办，改名为国立华西大学。军事管制小组撤销①。

是月，改任华西大学历史系教授兼系主任②。

11月24日华西大学第二届教育工会改选成立，蒙思明当选为执行委员会主席，先生和萧莛父、吴大均被选为负责文教的

①参见《工商导报》1951年10月7日第1908号第一版《人民政府接办华西大学》。

②先生《高等学校教师登记表》，1953年4月填写，四川大学档案馆馆藏人事档案。

执委①。

发表文章

《学林》副刊发刊词(《工商导报》1951年1月7日《学林》第1期)

关于西晋的户调式(《工商导报》1951年1月7日《学林》第1期)

白鸟库吉鲜卑语考释的商榷(《工商导报》1951年3月18日《学林》第6期。河北教育出版社版《缪钺全集》失收)

释北魏均田制——参观土地改革后对于历史上土地改革的新认识(《工商导报》1951年4月15日《学林》第8期,河北教育出版社版《缪钺全集》失收)

读书零拾(一):中国封建社会中官僚地主的心理(《工商导报》1951年7月8日《学林》第13期。河北教育出版社版《缪钺全集》失收)

由《武训传》、"武训精神"的讨论与批判联系到自己的思想改造与学术革命的问题(《工商导报》1951年8月5日《学林》第15期。河北教育出版社版《缪钺全集》失收)

读书零拾(二):中国封建社会中地租的双重剥削——辽金的"二税户"(《工商导报》1951年8月26日《学林》第16期。河北教育出版社版《缪钺全集》失收)

北朝之鲜卑语(《中国文化研究汇刊》第10卷,1951年)

○ 1952年壬辰　先生四十八岁

本年11月前,先生在华西大学历史系任教,并任四川大学历史系兼任教授②。

2月起,为四川大学历史系1951级同学讲授中国通史秦汉

---

①参见《新华大》1951年12月15日第14号第一版《第二届教育工会改选成立》。

②先生《高等学校教师登记表》,1953年4月填写,四川大学档案馆馆藏人事档案。

魏晋南北朝部分一学期①。

4 月底,中共川西区党委工作组进校,领导华西大学的"思想改造"运动②。

6 月 3 日,《新华大》第 22 号以《学习心得辑录》为题,发表系列文章,期中第 5 篇为先生所写,《缪钺全集》失收,抄录如下:

我学习了刘少奇同志《论人的阶级性》,与陈伯达同志《人性、党性、个性》两篇文章,联系到自己,参加小组讨论,有一些心得,简单地写在下面:

我首先检查我自己在解放以前的教学工作,是站在什么阶级立场。在解放以前,我自认为我关于文学、历史的研究与教学是超阶级超政治的,现在用阶级分析的观点仔细检查一下,我一直是站在剥削阶级立场,为反动的统治者服务。我出身于所谓"书香门第"的世家,所以有很浓厚的剥削阶级士大夫的思想意识,自命清高,轻视群众。我对于文学理论,采用叔本华的见解。叔本华认为人的生活意志是宇宙的本体,由此产生欲望,欲望永无满足之时,所以人生是痛苦的。欲免痛苦,惟有解脱,而文学艺术就是解脱之道,使人忘掉现实而得到一种超脱的境界。叔本华这种学说,完全是资产阶级的腐朽思想,要脱离现实,在自造的幻境中去享受。我所以乐于接受叔本华这种学说,并不是因为性之所近的缘故(我以前曾有这种错误的想法),实在是由于我的阶级立场,因为所谓"性之所近"就是由阶级立场决定的。我是小资产阶级中的右翼,否认阶级,惧怕

①据柯建中、邓文才回忆。

②参见《四川大学史稿》编审委员会编《四川大学史稿》第 5 卷,第 11 页。

革命,惧怕斗争,有意逃避现实,所以觉得叔本华这种学说实获我心,可以作我灵魂上的鸦片烟,自我陶醉。对于当时左翼作家所提倡的革命的文学理论,我是不愿接受的。我认为那是一种政治的宣传,损伤了文学的独立性。我研究中国历史,偏重古代(秦汉至隋唐),注重考证,解释历史用唯心史观(我当时自认为是实事求是,现在检查起来,是唯心史观)。对于唯物史观,我认为它是一家之言,并非绝对真理,不愿接受。历史的本质本来是阶级斗争,联系实际,联系革命,但是我治历史是"发思古之幽情",我作考证是满足个人的好奇心与求知欲,完全脱离实际,逃避现实。我所以采取这种观点、方法、态度,也是由于我的阶级立场所决定的。

由于我的阶级立场所产生的这种研究文学、历史的观点、方法、态度,在解放前二十年的教学工作中,就发生了很坏的影响。我完全为蒋匪帮反动政府服务,阻挠革命。危害人民利益。我在大学中教文学与历史,总括起来说,我是引导学生们"发思古之幽情,作超世之幻想"。许多积极有为的青年,本来可以参加革命的,但是听了我的讲授之后,有的钻在故纸堆中考证历史,有的在文学作品中寻求超脱的境界。这样,就减少了革命的力量,而有利于蒋匪帮政府。蒋匪帮反动统治者就喜欢知识分子们"思古"、"超世",脱离现实,不去革命,他们可以安稳地高高在上,压迫剥削中国人民,享受安富尊荣(满清皇帝康熙、乾隆都喜欢当时的学者们研究训诂、声韵,考证经史,校刊古书,而讨厌他们讲经世之学、研究明史,也是这种心理,惧怕民族的革命)。我恰是做了反动统治者很好的服务者,这是我阶级立场所产生的必然的结果。

还有,我在解放前讲历史时,虽然我自以为是注重考证,实事求是,实际上是有很反动的政治意识。譬如我常称颂中国历史上的“贤君”(如汉文帝、唐太宗)、“贤相”(如诸葛亮、范仲淹、王安石),及知识分子中的改良主义者(如贾谊、董仲舒、仲长统以及黄宗羲、顾炎武),以为政治上的改革是要靠知识分子和“开明”的统治者,轻视劳动人民。我对于历代的农民起义,加以敌视,如西汉末的赤眉、绿林,东汉末的黄巾,北魏末的葛荣,唐末的黄巢等,我都称他们为“乱”,为“盗贼”。所有这一切,都在青年脑筋中灌输错误的思想,有妨害于革命。

总之,我在解放以前对于文史二十馀年的教学与研究,自认为是超阶级超政治的,现在仔细检查,我是很明确地站在右翼小资产阶级的立场,靠拢封建的与资本主义的剥削阶级,接受封建主义与资本主义学者治学的观点、方法、态度,为蒋匪帮反动政府服务,违反革命的利益。

6月10日,华西大学为加强思想改造学习领导,成立学习委员会,刘承钊(令擎)任主任委员,先生与蒙思明、萧莲父等任委员①。

6月19日,《新华大》第23号以《勇敢暴露错误思想,虚心接受群众批评——听杜部长报告后》为题,发表系列文章,内有先生所写《破除旧思想,树立工人阶级思想》一文,《缪钺全集》失收,抄录如下:

杜心源部长对于思想改造的动员报告,极富于启发性。我听了之后,得到很大的益处,使我更明确地认识而迫切地要求思想改造。其中使我体会最深的一点就是:杜部长说:“思想改造工作牵联到每一个细微的地方。”又说:“思想改

①参见《新华大》1952年6月19日第23号第一版《我校学委会成立》。

造首先要从大胆暴露下手，不怕复杂，全可用马列主义、毛泽东思想分析批判它。”我们在大学教书的知识分子们，除了有共同的毛病以外，往往每个人还有他特殊的毛病；尤其是我们文学院的教师们，业务都与思想有密切关系。以前每人所学的那一套学说，其本身往往就是错误的思想体系，但是我们对于自己数十年所研究、教学的东西，与思想感情密切结合，坚守固信，自以为是，今天虽然知道应该接受工人阶级思想，而旧日所学的那一套常在暗中作祟，加以抗拒（我自己就深深地有这种感觉）。每人所学的东西，又往往各有不同，必须用马列主义、毛泽东思想对每个人旧日所信所守的错误学说分别地分析批判，加以摧毁，这样，才能得到彻底的思想改造，建立革命的人生观。这自然是一件极复杂细致的工作，所以杜部长的指示对于大学教师的思想改造是很中肯的，我们应当“不怕复杂”，尽量暴露自己反动的错误思想，在群众帮助下，得到彻底改造。

7月13日，《新华大》第26号发表先生文章《批判我的“闲静自适”的帮闲道路》，《缪钺全集》失收，抄录如下：

（一）解放前错误的帮闲道路

我生于一九〇四年，出身于一个没落的封建世家，而我少时正是满清王朝的消灭，北洋军阀腐败统治，也正是封建统治没落时期，所以我自少就受没落封建士大夫思想的影响，常怀念古代所谓“治世”，常向后看。我受父亲的影响，十馀岁在中学读书时，接受封建文化，喜欢中国古典文学、历史、乾嘉考证之学，又向往庄子自适其适的人生观与陶渊明闲静的生活情趣。入北京大学后，接受资产阶级治学的科学方法与个人主义的自由思想，以后又喜欢叔本华的文艺理论。庄子自适其适的人生观是反映战国时社会变革中没落贵族的遁世思想，叔本华要取消生活意志而求解脱的学说也是反映资产阶级自造幻境逃避现实的没落情绪。这两家学说与我的阶级本质是相符合的，所以我很容易接受它们。乾嘉的考证与资产阶级治历史的科学方法，其阶级本质也是一致的，全是要逃避现实，模糊斗争，符合统治阶级的利益。

我因为有“闲静自适”的人生观，因此怕麻烦，怕忙劳，做完工作后，就回到家庭清净环境中，考证文史，流连光景，不愿管群众的事，也不愿群众来麻烦我。我要图清净，所以并不羡慕作官，认为作官也是一件麻烦的事，但是又要有较多的薪金，较高的地位，因此我觉得作大学教授最合适。在中学教书时，我努力作学问，发表作品，交接名流，向上爬，终于作了大学教授，在河南大学、浙江大学、华西大学、四川大学等校作中国文学系和历史系的教授至今将近二十年。

现在检查起来，我所选择的道路是士大夫寄生最巧妙的方法。我表面上说是“清净恬退”，但清净恬退必须要有它的物质基础，所以我也必须要依附统治阶级，为他们帮闲，以便分享剥削馀利，而这样做，又可以省些麻烦，免惹是非，有一种虚伪的自慰，以为是“清高”。我说我不羡慕作官，实际上大学教授在蒋匪帮反动政府时，他的薪金等于简任官（自抗战一直到解放十馀年中，蒋管区伪币贬值，大学教授生活清苦，那是另一回事），地位也很高，仍然是人民之上。所以我选择的这一条帮闲的道路，是又要吃肉又远庖厨，不亲自操刀而得享口腹之欲，算盘打得更巧妙。这也是反动统治阶级的另一支柱，它一样的维护反动政权，危害革命利益，与帮凶的人有异曲同工之妙，而它的毒害更隐微曲折不容易看出来，所以我现在对于这种道路更要加以深刻的批判。

我既然检查出來，我的“闲静自适”实际上是自私、虚伪，是寄生帮闲之路，所以我很自然地就要依附反动统治阶级，而我论文考史的作品与教学也就是为它们服务，而危害革命的利益。一九四三年，我在遵义浙江大学讲词，曾应三青团的邀请，写过一本书，书名是《中国历史上的民族词人》，在青年出版社出版，得到较多的稿费。蒋匪那时正在提倡伪装的所谓“民族气节”，欺骗青年，以巩固他的封建统治。我这本书正是为他服务。还有，抗战期中，反革命分子张其昀也在浙大教书，他领了蒋匪的津贴，办《思想与时代》期刊，邀请同事们写稿。我也贪图稿费，数年之中，写了十篇左右文章发表。我所写的虽然都是些论文之作，如《论词》、《论宋诗》、《论李义山诗》、《论辛稼轩词》、《王静安与叔本华》等等，但是这些用唯心观点论古典文学的作品，在客观作用上，是麻痹读者，使他们忘掉现实，不利于革命，而为蒋匪帮服务。最近华西大学同事张永言先生向我说，他在川大读书时，最喜读我那些论文的作品，因此养成思古超世的心情，到解放后，还阻碍他前进。我更深刻的认识到我那些作品给青年的毒害。至于我所作的历史考证的作品也是同样的引导青年钻古书，脱离现实，而不利于革命。

解放前，我在各大学中教中国文学与历史。我对于文学理论，采取叔本华的见解，认为文学艺术是人生求解脱之道，使人忘掉现实而得到一种超脱的境界；我不了解文学是革命斗争的武器，认为当时左翼作家所提倡的革命的文学理论是一种政治的宣传，损伤文学的独立性。我研究中国历史，偏重古代(秦汉至隋唐)，注重考证，解释历史，当时自以为是实事求是，现在检查起来是唯心史观，对于唯物史观,我认为它是一家之言,并非绝对真理,不愿接受。历史本是人类在其生活斗争中实践的成果,联系实际,联系革命,但是我治历史是“发思古之幽情”,我作考证是满足个人的好奇心与求知欲,完全脱离实际,逃避现实。用我这种观点方法教文学与历史,总括起来说,就是引导学生们“发思古之幽情,作超世之幻想”,许多积极有为的青年,本来可以参加革命,但是听了我的讲授之后,有的钻在故纸堆中考证历史,有的在文学作品中寻求超脱的幻境,这样,就减少了革命的力量,而有利于蒋匪帮政府。蒋匪帮反动统治者就喜欢知识分子们“思古”、“超世”,脱离现实,不去革命,他们可以安稳地高高在上,压迫剥削中国人民,享受安富尊荣,我恰是做了反动统治者很好的服务者。有一位浙江大学中文系毕业的同学,是听过我讲授的,最近他在哈尔滨外语专门学校学俄文,他写信来说:“我本来是一个孤伶的流浪汉,而且遭遇很惨,有小资产阶级的革命意识,已向下极分化。但是我为什么没有走上革命呢?纯技术观点、‘超阶级’、‘超政治’、搞骨董的学者们是要负些麻痹青年的责任的。”我读了他的信,惭愧汗下,这是我在教学上毒害青年的具体说明。

自五四运动以后,马列主义的真理传入中国,中国已进入新民主主义革命时期,而我的封建士大夫与资产阶级知识分子的阶级立场思想意识,使我选择了“闲静自适”的帮闲之路,遂与革命背道而驰。我厌恶蒋匪帮国民党反动政府的贪污腐化;但是仔细检查,我所以厌恶它,是因为它统治手段不好,使社会不安,民不聊生;因之,我自己悠闲治学的生活也不能稳定。我并不是站在劳动人民无产阶级的立场去厌恶它,所以我还向往英美旧民主主义。我认为共产党所提倡的社会主义是好的,但是何必一定要讲阶级斗争?

我否认阶级，惧怕斗争，我认为马克思的学说不过是一家之言，并非绝对真理，苏联十月社会主义革命只是一种试验，中国何必一定要去学它？现在仔细检查，我所想的社会主义，是认为这种新制度的产生无须经过无产阶级的阶级斗争，只要由天才思想家想出这种合理的新制度，说服那些执政者去实行就够了，这完全是唯心的观点。我否认阶级，惧怕斗争，是因为我要依附统治阶级，分享剥削馀利，而阶级斗争是于我不利的。我向往英美旧民主主义，怀疑苏联，不肯接受马克思主义，也正说明了我是资产阶级的立场与观点。

我不但崇美，而且恐美，不但疑苏，而且反苏。我一直认为美国科学工业发达，认为它侵略中国不像英、日、诸国那样厉害，抗战期中希望它能帮助中国。抗战胜利后，看到沈崇事件、中美商约，中国大陆解放后，看到美国对新中国种种为难，于是愤恨美国。但是一九五〇年冬抗美援朝运动初展开时，我还是有恐美的思想。中国志愿军在朝鲜伟大的胜利使我认识到，毛主席英明领导下中国人民伟大的力量是能击败任何帝国主义的，而美帝进行细菌战，虐杀战俘，更增加了我对美帝的仇恨。我曾怀疑苏联对中国也是不怀好意，尤其是在一九四六年，苏联将东北许多机器取去，于是对苏联更不满意，曾在遵义参加浙江大学的反苏游行。我当时自认为是民族意识，而实际上是站在反动统治阶级立场，助长了蒋匪帮的气焰。直到解放后，我才逐渐认识苏联，看到苏联社会主义制度的优越及苏联对中国种种热诚的帮助，开始树立一边倒的思想感情。

（二）解放后的转变

自抗战胜利后，蒋匪帮国民党反动政府越发倒行逆施，人民生活，水深火热，我也不能闲静著书，于是希望共产党早日解放全中国。那时我对共产党并无真正的认识，只是觉得共产党有刻苦的精神，军队纪律好，解放后使物价稳定，社会安宁，我也能保持“闲静自适”教学研究的生活。

自从解放以后，我看到毛主席和中国共产党所领导的人民政府不但能很快地稳定物价，肃清匪乱，而且一系列的伟大运动，如土地改革、“三反”、“五反”等等，次第展开。推翻了二千年的封建剥削制度，驱逐了一百年来帝国主义侵略的势力，肃清了千百年来旧社会贪污腐化的恶习。这些翻天覆地的伟大事业，使我心悦诚服，热烈拥护。尽管我的拥护还是站在一般人民的立场，并不是像劳动人民站在无产阶级立场积极参加工作；但是这一系列伟大运动的胜利及新中国各种辉煌的建设与成就使我认识了共产党的本质，认识到马克思主义是真理，要争取前进，跟着毛主席与共产党走。

自解放后，由于共产党给我的教育及共产党员高贵品质的感召，使我知道我一向所喜欢的“闲静自适”是自私的，是错误的，我应当争取多做工作，为人民服务。所以我逐渐地肯做群众工作，肯担任行政工作，但是“闲静自适”的旧思想仍然潜伏作祟，使我常在工作繁忙时感觉厌烦，以为不如安静地读书研究更好些，在这种矛盾冲突之中造成许多错误。我担任历史系主任，只做照例工作，对系中同学不注重思想领导，不关心他们的学习情况与生活情况；选聘助教时，未多征求系中师生的意见。我督促助教辅导同学。系中同学批评我忙于工会工作，忽略了系中工作，是很适当的，但是我的工会工作也没有做好。我在工会中担任过文学院部门主任委员，后又担任执委，负责文教，又照顾职工业馀学校，我表面上工作很忙，但是心中常不耐烦，因此工作粗疏，不主动，曾重印学习文件一篇,造成浪费现象。我做教学工作,只注重课堂讲授,而课外辅导不够;注重英才教育,不肯耐心地帮助所有同学。总之,这一切错误,都是由于我那"闲静自适"的旧思想作祟,我虽然愿意把工作做好,但是结果没有做好。同时我对于组织与纪律感觉不惯,对于集体生活不愿参加,这也是我"闲静自适"的思想所支配的。

在教学工作与学术工作方面,我也同样地感觉到新观点与旧观点的冲突,我虽然学习马列主义毛泽东思想,了解新学术的观点与方法,但是我三十年来治文学与历史的唯心的观点与方法仍在我脑中作祟,使我模糊、曲解,犯了错误,危害青年。我在一九五〇下期教"文学批评"一课,我表面上虽然推崇新中国的人民文学作品,但是潜意识中仍然向往西欧资产阶级的小说戏剧,因此对于人民文学作品不能真正体会到它的好处,分析批评就不会深刻正确,给同学灌输了一些错误糊涂的观念。我教"中国文学史"、"中国通史"等课程,虽然用新观点分析历史事实,但是常遇到怀疑不能解决的问题,只好暂时存而不论,有的自以为分析对了,后来检查,仍有错误。我自一九五一年一月起,主编《成都工商导报》的"学林"副刊,因为未能正确地掌握观点,结果一年之中所刊出的文章不免带有封建学术与资产阶级学术的气息,模糊了新学术的标准。但是在这一年中,毛主席的《实践论》重新发表,开辟了学术革命的思想道路;电影《武训传》的讨论与批判,在思想战线上反封建主义与资产阶级改良主义的剧烈斗争中取得胜利,这两件大事对我启发极深。尤其是在学习《实践论》时,使我深切地批判了以前治文学与历史的唯心观点,而更明确地认识到如何按照辩证唯物论的道路从事于学术革命的工作。

(三)思想斗争,决心争取改造

我走了二十年自私的、虚伪的“闲静自适”的帮闲道路，自命“清高”，实际上是依附反动统治阶级，分享剥削馀利，而我论文考史的作品与教学都是为蒋匪帮反动政府服务，危害革命的利益。在毛主席和共产党所领导的中国人民革命斗争中，帮闲的道路完全破产，我所依附的统治阶级崩溃了，我必须转回来跟着无产阶级走。

但是我那种“闲静自适”个人自由的思想，它不但在解放前支配着我与革命背道而驰，在解放后仍然成为我进步的障碍。我自己常作思想斗争，我看到新中国的辉煌，我常想，我如果真正树立无产阶级思想，运用马列主义的观点、方法，很自然地做好教学、研究与其他一切工作，在新中国的建设事业中，我也有一点贡献，以赎我以前危害革命利益的过错，那时我是多么愉快。但是我不能，我旧日错误的思想体系与人生观在我脑中根深蒂固，抗拒新思想的树立，新旧交争之际，多是旧的战胜，因为它的堡垒坚固，不易攻破。因此我常常感觉到一种矛盾与苦闷，一种新的力量拉我前进，但是又有一种旧的潜伏的力量拉我后退，于是我就在要进而不能进之中苦痛挣扎，我恐怕要成为新社会的落伍者。现在好了，我感谢毛主席所号召的伟大的思想改造运动，这一运动正在华西大学有领导、有组织、有计划地开展，我愿意投身于这一运动之中，得到群众的帮助，增强新我的力量，彻底摧毁支配我三十馀年错误的思想体系，使我不再受资产阶级的个人自由思想的束缚，不再向往闲静的生活情趣，而以无我的、忘倦地献身于革命工作为最大光荣，这样，我才能成为一个真正的为人民所需要的教师与学术工作者。

9 月起，为四川大学历史系 1951 级同学讲授中国通史秦汉

魏晋南北朝部分一学期①。同期,为四川大学历史系1952级同学讲授中国通史先秦部分之“先秦诸子思想”②。

10月,由刘承钊、蒙思明介绍,加入中国民主同盟③。

11月,院系调整,先生调任四川大学历史系教授、中国史教研组主任④。迁居四川大学铮园11号。此前,先生作为委员之一,曾与华西大学图书馆岳清澄合作,进行馆藏图书的调整工作。“1952年冬,院系调整,‘人民华大’改为四川医学院,文、理两院都并入四川大学。当调整图书时,我是委员之一,曾与岳先生详细计划,对于华大图书馆所藏古书,给四川医学院留下必要的基本书,如《十三经注疏》、《二十四史》、重要的子书、医书等,此外,大量古书都调入川大,编制详细目录。其中许多种珍贵的丛书,后来陈列在川大图书馆特设的丛书阅览室中”⑤。

是年,先生作《院系调整余专任川大教职为赋一绝》诗,《缪钺全集》失收,抄录如下:

　　铅椠勤劬枉废材,流光一逝不重回。东风吹绿新园地,愿种繁花处处开。

同年,华西大学外文系周汝昌(玉言)经其同事凌道新介绍与先生相识⑥。

---

①据柯建中、邓文才回忆。

②据罗世烈回忆。

③先生《高等学校教师登记表》,1953年4月填写,四川大学档案馆馆藏人事档案。

④先生《高等学校教师登记表》,1953年4月填写,四川大学档案馆馆藏人事档案。

⑤先生《忆华西大学四川大学图书馆员岳清澄先生》,《缪钺全集》第7卷,第120页。

⑥周汝昌《往年交契见深情》,四川大学历史系编《冰茧彩丝集》,成都:成都出版社,1994年9月版,第49页。

发表文章

学习心得(《新华大》第 22 号,1952 年 6 月 3 日。河北教育出版社版《缪钺全集》失收)

破除旧思想,树立工人阶级思想(《新华大》第 23 号,1952 年 6 月 19 日。河北教育出版社版《缪钺全集》失收)

批判我的“闲静自适”的帮闲道路(《新华大》第 26 号,1952 年 7 月 13 日。河北教育出版社版《缪钺全集》失收)

编年诗

《院系调整余专任川大教职为赋一绝》

○ 1953 年癸巳　先生四十九岁

本年先生在四川大学历史系任教①。

2 月起,为历史系 1952 级同学讲授中国通史秦汉魏晋南北朝部分一学期②。

9 月起,为历史系 1952 级同学讲授中国通史秦汉魏晋南北朝部分一学期③。

发表文章

我如何讲授中国史与中国文学史(《人民川大》第 95 期,1953 年 6 月 11 日)

---

①先生《高等学校教师登记表》,1953 年 4 月填写,四川大学档案馆馆藏人事档案。自是年起,先生的工作单位再无变动。后文亦不再出注说明。

②据罗世烈回忆。

③据罗世烈回忆。

○ 1954 年甲午　先生五十岁

本年先生在四川大学历史系任教。

2 月起，为历史系 1953 级同学讲授中国通史秦汉魏晋南北朝部分一学期①。

春，先生作《题周汝昌先生所藏顾二娘制翔凤砚》诗，《缪钺全集》失收，抄录如下：

荒肆搜寻砚一方，昂头俊眼凤如翔。人间绝艺今零落，谁识前朝顾二娘。

春夏之交，周汝昌由四川大学外文系调京工作，先生与历史系赵卫邦（子凡）、梁仲华、中文系华忱之等为其设宴饯行②。

夏，先生参加西南大行政区高教局组织的高教参观团，赴北京、天津、青岛等地参观③。在北京大学会见了历史系周一良（太初）。20 世纪 40 年代前期，周一良与先生妹婿杨联陞同在美国哈佛大学攻读博士学位，友谊深厚，所以亦与先生早已相知，此次见面，相论甚契。在北京大学，先生还会见了贺麟、朱光潜（孟实）等。在天津南开大学与历史系郑天挺（毅生）相识，并会见了谢国桢（刚主）。到青岛山东大学又结识了赵俪生、王仲荦等④。

9 月起，为历史系 1951 级同学讲授中国文学史古代部分一学期⑤。为历史系 1953 级同学讲授中国通史秦汉魏晋南北朝部

---

①据张勋燎回忆。

②周汝昌《往年交契见深情》，《冰茧彩丝集》，第 51 页。

③参见《我校部分教师赴京、津等地参观各高等学校》，《人民川大》1954 年 6 月 23 日第四版。

④据先生回忆。

⑤据柯建中、邓文才回忆。

分一学期①。

12月10日，出席历史系举行的关于《红楼梦研究》的座谈会。座谈会由胡鉴民任主席，伍仕谦、梁仲华、赵卫邦、徐中舒、先生、孙次舟相继发言②。

12月，先生提出至1955年7月拟完成的科学研究题目：一、皮日休的事迹思想及其作品。二、南朝的农民起义。三、论武则天（先生为领导人，李必忠为执行人）③。

是年，徐中舒重新担任四川大学历史系主任，其后，每逢周末，先生和蒙文通、冯汉骥、胡鉴民皆到其寓中商量系务④。

发表文章

参加《红楼梦研究》讨论的一些体会（《人民川大》1954年12月29日第145期）

编年诗

《奉题周汝昌先生红楼梦新证》《题周汝昌先生所藏顾二娘制翔凤砚》《奉送周汝昌先生赴京》

○ 1955年乙未 先生五十一岁

本年先生在四川大学历史系任教。

---

①据张勋燎回忆。

②参见《严肃批判胡适派学术思想的影响——记历史系教师关于〈红楼梦研究〉的批判》，《人民川大》1954年12月17日第144期第4版。

③参见《我校科学研究课题》，《人民川大》1954年12月17日第144期第三版。

④徐亮工《徐中舒先生生平编年（未定稿）》，四川联合大学历史系《徐中舒先生百年诞辰纪念文集》，成都：巴蜀书社，1998年10月版，第341页。

1月28日下午,西南师范学院历史系吴宓来访,先生以“中国文学史教学大纲”相赠①。

2月15日,四川大学校务委员会在工学院独立建院以后,进行大幅度调整,先生以担任中国史教研组主任之故,被吸收为委员②。

同月起,为历史系1951级同学讲授中国文学史古代部分一学期③。为历史系1954级同学讲授中国通史秦汉魏晋南北朝部分一学期④。

3月间,历史系组织教师拟出专题研究批判胡适和胡风的资产阶级学术思想,谭英华、徐中舒、梁仲华、李祖桓、唐家弘、唐光沛、李必忠、赵卫邦与先生均拟定了研究专题,先生的题目是《胡适〈白话文学史〉的批判》⑤。未见成文。

9月19日,中山大学梁方仲致函徐中舒,谓“弟近拟对两晋南北朝之田制及赋役制有所论列,承陈寅恪先生见告:缪钺(彦威)先生有大作一篇可以参考,惟此间遍觅不得,敬请费神敢请向缪先生代索惠赠一份,万一已无馀本,亦请借阅,或请人抄录一份(抄资请先垫,必当汇还),愈快寄到愈好。缪先生之文名弟所素仰,十年前其令亲杨莲生(按:杨联陞字莲生)兄拟为弟作介通讯,惜弟因行踪靡定,未成事实,请兄为我先容为幸”⑥。其

①参见吴宓《吴宓日记续集》第2册,北京:三联书店,2006年4月版,第104页。

②参见《四川大学史稿》第2卷,第7、33页。

③据柯建中、邓文才回忆。

④据胡显慧回忆。

⑤参见《中文、历史两系教师拟出专题批判胡适与胡风的资产阶级学术思想》,《人民川大》1955年4月2日第153期第一版。

⑥梁承邺《从新发现史料看陈寅恪北上问题》,《南方周末》2006年3月23日第29版。

后，先生寄赠文章，并与梁方仲通函数年①。

9月23日，致函唐长孺：

长孺先生史席：

曩读大著，久钦硕学，山川间阻，未接光仪。顷奉惠书，敬悉种切。高教部委托编写中国史讲义，魏晋南北朝部分由先生主持，深庆得人，钺当竭其驽骀，追随左右与昌群先生，共成盛业。来示言及拟于编写前开小组会一次，至为需要，十一月中，钺可以抽暇赴鄂（十二月中则课多矣），惟是否可乘飞机，据川大领导言："需请示高教部。"如不能乘飞机，则只好乘轮船，故先生如得昌群先生覆函同意，决定开会日期后（开会日期如能在十一月中旬，似较合适），请早日函示或电示。关于魏晋南北朝史中关键性问题，就管见所及，提出数则，另纸写录，附函寄上。承赐寄尊著《论丛》一册，至深感谢，待寄到后，当仔细拜读，定能受益弘多也。肃此奉覆，敬颂

著祉。

弟缪钺谨上　九月廿三日②

---

①2011年12月8日，梁成邺函告笔者，在1955年底，由中山大学铅印了梁方仲所撰《户调制与均田制的社会经济背景》一文，在该文的参考文献中，列入了先生《释北魏均田制》、《北魏立三长制年月考》、《南北朝之物价》、《关于西晋的户调式》等4篇文章。并在中山大学图书馆找到先生寄赠梁方仲的其他几篇文章，时间最晚者为发表于1957年的《魏收年谱》，同时还发现了先生专为梁方仲写的《课田与占田之关系及其意义》一文的原件，惜有缺页，无法整理。2002年11月23日，梁家后人将梁方仲毕生收藏的5800多种、15000馀册图书和手稿捐赠给中山大学图书馆，先生寄赠的文章可能作为其他资料同时捐赠。

②原信照片，由唐刚卯提供。

9月起，为历史系1952级同学讲授中国文学史古代部分一学期①。为历史系1954级同学讲授中国通史秦汉魏晋南北朝部分一学期②。

冬，教育部编写大学的魏晋南北朝史教学大纲，在武汉大学召开会议，先生因之与唐长孺初次相识。与会者另有汪篯、董家遵、徐德邻等③。同时，重晤老友刘永济。“1955年冬，余以事至武汉大学，与弘度谒屈子之祠，揽东湖之胜，中流泛槎，逸兴云飞”④。

本年“8月到年底，在校内开展肃反运动”⑤。先生未受冲击⑥。

发表文章

皮日休的事迹思想及其作品（《四川大学学报》1955年第2期）

○ 1956年丙申　先生五十二岁

本年先生在四川大学历史系任教，由教育部审定为三级教授。

1月8日，致函唐长孺：

---

①据罗世烈回忆。

②据胡显慧回忆。

③参见唐长孺《〈汪篯隋唐史论稿〉序》，《汪篯隋唐史论稿》，北京：中国社会科学出版社，1981年1月版，第2页。

④先生《〈云巢诗存〉序》，《冰茧庵序跋辑存》（增补本），第148-149页。

⑤《四川大学史稿》第2卷，第18页。

⑥吴宓在1956年8月31日记：“会散后，与昨归自蓉之凌道新来宅晚饭。……新述1955年川大及川师院肃反情事。恕等跪受击唾，钺亦禁锢多日。”（《吴宓日记续集》第2册，第503页）而据当年与先生同住一处的先生长子缪慈明回忆，先生在运动中未受冲击，更未被“禁锢多日”。凌道新所述，当属误传。

长孺先生史席：

去岁十二月初归蓉后，曾上一函（合寄先生与吴于廑先生者），谅蒙惠察，前奉手示，并转示昌群先生札，敬悉种切。汇报稿亦收到。关于魏晋南北朝史论文索引，已由系中辑录，并复写两份，另封由校中寄上，一份存尊处，一份请转寄昌群先生。川大学术期刊不完备，故此索引缺漏甚多（关于解放前者所缺尤多），先生与昌群先生如有所补充，亦乞赐寄一份。来示提及在编写讲义时，“先拟就每章提要，请各校提意见”一事，用意甚好，不过实行时较有困难。盖提要最好是在讲义编写后写出，始能较完善，否则先写提要，将来自己在编写中即可能意见不同，有所改变；并且寄各校提意见时，而学校甚多，未必皆能及时将意见送来，如果久等，将耽误编写。故鄙意此事似乎不必作硬性规定。尊著讲义已拜读一遍（前一部分早已读过，主要是读后一部分）。将来在讲授与编写讲义时用作参考，如有所见，当函商请益。大作《魏晋至唐官府作场及官府工程的工匠》一文，甚为精密深入，读后获益良多。山东大学王仲荦先生之讲义已要来。弟现在已开始准备工作，拟先将各种主要原始史料再检查一遍，希望发见能说明问题之主要史料而以前未注意者（例如日前在武大时所谈到之以张邱建《算经》解释户调制中之九品相通，以《惜抱轩集》中跋王羲之尺牍解释土断侨户事），以供编写讲义时采用。馀俟续谈。肃此，敬承

著祉。

弟缪钺敬白　一月八日①

①原信照片，由唐刚卯提供。

1月14日至20日。中共中央召开关于知识分子问题的会议。周恩来代表党中央作了《关于知识分子问题的报告》,提出“向现代科学进军”的号召。

2月起,为历史系1952级同学讲授中国文学史古代部分一学期①。为历史系1955级同学讲授中国通史秦汉魏晋南北朝部分一学期②。

4月1日,致函唐长孺:

> 长孺先生史席:
>
> 两次惠书及修订之教学大纲均奉悉。五胡十六国既与东晋合为一章,弟愿遵嘱编写第三、四两章。现在先试写第三章第一节中第一小节“东晋建国”,附函寄上,乞审阅。此种写法及繁简体例等,不知是否合适,请先生及昌群先生审阅后多提意见,即请写在稿纸上边,赐还,以便修改。关于绘制历史地图事,已与此间系中李祖桓先生商妥,担任此项工作,为使地图与讲义密切配合,则凡讲义中所提到之重要地名,均需画在地图上。关于三国、西晋、北朝诸时期讲义中所提到之重要地名,请先生以后编写时即摘录寄下,李先生绘制地图即可以有所根据。川大近来亦在订十二年规划,学生除作学年论文外,又有一部分四年级生提高为毕业论文,又各年级均成立科学研究小组,教研组须作计划、组织、布置等等工作,故甚为忙碌。来示谓近患目眚,恐系因工作熬夜之故。弟以前有时工作熬夜,目力脑力均受影响,以后遂不敢迟睡(不超过十一点),宁可早起。中医谓夜间十二点读书撰述最费精力也。望多休养,当即可康复。馀俟续谈。肃覆,敬承

①据罗世烈回忆。

②据冉光荣回忆。

教祉。

弟缪钺敬白　四月一日①

5 月 2 日，毛泽东在最高国务会议第七次会议上正式提出实行“百花齐放，百家争鸣”的双百方针。

7 月初，与徐中舒、蒙文通赴北京参加高教部于本月 5 日至 15 日召开的综合大学中文、历史二专业 18 种教学大纲的审订会。5 日上午在西苑旅社参加中国史大组会，见到谭其骧、刘节、李埏、梁方仲等人。下午参加古代史大小组会②。

7 月 6 日，在西苑旅社出席中国史第二段小组会议，同组有唐长孺、王仲荦、谭其骧、韩国磐、陈登原（伯瀛）③。

7 月 15 日，先生在北京饭店参加文史教学大纲总结会，并出席宴会，同席者：蒙文通、徐中舒、郑天挺、张政烺、杨向奎（拱辰）、童书业（丕绳）、邓广铭（恭三）、胡厚宣、傅乐焕、顾颉刚（铭坚）④。

7 月 16 日下午，到苏联展览馆餐厅，出席哲学研究所召集之整理古籍会议。同会者：冯友兰（芝生）、蒙文通、徐中舒、胡厚宣、高亨（晋生）、梁启雄（述任）、刘盼遂、刘节、舒连景（峻山）、黄淬伯（脆白、垂伯）、容肇祖（元胎）、王维庭（实甫）、王维城、张恒寿、王毅、李埏、王利器（藏用）、顾颉刚⑤。

7 月 17 日晚，北京师范大学中文系萧璋约谭其骧在恩成居宴请先生。“7 月 17 日，……六时至社赴兵马司，仲珪约宴彦威于恩成

①原信照片，由唐刚卯提供。

②参见葛剑雄编《谭其骧日记》，上海：文汇出版社，1998 年 9 月版，第 89 页。

③参见《谭其骧日记》，第 89 页。

④参见顾颉刚《顾颉刚日记》第 8 卷，北京：中华书局，2011 年 1 月版，第 91 页。

⑤参见《顾颉刚日记》第 8 卷，第 91 页。

居,九时散归”①。

在京出席会议期间,还会晤了浙大老友钱宝琮(琢如)。“50年代中期,先生赴北京任中国科学院中国自然科学史研究室研究员。1956年夏,余赴京开会,寓居西郊。先生闻讯,远道来访,欢然道故,久之乃去;先生校点《算经十书》,亦嘱余写书名题签;其盛意均可感也”②。

夏,由铮园11号迁居铮园13号③。

9月,在院系调整完成后,四川大学校务委员会进行再次调整,先生继续担任委员④。

同月起,为历史系1953级同学讲授中国文学史古代部分一学期⑤。为历史系1955级同学讲授中国通史秦汉魏晋南北朝部分一学期⑥。

10月17日下午,与徐中舒、冯汉骥(伯良)、胡鉴民、赵卫邦等组成政治理论自学小组,并进行第一次讨论会,学习恩格斯的《家庭、私有制和国家的起源》,由冯汉骥作中心发言⑦。

是年,先生作《述志》诗,《缪钺全集》失收,抄录如下:

> 礼经曾寄大同思,原始初民仿佛之。社会千年论发展,应从今日说明时。

发表文章

论晚唐诗人杜牧(《四川大学学报》1956年第1期。因内容重复,

---

①《谭其骧日记》,第90页。

②先生《钱宝琮〈骈枝集〉序》,《冰茧庵序跋辑存》(增补本),第148-149页。

③据缪慈明回忆。

④参见《四川大学史稿》第2卷,第7页。

⑤据张勋燎回忆。

⑥据冉光荣回忆。

⑦参见成众《历史系教师政治理论自学小组座谈“家庭、私有制和国家的起源”》,《人民川大》1956年12月4日第198期第一版。

未收入《全集》)

编年诗

《游草堂寺工部祠》《题周汝昌先生所藏顾二娘制翔凤砚》《述志》

○ 1957 年丁酉　先生五十三岁

本年先生在四川大学历史系任教。

1 月 1 日,致函刘永济:

弘度吾兄先生史席:

奉到惠赐大作《沁园春》一首,檃括《招魂》,浑融自然,足见老手斫轮之妙,拜读甚佩。弟近数年中,作诗甚少,去年春间,游杜工部草堂,偶成一律,又曾为友人周君①题翔凤砚一绝,并写奉郢正。近作论杜牧文抽印本,寄千帆先生处,转呈吾兄,亦乞严加纠弹,以便改进。肃覆,敬颂

吟祉。

弟缪钺敬白　一九五七年元旦②

1 月 9 日,先生参加政治理论自学小组第二次座谈会,继续学习《家庭、私有制和国家的起源》,由胡鉴民作中心发言③。

2 月起,为历史系 1953 级同学讲授中国文学史古代部分一学期④。为历史系 1956 级同学讲授中国通史秦汉魏晋南北朝部

①即周汝昌。

②原信复印件,由程千帆提供。

③参见成众《一次成功的学习讨论会》,《人民川大》1957 年 1 月 16 日第 202 期第二版。

④据张勋燎回忆。

缪钺先生作书

分一学期①。

2 月 16 日，先生参加学校第二次科学讨论会历史系分会的讨论，提交《再论皮日休参加黄巢起义军的问题的提要》，就唐末诗人皮日休参加黄巢起义军的问题，与孙次舟（提交《关于皮日休参加黄巢农民军的问题》）展开热烈讨论②。

2 月 27 日，毛泽东在最高国务会议上发表《关于正确处理人民内部矛盾的问题》的讲话。

3 月 13 日，历史系中国史教研组举行讨论会，着重讨论如何正确对待人民的内部矛盾问题。先生参加会议并首先发言，认为“八大”文件的总的精神，是严格区别敌我矛盾和人民内部矛盾根本不同的性质，以及如何正确处理人民内部矛盾的办法③。

3 月 18 日。第 35 次校委会讨论通过全校 1956 年科学研究工作总结和 1957 年科学研究计划，先生代表历史系中国史教研组在会上介绍了确定教研组科学研究方向的经验，并就钻研科学和关心政治的问题，谈了自己的看法。“应该怎样确定教研组科学研究的方向呢？历史系中国史教研组主任缪钺教授……介绍了这方面的经验。中国史教研组在制订组的科学研究规划时，主要从国家建设的需要、地区特点和本组教师的特长等几个方面来确定研究方向。根据这些原则，教研组确定研究与西南少数民族史、考古学、中国上古、中古史和中国近代、现代史（结合四川地区的特点）有关的问题方面，组织教师力量和制订具体计划。但缪钺教授说，教研组的研究方向对于教师个人的研究工作

①据朱大有回忆。

②参见柯建中《历史系分会讨论古代史分期问题并对皮日休参加黄巢农民军等问题展开热烈争论》，《人民川大》1957 年 2 月 28 日第 204 期第四版。

③参见谢忠梁《怎样对待人民内部的矛盾　中国史教研组展开热烈讨论》，《人民川大》1957 年 3 月 19 日第 207 期第一版。

来说，只是一种鼓励，而绝对不是一种限制。组内教师也可以根据本身的实际情况，确定与教研组不同的研究方向。……缪钺教授认为目前会议过多，影响教师的研究工作。会开多了，研究工作的时间不够用。他希望学校注意改变这一情况”①。

4月4日下午，历史系针对一、二年级学生中学习思想和学习方法等方面的问题召开会议，徐中舒与先生先后作了报告。“相继报告的是缪钺教授。他首先对‘全面发展，因材施教’的教育方针作了扼要的解释。他说全面发展总的要求是要学生‘德才兼备，身体健康’。从专业的范围来说，要求同学学好教学计划规定的课程。但全面发展不是平衡发展，不是每样课都考五分。而是要求学生在知识上要‘博’。因材施教是要求学生在知识上有所‘专’。‘博’与‘专’是相互联系的。如果一个做学问的人，没有广博的知识就去‘专’，也可能有些小成就，但这种成就好似暖室中培养出来的小花，禁不住风吹雨打。/其次，在谈到学习方法和学习态度时，缪钺教授谆谆教导同学在学习方法上要：循序渐进和独立工作。他说，这问题确实很重要，因为学生经过独立工作，就会知道做学问的甘苦；如果样样都依靠老师，结果就会像贵族家庭娇生惯养的子弟那样，一离开家，就没有办法。/缪钺教授谈到学习态度时指出：做学问有两种态度。一种似吃药的态度，一种是吃好菜和水果的态度。药是苦的，人们并不对它发生兴趣，但为了治好病，不得不勉强去吃。当吃好菜和水果时，心情则不同，今天吃了，明天还想吃，因为它们不但能滋养人们的身体，而且还有很美的滋味。我们做学问，如果像吃药一样，把它看做是一种任务，勉强去做，那就不会做得很好；应当像吃好菜和水果一样，深嗜笃好，乐此不疲，才能深造”②。

4月27日，中共中央下发《关于整风运动的指示》。

5月4日，《人民川大》第211期第四版《教师们谈“百花齐

---

①校刊记者《有关科研工作的几个问题——第35次校务会旁听记》，《人民川大》1957年3月29日第208期第一版。

②科·才《珍惜现实，努力学习——记历史系徐中舒、缪钺两教授给一二年级学生所作的报告》，《人民川大》1957年4月23日第210期第三版。

放，百家争鸣”》下，刊登了先生在接受该刊记者访问时，对进一步贯彻“百花齐放，百家争鸣”方针所发表的意见。“‘百花齐放，百家争鸣’的政策，是十足的体现了马列主义的精神。马列主义是真理，真金不怕火炼。在百家争鸣中，互相辩论，以理服人，肯定对的，批评错的，马列主义更能放出光辉，得到发展。/知识分子中绝大部分是欢迎‘百花齐放，百家争鸣’的政策的，但是也可能有反对的，那就是教条主义者。教条主义者思想懒惰，知识狭隘，并没有学好马列主义，而只是记住一些简单的术语与教条，当作武器，批评、压制旁人。从表面上看，他好像是很马列主义的，而实际上他的教条主义正是马列主义的敌人。教条主义者害怕百家争鸣，因为在百家争鸣中，需要有知识，有学问，能独立思考，教条主义者怕不能应付而丧失市场，也就丧失了他自封的‘马列主义者’的地位。/我听到毛主席报告的传达，读了《人民日报》的社论，很感到兴奋鼓舞，确信党中央贤明的政策一定能使我国的社会主义新文化放出灿烂之花。但是又担心教条主义者将会像无情的风雨，要来阻止摧残百花的开放。因此我联想到辛稼轩的两句词：‘今岁花期消息定，只愁风雨无凭准。’”

5月8日下午，历史系中国史教研组就毛泽东在最高国务会议上的讲话举行讨论会，先生出席会议并作发言。“缪钺教授说，毛主席的讲话非常近情近理，可见真理总是合乎情理的，只有教条主义才不合人情；毛主席的讲话，不但结合了当前的实际，而且也结合了历史上优良传统的实际。他对知识分子了解之透彻，使人听后深有知己之感。……话题一转到‘百家争鸣’的问题上，讨论更加活跃起来。大家比较一致的看法是，以往在这方面放的很不够，缪钺教授指出，像《光明日报》的‘文字改革’专栏，就是放的一家之言。据他了解有不少同志并不赞成汉字简化，可是就找不到发表自己意见的地方。他认为以往在有些问题上确实扣的太紧了，甚至像汉字横排这样一些技术性的问题，都不敢让人争鸣，而这些并不存在有什么思想立场问题”①。

---

①柯林《在春寒与春暖之间——记中国史教研组的第一次讨论》，《人民川大》1957年5月18日第212期第四版。

5月15日，学校召开全校动员大会，开始进行整风运动①。

5月18日下午，先生出席了校党委邀请部分教授、副教授参加的座谈会，并作发言。“缪钺教授说：川大自解放以来，有成绩，但亦有缺点，而其中某些缺点是应由学校领导负责的。不过，有缺点并不要紧，我们希望校领导能勇于改过，不要护短，不要错到底。/川大领导有偏袒私人的毛病，譬如有个别同志，因为与某一个校领导的私人关系，常是不征求系中同意而硬塞进来，尽管业务差，作风坏，而反倒特蒙青眼，多受奖拔，甚至于生出许多麻烦事来，使课业和工作都受影响。我郑重请求校党委重视此类问题，研究处理方法，不可讳疾忌医，不可因私废公，应当真正体现共产党大公无私的精神。/他说，党的领导应当集思广益，倾听群众的意见，不可以偏听偏信，偏听偏信是有害的。举一个比方：《红楼梦》中的王夫人，主观愿望是好的，她只恐怕宝玉被丫头们勾引坏了，但是她不肯常到怡红院、潇湘馆、蘅芜苑中走走，而只是坐在深房中听袭人暗中汇报，汇报许多是歪曲的。王夫人倒以为很了解怡红院的情况，她说：‘我身子虽不大来，我的心耳精意时时都在这里。’其实，她还是蒙在鼓里。第一个把宝玉勾引坏了的是袭人，而王夫人误认为她是好人，替她加了二两银子的月费。是非颠倒，一至于此！我希望川大党的领导以王夫人的作风为戒。/领导应当有知人之明。川大党的领导有时以言取人，如果某人在小组会发言中能阐教条，在领导面前说话善于体会领导意图，便被认为是思想前进，是积极分子。这种人往往言行相违，作风很坏，为群众所厌恶。我希望党的领导以后不要以言取人，不要欣赏花言巧语，要听其言而观其行。将来如果党委能在大报告中表示：‘我们以后再不听信花言巧语了，而要注重切实的工作成绩与思想作风。’将有转移风气之效。领导上也许以为这些所谓‘积极分子’是靠拢党的，据我个人的体会，真正‘靠拢党’的表现，应当是努力学习马列主义，拥护党的政策，积极从事社会主义建设事业，而不是向个别党员或党委花言巧语，逢迎献媚。这样做是腐蚀党员，党员应当对这种人提高警惕，而吸收新党员时，尤其是应当谨慎。

①参见《四川大学史稿》第2卷，第51页。

缪钺同志还指出,在业务方面,川大领导对教师们也缺乏了解。北京有些学术文化机关,以及出版社等的负责人员,有时谈起来,他们对川大个别教师的专长、造诣、著述等,往往都很清楚,写信来约请写文章、写书,也都合适。为什么远在数千里之外的人能了解,而在同一学校的领导反倒不了解?真是'近在咫尺,而邈若山河'。我希望川大领导应深入了解每一位教师的长处与短处,才能够把他安排在适当的工作位置上,更好的发挥作用。/最后,缪钺教授说,我提出的意见,主要的不是算旧账,而是为了改进以后的工作,我再总结为四句话,贡献给川大党的领导,就是:'勇于改过,大公无私,明辨是非,知人善任'"①。

6月3日,"四川省文联为了进一步贯彻'百花齐放、百家争鸣'的方针,帮助共产党整风,于昨日继续邀请在成都的作家、教授、文艺批评家畅谈党对文艺工作的领导以及省文联工作中存在的问题。座谈会由省文联主席沙汀主持,省委宣传部副部长李亚群参加了座谈。"与会者有张默生、王吾、刘思久、王益奋、段可情、何剑熏、李劼人等。先生被邀出席座谈并作发言。"四川大学教授缪钺对党应该如何进行诗歌批评谈了自己的看法。他认为,结合'百花齐放、百家争鸣'的政策,批评诗歌的尺度应该放宽。他说,从历史上讲,诗歌在各种文学中最发达,有它特殊之点。古代封建社会的民主自由远不如今日,但在诗歌上就可放宽一些。言者无罪,闻者足戒,本系对诗说的。诗用比兴,山川草木,风云日月,它的意思含蓄在里面,可以这样解释,也可以那样解释。雍正时代有士人作'清风不识字,何得乱翻书',雍正认为讽刺满人不识字,就把他杀了。这种办法,在封建社会的历史上也被认为是错的。有些封建统治者较开明,唐诗之盛,原因很多,重要原因之一是唐代统治者对诗没有什么顾忌,讽刺唐明皇和杨贵妃的诗都可写,唐代也没有兴什么文字狱。我并非拿今日与封建比,不过作一参考。'百花齐放'的方针比封建时代宽多了。即使伟大的诗人杜甫,也不是每一首诗都好。这是一。其次,诗的意思不像散文那样明显,有一位同志提出'诗无达诂',

①《党委邀请部分教授、副教授座谈》,《人民川大》1957年5月23日第213期第6版。

有一位同志反驳，在我看，‘诗无达詁’不包括所有的诗，但有一部分诗可作几种不同解释，不妨并存。例如欧阳修的《蝶恋花》写道：‘雨横风狂三月暮，门掩黄昏，无计留春住，泪眼问花花不语，乱红飞过秋千去。’有人说是伤春，也有人说与政局有关，说是欧阳修同情被贬斥了的范仲淹。当然，如果太穿凿，就很少有人相信。总之，诗的批评不是很简单，而是相当错综复杂。即如《草木篇》，有人说是讽刺新社会，有人说是讽刺个别人，仁者见仁，智者见智，可以提出来从容的讨论。/他说，要以批评者的态度出现，以理服人，不要以法官的态度出现，说这是死鼠、毒草，也不要以打手出现，这和批评者的修养有关。正确的批评可以帮助创作，粗暴的批评则妨碍创作。/他认为，批评文学作品不能只注重政治思想而忽略艺术性。他引吴乔《围炉诗话》说，‘文喻之炊而为饭，诗喻之醸而为酒’。诗有醉人的力量，不要忽略了艺术性，就可以避免教条主义。他又说，有些批评者的动机是好的，但知道得太少了，因此少见多怪”①。

6月28日，《人民川大》第221期第二版发表署名“建”的文章《历史系最近几次分组座谈会上讨论历次运动和学制等问题》，在“徐中舒、胡鉴民等反对‘教授治校’”的标题下，刊登了先生和冯汉骥的发言内容。“缪钺先生和冯汉骥先生认为，领导不一定是专家，有时专家不一定领导得好，最要紧的是内行，内行不一定对某门学问有精深的研究，但他懂得学问的甘苦，也才能知道知人善任。韩琦在北宋时作宰相，有人认为他不是写文章的专家。韩琦却说，我的文章虽然写得不好，但我能用欧阳修为翰林学士，天下的文章也就尽在于此了。由此可见，韩琦的文章尽管写得不好，但他仍然对文章是很内行的”。

7月，《杜牧诗选》由人民文学出版社出版。

---

①《省文联邀请作家、教授、文艺批评家继续座谈　就党对文艺工作的领导等问题提出意见·缪钺认为，有些诗可以有不同的解释，批评诗的尺度应当放宽》，《四川日报》1957年6月4日第三版。同日，《成都日报》第三版在《全面的放　深入的鸣　省文联邀请文学工作者继续座谈》一文中以《缪钺说，应把诗的尺度放宽些》为题，报道先生的发言，文字略有不同。

9月起，为历史系1954级同学讲授中国文学史古代部分一学期①。为历史系1956级同学讲授中国通史秦汉魏晋南北朝部分一学期②。

10月，《历史研究》第10期发表了题为《对于“陶潜不为五斗米折腰新释”的商榷》的文章，文章分为“张志明的意见”和“缪钺的答复”两个部分，是就《历史研究》本年第1期发表的先生所撰《陶潜不为五斗米折腰新释》一文的讨论。1987年，路梅村在《许昌师专学报》第4期上以《敬复路梅村、张志明两位先生关于“五斗米”问题商讨的意见》为题，发表了先生1957年对路、张有关讨论意见的答复，是1957年8月《历史研究》编辑部寄予路梅村的（参考路梅村对该文的“说明”）。其中，对张志明商榷文章的答复与《历史研究》所发表者一致，《缪钺全集》失收，抄录如下：

> 《历史研究》编辑部寄示张志明先生的文章，对于拙作《陶潜不为五斗米折腰新释》中“五斗米”的问题提出商讨意见，使我得到切磋之益，很是高兴。
>
> 张志明先生的文章列举史料中关于唐代以前每人每月食量的记载，加以核算，提出怀疑，士大夫食量虽然较小，而在东晋、南朝时一月五斗米似乎还是不够吃。因此认为，陶潜所谓“五斗米”固然不是指官俸，也不一定是指士大夫每月的食量，可能是用一个当时很熟的短语，“为五斗米”犹如现在说“为两个钱”，是极言其少之意。
>
> 张先生用思深细，能帮助我对此问题作更进一步的研讨，现在将我考虑后的意见写录于下，再请张先生指教。

---

①据胡显慧回忆。

②据朱大有回忆。

张先生征引史料证明，在汉以前，每人每月食量是一石五斗至两石，汉代及汉代以后也是如此。这个结论我同意。不过，这些史料中绝大多数都是说的农民与士兵。《汉书·食货志》记李悝尽地力之教中所说的是农民。《管子·国蓄》与《周礼·廪人》通计全国人食量，当然也是以劳动人民为主。《汉书·匈奴传》、《后汉书·南蛮传》所指的是士兵，《居延汉简》所说的是边塞戍卒与候长。农民与兵士的食量自然要比士大夫的食量大得多，甚至于大到一倍以上，在今日仍是如此，工人、农民、兵士的饭量比知识分子还是大得多。拙著《陶潜不为五斗米折腰新释》一文（以后简称拙著）中虽然推算东晋、南朝士大夫食量约为每月五斗米左右，而同时也指出："据《宋书》卷八十六《刘劻传》，当时兵士每人每月食米二斛。"我并非未注意到此问题，不过没有作进一步的详细说明。

关于士大夫的食量，古代史料中提到的较少，拙著曾引《梁书·何胤传、江革传》、《南齐书·崔怀慎传》、《南史·傅琰传》，推断当时士大夫食量"大概每月要五斗米左右"。当然，这是一个约略的说法，并不一定准是五斗米。关于这几条史料的解释，张先生提出商讨的意见，我想再补充说明一下。

张先生认为何胤"月食四斗米不尽"之言是为避免征召而故甚其词，说自己身体坏，饭量小。这种解释，我也承认，因为拙著中也并未认为何胤"月食四斗米不尽"是士大夫的标准食量，也正如我所引《南史·傅琰传》所记刘玄明说的"日食一升饭"时，也认为是"盖言其所食之少以表示清廉"。不过，虽是有时故甚其词的说食量小，但是由此也可以推测出一个相当的标准。何胤"月食四斗米不尽"，只合三斗多，刘玄明说"日食一升饭"，也是一月只合三斗，这当然是太少了，但是，即便再加一倍，也不过六斗至七斗多。如果说当时士大夫的食量是每月六斗至七斗多，举整数而言，就是“五斗米”，也还是可以的。古人平常言语，提到数目字时，难以很精确，常常喜欢用整数如“五”或“十”之类。至于每月六斗至七斗多米，一个士大夫是否够吃呢？以古况今，是可以的。譬如我住在成都，学校教师每月购粮，据政府规定，最初每人每月是二十三斤，后来增加为二十五斤。我的饭量小，每月所吃大约不到二十三斤，有的朋友同我差不多，有的朋友饭量大些，而每月二十三斤至二十五斤也可以够吃。东晋南朝时的五斗米约当今日一市斗，合十六斤多，那么，今日的二十斤米只合东晋南朝的六斗多，今日的二十三斤至二十五斤米也只合东晋南朝的七斗多到八斗，所以说以今日知识分子的饭量作标注来推算，则东晋南朝士大夫每月吃六斗至七斗的米是可以够的。

拙著中引《南齐书·崔怀慎传》：“怀慎孤贫独立，宗党哀之，日敛给其升米。”并且说明：“崔怀慎因贫穷之故，宗党日给以升米，月得米三斗许，也可勉强维持生活。”张先生认为这种说法不对，并引《南史·崔怀慎传》（钺按：《南史》作崔怀顺），“升”字作“斗”，又引《隋书·律历志》上：“齐以古五升为斗。”（钺按：《隋书·律历志》原文，“古”字下尚有“升”字）认为崔怀慎每日所得的是一斗米，也就是相当于古制五升的米。我认为张先生此处有点弄错了。《隋书·律历志》上所谓“齐以古升五升为一斗”，指的是北齐，而非南齐。《隋书》中十志，兼叙梁、陈、北齐、北周、隋五代典制，故当时俗呼为《五代史志》。关于此事，《四库全书总目提要》史部正史类《隋书》条有简要的说明：

> 《隋书》八十五卷。唐魏征等奉敕撰。贞观三年，诏征等修隋史。十年，成纪传五十五卷。十五年，又诏

修梁、陈、齐、周、隋《五代史志》。显庆元年,长孙无忌上进。……其十志最为后人所推,而或疑其失于限断。考《史通·古今正史》篇称:太宗以梁、陈及齐、周、隋氏并未有书,乃命学士分修,仍以秘书监魏征总知其务,始以贞观三年创造,至十八年方就,合为五代纪传,并目录凡二百五十二卷。书成,下于史阁。惟有十志,断为三十卷,寻拟续奏,未有其文。太宗崩后,刊勒始成。其篇第编入《隋书》,其实别行,俗呼为《五代史志》云云。是当时梁、陈、齐、周、隋五代史本连为一书,十志即为五史而作,故亦通括五代,其编入《隋书》,特以《隋书》于五史居末,非专属隋也。后来五史各行,十志遂专称《隋志》,实非其旧,乃议其兼载前代,是全不核始末矣。

因为《隋书》十志本是《五代史志》,所以其中常是连叙梁、陈、北齐、北周、隋五代制度。现在将张先生所引《隋书·律历志》上"齐以古升五升为一斗"句的上下文全录于此,就可以明白:

梁、陈依古。齐以古升五升为一斗。后周武帝保定元年辛巳五月,晋国造仓,获古玉升。暨五年乙酉冬十月……准为铜升,用颁天下。……开皇以古斗三升为一升,大业初,依复古斗。

很明显的可以看出,这一段是兼叙梁、陈、齐、周、隋五代斗量,而"齐以古升五升为一斗"是指北齐,不可误引来说明南齐斗量。南齐斗量承继晋、宋,并无变动。至于崔怀慎宗党每日敛给他的米,究竟应当从《南齐书》作"升",或从《南史》作"斗",固然难以遽断。我个人的意见认为仍从《南齐书》作"升"为是。因为就上下文意看来,是说崔怀慎贫穷,宗党敛些米来帮助他,勉强维持,当然是很少的,所以每日只有一升多;如果每天有一斗,那么,一月就是三石,不但不算少,而且是相当多,因为三石米可供劳动人民两个月的食粮,而对崔怀慎来说,几乎够吃四个月了。

张先生文中又引《晋书·宣帝纪》与杜甫《醉时歌》,说明"和陶潜同类型的人如诸葛亮、杜甫,每天都要吃三升至五升的米,陶潜应当也是这样的"。按杜甫《醉时歌》"日籴太仓五升米,时赴郑老同襟期"二句,并不能据以说明杜甫的食量。杜甫这首诗是公元 754 年(天宝十三载)作的,冯至先生所著《杜甫传》中对于这两句诗有一段说明:

> 七五三年八月,长安霖雨成灾,米价腾贵,政府从太仓里拨出十万石减价粜给贫人,每人每天领五升,一直延续到第二年春天。杜甫也属于天天从太仓里领米的贫人,可是他得到一点点钱,就去招郑虔,二人买酒痛饮(人民文学出版社 1952 年版《杜甫传》五三页)。

冯至先生的解释是对的。所谓"五升米"是政府限定每人每天所买的数量,并非杜甫每天的食量。唐朝斗量较六朝大三倍。《日知录》卷十一"权量"条:"三代以来,权量之制,自隋文帝一变。杜氏《通典》言:六朝量三升当今一升,称三两当今一两,尺一尺二寸当今一尺。"如果按大三倍计算,唐朝的五升米相当东晋、南朝的一斗五升,不但士大夫如杜甫者一天绝对吃不了,就是劳动人民每天也吃不了这许多。当时唐朝政府规定"五升米"的数量,可能是供贫民一家两三口人一天吃的。至于《晋书·宣帝纪》所记,诸葛亮的使者说诸葛亮每日食三四升,司马懿认为他吃得少,这一件事倒是颇费解释。如果按照当时士大夫的食量来说,日食三、四升,每月约食一石,不但不算少,而且还是相当多的。因为照上文所推算,魏、晋、南朝士大夫平均每月食六斗至七斗米,较之兵士或农民月食一石半至二石者,少一倍或一倍以上,今日知识分子每月约吃二十斤至二十五斤,情况仍相似,则诸葛亮日食三四升,并不算少,或者司马懿是按军中将帅的食量标准去衡量罢。

总之,陶潜为彭泽令,因为不愿束带见督邮弃官而去之时说:“我不能为五斗米折腰向乡里小人。”我在拙著《陶潜不为五斗米折腰新释》中既然证明所谓“五斗米”与当时县令俸禄绝无关涉,又根据史书中关于南朝士大夫食量的记载,悟及所谓“五斗米”之意义是指士大夫每月的食量。不过拙著中对于此问题解释还不够细致,因张先生的商讨,再作以上的补充说明。“五斗米”是举整数而言,实际上,当时士大夫每月食量大约是六斗至七斗米,与今日知识分子每月吃米数量(二十斤至二十五斤)仍然相似。陶潜说这句话,也并不意味着他每月只吃五斗米,他的意思好像是说:“我不能为吃一碗饱饭而折腰向乡里小人。”

11月19日,致函刘永济:

弘度长兄道席:

赐寄大著《宋代歌舞剧曲录要》及新词两阕,均收到,谢谢。大著搜采详博,考释精细,拜读甚佩。《定风波》、《卜算子》两词,皆以新事物写入旧格律中,雄浑苍劲。此间校中庆祝十月革命四十周年时,弟亦勉成《水调歌头》一首,录博一粲。旧作《魏收年谱》,近修改写定,刊载于《川大学报》中,另封寄上抽印本一册,敬乞教正。肃覆,敬颂

著祉。

弟缪钺谨上　十一月十九日①

①原信复印件,由程千帆提供。

发表文章

谈诗歌中语言艺术的精炼(《光明日报》1957年1月12日《文艺生活》第141期)

陶潜不为五斗米折腰新释(《历史研究》1957年第1期)

南朝汉人逃往少数民族地区的问题(《光明日报》1957年4月25日《史学》第106期)

杜牧诗简论(《光明日报》1957年6月23日《文学遗产》第162期)

魏收年谱(《四川大学学报》1957年第3期)

女词人李清照(《中国妇女》1957年第4期。因内容重复,未收入河北教育出版社版《缪钺全集》)

对于《陶潜不为五斗米折腰新释》的商榷·缪钺的答复(《历史研究》1957年第10期。河北教育出版社版《缪钺全集》失收)

出版专著

杜牧诗选(北京:人民文学出版社,1957年7月)

○ 1958年戊戌　先生五十四岁

本年先生在四川大学历史系任教。

2月起,为历史系1954级同学讲授中国文学史古代部分一学期①。

3月8日下午,出席历史系跃进誓师大会并发言。"三月八日下午,历史系教师都挤在系会议室里,争先恐后、一个接一个地抢着发言。……缪钺先生正在发言。他说:现在祖国大跃进的形势,古人的'又是一年芳草绿,依然十里杏花红'的诗句还远不足以形容。我在这个振奋人心的春天里如何跃进呢?首先我要彻底清除天才教育思想,积极培养工农

①据胡显慧回忆。

学生,并开出四五门不同的课程”①。

3月22日下午,历史系举行“交思想、比规划大会”,徐中舒宣读了历史系的跃进规划纲要,提出在四年内建立5个历史科学研究据点:中国古代史先秦史部分、魏晋南北朝史部分、四川史部分(偏重在近现代及四川境内少数民族)、四川考古学(与省博物馆配合)及印度史近现代部分。在三年内使川大历史系成为全国先进历史系之一。先生出席会议,并在会上代表中国史教研组接受世界史教研组的挑战,同时向亚洲史组挑战。与此同时,先生还制定了个人科研规划②。

同月,在全校开展的教学改革的讨论中,先生教授的“中国文学史”,其具体讲授内容被视为“厚古薄今”,受到历史系四年级学生不点名的批评。“至于中国文学史的教授就更加突出,每期三学时,教授一年计108学时,这应该而且可能讲授全部的中国文学史,但是主要重点讲授了古代和中古的《诗经》、楚辞、唐诗、宋词,中间加上了一个‘不为五斗米折腰’的陶渊明,的确是讲得又生动又细致,既有全面评述,还辅讲作者的主要作品。但自明清以降,就略为点缀而已。至于同学迫切要求懂得的近代和现代的革命文学史,则付诸阙如。史四一部分同学只好到中文系去选修现代文学史”③。

4月6日,先生在历史系作交心检查,但被认为“交的不是全心和真心,还在护痛,还在保留”。在会后,先生“思想上还有抵触,以致又④一次竟然向帮助他的同志说:‘我过不了社会主义关又怎么样?’但是,会上许多中肯的意见告诉他,过不了社会主

①小木《历史系在跃进》,《人民川大》1958年3月27日第267期第二版。

②参见《历史系举行交思想、比规划大会　全系师生决心苦战三年成为全国先进历史系之一》,《人民川大》1958年3月27日第267期第二版。

③史四《是厚古薄今,还是厚今薄古》,《人民川大》1958年3月27日第267期第四版。

④原文为“又”,疑当为“有”。

义的关是一条危险的道路，人民是不需要白色专家的”①。

5 月 14 日，继多次检查未能过关后，先生在历史系的交心检查会上再次检查，承认“在鸣放时期附和过‘内行外行’、‘一间房、两本书’等右派言论；自己也曾提出‘校长负责制’、‘诗无达诂’。这一切归结起来都是立场问题，‘和右派分子的言论实质上是一样的’，‘而且并不是受右派影响，有的纯然是自己思想上的问题’”。此次检查被认为是“思想上的白旗砍倒了，缪先生开始‘向真理投降’，向党交出真心”②。

5 月 25 日，《人民川大》第 276 期第二版刊登署名“小木”的文章《“毒蛇在手，壮士断腕”——记缪钺教授的交心检查》。同版发表先生的文章《和旧我决裂，向真理投降——谈谈我在交心运动中的体会》，《缪钺全集》失收，抄录如下：

> 我开始交心时，认识不够，勇气不足，自己觉得说的差不多了，而实际上暴露与批判都很不够。同志们提出批评，我还有抗拒的情绪，认为他们是故意吹毛求疵，与我为难；有些问题提到原则上，性质严重，我不能接受，我觉得当时思想并非如此；有的个别意见与事实不合，尽管是小事，我也忍不住，立刻起来分辩。有这许多思想障碍，因此，最初检查不好，态度也不端正，再一次又一次的重复检查，有时个别问题偶尔想通，觉得轻松，而更多的问题还是想不通，又觉得沉重迷闷，进一步又退几步，陷于消沉迷惘之中；同时，又顾虑到所谓“面子”、“威信”等问题，更增加苦恼，这也就更增加了自己检查的障碍。

①参见小木《“毒蛇在手，壮士断腕”——记缪钺教授的交心检查》，《人民川大》1958 年 5 月 25 日第 276 期第二版。

②参见小木《“毒蛇在手，壮士断腕”——记缪钺教授的交心检查》，《人民川大》1958 年 5 月 25 日第 276 期第二版。

由于党领导的启发,同志们的帮助,我自己也经过反复的思想斗争,心中渐渐开朗,如同旭日初升,阴云渐散,而关键即在是非标准问题,也就是立场问题。我以前不是用社会主义是非标准,所以检查不能深入,许多问题想不通,自以为并无很大的错误,甚至于情绪上有很多抵触,现在一转念,用社会主义是非标准来检查,顾虑与障碍逐渐消除,许多错误也看出来了,而对其性质的严重也认识清楚了。

譬如说,我一向不愿在大庭广众之中受人批评,认为那是很不体面,有损个人尊严。这就是资产阶级个人主义的是非标准。如果转念一想,我的思想、言论、行动有许多错误,这是客观事实,并不因为旁人批评或不批评而有所改变,我要掩饰这些事实,不愿听批评,岂不是自己欺骗自己?如果用社会主义的是非标准来衡量,勇于揭发错误,虚心接受批评,不文过饰非,而决心悔改,这才是光荣体面;而资产阶级的“面子”,个人主义的“尊严”,正是我们应该唾弃的,为什么还抱住不放?这样转念一想,是非标准一改换,抵触的情绪逐渐消除,检查的勇气也就增加了。

又譬如说,我一向自以为研治中国文学与中国历史三十馀年,也还稍有心得,于是自恃业务,而轻忽政治,甚至不愿思想改造,认为我本来的业务还是有用的。但是转念一想,现在祖国是要进行社会主义建设,而我所有的一些学问,都是封建的或资产阶级的观点方法,这些东西在社会主义社会是无用的,我又有什么可仗恃的呢?必须加强自我改造,转变立场,学会运用马列主义的观点方法,才可以把旧日的知识化为有用。这样一想自然骄气渐除,而急于争取自我改造了。

又譬如就对党的关系来说,我一向自认为奉公守法,作工作都合乎手续,并不反党。但是用社会主义的是非标准来检查时，我常是心中无党，按自己私意办事，违反党的政策，不接受党的领导，甚至有时在个别问题上，还要将个人私见加诸党之上。这样，许多错误都检查出来，并且认识到问题性质的严重了。

又譬如在名利问题上，我一向是以封建的标准，认为“三代以下，惟恐不好名”，好名并非坏事，所以还不知不觉的自己炫耀，但是用社会主义的标准来看，好名正是个人主义的坏思想，那就是应该唾弃的。

解放以来几次运动，对我都无大抵触，因为运动中革命的对象是地主的土地，资本家的资本，反革命的罪恶活动，这些都与我无关。我所有的是资产阶级的个人主义与资产阶级的学术观点方法，而双反运动、向党交心，正是要清除这些东西，所以我开始时就有顾虑，有抵触；经过一段转折的过程，自己终于想通了，转过来，认识到资产阶级个人主义是万恶之源，宁愿和它彻底决裂，向真理投降。但是这仅仅是转变的开始，以后还要经常进行思想斗争，灭资兴无，边破边立，在党的教育下，与群众的监督之下，通过实践，进行改造，才能改造得好。

6 月，《草地》6 月号发表先生文章《创作新诗应向民歌学习》，《缪钺全集》失收，抄录如下：

现在党发动全民大规模的搜集民歌，这是一件很好的事，对于繁荣新诗的创作，树立诗的民族风格，能起很大的作用。

就中国文学史上来看，许多新诗歌的体裁是从民间来的，许多伟大与杰出的诗人都是善于学习民歌的。中国最早的一部诗歌总集《诗经》，其中二南与国风里的作品绝大部分是民歌，而《诗经》的精华也就在此。屈原所作的《楚辞》,是采用楚国民歌体裁(句调长,句末都带“兮”)。五言诗、七言诗的体裁都是出于汉代乐府,中晚唐的词也是由民歌歌曲来的,敦煌曲子足以证明这一点。建安诗人,尤其曹氏父子,最善于学习汉代乐府歌辞,所以他们的作品“遒壮抑扬”,能为诗歌开创新局面。鲍照喜欢吴歌,吸收其风格意境,融化于五言诗中,因此独称“俊逸”。唐代伟大的诗人,如李白、杜甫、白居易等,都善于吸收汉魏以来民歌乐府的精华,以滋养自己的作品。民歌不断的给诗歌创作提供新体裁,贡献新养料,使诗歌能经常的推陈出新,繁荣发展,这是中国文学几千年来的优良传统。

五四以后的新诗,有很大的成绩,但是在学习民歌方面,似乎还嫌不够。甚至有的新诗人,如艾青等,喜欢学外国诗。因此他所写的诗,有时候矫揉造作,好象是从外国诗中翻译出來的(参看冯至《论艾青的诗》,载《文学研究》1958年第一期),这当然不能为中国人民所喜爱。

民歌中实在有许多精品,如郭沫若先生所欣赏的僮族①民歌《山南、山北》:

> 哥住山南红梅庄,妹住山北桃花村。想唱山歌叫哥听,高山挡住不透音。想采鲜花送给哥,翻山越岭人人问。今年成立高级社,山南山北一家人,早晚能见情哥面,心里话儿听得真(见四月二十一日《光明日报》)。

这首民歌,歌唱集体主义的农业生产与集体主义的新生活,清新醇美,耐人玩诵,远胜于那些矫揉造作的诗。如果新诗人能将这些美好的民歌熟读深思,加以揣摩,无论在体裁方面,风格韵味方面,以至于语言方面,都向他们学习,帮助自己作品的提高,将来以民族形式的新诗,歌颂祖国社

①僮族,即今之壮族。

会主义建设中的劳动人民与伟大事业，成绩一定是很辉煌的。

8 月 9 日，学校宣布整风运动结束①。

暑期至 10 月，川大开展大炼钢铁运动，先生到历史系生铁加工车间劳动。“……上午八时，卢剑波老师、缪钺老师和胡鉴民老师先后到达了工地。……在工作中，卢老师的鼻子给铁皮打破了，缪老师和胡老师的手也擦破了皮，但是老师们并没有停止工作，同学们劝他们到卫生科包扎一下，老师们却不愿离开工地”②。

9 月起，为历史系 1957 级同学讲授中国通史东汉魏晋南北朝部分一学期③。

10 月至 11 月，历史系就教育与生产劳动相结合的问题进行了三次讨论，先生参加讨论并发表意见。“缪钺先生也发表了他的意见。他说，学校可以办工厂，甚至大办也可以，并且希望办得多种多样，使参加的人专业化，按照个人的体力和兴趣参加一种，时间长一点，这可以搞发明创造。/与此有关的是课程安排问题。缪钺认为，政治课、基础课、外文应该是必修的，此外，可以少开选修课，选多少和怎样选法，由学生考虑，不加限制，让其自择，教师起辅导和帮助作用，教和学都不一定拘束在课堂讲授的范围内”④。

发表文章

再论皮日休参加黄巢起义军的问题（《历史研究》1958 年第 2 期）

---

①参见《四川大学史稿》第 2 卷，第 51 页。

②童恩正《一定要让炼钢炉吃饱吃好——记历史系“生铁加工车间”》，《人民川大》1958 年 10 月 18 日“钢铁专号”第 3 号第二版。

③据杨耀坤回忆。

④小木《既要强调劳动又要强调学习——记历史系教师最近的几次辩论》，《人民川大》1958 年 11 月 17 日第 315 期第三版。

和旧我决裂,向真理投降——谈谈我在交心运动中的体会(《人民川大》1958 年 5 月 25 日第 276 期。河北教育出版社版《缪钺全集》失收)

创作新诗应向民歌学习(《草地》1958 年 6 月号第 24 期。河北教育出版社版《缪钺全集》失收)

卷四　1959-1977年

○ 1959年己亥　先生五十五岁

本年先生在四川大学历史系任教。

1月1日,《星星》1月号"笔谈新诗的道路"栏目发表先生文章《新诗怎样在民歌和古典诗词歌曲的基础上发展》,《缪钺全集》失收,抄录如下:

> 1958年四月间,中共四川省委发出搜集民歌的通知,并指出,要在民歌和古典诗词歌曲的基础上发展起来的诗歌才能为广大劳动人民所欢迎喜爱。这一个指示,得到绝大多数文艺工作者的赞同与拥护,一致认为,这才是今后诗歌发展的正确而光明的大道,足以矫正五四以来一部分新诗作者模仿外国诗的不良倾向。但是也有个别的人提出不同意见,引起讨论。十月中,中共四川省委宣传部副部长李亚群同志发表了"我对诗歌道路问题的意见",对于有关的几个重要问题加以深透的阐发,批判了有些人提出的错误意见,指明今后诗歌发展的正确道路,使大家的认识更清楚了。
>
> 中华民族是一个善于歌唱与创作诗歌的民族,自从《诗经·国风》以后,两千多年来,每个时代都有劳动人民自己创作的声乐和诗歌,而这些声乐与诗歌又大大的影响了封

建地主阶级的文人，其中杰出的作家向民间作品学习，取得滋养，繁荣了诗歌的创作。四言、五言、七言等诗体都是从民间来的，词与曲的音律格式也是出于民间的歌唱，诗歌中现实主义的创作方法也是先由劳动人民发明的（关于这一点，请参看茅盾同志《夜读偶记》中“二、中国文学史上的现实主义与反现实主义的斗争”）。中国古典诗中伟大与杰出的作家，都善于学习民歌，而又加以自己的创造，这是中国诗歌创作中的一个优良传统。现在中共四川省委指示，今后新诗的创作，要在民歌与古典诗词歌曲的基础上发展起来，这正是总结了中国数千年诗歌发展的经验，而要继承这一个悠久而优良的传统。

至于新诗怎样在民歌与古典诗词歌曲的基础上发展，换句话说，就是新诗作者应当向民歌和古典诗词学习些什么。关于这一问题，我一时还提不出全面的意见，仅就所想到的，拉杂写出，与大家商讨。

一首好诗的先决条件，是要具有健康的思想感情，也就是说，思想性第一，政治标准第一。关于这一点，新民歌表现的很突出，其中许多作品都反映了劳动人民在大跃进中建设社会主义走向共产主义的热情与勇气，譬如（本文所选新民歌例证，都是从《四川民歌选》第一辑中选出的，每首后都注明页数）：

> 一把芝麻撒上天，跃进山歌唱不完，昨天村里多条河，今天村外少座山。大家动手又动脑，星星也可摘下玩。不是我们神通广，党的力量大无边。（5页）
>
> 削平阎王岩，横跨响水滩，爆开乱石岭，穿通十里山，水灌漆家坝，稻花香满天。（44页）

或者歌颂新社会中的新人新事，譬如：

> 新媳妇，新嫁妆。新扁担，新箩筐。跃进声中过了

门，过门下田就栽秧。（52页）

小斑鸠，咕咕咕，我家来了个好姑姑。同我吃的一锅饭，跟我住的一个屋。白天下地搞生产，回家扫地又喂猪。有空教我学文化，还帮妈妈做衣服。妈妈问她苦不苦，她说不苦不苦很幸福。要问她是哪一个，她是下放的好干部。（65页）

这些例子，举不胜举，对于读者有感发兴起之功，是新诗作者应当好好学习的。

以上所说的是诗的思想内容方面，下面再谈一谈诗的形式。既然是诗，当然就要有它的形式，而不能同于散文；如果将散文分行写出，就算是诗，那是谁也不能承认的。我们翻开《四川民歌选》第一辑，其中绝大多数的作品是五言与七言（偶尔也有四言、六言与长短句的）。这并不是偶然的现象，也不是劳动人民故意模仿古人，正因为在汉语中，五言与七言是写诗最合适的句调。五言与七言的诗体本是两千年前劳动人民所创造的，今天的劳动人民仍然喜欢它，运用它。《诗经》中的诗体以四言为主，但是四言句太短了，局限性很大，所以在两汉歌谣与乐府中，四言很少，而出现了五言与七言的体裁，当然也还偶尔有长短句的杂言。五言和七言两种为文人所采用，遂成为中国诗歌的普通形式；后来各种词调和曲牌中，句法长短的配合有很多变化，但是仍然有不少的五言和七言的句子。今天劳动人民在大跃进中表达由社会主义走向共产主义的思想感情，仍然多是用五言和七言体，而且表达得很好，足见五言和七言仍然是中国劳动人民爱好而且运用得很方便的。我个人的意见，今后新诗的创作，似乎仍然不妨以五言和七言为主，当然，这里还可以有许多变化。譬如，纯粹用五言或七言固然可以，一首诗中五言与七言杂用也可以，古时的词调与曲牌，其中长短句的配合都有很美的音节,新诗作者如果能熟读一些古典词曲的佳作,将这些音节谐美的长短句调,偶尔运化于新诗的创作中,也未尝不可。

再谈,新诗是否要押韵?中国古典诗歌都是押韵的,外国诗中绝大部分也是押韵的,中国古民歌及今日劳动人民所写的新民歌几乎无有不是押韵的,所以新诗仍然应该押韵。当然,押韵的方法也是可以有变化的。可以隔句押韵,这是最普通的形式,也可以每句押韵;可以平声与平声同押,仄声与仄声同押,这也是最普通的方法。古典诗歌与新民歌多半如此,但是也未尝不可以平仄通押,古时词与曲是如此,今日新民歌也有这样的;长篇的诗也可以转韵。总之,诗要有韵,好读,好听,好记,这是劳动人民所欢迎的(据许多下乡的同志谈起,农民很喜欢有韵的作品)。

诗中的语言应当自然而简洁。所谓自然,就是要符合口语,不矫揉造作;所谓简洁,就是不要噜嗦冗长,有些新诗作者,因为学外国诗,用欧化的句法,诗中的语言往往矫揉造作,一个句子很长,中间有许多形容词,许多“的”字,读起来很不顺口。冯至同志批判艾青诗的文章中(见《文学遗产》1958年第一期),曾举出艾青一首诗中的一段,是这样的:

阿波里内尔君
你不仅是个波兰人
因为你
在我的眼睛里
真是一节流传在蒙马特的故事
那冗长的
感人的
由玛格丽特震颤的褪了脂粉的唇边
吐出的堇色的故事

冯至同志说:“这样的诗句,正如艾青自己所说的,假如在作者名字下面加上一个译字,我们就会以为是外国人写的。”试问,这样诗句的语言,能为中国人民所喜爱吗?我们再看看新民歌中的语言,都是自然而简洁。譬如四川新民歌中:

彩霞未露天未晓。(30页)

这句诗语言爽洁,如果写成“彩色的霞还没有露出天还没有亮”。那就太噜嗦了。又譬如四川民歌中:

门前柳树青又青,
树上一对小黄莺。(32页)

这是何等自然而美妙!如果象有些新诗作者的办法,就要写成:

门前的一行行的柳树青又青,
树上站着一对对的可爱的小黄莺。

那就拖沓冗长,索然寡味了。古典诗词中的佳作,其中语言也是自然而简洁的。谢灵运诗,极讲雕琢,而他的名句“池塘生春草”,还是白话;李商隐诗,最为瑰丽,而他的佳作:“君问归期未有期,巴山夜雨涨秋池。何当共剪西窗烛,共话巴山夜雨时?”宛如口语。宋词的音律是相当严的,而当时词人能将寻常语言度入音律,最初一读,好象听一个人随便说话一样,而仔细寻绎,又都符合韵律,音节很美。这种例子很多,现在仅就辛稼轩词举一些:

午醉醒时,松窗竹户,万千潇洒。野鸟飞来,又是一般闲暇。却怪白鸥,觑着人欲下未下。旧盟都在,新来莫是,别有说话?(《丑奴儿》)

东家娶妇,西家归女,灯火门前笑语。酿成千顷稻

花香,夜费一天风露。(《鹊桥仙》)

乘风好去,长空万里,直下看山河。斫去桂婆娑,人道是清光更多。(《太常引》)

总之,新民歌与古典诗词运用语言的自然、简洁、美妙,都是新诗作者应当学习的。古典诗人在创作实践中,对于如何精练语言,有丰富的经验与极好的造诣,新诗作者如果能熟读古典诗词中的佳作,自然能够在其中吸取滋养。这里暂不多谈。

音节谐美也是好诗的一个条件。汉字读音,有平、上、去、入之分,普通话中,没有入声,而仍有阴平、阳平、上声、去声之分。我们平日说话,也都有一种自然的音节,也就是四声或平仄声的自然配合。创作新诗时,在音节方面,似乎也应加以注意,读起来才能谐美悦耳。关于这一方面,可以参考口语中自然的音节,可以参考新民歌,可以参考乐曲歌词,也可以参考古典诗词中各种声律配合的原则和方式(譬如律诗中的音律配合有一个原则,就是平仄相间。我们今天作新诗,固然不必一定再用律诗的句调,但是这个原则是可以供参考的。假如一句诗中,有几个平声字在一起,或是几个仄声字在一起,读起来就显得单调,不好听)。

作诗不单要语言精练,而内容也要精练。清人吴乔《围炉诗话》中曾说:"意喻之米,饭与酒所同出,文喻之炊而为饭,诗喻之酿而为酒。"这个比喻虽然并不一定十分恰当,但是也有相当道理。这说明诗更要精练,要象醇酒一样,使人爱好而陶醉,因此而有感发兴起的功效。古典诗词中伟大与杰出的作家在这方面是很用心而且有很好的成绩的(杜甫作诗时,"新诗改罢自长吟",姜白石作一首词要"过旬涂稿乃定"。他们创作时所以这样用心思,费工夫,不仅是在修辞,而更重要的是情思的融炼)。还有,好诗必须具有健康的思想感情与优美的艺术,但是还要具有独创的风格。譬如同是好酒,而每一种酒又有其特殊的风味;同是好花,而每一种花又有其不同的色香。古典诗人往往能独创风格,譬如同是陈诉民生疾苦,弹劾时政腐败的诗,而白居易的《秦中吟》、《新乐府》和杜甫的《兵车行》、“三吏”、“三别”等诗风格不同;同是反对南宋朝廷的苟且偷安,主张抗击女真侵略者,收复中原失地的爱国主义的词,而辛弃疾的《稼轩词》与张孝祥的《于湖词》风格不同。这些都是可以供新诗作者揣摩参考的。

以上所谈的几点粗浅意见,只是我初步所想到的,不成系统。其中有个别问题,需要详细讨论者,以后有工夫时再谈。

1958 年 12 月 2 日

同月,人民出版社出版由该社编辑部所编《历史科学中两条道路的斗争(续辑)》,内收两篇针对先生的大字报,题目分别为《缪老师的封建士大夫观点》、《评缪老的天才教育与“科班出身”论》①。

2 月起,为历史系 1957 级同学讲授中国通史东汉魏晋南北朝部分一学期②。

2 月 14 日,赴省文联,出席由省文联主持召开的“新诗道路

①该书的“出版者说明”谓:“这个续辑是从山东大学、中山大学、西北大学、四川大学、华北师范大学(现改名为吉林师范大学)和华东师范大学六个学校历史系的大字报里面选出来的。”“出版这本书的目的一方面是支持新生力量的成长和他们的战斗,同时也在于促进被批判以及有类似思想错误倾向的人们的觉悟,希望他们能通过这本书取得有益的教训,吸取自我改造的力量。只要他们有决心痛改前非,拔白旗,插红旗,诚诚恳恳地接受党的领导,今后还是能够作出有益于人民的工作的。”

②据杨耀坤回忆。

问题座谈会”①。

6月21日上午9点，应西南师范学院中文系吴宓之邀，到总府街四川省人民委员会交际处第二招待所会晤，以《杜牧诗选》②相赠，并述1954年、1956年两次出差外地的情况③。

6月28日，先生再次往访吴宓，并“赠稿及诗”④。

是月，先生作《苏联火箭到达月球喜赋二首》诗，《缪钺全集》失收，抄录如下：

> 火箭乘风去，长空任漫游。嫦娥迎远客，樽酒话清秋。已悔偷灵药，争禁碧海愁。人间方大庆，同驾返神州。
>
> 织女居何处，传闻银汉旁。愿来学机杼，非仅乞瑶浆。云洗罗衣薄，风生翠带长。支机石畔坐，仔细说耕桑。

9月起，开始培养研究生，招收1959级魏晋南北朝史方向研究生一名：马德真。为1959级同学讲授中国通史两汉魏晋南北朝部分一学期⑤。

10月8日，夏承焘日记记：“昨黎子耀送来缪彦威所赠近著《巴蜀文化初论商榷》一册，夕作覆书，问借元遗山词笺稿，为词林系年参考。颇思得暇一游成都，侵寻垂老，未与彦威识面，不胜怅望也。”⑥

是年，受聘为成都市政协委员。

---

①《新诗道路座谈会发言摘要》，《星星》1959年3月号。

②吴宓在日记中误将书名记为《杜牧诗集》。

③参见吴宓《吴宓日记续集》第4册，北京：三联书店，2006年4月版，第104页。

④参见《吴宓日记续集》第4册，第111页。

⑤据李映发回忆。

⑥夏承焘《天风阁学词日记》，《夏承焘集》第7册，杭州：浙江古籍出版社、浙江教育出版社，1997年版，第780页。

发表文章

新诗怎样在民歌和古典诗词歌曲的基础上发展(《星星》1959 年 1 月号。河北教育出版社版《缪钺全集》失收)

《巴蜀文化初论》商榷(《四川大学学报》1959 年第 4 期)

辛弃疾词浅释(《星星》1959 年 7 月号、8 月号,因内容重复,未收入《全集》)

编年诗

《苏联火箭到达月球喜赋二首》

○ 1960 年庚子　先生五十六岁

本年先生在四川大学历史系任教。

1 月 1 日,《人民川大》第 349 期第四版发表先生文章《反右倾,鼓干劲,迎接新年》,《缪钺全集》失收,抄录如下:

> 1960 年的元旦将要到来了。在党的领导下,经过 1958 年的大跃进,1959 年的继续跃进,全国面貌焕然一新,工农业生产以及文化教育科学艺术各方面的事业都突飞猛进,创造出辉煌的成绩,这是令人欢欣无量的。我学习了党的八届八中全会文件以及庆祝建国十周年时党中央负责同志们的报告,受到很大的启发与鼓舞。当此旧年将逝新年将临之时,我要以反右倾鼓干劲的精神迎接新年,对于自己在政治与业务两方面跃进的方向,有初步的计划。
>
> 首先我坚决加强思想改造,迅速成为工人阶级知识分子,而改造又要与服务相结合。我们现在一切工作都是为社会主义建设服务,而要想服务得好,必须具有无产阶级的世界观,所以思想改造是首要的。但是思想改造不是轻而易举的,也不是一劳永逸的,不能停止在口头上与空泛的认

识上，必须在服务的工作实践中锻炼，通过不断的思想斗争，兴无灭资，使旧思想的残馀逐渐消灭，而新的正确的思想巩固起来。所以服务也就是工作的过程与检验工作的尺度。至于如何树立无产阶级世界观，则主要在于学习毛泽东思想，熟读精读毛主席著作，联系自己的思想实际。

在教学与科研工作方面，必须首先树立以马克思列宁主义为指导思想的正确方向，这是我在教育革命后深切体会到的。我将努力钻研马列主义经典著作，掌握理论，结合中国历史实际，运用在教学与科研中。1960年暑假后，历史系中国古代史教研组将开设中国经济史专门化，其中中心课程中国土地制度史的上一半由我担任讲授。土地制度是中国封建社会历史中的重要问题，近来国内史学界正对此问题展开讨论。我将在这一方面努力，通过自己的研究与教研组同志间的讨论，解决中国封建社会土地制度中的重要问题，在史学上作出贡献。此外，也还要结合我原有的基础，作其他方面的科学研究，如撰写古典文学作家传记及中国古代史方面的专题论文等。

在教育学生、指导研究生、培养青年教师方面，我也要尽最大的努力，用多快好省的方法，使他们迅速成长起来。我将用我所有的关于中国古代史、中国古典文学、古代汉语各方面的知识帮助他们，使他们能具有多方面的文化修养，将来做中国历史的教学与研究工作时，将有许多便利。

《星星》2月号发表先生文章《学习毛泽东文艺思想，做好中国古典文学研究工作》，《缪钺全集》失收，抄录如下：

我自少喜欢读中国古典诗词，但是我欣赏的标准是不对的。我常是偏重艺术性，忽视思想性。譬如我虽然知道杜甫之所以伟大在于他有忧国忧民的情思，但是我读杜诗时，常是过多的欣赏玩味其中艺术的卓绝；我喜欢宋诗，并不注重探索其中的思想性、人民性，而是欣赏它的清奇瘦劲之美；我喜读辛稼轩词，而同时也喜欢晏小山、姜白石等人的词，认为他们都能独创风格，各有千秋。

解放以后，我学习了毛主席的《在延安文艺座谈会上的讲话》，认识到“文艺批评有两个标准，一个是政治标准，一个是艺术标准”。应当“以政治标准放在第一位，以艺术标准放在第二位”。批判了我以前欣赏古典诗歌的错误标准、错误观点，决心遵循毛主席的指示，运用马克思主义，对于中国古典诗人及其作品重新评价。

不过，在工作实践中，我又感觉到，真能深透体会毛主席的文艺理论，正确的运用于中国古典文学研究中，是很不容易的。譬如，政治标准第一，是首要的，这一点是认识到了，但是并不等于说，艺术标准可以忽视。毛主席说：

> 我们的要求则是政治与艺术的统一，内容和形式的统一，革命的政治内容和尽可能完美的艺术形式的统一。缺乏艺术性的艺术品，无论政治上怎样进步，也是没有力量的。因此，我们既反对政治观点错误的艺术品，也反对只有正确的政治观点而没有艺术力量的所谓“标语口号式”的倾向。我们应该进行文艺问题上的两条路线斗争（《毛泽东选集》第三卷891页）。

根据毛主席的指示，运用于论述古典诗歌时，首先应当着重阐发其中的政治思想性，而同时也要分析它的艺术性，二者虽有首要与次要之分，但是应当是结合的，不是分离的，更不是对立的。如果我们论述一位古典诗人，只举例说明他的作品中如何陈述民生疾苦，揭发统治阶级的罪恶，或者如何主张抗击外族统治者的侵略,有爱国主义精神,而对他的作品中的风骨、意境、韵味以及表达的方法、造字炼句的技巧等,完全不提,或者说得很少,这也是片面不全的。这样一来,仿佛是在论述一位思想家,而不是论述一位诗人了。如果论述黄宗羲的《明夷待访录》,只阐发其中思想的进步性就够了,因为这部书不是文学作品。但是论述古典诗歌时,就不能这样简单。

还有,用政治标准衡量古典诗歌,如果想做好,也不是一个简单的工作。毛主席指示我们说:

> 无产阶级对于过去时代的文学艺术作品也必须首先检查它们对于人民的态度如何,在历史上有无进步意义,而分别采取不同态度(《毛泽东选集》第三卷891页)。

毛主席这几句话非常精辟。我们要遵循毛主席的指示,检查古典文学作品对待人民的态度如何,在历史上有无进步意义,也就必须用历史唯物主义观点,结合当时具体历史条件来考查,而不可以脱离当时历史实际,对古典文学作家提出过高的要求(近来有的同志所写评价陶渊明、李清照等人的文章中,曾出现过这种情况)。

就我个人来说,我在中国文学史的教学和研究中,论述古典诗人及其作品时,或是旧思想作怪,仍然偏重艺术性而忽视思想性;或是虽然着重阐发了作品中的思想性,但是不能很好的将它的艺术性结合起来;或是对于某些诗人,在运用政治标准去衡量时,感到困难,没有把握(如李商隐),因此不敢做出全面的评价。以上诸种情况,都说明我虽然学习了毛主席的文艺理论,但是不深不透,因此不能很好的运用去研治中国古典文学。今后应当继续努力学习。现在全国展开学习毛泽东思想的高潮,这是一件大好事。学习毛泽东思想,建立无产阶级世界观,改造思想,指导工作,是今后我国人人应当努力的。

2 月起，为历史系 1959 级同学讲授中国通史魏晋南北朝部分一学期①。

4 月，先生被选为校先进工作者②。

5 月 26 日中午，应吴宓之邀，到总府街四川省人民委员会交际处第二招待所会晤③。

是年历史系举行“巴蜀文化学术讨论会”，先生与徐中舒、蒙文通、冯汉骥等在会上发言④。

同年，历史系将中国史教研组分设为中国古代史教研组和中国近代史教研组⑤，先生改任中国古代史教研组组长。

发表文章

反右倾，鼓干劲，迎接新年（《人民川大》1960 年 1 月 1 日第 349 期。河北教育出版社版《缪钺全集》失收）

学习毛泽东文艺思想，做好中国古典文学研究工作（《星星》1960 年 2 月号。河北教育出版社版《缪钺全集》失收）

读郑珍《巢经巢诗》（《光明日报》1960 年 3 月 13 日《文学遗产》第 304 期）

关于曹操的几个问题（《曹操论集》，1960 年 1 月，北京：三联书店）

---

①据张正裕、许清玉回忆。

②参见《四川大学先进单位、先进工作者和优秀教师名单》，《人民川大》1960 年 4 月 23 日第 361 期第二版。

③参见《吴宓日记续集》第 4 册，第 349 页。

④据蒙默《蒙文通先生年谱》，见四川大学历史文化学院编《蒙文通先生诞辰 110 周年纪念文集》，北京：线装书局，2005 年 12 月版，第 438 页。

⑤据张婉华回忆。

○ 1961 年辛丑　先生五十七岁

本年先生在四川大学历史系任教。

3 月 9 日至 11 日，四川省文联分别召开了七次小型座谈会，讨论《红旗》社论《在学术研究中坚持百花齐放百家争鸣的方针》，先生出席座谈会，并作发言。“读了《红旗》的社论以后，解决了许多问题，心里非常兴奋，明亮畅快，它正好说出了我心里想说的话。这篇社论对于推动今后我国社会主义学术文化的进一步发展和繁荣必将发生巨大的作用。社论指出，只要遵循马克思列宁主义的指导，学术问题可以争鸣；学术问题与政治问题是互相有关的，但又并不就是同一件事，是有区别的。又指出，理论和资料必须结合；理论是重要的，但不与资料结合就不能发挥理论的作用。这些都是很精辟中肯的。总之，社论对学术界是个大大的鼓舞，学术争鸣一定会很好地进一步地开展起来的。/关于文联的工作，我知道得很少，但我觉得文艺界贯彻百花齐放百家争鸣的方针是有很大成绩的。如 1959 年关于诗歌发展道路的讨论，就开展得非常好，进行了笔谈、座谈，吸引了很多人。但是，过去也有一些问题，‘鸣’是‘鸣’起来了，‘争’还不够热烈。原因是，对于一些问题的讨论，文联没有有意地去组织。希望今后有意识地、有计划的组织各种问题的讨论。内容可以非常广泛，譬如，现代作家作品的讨论，尤其是省内作家作品的讨论，或是古代作家作品的评价，最好是与四川有关的，又如理论问题的研究，创作方法的探讨等等。前年《文学遗产》上开展陶渊明诗与李清照词的讨论，最近半年来，各报刊登载了关于讨论《三家巷》的许多文章，成绩都很好，解决了不少问题，对于参加讨论的人与广大读者都很有益处。我希望文联也有意识地组织一些问题的讨论，使四川文坛活跃起来。譬如今年是蜀中杰出古典诗人陈子昂诞生 1300 年纪念之期，对于陈子昂诗歌的评价或其他问题，可以展开讨论。又譬如，现在国内正在讨论历史剧的问题，川剧中有许多历史剧，有的是新编的，有的是传统剧整理的，也都可以展开讨论，学历史的、学文学的、演员、观众，都可以参加。以上不过略举一两个例子，其馀可讨论的问题还很多。至于讨论的方式可以多种多样，座谈、笔谈、讲演、论文，都可以。《四川文学》发表争鸣的文章，可以有长篇,也可以有短篇,短文不一定照顾全面,有一点意见,就写一点,文章形式可以'百花齐放'。我愿意认真学习《红旗》的社论,响应党的号召,积极参加文学与历史方面的'百家争鸣'。我愿意在自己业务比较熟悉的范围之内,参加文联所组织的一些问题的讨论,也可以给《四川文学》月刊写些短篇"①。

3月29日,《成都晚报》发表先生文章《西汉时蜀人已知饮茶》,《缪钺全集》失收,抄录如下:

> 四川是盛产茶叶的地区,究竟从什么时候起,蜀人才用茶叶为饮料呢?
>
> 中国人饮茶风气的普遍流行,是从唐代开始,这是大家都知道的。至于唐代以前,饮茶之事明见于史书记载的,要以《三国志·吴志·韦曜传》所记为最早:
>
> > 曜素饮酒不过三升,初见礼异时,常为裁减,或密以茶荈以当酒。
>
> 因此有人认为饮茶是从三国时开始的。其实还应当更早些。《尔雅·释木》:"槚,苦荼。"郭璞注:
>
> > 树小如栀子,冬生叶,可煮作羹饮,今呼早采为荼,晚取者为茗,一名荈。蜀人名之苦荼。
>
> 《尔雅》是西汉初经师所撰的训诂书。《尔雅》所谓"槚,苦荼",据郭璞注,槚就是茶树。至于"苦荼",本是蜀人称茶之名,是方言,而撰《尔雅》者用它来解释"槚"字,可见当时"苦荼"之名已相当流行,由方言变成通语了。这大概是因为蜀人早已知道饮茶,所以蜀人称茶为"苦荼"的这一个名字也就通行起来。还有一个证据,说明西汉时蜀人早已知饮茶。王褒是西汉中叶时人,他的籍贯是犍为郡资

①《进一步贯彻执行百花齐放百家争鸣的方针》,《四川文学》1961年第4期。编者为先生发言所加标题为《希望更好地组织争鸣》。

中县，他所作《僮约》中有“武阳买荼”之语。这一句话，《初学记》引作“武阳买茶”，《太平御览》卷五百九十八引作“武都买茶”。西汉武都郡在今甘肃南部，并不产茶，而西汉武阳县在今四川彭山县一带，它的附近正是产茶区，故应以《初学记》为是。由王褒《僮约》“武阳买荼”之语，也可以说明西汉时已有茶叶买卖之事。

至于“荼”字为什么变为“茶”字，有人认为唐代陆羽作《茶经》，始将“荼”字减一画为“茶”，有人认为唐以前已有“茶”字，并不始于陆羽。我们这里不做详细的考证，约略说来，“茶”字大概总是后来所造的，《说文》中并无“茶”字。为什么要另造一个“茶”字呢？据我的推测，原因是这样的：“荼”字在上古音，就韵而论，在鱼部，音值是[a]（据王力《汉语史稿》上册），应读如“ta”，与“槚”字音相近。到中古时，鱼部字中有一部分转为模韵，“荼”字即是其中的一个，因此变为“同都切”（《广韵》），读如“tu”了。“荼”字读音有所转变，但是一般人口语中称呼茶仍作传统的[a]音，与“荼”字的读音不合，再以“荼”字称茶，就不方便，需要另造新字。《广韵》麻韵中有“𣘻”字，宅加切，注云：“春藏叶，可以为饮，巴南人曰葭𣘻。”“𣘻”字下又有“茶”字，注云：“俗”。“𣘻”、“茶”两个字大概都是后人所造的新字，都是由“荼”字改变而成，一个笔画繁，一个笔画简。世人喜欢笔画简的字，于是不用“𣘻”字，而“茶”字，就通行了。

春，中国科学院历史研究所熊德基携该所编写的《中国史稿》来川大征求意见。先生与其论学甚相得①。

①据先生回忆。

4 月中,教育部文科教材编写会议在京正式召开①,会议决定由翦伯赞、郑天挺主编《中国通史参考资料》及《中国史学名著选读》,由先生担任《中国史学名著选读》中《三国志》的编选和注释工作②。

4 月 15 日至 29 日,“四川省中国历史学术讨论会”在四川大学召开,其间,先生曾出席会议并作发言。“讨论会还探讨了在历史著作与教学中,恰当处理文化部分的问题。缪钺教授根据自己在教学中的切身感受,认为如果把文化结合在政治经济内叙述,就不易看出文化自身的发展。如讲建安文学,可以引用王粲的《七哀诗》和曹操的《蒿里行》,说明汉末军阀割据和社会荒残,而建安文学的发展和特点就不好结合进去了。因此,他觉得把文化单独处理,叙述起来比较方便,但必须密切联系当时的政治与经济,体现阶级斗争和生产斗争。同时要分清文化中的精华和糟粕,批判继承,古为今用。此外,在历史著作和教学中,文化部分既要照顾到其系统性,也不宜过详,要求精简而不疏漏”③。

5 月 30 日,《光明日报》发表先生文章《讲授中国历史对于文化部分如何处理》,《缪钺全集》失收,抄录如下:

> 我们在讲授中国历史时,往往觉得文化部分不容易讲好,问题较多。我想就这方面发表一些粗浅的意见,主要谈两个问题。
>
> 一、讲授中国历史时对于文化部分如何安排
>
> 以前讲授中国历史或是写历史书,文化部分总是独立自成章节。但是,怎样以破旧立新的精神来处理文化,就成

①文科教材会议预备会于 3 月初在京举行。参见傅同钦《记 1961 年文科教材会议》,封越健、孙卫国编《郑天挺先生学行录》,北京:中华书局,2009 年版,第 227 页。

②《郑天挺先生学行录》,第 227 页。

③林向、冉光荣、马德贞《四川省中国历史学术讨论会概况》,《历史研究》,1961 年第 1 期,第 114 页。

了问题。毛主席说:“一定的文化是一定社会的政治和经济在观念形态上的反映。”(《毛泽东选集》第二卷666页)因此,讲文化时,如果能与当时政治和经济密切结合,就更好一些。去年,我曾提出一个新设计,就是将文化中各部门与当时有关的政治和经济密切结合起来。譬如讲汉武帝加强中央集权,接着就讲董仲舒的大一统、君权神授等学说;讲东汉光武帝提倡谶纬,以欺骗人民,巩固统治,接着就讲朴素唯物主义者王充反谶纬、反迷信的斗争;讲东汉末年军阀混战,社会荒残,接着就讲建安文学,如王粲、曹操、曹植等反映现实的诗歌;讲北魏行均田制后农业生产的发展,接着就讲贾思勰的《齐民要术》;讲南宋人民抗金斗争,接着就讲陆游、辛弃疾爱国主义的诗词。我曾根据这个意见拟出了一个教学大纲,并且在讲课时试验过一下。后来参考实践情况,我又仔细考虑,觉得这个办法仍有不妥之处,其缺点有三:(一)讲汉末军阀混战,社会荒残时,如果引王粲《七哀》诗、曹操《蒿里行》中的诗句作为史料用,是很自然的,但是这样做不能算是讲了建安文学。如果在这里大讲建安文学的特点、思想性、艺术性等,则又显得不协调。(二)文化各部门如哲学思想、文学、艺术等,其发展是有系统性的。讲宋词时,如果只结合抗金斗争讲一个辛弃疾是不够的,但是如果在抗金斗争中讲辛弃疾时,又追溯到词的起源,流变等,将显得支离曼衍,喧宾夺主。(三)文化中有许多东西无法与具体的政治和经济事件结合,譬如陶渊明的诗,祖冲之的圆周率等。由于以上的原因,所以后来我又放弃了我的设计,认为讲中国历史时,安排文化还是以独立自成章节为妥。不过,在论述时,应当注意如何与当时政治和经济密切联系。

二、讲文化部分时的指导思想以及取舍详略与体系的

问题

讲文化部分时的指导思想,最重要的有下列两点。

毛主席说:“一定的文化是一定社会的政治和经济在观念形态上的反映。”斯大林说,上层建筑“积极帮助自己基础的形成和巩固”(《马克思主义与语言学问题》)。

毛主席说:“中国的长期封建社会中,创造了灿烂的古代文化。清理古代文化的发展过程,剔除其封建性的糟粕,吸收其民主性的精华,是发展民族新文化、提高民族自信心的必要条件。”(《毛泽东选集》第二卷679页)列宁也有两种文化说,认为每个民族文化里面,都有民主主义的和社会主义的文化成分,也都有地主、神父、资产阶级的文化。

在马克思列宁主义的指导下,讲述中国历史文化部分时,必须密切联系当时历史时期中的政治和经济,体现阶级斗争、生产斗争,又须说明中国古代文化中进步的与反动的两条道路的斗争,指出进步的文化是主流,是在斗争中发展壮大的,而中国长期封建社会中创造了灿烂的古代文化,还须注重批判地继承,古为今用等等。

取舍详略也应合适。讲授中国历史时,论述文化不能太详细,须选择其中最重要的、典型的、关系重大的,次要的可以少说,甚至于不提,但是必须做到精简而不疏漏。

文化中如哲学、文学、艺术、自然科学等,都有相对独立性,有它们自己发展的系统源流。所以在讲通史中论述文化时,应当适当地照顾到系统;总的发展情况,尽管不详说,也要简括地提到,不可以孤立地讲几个人、几部书。

根据以上的标准,我们讲授中国历史文化部分时,应当注意下列诸事。

在毛泽东思想的指导下,说明中国长期封建社会中创造了灿烂的古代文化,这是讲授中国历史时一个重要的任务。因此,我们对于古代文化、艺术、天文、历法、数学、医药、地理学、农业科学、建筑技术、水利工程各方面的发展创造,屈原、杜甫、关汉卿、曹雪芹等伟大文学家的创作,张衡、祖冲之、郭守敬、李时珍等伟大科学家的贡献,《齐民要术》、《梦溪笔谈》、《营造法式》、《天工开物》等科学名著的评价,及以造纸、印刷、指南针、火药等四大发明,都应作充分的论述;并且指出,许多发明创造都比欧西人同样的发明早很多年,通过中外文化交流,中国古代科学技术对于世界文化有伟大的贡献。这样讲是很有战斗性的,用丰富的历史事实说明中国数千年来一直是世界上文化先进的国家,对于文化买办如胡适等所说中国自古以来一切不如欧西人的谬论,是一个很有力的打击。这样,就会加强爱国主义教育,鼓舞广大人民创建社会主义新文化的壮怀高志。

讲述文化时,如何与当时的政治和经济密切联系?譬如讲先秦天文历法时,应说明殷商、西周以来天文历法的研究都是为农业生产服务的(所以特别注重季节变化的规律,使农业生产按恰当的季节进行),而春秋战国时生产力发展的要求,又推动了天文历法的进步。又譬如讲唐诗时,如果只孤立地讲李白、杜甫、白居易几个著名诗人,是不够的。应当说明唐诗所以极盛与三百年发展过程的社会背景。由于两晋南北朝许多次农民起义以及隋末农民大起义,高门世族不断地受到打击,到了唐朝,门阀大地主逐渐没落,庶族地主兴起,唐代诗人多是出身于庶族地主阶层,他们比较与人民接近,因而能在一定程度上揭发朝政腐败,反映民生疾苦;他们又善于学习两汉以来的民歌,采用人民语言,因此在艺术风格方面也有新的发展。开元天宝时,尽管存在着阶级矛盾,但是国势强盛,经济繁荣,所以当时诗人心情开朗,反映在诗歌中造成所谓“盛唐”之音;安史乱后,国势下降,阶级矛盾尖锐,于是反映民生疾苦的作品多起来。结合这种总的情况,再论述个别诗人。

讲述文化时,如何体现进步的与反动的两条道路的斗争,在哲学方面容易做到。因为一部哲学史,就是唯物主义与唯心主义斗争的历史,这是大家都知道的。只要掌握住这一条线索,在讲汉代哲学思想时,就能说明神学迷信与反神学迷信的斗争;在讲魏晋南北朝哲学思想时,就能说明佛学唯心主义与唯物主义反佛学的斗争;在讲两宋哲学时,就能说明维护封建秩序的理学唯心主义与唯物主义反理学的斗争。但是在文化中的其他部门,例如文学,是否也可以讲明进步的文学与反动的文学两条道路的斗争呢?当然也是可以的。譬如在两汉散文的发展过程中,西汉末扬雄作文,“以艰深文浅易”,东汉散文日趋于华靡,王充论文,首先注重思想内容,而词句要浅显易晓,并且在写《论衡》时加以实践,这就是针对当时艰深华靡的文风而提出的,是散文中两条道路的斗争。又譬如,自两晋以来,诗歌作者多是出身于高门世族,他们的作品,内容浅薄,惟重藻采,日趋于形式主义、唯美主义,刘宋时,颜延之正是这一派诗人的代表。当时鲍照出身寒门,重视民歌,能吸收民歌的情调韵味融化在自己的作品中,使五言诗有了新的发展。颜延之反对这种作法,说鲍照的诗是“委巷中歌谣耳,方当误后事”。鲍照也反对颜延之内容浅薄、堆砌辞藻的诗歌,批判这些诗歌是“铺锦列绣,雕绘满眼。”这也反映了当时五言诗中进步的与反动的两条道路的斗争。所以只要细心寻绎,在文化中的任何部门,都是或隐或显地具有两条道路的斗争。

讲述文化时,对于取舍详略的标准如何掌握恰当,这是一个复杂的问题,这里只能简略地举几个例子谈一下。一般讲中国历史者论述战国学术思想时,往往只讲儒、墨、道、法诸家，简略地提到阴阳家、名家，而对于军事学家孙子，则一字不提，这是不对的。孙子的军事学是我国古代文化中的宝贵遗产，毛主席论战略战术的文章中也征引过《孙子》，应当加以论述。讲两汉文学时，大概都着重讲乐府歌辞，这是很对的。但是讲到两晋南北朝文学时，有的不提民歌，这就略所不当略了。尤其是北朝民歌，其中如《折杨柳歌》、《敕勒歌》等，都是古代少数民族在中国文学中的贡献，更应珍视。又如，讲唐宋古文时，往往只提韩愈，而不提欧阳修，这也是不够的。韩愈的古文运动之所以有进步意义，就是因为他是运用接近人民的语言作为清畅朴素的新散文，以替代六朝以来贵族化甚至于僵化的骈体文。但是韩愈好奇，他的作品仍有强造之句，生涩之词，所以晚唐人学韩愈作古文者亦不免艰涩之弊。北宋欧阳修出，创为平易畅达之体，更进一步完成了古文的使命，对于宋以后的文体影响很大，不应不提。还有，一般讲中国历史论述到清代小说《儒林外史》、《红楼梦》时，往往只谈思想而不谈艺术性，这也不对。如果论述学术思想的书，如《明夷待访录》，只阐发其中反封建的民主思想就够了，不必谈文章的好坏；但是讲文学作品如《儒林外史》、《红楼梦》则不能如此，除去阐发其进步的思想性之外，还应指出其中结构布局、塑造人物、运用语言各方面的艺术特点。

谈到体系，问题更多。一般讲述中国历史的人，讲到文化时，往往忽略文化各部门发展的体系。讲哲学或文学时，在一个历史时期中，只孤立地谈几个人或几部书，至于各个历史时期间的联系，更是不管，仿佛文化中各部门自身的发展并无源流系统，都是突然而来，戛然而止，如同桂林一带的山，奇峰崛起，各不相关。这样做法是不妥当的。譬如讲魏晋南北朝的唯物主义思想，有两种讲法：一种讲法是只讲范缜的《神灭论》;另一种讲法是从魏晋以来的傅玄、杨泉、欧阳建、鲍敬言、何承天一直讲下来,才着重的讲范缜。范缜以后,又提到唯物论者,陈代的朱世卿,北齐的樊逊、邢邵。我认为第二种讲法是比较好的,它说明了魏晋南北朝三百多年中唯物主义思想发展的线索,范缜是其中最杰出的朴素唯物论者,但是他也是承继前人,启迪后世,并不是孤立的。讲文化中其他部门时,也可以此类推,总之,必须照顾到系统。譬如一般讲中国历史者,讲文化中文学部门时,从先秦以来,各时期中,都讲到诗歌与散文,到元、明、清时期,则只讲戏曲与小说,讲元、明、清时期的文学,注重戏曲与小说,这是对的;但是对于这一个时期中诗文发展的总情况,也应当略谈几句,不然,容易给人一种误会,好象这个时期中,诗歌与散文的创作完全没有了。

最后,我想谈一谈讲中国历史文化部分时,如何体现古为今用,联系实际。我在教学实践中,对于这一方面并没有做好,正在探索中。我想,例如本文前面所提出的,在毛泽东思想的指导下,说明中国长期封建社会中创造了灿烂的古代文化,用丰富的历史事实说明中国数千年来一直是世界上文化先进的国家,驳斥了洋奴买办胡适等所说的中国一切不如人的谬论,增加我国人民建设社会主义新文化的壮志与信心,这就是古为今用。还有,如果与当前文化中具体问题有联系的,也可以阐发一下。譬如,我讲汉代乐府歌辞时,说明五言七言都是汉代民歌中的体裁,是劳动人民自己创造的,是符合汉语特点的,所以后来为文人所采用,一千多年中,成为中国诗歌主要的体裁。今日的新民歌,仍然多是五言、七言体,可见这种体裁一直是中国人民所爱好的。又如我讲李白、杜甫时,说明中国古代文学史中卓越的诗人,如建安诗人、鲍照,以至于李白、杜甫,都是善于学习民歌,吸取滋养,同时又有承继《诗经》、《楚辞》以来的文学遗产,通过自己的天才,加以创造,不断地开辟新境界。总结中国数千年中诗歌发展的规律与优良传统,就可为今日新诗的发展提供参考资料。以上所举的这些办法,我还是初步试验,不一定全都是正确的。

讲授中国历史对于文化部分如何处理,是一个复杂问题。我在这篇短文中粗陈意见,希望与高等学校从事讲授中国历史的教师同志共同商讨。

7月16日,《光明日报》《文学遗产》第372期发表先生文章《读谈迁的诗》,《缪钺全集》失收,抄录如下:

我国古代许多著名的作家和作品,需要我们用新观点重新评价,取其精华,去其糟粕,以为社会主义文化建设事业服务;同时,还有前人所向未注意的东西,在今天看来有价值的,也有待于我们广泛地深入发掘,以发潜德之幽光。

譬如明末清初的谈迁,是一位爱国主义史学家,他以一人之力,数十年的工夫,撰写了一部记载翔实而有相当进步思想的明史《国榷》,共一百零八卷。这是很可钦佩的。他并不以诗名,黄宗羲所作《谈孺木墓表》(《南雷文定》卷七),没有说谈迁善于作诗;后人论明末清初的诗,也从没有提到谈迁的。但他的《北游录》,其中《纪咏》上下两卷,都是他所作的诗歌。《纪咏》自序说:"余非能诗者,于旅中荒饱之馀,或搦管窥韵书,塞白久之,共如干首。"可见谈迁自己也承认他并非诗人。我读过之后,觉得谈迁的诗歌虽然并不全好,但是其中颇有少数作品,内容充实,能反映当时的阶级矛盾与民族矛盾,而就艺术性来衡量,也无愧于前人,在明末清初的诗歌中,是不可多得的。如果有人以新观点选录清诗,这些作品可以考虑入选。

下面试举谈迁几首诗来谈一谈。

《河上行》:

淮安城西俱苫屋,偶一问之泪如沐。男耕女织粗自全,曾为陶瓦几孥僇。彭彭挝鼓经官舫,飞輓征夫互奔逐。近年织造又苏杭,黄袱盘龙奏进速。大兵南北出淮安,舟车驱逼家家哭。邮符一纸惊入门,牵衣泣送各销魂。累人陶瓦全家破,聊尔诛茅喘息存。

《驿卒行》

鸠形鹄面充驿卒,乞儿挽舡救死骨。颓隄步步判洼隆,仰若登天俛若窟。雨雪修途足未停,摐("摐"字,原本作"樅",从木,误,今校改)金伐鼓骤雷霆。津吏奔程常恐后,动殴木挺逞威灵。河边高盖拥前马,传呼声震武安瓦。天上相闻有使星,官舫络绎来城下。

这两首诗是谈迁于顺治十年(1653)由浙江乘船沿运河赴北京,道经淮安,据所见而作。谈迁是很注意民生疾苦的,《北游录·纪程》中说:

淮北萧条,滨河为甚。其垦田,佃得其七,业主三之。主出牛,则五之。更饭牛,则七之。河工邮使,徭役络绎,迫则流亡,不顾庐墓。

这两首诗正是具体描写淮北人民在清代统治者的封建压迫下负担繁重徭役的痛苦情况。

又如《清源老人行》:

清源老人为庙祝,往日城居守华屋。先子明经对大廷,羹鱼饭稻欺饘粥。崇祯壬午逼仲冬,阖城流血膺屠僇。妻孥顷刻判存亡,或作流俘或鬼箓。魂飞骨肉不求生,今向荒祠寄茕独。郑老旁听泪潜滋,自言藩省承案牍。乙卯元正陷济南,满门剿尽无遗育。馀生扶幼到清源,清远仍破转伤目。五男五女仅一存,曾访燕京惟痛哭。吁嗟二老偶路歧，坐对愁云叹沉陆。

这首诗是谈迁道经山东临清时所作。他借所遇到的两位老人（清源老人和郑老）凄惨的身世，写出明末清兵两度入关，在山东境内攻陷城邑，杀戮人民，反映了民族矛盾，寄托了爱国主义思想。诗中"乙卯元正陷济南"句中的"乙卯"应是"己卯"之误。崇祯十二年己卯正月，清兵陷济南，诗中郑老所言，即指此事（按谈迁《北游录》清代未尝刊印，只有钞本流传。1960年，中华书局根据邓之诚所藏钞本与北京图书馆所藏钞本互校付印，但是讹夺的文字仍然不少，如此处所举之"乙卯"即是一例。如果用点工夫，还可以校正出一些来）。所谓"崇祯壬午逼仲冬，阛城流血膺屠僇"者，壬午是崇祯十五年，是年十一月，清兵分道入塞。闰十一月，入山东，攻破临清诸州县。谈迁所著的《国榷》中对于清兵这两次侵入山东，攻陷城邑，杀戮人民的事，都有记载。就谈迁自己的著作而论，也是诗与史互相表里的。

7月22日，就编写《三国志选》事致函郑天挺：

天挺先生史席：

津沽晤别①，时劳怀想。顷奉惠札，敬悉种切。历史名著选读教材编写事，由先生主持，深庆得人，极为佩慰。

《三国志选》字数十万之限度，既包括裴注在内，则不宜多选。日前曾致田珏同志一函，尚拟增选数篇，此意见当即取消。原选诸篇总字数，据约略估计，可能稍超过十万，将来再细算一下，如超过太多时，拟删去《钟会传》。

《三国志选前言》初稿已大致草毕，其中分四部分：一、《三国志》作者陈寿之生平；二、《三国志》撰著情况，书中观

①《及时学人谈丛》第528页第9行作"津沽晤前"。"前"，误。

点方法之说明与评价(此部分分量最多);三、裴注评价;四、本书选录标准,所据版本及编选体例。全文约六千馀字,前三部分均已脱稿,惟第四部分需待选目确定,编选完毕后,始能写成。

至于此书命名,鄙意认为,如作为课程之名,可用“中国历史名著选读”,如仅作为书名,则只称某某书选即可,如《春秋左传选》、《三国志选》,似不必再加读字,不知尊意如何?

请催中华书局早日将标点本《三国志》寄下,即可整理所选诸篇(即用此本,裁下所选诸篇,改正其中断句偶误之处,及排印之误字),并将《前言》补撰毕,誊写清稿,一齐寄奉教正。肃覆①,敬颂

著祉。

弟缪钺谨启　七月廿二日②

9 月,招收 1961 级魏晋南北朝史方向研究生 2 名:童超、张祥光。

10 月,先生作《仲华兄出示放筏图嘱为题句并云此图乃昔年与赵望云先生同游灌县赵写以见贻者灌县为余旧游之地江边放筏亦曾目击今睹此图宛如旧识爰题五律一首即乞仲华兄两正》诗,《缪钺全集》失收,抄录如下:

玉垒峰峦峻,岷江日夜流。榜人齐放筏,天地正清秋。击楫心常壮,回滩力自遒。但凭弘毅志,新建古神州。

是岁,当选成都市人大代表。

---

①《及时学人谈丛》第 529 页第 1 行“肃”作“隶”,误。

②原信照片,由郑克晟提供。又见郑天挺《及时学人谈丛》,北京:中华书局,2002 年 9 月版,第 528-529 页。

缪钺先生在弈棋

《杜甫》由四川人民出版社出版。

发表文章

颜之推的文学评论与作品(《光明日报》1961 年 1 月 22 日《文学遗产》第 348 期)

蜀汉的土地制度(《成都晚报》1961 年 3 月 22 日)

西汉时蜀人已知饮茶(《成都晚报》1961 年 3 月 29 日。河北教育出版社版《缪钺全集》失收)

欧阳修作文勤于删改(《四川文学》1961 年第 4 期)

关于武则天的评价问题(《光明日报》1961 年 5 月 15 日)

讲授中国历史对于文化部分如何处理(《光明日报》1961 年 5 月 30 日。河北教育出版社版《缪钺全集》失收)

读谈迁的诗(《光明日报》1961 年 7 月 16 日《文学遗产》第 372 期。河北教育出版社版《缪钺全集》失收)

蜀中杰出的诗人陈子昂(《四川文学》1961 年第 7 期)

古代成都的二江与七桥(《成都晚报》1961 年 8 月 19 日)

颜之推的文字训诂声韵校勘之学(《文汇报》1961 年 8 月 20 日)

读韩愈《柳子厚墓志铭》(《四川文学》1961 年第 9 期)

杜诗中含蓄之法(《光明日报》1961 年 10 月 12 日《东风》)

欧阳修的散文(《文汇报》1961 年 11 月 28 日)

编年诗

《仲华兄出示放筏图嘱为题句并云此图乃昔年与赵望云先生同游灌县赵写以见贻者灌县为余旧游之地江边放筏亦曾目击今睹此图宛如旧识爰题五律一首即乞仲华兄两正》

出版专书

杜甫(成都:四川人民出版社,1961 年)

○ 1962 年壬寅　先生五十八岁

本年先生在四川大学历史系任教。

1 月 27 日，致函郑天挺：

天挺先生史席：

惠函奉悉。《三国志》选目事，弟又参酌尊见，决定选十八篇（选目另纸写录附呈），约七万九千字，弟所作注释约一万字，总计全书共约九万字，较六万字的限度虽稍超出，而较弟原定计划（包括《蜀先主传》与《吴主传》，《钟会传》不删节），则已减去四万字矣。兄如同意，即可定稿。弟将从事于注释初稿之增补修订及誊清工作，然后剪贴。至于标点符号，仍照上次《前言》中所说，不用加于旁边之地名、人名、书名等符号（如______、﹏﹏﹏），以省排印时之麻烦及因位置稍移动而极易发生之错误（闻去年会议时，中华书局亦曾提出此种要求）。

关于弟下学期工作之安排，系中已作考虑，以保证编写《三国志》选注之时间。弟下期任课两门：一、专题讲授，弟共讲三个专题，均排在五、六月中，其时《三国志》选注早已脱稿。二、选讲《昭明文选》，此课是专为弟所指导之魏晋南北朝史研究生及讲师、助教等而开设者，每两周讲一次，费时不多，仍照计划进行。尚有弟所负责之中国古代史教研组各种事务，则由副系主任多加照管。

中华书局近又寄来标点本《三国志》一部及直行稿纸一百张，可供剪贴及重写《前言》之用。弟水肿病未加重，春暖后即可渐愈，请纾廑念。肃覆，敬颂

著祉，并贺

春釐。

弟缪钺敬白 一月廿七日

田珏同志均此致候并贺春节。①

2月起,为历史系1961级同学讲授中国通史魏晋南北朝史部分一学期②。

3月2日,致函郑天挺:

天挺先生史席:

二月十三日曾上一函。近见《文汇报》载,吾兄于二月中旬到厦门参加郑成功研究讨论会,计前函到时,兄已离京,最近谅已会毕北归矣。

前函提出两事:一、为学生阅读方便计,各种标点符号均使用(包括旁加的人名、地名、书名等符号)。此事谅无问题。二、选目照以前所拟定者又稍有变动,即是《钟会传》不删节,《吴主传》保留,《蜀先主传》决删去。兄意如何,切望裁酌示覆(《钟会传》不删节,只增多四千馀字,关系不大,《吴主传》如保留,将增多一万五千馀字,是否可以)。

弟最近已将所选《魏志》诸传剪贴完毕,惟《钟会传》尚未剪贴,《蜀志》以后诸传注之修改,亦暂时停顿,须待选目决定后始能进行。因《钟会传》中许多地名重见于《姜维传》,如保留《钟会传》,则《姜维传》中重见之诸地名可以不注,否则即须补入也。《蜀先主传》决删去,则此传中之诸地名见于诸葛亮、陆逊诸传中者亦须补入也。

顷接到《文科教材编选工作近讯》第九期,拜读大作《关于史料注释的初步意见》一文,考虑周详,斟酌精切,至深敬佩。弟所作《三国志选》之注释,窃幸多与尊旨相符者(譬如

①原信复印件,由郑克晟提供。又见《及时学人谈丛》,第536-537页。
②据雷远秀回忆。

附带给学生一些基本常识、酌采近人研究成果等，弟均注意到。除去注单字与语词外，对于个别句子意思颇费解者，弟亦偶用串讲之法）。史料读物之注释，确有其特点，弟在作注过程中，对于何者应注，何者不应注，以及如何注法始符合历史系学生之需要，其间分寸，极费斟酌，常是反复修改，甚至于已剪贴后，复查时又有个别更动，然终自愧未能惬心贵当也。

肃此，敬颂

著祉。

弟缪钺谨上　三月二日①

4月12日，四川省、成都市文化界在杜甫草堂集会纪念杜甫诞生1250周年，先生赴会并作报告②。同日，《四川日报》发表先生《杜甫的生平及其诗歌创作（在四川省和成都市文艺界纪念杜甫诞生1250周年大会上发言的提纲）》，《缪钺全集》失收，抄录如下：

今年是我国唐代伟大的诗人杜甫诞生1250周年纪念之期，世界和平理事会通过，列为今年纪念的世界文化名人之一。今天我们省市文化界开会纪念杜甫，我谈一谈杜甫的生平和他的诗歌创作。

杜甫生于公元712年（唐玄宗先天元年），卒于公元770年（唐代宗大历五年）。他所生的时代正是唐朝由盛而衰的一个大转变时期，当时阶级矛盾、民族矛盾、统治阶级内部矛盾，复杂尖锐。他看到过“开元全盛”，也经历过天宝乱离，由于他有忧国忧民的热情壮志，写出许多光辉不朽的诗

①原信复印件，由郑克晟提供。又见《及时学人谈丛》，第537-538页。

②《省、市文化界昨日在草堂集会纪念杜甫诞生1250周年》，《四川日报》1962年4月13日第一版。

篇，反映现实有时比史书还要深刻而真实，所以后人称杜甫的作品为“诗史”；又因为他的诗在思想性和艺术性两方面都达到中国古典诗歌的最高峰，所以后人又推尊杜甫为“诗圣”。

杜甫，字子美，远祖是京兆杜陵人，后来迁居襄阳。杜甫的曾祖杜依艺作巩县令，他家从此就住在巩县，杜甫即生于此地。京兆杜氏本是魏晋以来数百年的高门世族，不过，杜甫家庭这一支已是逐渐衰落了，他祖父杜审言是初唐有名的诗人，官至膳部员外郎。他父亲杜闲，仅作过兖州司马、奉天县令等官职。

杜甫十四五岁时，已经显露才华；二十岁以后，作长期的漫游，南到吴、越，东到齐、赵。他关怀民生疾苦，他的诗中曾说：“穷年忧黎元，叹息肠内热。”又说：“许身一何愚，窃比稷与契。”有治国安民的壮怀伟抱，希望依靠好的君主，取得政治地位，然后得以施展抱负，所谓“致君尧舜上，再使风俗淳”。他曾经考过进士，又曾应唐玄宗征求文学艺术人才的特殊考试，都未被录取。

玄宗天宝年间，杜甫住在长安，生活相当困窘，天宝末年，被任命为河西尉，不就，改官为右卫率府胄曹参军。他对于唐玄宗晚年政治的腐败，很不满意，曾作《丽人行》，讽刺杨贵妃的姊妹虢国夫人等；又作《兵车行》，对于唐政府的穷兵黩武、强迫征兵，提出了控诉。公元755年（天宝十四载）11月，杜甫到奉先县去探视妻子，经过骊山，看到唐玄宗携带杨贵妃与贵戚大臣等正在华清宫荒淫作乐，他联想到当时民生的困苦，十分愤慨，写出了“朱门酒肉臭，路有冻死骨”的名句。

就在这个时候，安禄山在范阳（今北京）起兵反唐，半年之内即攻下洛阳，进兵潼关。唐玄宗仓皇逃往蜀中，太子李亨即位于灵武，是为肃宗。安禄山的胡兵侵入长安。

杜甫在今日的陕北一带逃难，想投奔到肃宗那里去，路上被胡兵捉住，送到长安。公元757年(肃宗至德二载)2月，肃宗南迁于凤翔。杜甫从长安逃到凤翔，肃宗任命他为左拾遗。不久，因为上书营救房琯，触怒肃宗，被放回家，到鄜州去探视妻子，作了有名的《北征》、《羌村》等诗。

唐兵收复长安与洛阳。肃宗回京，杜甫仍然到长安作左拾遗。不久，房琯被贬，杜甫被认为是房琯之党，出为华州司功参军。

公元759年(肃宗乾元二年)，唐兵在相州与安庆绪交战，大败。唐政府急于补充军队，在河南一带任意捉人，极其残酷暴横。杜甫正由洛阳回华州，在路上看到这些情况，义愤填膺，写出了《新安吏》、《潼关吏》、《石壕吏》、《新婚别》、《垂老别》、《无家别》六首诗，陈诉人民的疾苦，揭露统治阶级的罪恶。

这一年，杜甫弃官西游，寄居于秦州与同谷(均在今甘肃境内)，生活艰苦，有时靠拾橡栗与挖掘黄独(一种野生的薯蓣科植物)以充饥。杜甫早年对封建统治者存有幻想，后来看到玄宗的荒淫、肃宗的昏庸，于是幻想破灭，他在秦州时作诗说："唐尧真自圣，野老复何知？"对统治者绝望了，于是不再求作官，甘愿过穷苦流浪的生活，更与人民接近。

杜甫在同谷实在住不下去了，在这一年(759年)12月，来到成都。由秦州到同谷，由同谷到成都，途中作了二十四首纪行诗，描写陇蜀间险峻的山川，都很精采。到成都后，由于朋友的资助，在西郊"万里桥西"、"百花潭北"修建了一个草堂，生活得到暂时的安定。他在诗中用比兴的方法说："暂止飞鸟将数子，频来语燕定新巢。"表示了喜悦的心情。杜甫的好友严武为剑南两川节度使，来到成都，对杜甫也有不少的照顾。后来严武被调入京,成都发生变乱,杜甫避难,流转于梓州、阆州之间。严武再镇成都,杜甫又回到草堂。严武任命他为节度使府参谋,加检校工部员外的京官虚衔。公元 765 年(代宗永泰元年)4 月,严武死去,杜甫失去依靠,于 5 月中离开成都,顺江东下。

这几年中,杜甫作了不少的诗篇,歌咏成都的花木虫鸟、天时物候、名胜古迹,以及梓州、阆州的山川景物,但是他更关怀的还是国计民生。他忧念边防空虚,吐蕃统治者曾一度侵入长安,也经常骚扰西蜀边境,而河北一带安史馀乱尚未完全平定。他痛恨贪官污吏,忧念人民所受的沉重的压迫剥削,希望"众僚宜洁白,万役但平均"(《送陵州路使君赴任》)。有一次,他所住的茅屋被秋风吹坏,终夜漏雨,不能安眠,由自己的灾难,联想到流离失所的广大人民,他作诗说:"安得广厦千万间,大庇天下寒士俱欢颜,风雨不动安如山！呜呼,何时眼前突兀见此屋,吾庐独破受冻死亦足!"表现了崇高的人道主义精神。

公元 765 年 5 月,杜甫自成都乘船东下,经过渝州、忠州、云安县,766 年(代宗大历元年)春,移居夔州,在此居住约有两年。由于地方官的照顾,得到四十亩果园,又租了一些稻田,勉强维持生活。夔州的气候很不好,杜甫又年老多病,但是他对于诗歌的创作仍然很努力,两年之中,写了四百多首诗,而且诗律更精细了。其中有的是描写夔州雄奇险峻的山川与殊特的人情风俗;有的是凭吊古迹,或是追思往事;有的是写峡中人民的辛勤劳动。杜甫虽然飘泊西南,年老多病,但是对于人民所受的残酷剥削,仍然十分关心,他在《驱竖子摘苍耳》诗中说:"乱世诛求争,黎民糠籺窄。饱食复何心,荒哉膏粱客。富家厨肉臭,战地骸骨白。"他那拨乱反治的壮怀也仍然存在,他作诗说:"不眠忧战伐,无力

正乾坤!”(《宿江边阁》)又说:“勋业频看镜,行藏独倚楼。时危思报主,衰谢不能休。”(《江上》)

公元768年(大历三年)正月,杜甫离开夔州,乘船出峡。

总计杜甫在蜀中住了八年多,所作的诗占他全集中诗的半数以上,其中描写蜀中的山川风土、天时物象,极为真切生动。杜甫对于草堂很留恋,离开成都后,还曾作诗怀念。自北宋以来,草堂遗迹成为中国文学的圣地,也为成都增光不少。尤其是解放以后,在中国共产党的领导之下,对于草堂杜工部祠大力修葺,整理园亭,培植花木,祠堂屋宇,焕然一新,并且广泛搜集与杜甫有关的文物、书籍,陈列展览,更表示了人民对于杜甫的尊敬与爱护。

杜甫出峡之后,经过江陵、岳阳,来到湖南境内,南北流转,投靠亲友。这时他的境遇更坏了,连一个暂时安居之所都找不到。他离开江陵时作诗说:“更欲投何处?飘然去此都。”又说:“百年同弃物,万国尽穷途。”真是凄惨极了。但是杜甫并不因为悲伤自己的境遇而忽略了对于民生疾苦的关怀。他看到洞庭湖边劳动人民因为缴纳租税而卖去自己的儿女,写了一首《岁晏行》,替他们诉苦。他看到在山上采野菜的贫穷妇女,而联想到贵人、黠吏对劳动人民的剥削,很愤慨,作《遣遇》诗说:“石间菜蕨女,鬻市输官曹。丈夫死百役,暮返空村号。闻见事略同,刻剥及锥刀。贵人岂不仁,视汝如莠蒿。索钱多门户,丧乱纷嗷嗷。奈何黠吏徒,渔夺成逋逃。”他看到当时军阀内閧,各地驻兵,给人民带来了很大的危害,提出了一个善良的希望:“焉得铸甲作农器,一寸荒田牛得耕。”(《蚕谷行》)

公元770年,杜甫死于湘江舟中,年五十九岁(中唐以后,有一种说法,杜甫卒于耒阳,那是误传)。杜甫早就在诗中说过："常恐死道路，永为高人嗤。"不幸，他竟是死于道路。但是这也并不足怪，在中国古代封建社会中，凡是正直、善良、同情人民的士大夫，往往得到不幸的遭遇，杜甫当然也不能例外。杜甫虽然死了，他的诗篇永久活在人间。中唐时韩愈说："李杜文章在，光焰万丈长。"(《调张籍》)元稹也说："诗人以来，未有如子美者。"(《唐故检校工部员外郎杜君墓系铭》)这些评价并不过分。杜甫所作的许多忧国忧民沉郁顿挫的诗篇，的确是光芒万丈。他不愧为中国文学史中最伟大的诗人，在世界文学中也占有崇高的地位。

杜甫诗歌成就之所以伟大，可以概括为五个方面来说明。

第一，杜甫有强烈的爱祖国爱人民的思想感情。他虽然出身于官僚地主阶级的家庭，但是从小读书时，就接受了儒家思想中进步的东西，关心国计民生，具有正义感。他生活在一个战乱动荡的时代，只作过短期的官，大半生都在流浪穷困之中，因此更接近人民，更了解人民，他的思想感情中就更多的有与人民相通之处，他时时想到国家的危难(无论是内乱或是边患)与民生的疾苦。痛恨统治阶级的荒淫腐化及其对于人民过甚的压迫剥削，他希望能够平定战乱，巩固边防，惩治贪污，减轻剥削，发展生产，使人民过比较安定的生活。他自己虽然也常在穷困之中，或是远道归来，幼子饿死；或是房屋破坏，风雨交侵；或是老病侵寻，流离道路；他总是不仅悲伤自己，而又进一步推想到广大劳动人民的疾苦，具有高度的人道主义精神。因为杜甫有这种种进步的思想与健康的感情，所以他能写出许多伤时念乱、忧国忧民的光辉诗篇。

第二，杜甫文学的修养很深厚。他自己说"读书破万卷，下笔如有神"。唐初百年之中，论诗者有两派：一派完全承继齐梁以来的风气,专尚华靡精巧;另一派则高倡复古,鄙薄齐梁。元稹所谓"好古者遗近,务华者去实"(《唐故检校工部员外郎杜君墓系铭》)就是指此两派而言。杜甫本着"不薄今人爱古人"及"转益多师是汝师"(《戏为六绝句》)的谦虚平实的态度,尽量汲取历代诗人不同的长处。他不但上追风、骚,远摹汉、魏,即便对于齐梁以来的诗人如何逊、阴铿、庾信,以至于初唐四杰王(勃)、杨(炯)、卢(照邻)、骆(宾王)等等,都能分别的舍短取长,加以融会,独创风格,如同蜂采百花,酿为甘蜜。元稹说杜甫"尽得古人之体势,而兼今人之所独专"(《唐故检校工部员外郎杜君墓系铭》)。这句话是很中肯的。

第三,杜甫又善于学习民歌。建安诗人曹氏父子学习民歌,用汉乐府旧题歌咏时事,遒壮抑扬,很有精采。杜甫则结合时事,自创新题,如《丽人行》、《兵车行》、"三吏"、"三别"等,都是学习了古代乐府民歌的语言、情调,以及现实主义的创作方法,而又有所精炼提高。这种作法,对于中唐诗人白居易、元稹、张籍等启发很大。杜甫其他诗篇中,也时常运用乐府民歌的语言、句法及情调,显得清新活泼。

第四,杜甫在诗体的运用方面,也有创辟之功。自从东汉文人采用当时民歌中五言的体裁作五言诗,到初唐已有四百年之久,这是一种旧体裁。但是六朝人作五言诗没有篇幅很长的,杜甫作五言诗,则能驰骋笔力,拓展为五百字甚至于一千字左右,如《自京赴奉先县咏怀五百字》、《北征》等,叙事发议,写景抒情,融合为一,扩大了五言诗体运用的范围。七言体虽然在汉代民歌中已经出现,但是魏晋南北朝诗人试用七言体者很少,唐代诗人才大作七言诗。杜甫运用七言体作古诗,也是多方试验,极其变化。沈德潜说:杜甫七言歌行"如建章之宫,千门万户"(《说诗晬语》卷上)。律诗是初唐时创建的新诗体,它是由于齐梁以来注重声律、对偶的风气之下发展而成的。这种诗体虽然有些格律上的限制,但是适合于表达浑融精炼的情思,而且平仄调和,音节谐美,当时反对齐梁主张复古的诗人如李白等,轻视律体,不肯多作,偶作律诗,亦不尽守格律。杜甫论诗既不完全鄙视齐梁,所以承认律诗体的价值,于是精心结撰,多方尝试,高才、健笔、深情、博学,都融合归纳于这八句短诗之中;严守格律,而又能神明变化,运用自如,有时反可以因难见巧。关于律诗的布局、用笔、造句、炼字、音节、对偶,开后人无数法门。此后千年之中,作律诗者大都奉杜甫为模范。在绝句方面,杜甫也能自创一格,朴素老辣,别具风味。

第五,杜甫作诗的态度极其严肃郑重。他作诗很用心,曾说:“为人性僻耽佳句,语不惊人死不休。”(《江上值水如海势聊短述》)又说“新诗改罢自长吟”(《解闷》)。又说:“晚节渐于诗律细”(《遣闷戏呈路十九曹长》)。可见杜甫作诗时一点也不敢苟且草率,作一首新诗,总要反复吟诵,加以修改,到了晚年,对于作诗的艺术技巧研究得更精细了。唐朝有许多杰出的诗人,或者是专工一体,或者是独具一长,杜甫不但是兼工各种诗体,而在诗的风格方面也是丰富多采,仪态万方。总的说来,杜诗风格的特点是沉郁顿挫,这是和他忧国忧民的深情壮志相一致的。但是又有许多变化,有时雄浑悲壮,有时盘曲瘦劲,有时典丽高华,有时清空朴素,有时深微淡远,有时俊逸清新。作短诗而分量很重;作长诗时,气足以举其辞,能运苍质于轻灵。杜甫在诗歌艺术风格上这种崇高的造诣,仿佛散文中的司马迁,书法中的王羲之。

两年前,全国展开关于今后新诗发展道路问题的讨论,绝大多数同志都同意：今后新诗应当在民歌与古典诗词歌曲的基础上发展。实际上，中国三千年诗歌发展的规律正是如此。杜甫的诗歌创作，也是遵循着这个道路进行的。他善于学习民歌，善于接受文学遗产，能够运用旧体裁而又有所创新，能够多方尝试，建树新诗体，使它臻于成熟，能够结合诗中深厚的思想感情，创造出丰富多采的艺术风格。所有这些，对于我们今日新诗的创作，仍然有很大的启发、教育意义。

同日，致函中华书局文学组：

中华书局文学组：

三月十二日惠书奉悉。去年十二月中，贵局赵同志与人民文学出版社王同志来我家中，商谈撰写计划，我曾提出拟编写《元好问诗词选》及整理旧作《元遗山年谱汇纂》等，并已列入我所拟的五年——八年的撰写专书计划中。惟现在还不能动手。因为教育部委托编写的教材《三国志选注》正在进行（此书将来亦由贵局出版）。而人民文学出版社约定的修改《杜牧诗选》与《杜牧传》稿，亦须先做（《杜牧传》本应早已完成，因社中提意见后，迟迟至今，未及修改）。

关于《柳宗元传》，我去年春夏间本已拟定计划，于一年之中完成。后来接受了教育部委托编写教材的任务，遂将此计划延迟。俟上述诸书写毕，始能开始撰著。

辱承锦注，故此奉闻，并致

敬礼！

缪钺启　四月十二日①

5月28日，《人民川大》第361期第二版发表了新华社记者

①原信照片，下载自“孔夫子旧书网”。

周祖佑所写通讯《老教授讲基础课》，其中以《不仅是传授基本知识》为题，谈到先生讲课的情况。

7月，先生指导的1959级魏晋南北朝史方向研究生马德真进行毕业答辩，论文题目为《论北魏孝文帝》。

9月12日，致函中华书局编辑部，言及其近年的撰著计划：

中华书局编辑部：

九月六日及十一日两函均已奉悉，赐寄新版《三国志》亦收到，谢谢。拙编《三国志选》正在排印中，十一月可以出版，闻之甚慰。拙撰《前言》中提到初版标点本《三国志》中断句不妥之处，新版既已改正，则《前言》中此部分可以删去，我完全同意。《三国志选》封面题签是否已计划妥当，如尚未定妥，我自写一题签，附函寄上，不知可采用否①？

六日函中谈及约我担任《三国志》中几篇传记之译注工作，本应遵命，惟以我的科研计划安排甚紧，无从加入，颇以为歉。所嘱以助手执笔一事，可以考虑。惟青年教师中对古汉语有修养者甚少，拟待已出版之《〈魏征传〉译注》寄来后，看标准如何，再斟酌奉覆。

近数年中，各出版社与我商洽编写之各种专书，多迟未交稿，甚至于尚未订具体计划。自去年起，始加以安排。拟于五年至八年中编写专书十种左右（包括旧稿之整改）。最近正在修改《杜牧诗选》，准备再版，同时又编辑一部关于魏晋南北朝史的论著集，名曰《读史存稿》，由三联书店出版。此两书稿完成后，拟于近两三年中写三部传记：一、《杜牧传》（人民文学出版社约），二、《柳宗元传》（贵书局约），三、《魏孝文帝传》（中国青年出版社约）。辱承锦注，故此奉

①其后出版的《中国史学名著选》系列的6种教材均由先生题签。

闻。并致

敬礼!

缪钺启　九月十八日①

9月22日,《成都晚报》发表先生文章《论小乔》,《缪钺全集》失收,抄录如下:

最近看了川剧《和亲记》的演出,这是根据传统剧《龙凤呈祥》改编的,改编得很好,其中加了些新的人物和情节,如小乔等。

有人问:在历史记载中,小乔有哪些事情?

在现存史料中,关于小乔的记载很少。《三国志》卷五十五《吴志·周瑜传》:

> 顷之,策欲取荆州,以瑜为中护军,领江夏太守,从攻皖,拔之。时得桥公两女,皆国色也,策自纳大桥,瑜纳小桥。

裴注引《江表传》:

> 策从容戏瑜曰:"桥公二女虽流离,得吾二人作壻,亦足为欢。"

《太平寰宇记》卷一百二十五:

> 舒州怀宁县有桥公亭,在县北,隔皖水一里。汉末桥公有二女,孙策与周瑜各纳其一。今亭基为双溪寺。

现存史料中对于小乔的记载似乎仅此数条。

根据以上所引诸条史料,我们知道,"小乔"姊妹是皖人桥公的两个女儿,孙策、周瑜攻取皖城之后得到她们。汉末的皖县在今安徽安庆,即北宋的怀宁县。献帝建安初年,庐

①据原信照片。下载自"孔夫子旧书网"。

江太守刘勋自舒县(今安徽庐江县)移治于此。刘勋是袁术的部将,袁术在寿春死后,他的堂弟袁胤率领袁术妻子及部曲等来到皖县依靠刘勋。建安四年(公元一九九年),孙策、周瑜率二万人攻取皖城,虏获了袁术的百工、部曲三万多人以及袁术、刘勋的妻子(《三国志·孙策传》裴注引《江表传》)。桥公大概是皖城的一位地主阶级的人士,城破之后,他家中人的生命以及财产全部受到威胁,也可能一度成为俘虏。因为他的两个女儿都是"国色",孙策与周瑜各取其一,桥家才免于难。孙策对周瑜说:"桥公二女虽流离,得吾二人作壻,亦足为欢。"可以想见当时情况。

至于桥公生平,已不可考。不料到了清朝,忽然产生了一个张冠李戴的附会。沈钦韩说:"桥公者,太尉桥玄也。汉制为三公者方称公。"(梁章钜《三国志旁证》卷二十八引)桥玄是汉末一位名人,他做官到司空、司徒,《后汉书》中有他的传。他能赏识曹操于微时,是曹操平生的一个知己。但是桥公并不是桥玄,沈钦韩也是一位著名的学者,而这一条解释可能是一时疏忽所致。卢弼驳沈钦韩说:"孙权呼张昭为张公,时人呼程普为程公,世人呼庞德公为庞公……是皆不必三公始称公也。又按本传(指《周瑜传》)桥公二女为攻皖时所得,据《寰宇记》,桥公为舒州怀宁人,即汉之庐江郡皖县人;范书《桥玄传》,玄为梁国睢阳人,两不相涉。"(《三国志集解·周瑜传》)将桥公附会于桥玄,是很明显的错误。

在史料记载中,小乔虽然并没有什么事情,但是唐宋杰出的诗人杜牧、苏轼的名作中都提到她。杜牧《赤壁》诗说:"东风不与周郎便,铜雀春深锁二乔。"苏轼《念奴娇》词(《赤壁怀古》):"遥想公瑾当年,小乔初嫁了,雄姿英发。"因为这些佳作传诵人口,所以小乔也就出名了。

这次《和亲记》剧本的编写,将小乔塑造成一个天真善良的少女形象,倒是很合适的。

9月起,招收1962级魏晋南北朝史方向研究生1名:杨耀坤。为1959级同学讲授魏晋南北朝史专题①。为1960级同学讲授史学名著选读一学期②。

10月16日,致函郑天挺:

天挺先生史席:

十月八日赐书奉悉。拙注辱荷奖饰,愧不敢当。《诸葛亮传》注中,弟忽略营造尺与今市尺不同,蒙兄代为补正,至深感谢。至于注中少数遗留之汉语拼音字母,亦均删去,以划一体例,弟极同意。承询弟对于其他史书有无选注腹稿,极感关注。弟平日读史,偶作札记,颇有涉及名物制度之考释者,惟未尚准备专为某一史书作注。年来承出版社之约,曾计划作诗词选注,数年前编写杜牧诗选注出版③,近又补充修改一遍,以备再版;此后尚拟编写《元遗山诗词选注》,因弟曩日曾撰《元遗山年谱汇纂》,其中资料之收集与问题之考订,可供采用也。承蒙锦注,故此奉闻。肃覆,敬颂

著祉。

弟缪钺谨上　十月十六日④

12月19日,《成都晚报》发表先生文章《谈基本功》,《缪钺全集》失收,抄录如下:

在学习的时候,基本功的训练是很重要的,我现在就大

---

①据李映发回忆。

②据李安华回忆。

③即由人民文学出版社1957年出版之《杜牧诗选》。

④原信复印件,由郑克晟提供。又见《及时学人谈丛》,第542-543页。

学历史系的情况谈一谈如何注重基本功的问题。

作为一个大学历史系的学生，应当会哪些基本功呢？在语言方面来说，他应当熟练的掌握现代汉语，不读错别字，不写错别字，写字清楚，笔画正确，写出文章来，简净明爽，无有语法的错误；他还需要掌握古代汉语，能阅读文言的古书；他还需要至少学会一种外国语，能够顺利的阅读外文专业书籍。他还需要有史籍目录学的知识，有使用工具书的能力，如查字典、辞典、年表、索引等。对于历史基本知识，他也需要熟习，譬如重要的年代、地理、历史事件、历史人物以及典章制度等。

作为一个大学历史系的学生，为什么要会这些基本功呢？道理很明白。首先，语文的训练对大学学生来说是非常重要的。如果语文能力强，他读书快而且多，理解力与思考力也强，有心得也能很好的写出来；不但在学习上方便，并且可进一步独立工作，独立钻研，将来毕业后担任工作时也可以游刃有馀。如果语文的能力差，古书看不懂，外文书不能读，写出东西来，满纸错别字，语句不通，条理不清。这样的学生，在学习的时候，一定会感到很大的困难，他在教室听课时，笔记记不下来，看参考书很费力，甚至于看不懂，作论文也很吃力，写出来，芜杂拖累，不合体例，他虽然费很大气力，也不容易学好。再说，语言与思想的关系是非常密切的，思想都要通过语言来表达，或是读书，或是写书，即便是默想时，也是无声的语言。一个人如果语汇贫乏，语法混乱，他的思想一定是贫乏而无条理。所以提高了语文能力，同时也就增进了思考能力。语文的学习，要求精确、细致，一个字的写法、读法、讲法，一个句子的语法和意义，都有一定的标准，一定的是非，不容许粗疏马虎，差错混乱，更不容许“想当然耳”，随便胡猜。因此，受过严格语文训练的人，他的思想方法,一定也是谨严、细致、精确,将来做学问,做工作,都有好处。

我国有句俗话:“师傅领进门,修行在各人。”任何学问或技能,都是教不完学不完的。教师主要的作用,在能传授基本知识,指导学习的方法门径,而学生应当有独立工作的能力,自己进修。所以工具书使用的方法,目录学的知识,都是很重要的。有目录学的知识,就知道哪些书应当精读,哪些书可以涉猎,哪些书只备检查。读某一书时,应当用某种最好的校注本,可以事半功倍;研究某种问题时,应当去读哪些书;找某种资料时,应当去查哪些书。能使用工具书,则在读书时,遇到难字、典故、不熟悉的人名、地名、书名、年号以及典章制度等,都可以自己查出,不必去问教师。这些是问不胜问的。如果只会问,在学校时,可以依赖教师,毕业后又去问谁呢?至于做研究工作时,工具书的帮助更大。

谈到历史基本知识,更是一个大学历史系的学生应当掌握的。学习任何一门专业的人,都要对于本专业的基本知识能够精熟的掌握,要记得牢,懂得透,可以随问随答,无有错误。学历史专业的也是如此。

如何学好基本功?

首先是思想认识的问题。教者、学者都应当重视基本功,教者要认真的教,学者要刻苦的学,就现在的情况说来,学生在这方面思想认识是否正确尤其重要。据我所了解的,大学历史系中有些学生基本功是很差的。是不是教师没有教呢?不是。是不是基本功的学习特别困难呢?也不是。就是他们思想中轻视这一方面,认为这些是无足重轻,不必去努力。有些学生的思想情况是这样的:他们不是以严肃的态度对待祖国的语言文字,而是马虎随便;在他们的思想中，字的写法、读法、讲法似乎都无标准，可以由他们自己主观去决定；写字时并无一定的笔画，随便乱写，写出错别字，自己也不知道；遇到不认识的字，不去查字典，也不去问师友，随便读一个音，久而久之，成为习惯，自己也不知道这是错误了。写文章时，信笔一挥，从不考虑如何构思，如何遣词，以及章法、句法等等，写成后也不修改，其结果往往是芜杂冗长，甚至于不通，而字迹又不清楚，难于辨认，使人读不下去。他们读古书感到困难，但是又不加强对于古代汉语的学习；学外语感到困难，于是就知难而退，敷衍了事，毕业后还是不能读外文专业书籍；不会使用工具书，也不努力去学习、训练；对于历史基本知识，如重要的年代、地理、历史事件、历史人物以及典章制度等，教师也讲过，教材与参考书中也有，但是并不重视，认为这些都是琐事末节，不肯用心去记，等到问起来，或是茫然不知，或是张冠李戴，许多都弄错。范文澜先生在他所作的《反对放空炮》一文中说："我们有些史学工作者，不能说他不想认真学习马克思列宁主义、毛泽东思想，但动起笔来，却把历史事件忽略到无以复加的地步。"(《历史研究》1961年第三期)有些大学历史系的学生也正是如此。

学生在这方面思想认识的不正确，我们作教师的当然也要负责任。在平日讲授、辅导时，对于某些重要的历史基本知识，或者说得不够清楚；对于基本功的重要性，或者强调得不够；对于工具书的使用，没有能时常加以指导；平日对学生要求不严格，在学生的作业、考卷、论文中，发现错别字，听其自然，加以原谅，不去批评，促使改正。所有这些我们作教师的都应当自己反省。

加强基本功的训练，树立实事求是的学风，首先应当端正思想，教者与学者都要明确基本功的重要，学生初入校时，教师就给他们讲清楚，以后还要时常教导。

思想认识的问题解决了，然后应当注意学基本功的方法。

先说语文的学习。学习语文需要长时期的反复熟练，不能速成，不能突击，每天用的时间不必很多，但是一定要经常不断。对于每一个字的音、形、义，都要有精确的观念，而且要记得牢固。语法的了解是很有用的，但是更重要的还是诵读。中国古人学习，从小时起，就很注重诵读，重要的文章或书籍，都能熟读成诵。这是一个很好的办法，不但增进了语文阅读与写作的能力，同时，对于古书也能记得牢固，懂得透彻。现在的大学生没有从小养成诵读的习惯，只愿默看，而不肯朗诵，更不耐烦去背书，认为是笨办法。其实，在学习中，背书并不是笨办法，而是“大巧若拙”，当时虽然似乎用了点笨工夫，而将来受用无穷。现在大学文科的学生感觉到自己缺乏阅读文言古书的能力，于是想学古代汉语的语法，以为一旦掌握文言语法，就可以顺利的读古书了。哪知道，只学了语法，还是运用不好；如果他能诵读古文五六十篇，再辅以语法的知识，自然能够顺利的读古书。学外文也是一样，只学语法不行，还是要经常熟读句子与文章。学习现代汉语也是一样，如果能经常诵读典范的作品，简练以为揣摩，自然能够增进自己的发表能力。

关于工具书的使用法，可以由主讲教师讲，但是学生只听讲，效果不大，重要的还是在于实践，就是要经常去查。初次查时，也许有些困难，有些不便，久而久之，自然熟能生巧。

对于历史基本知识，应当细心的去记，反复的去记。常看年表、地图，或者自己作些图、表、卡片等，可以帮助记忆。有些学生有一种错误的想法，因为反对“死背硬记”，于是反对一切的记忆。所谓“死背硬记”，指的是对于所学的东西不求理解,或是不能理解,而硬去记,这样学习当然无有好处,但是并不是说,在学习中,不需要记忆。学习任何专业,都需要记住许多基本知识的,而且记忆力也要经常训练,越训练越强,久不用它,将更迟钝。

学习基本功,要能耐心、有恒、循序渐进,不可急躁,不可好高骛远,要认真踏实,谨严细致。这不仅是基本功的训练,同时也是对于学习方法学习态度的一种很好的训练。

本月,《三国志选》由中华书局出版。

发表文章

也谈"诗中有画"和"画中有诗"(《重庆日报》1962年1月20日)

陈寿与《三国志》(《历史教学》1962年第1期,因内容重复,未收入《全集》)

关于李清照词(《成都晚报》1962年2月15日)

杜甫的生平及其诗歌创作(《四川日报》1962年4月12日。河北教育出版社版《缪钺全集》失收)

意境相通——论晏小山《鹧鸪天》词(《四川文学》1962年第6期,因内容重复,未收入《全集》)

杜牧与张祜(《四川文学》1962年第7期)

谈小乔(《成都晚报》1962年9月22日。河北教育出版社版《缪钺全集》失收)

陆游与杜甫(《四川日报》1962年10月7日)

读杜牧《九日齐山登高》诗(《重庆日报》1962年10月10日)

杜甫如何改诗(《四川日报》1962年11月4日)

谈基本功(《成都晚报》1962年12月19日。河北教育出版社版《缪钺全集》失收)

重印冯集梧《樊川诗集注》前言(附《杜牧卒年考》)(《樊川诗

集注》,北京:中华书局,1962 年 9 月)

出版专书

三国志选(北京:中华书局,1962 年 12 月)

○ 1963 年癸卯　先生五十九岁

本年先生在四川大学历史系任教,由教育部审定为二级教授。

2 月起,为 1958 级同学讲授《魏晋南北朝史专题》一学期①。

本月,教育部批复四川大学调整后的校委会组成人员名单,先生仍为委员②。

历史系为先生配备了两名助教,并计划让先生开设关于《昭明文选》的专题讲座③。

3 月,《读史存稿》由三联书店出版。

应徐中舒邀请,中国科学院历史研究所谢国桢于 4 月 6 日至 5 月 17 日在川大讲学。4 月 7 日上午,徐中舒陪同谢国桢来访④。

9 日晚,与谢国桢晤谈⑤。

15 日上午,陪谢国桢逛玉龙街旧书店和春熙路文物商店,并请品尝成都小吃⑥。

---

①据陈世松、杨耀坤回忆。

②参见《四川大学史稿》第 2 卷,第 96-97 页。

③参见《中国古代史教研室积极培养青年教师》,《人民川大》1963 年 3 月 22 日第 384 期第一版。

④参见谢国桢《锦城游记》,《瓜蒂庵文集》,沈阳:辽宁教育出版社,1996 年 9 月版,第 349 页。

⑤参见谢国桢《锦城游记》,《瓜蒂庵文集》,第 351 页。

⑥参见谢国桢《锦城游记》,《瓜蒂庵文集》,第 354 页。

19日晚，谢国桢来寓晤谈①。

5月12日晚，黄少荃在其寓中宴请谢国桢、徐中舒和先生②。

17日下午，到学校招待所与谢国桢话别③。

9月起，为研究生、青年教师讲授《昭明文选》一学期④。

10月5日，《人民川大》第406期第二版发表先生文章《更好地为祖国培养人才》，《缪钺全集》失收，抄录如下：

> 今年是中华人民共和国建国十四周年。这十四年中，全国人民在中国共产党与毛主席的领导之下，辛勤劳动，进行社会主义革命与社会主义建设，已经取得辉煌的成就。尤其是近数年中，在总路线、大跃进、人民公社三面红旗的照耀下，工、农业生产及其文化教育种种事业，迅速发展；在全国纵横万里的土地上，到处都是一片欣欣向荣的气象。在反对帝国主义和各国反动派以及反对现代修正主义的斗争中，我们的力量更强大了。这是非常可喜的事情。所以今年国庆节的到来，全国人民都是兴高采烈，欢欣鼓舞。
>
> 就我们高等学校的工作来说，近两年中，贯彻了“教育部直属高等学校暂行工作条例(草案)”，逐渐树立马克思列宁主义的学风，加强政治思想教育，教学质量有显著提高，科学研究、培养师资、培养研究生种种工作，也都规划细密，进展迅速。但是作为一个高等学校的教师，我很惭愧，我们的工作还是落后于工、农业的发展。固然教育学生是百年

①参见谢国桢《锦城游记》，《瓜蒂庵文集》，第355页。
②参见谢国桢《锦城游记》，《瓜蒂庵文集》，第366页。
③参见谢国桢《锦城游记》，《瓜蒂庵文集》，第370页。
④据杨耀坤回忆。

树人的大计，与工、农业性质不同，不能作机械的比拟；但是我们的工作还需要大大的改进，这是肯定的。只有这样做，才能使我们所教育的学生与所培养的研究生、青年教师等，成长更快，造诣更好，以符合党的要求，适应社会主义建设的需要。教育人者必须自己先受教育，所以我们应该努力学习马克思列宁主义与毛泽东思想，改造自己的世界观，正确的掌握辩证唯物主义与历史唯物主义的理论，以诲人不倦的精神从事教学，以刻苦钻研的精神从事撰述，出人才，出成果。

国庆到来，深感喜慰。看到我们社会主义建设伟大的成就与美好的远景，联想到自己的工作，写此短文，既表祝贺，兼以自勉。

本月，教育部发出组织高等学校文科学生参加农村社会主义教育运动的通知①。

12月21日上午，参加学校召集的与教育部刘子载的座谈会，会后与校、系二十馀人陪同其参观校历史系博物馆②。

是岁，先生当选为成都市政协常委。

发表文章

更好地为祖国培养人才(《人民川大》1963年10月5日第406期。河北教育出版社版《缪钺全集》失收)

平凡与奇警——读《红楼梦》札记(《成都晚报》1963年10月9日)

南朝农民起义的地区问题(《历史教学》1963年第5期)

---

①参见《四川大学史稿》第2卷，第114页。

②参见成恩元《四川大学历史博物馆书画鉴定日记》，《成恩元文集》(上)，成都：四川民族出版社，2013年4月版，第290页。

出版专书

读史存稿(1963 年 3 月,北京:三联书店)

编年诗

《刘弘度寄赠所著屈赋通笺文心雕龙校释赋此志谢》

○ 1964 年甲辰 先生六十岁

本年先生在四川大学历史系任教。

1 月起,全校各系师生开始分批离校赴农村参加"四清"运动①。

7 月,1961 级研究生童超、张祥光毕业,童超的毕业论文为《关于五胡内迁和十六国时期的民族融合问题》,张祥光的毕业论文为《魏晋南北朝的门阀士族》。因已开始参加农村"四清"运动,未经答辩②。

9 月起,为历史系 1964 级同学讲授史学名著选读一学期③。

10 月,中共四川省委社教工作团 176 人先后分两批到达学校,组成 13 个工作组,进驻各系和学校党政部门,开始在四川大学开展"四清"运动的试点④。

11 月 10 日,致函谭其骧:

> 季龙吾兄史席:
>
> 顷奉赐书,快如面晤。弟所指导之两研究生论文,蒙赐评阅,至感。校中科学处尚未将尊撰评语见示,近来校中展

①参见《四川大学史稿》第 2 卷,第 115 页。

②据童超回忆。

③据陈必录回忆。

④参见《四川大学史稿》第 2 卷,第 115-116 页。

开社会主义教育运动，研究生论文答辩事暂停，想吾兄法眼鉴衡，对弟定多启发也。承索童超论文印稿，另封挂号寄上。前在《中华文史论丛》第五辑中读尊著《再论鄂君启节地理答黄盛璋》一文，较前更为精审。数年前赵松乔君来成都，向弟言，黄君曾读浙大史地系，惜弟当时未识其人。兄近患高血压症，闻之甚念。望加意调摄，工作不可过劳。拙撰《杜牧传》，将由人民文学出版社出版，待书到后，即将寄呈教正。肃覆，敬颂

著祉。

弟缪钺谨上　十一月十日①

○1965 乙巳　先生六十一岁

本年先生在四川大学历史系任教。

7月，1962级研究生杨耀坤毕业，其毕业论文为《论北魏末年各族人民大起义》，时“四清”运动尚未结束，未经答辩。“1964年9月征得缪师同意，我的论文题目初步定为《嵇康与魏晋政治》，随即着手搜集资料。至10月省委四清工作团就进驻学校，在学校开展四清运动。运动初期，清的对象还主要是中层干部的当权者。随着运动的深入，所谓的资产阶级专家也连带被批，于是又有缪师‘研究历史只热衷于封建士大夫，不研究人民群众’的批判，说这是方向立场的大问题。在这种情况下，为了能顺利毕业，1965年4月，我赶紧与缪师商定，把论文题目改为《论北魏末年各族人民大起义》……”②。

9月17日，《人民日报》《学术研究》第82期发表先生文章《谈陈寿的〈三国志〉》，《缪钺全集》失收，抄录如下：

---

①原信复印件，由周振鹤提供。

②杨耀坤《忆缪钺师》，中国魏晋南北朝史学会、四川大学历史文化学院编《魏晋南北朝史论文集》，成都：巴蜀书社，2006年4月版，第3页。

《三国志》是我国封建史书“二十四史”中的一部。《三国志》有它的长处，但是也有缺陷及应当批判的地方。

《三国志》的作者陈寿（公元233至297年），字承祚，巴西郡安汉县（今四川南充市）人。在蜀汉时，作东观秘书郎、散骑黄门侍郎。蜀汉灭亡之后，出仕晋朝，为佐著作郎、平阳侯相、著作郎、治书侍御史等官，又曾兼任本郡中正。

公元280年，晋灭吴。自汉末以来，分崩离析，三国鼎峙，至此复归统一。这时陈寿四十八岁，他开始整理三国史事，著魏、吴、蜀三书，共六十五卷，称为《三国志》。当时人很重视这部书，“称其善叙事，有良史之才”（《晋书·陈寿传》）。而张华认为司马迁、班固都比不过他（《华阳国志·陈寿传》），则未免称赞太过了。

《三国志》记述汉末黄巾大起义之后，一直到魏、蜀、吴三国鼎立时期的史事，前后九十多年，书中诸纪传，照顾的方面很广。凡是汉末、三国时期在政治、经济、军事上有关系的人物，以及在学术思想、文学、艺术、科学技术上有贡献者，陈寿几乎都网罗其事迹，写在书中，又根据其重要程度的不同，或立专传，或用附见。不过，也有遗漏。例如华佗和张机（仲景）都是汉末建安中的名医，陈寿为华佗立传，而忽略了张机；因此，今天我们对于这位名医的事迹知道得很少。又如魏马钧是“天下之名巧”，陈寿也没有给他立传，幸而裴松之注《三国志》时采录了傅玄一篇记述马钧的文章，我们才知道他在机械制造方面的卓越成就。对于少数民族，陈寿认为乌桓、鲜卑在这个历史时期很重要，都立了传，这是对的；而对于其他少数民族，如西方的氐、羌，西域诸国，蜀汉境内的“西南夷”，吴国的山越，则都没有专篇记述，只在有关的各传中零碎提到。因此，我们今天想要了解这个时期的氐族和西域诸国，只能根据《三国志》裴注中所引的《魏略·西戎传》；要想了解蜀汉时期的“西南夷”,还有《华阳国志》的《南中志》;而对于山越,就找不到系统记述的史料了。

纪传体的史书,自《史记》、《汉书》以来,其内容除去纪传以外,还有表与志,而志尤其重要。一个历史时期的社会经济、政治制度,都可以在志中做有系统的论述。陈寿作《三国志》,只有纪传而没有志。三国上承两汉,下启两晋、南北朝,正是一个转变时期。这个时期,社会经济方面有很大的变化,政治制度也有许多因革。但是陈寿对这些都没有系统地记载,使后世治史者研究这些问题时要费很多工夫去钩稽资料,这不能不说是一个缺陷。

关于陈寿修史的态度,《晋书·陈寿传》中曾对他提出讥弹,说他常因为个人的恩怨,在记述历史人物时,取舍褒贬,有失公平,并举出两个例证:陈寿向丁仪、丁廙的后人要贿赂,没有如愿,就不为丁仪、丁廙立传;陈寿的父亲在蜀汉作官,受到诸葛亮的惩罚,所以陈寿贬低诸葛亮,说他“将略非长,无应敌之才”。清代学者朱彝尊、杭世骏、王鸣盛、赵翼等都为陈寿辩诬。他们认为,丁仪、丁廙在历史地位上并不重要,无须立专传。陈寿作《诸葛亮传》,推崇备至,并没有因为私憾而废公论。至于说诸葛亮将略非其所长,当时人即有这种说法,也并非陈寿一人之私言(《十七史商榷》卷三十九《陈寿史皆实录》条、《廿二史札记》卷六《陈寿论诸葛亮》条)。总之,如果说陈寿因私人恩怨而对于历史人物褒贬不公,还找不出什么证据。但是,陈寿因维护司马氏的统治利益而对于历史人物褒贬不公,倒是有的,下文将要提到。

陈寿修史时,对于史料的选择去取,就封建史家的标准来说,还算是谨严审慎的。所以赵翼说,陈寿作《三国志》“剪裁斟酌处,亦自有下笔不苟者,参订他书,而后知其矜慎”(《廿二史札记》卷六《三国志书事得实》条)。兹以《诸葛亮传》为例，加以说明。诸葛亮是三国时杰出的政治家与军事家，关于他的史料，文献记载与口头传说都相当丰富，有的甚至于夸张溢美，把诸葛亮说得很神奇。陈寿在《诸葛亮传》中虽然也很推崇他，但是对于那些过于夸张溢美的传说，都屏弃不取。例如所谓七擒七纵孟获是不合情理的，所谓“南人不复反”也是不合事实的，陈寿一概不取(后来东晋习凿齿作《汉晋春秋》，采录了这些传说)。当时还有一种传说：诸葛亮北伐，屯于阳平，遣大军东出。司马懿率二十万人来到城下，城中兵少力弱，将士失色，想不出办法，诸葛亮意气自如，命军中偃旗息鼓，大开城门。司马懿疑有伏兵，不敢入城，引军北去。西晋人郭冲说诸葛亮五事，此为其一(《三国志·诸葛亮传》裴注引王隐《蜀记》)。这个传说既不合事实，也不合情理。阳平在汉中，诸葛亮北伐屯于阳平，在蜀汉后主建兴五年，即魏明帝太和元年，司马懿正作荆州都督，镇宛城，并未在关中抗御诸葛亮。况且司马懿也是对于军事很有经验的人，不至于这样幼稚可欺。因此，陈寿对此事也不采录。这些都足以说明陈寿审查、选择史料时的矜慎态度。

修史者记载历史人物时，常要选录一些他们所作的文章，这里面也需要有个分寸。《史通·载文》在批评史书中选录文章过多过滥的弊病时说，王沈《魏书》、鱼豢《魏略》在这方面尤其“秽累”，而陈寿的《三国志》则“颇从简约”。这个意见有相当的道理。《三国志》中所选录的文章，大概都是有关政事的。著名的文人如曹植、王粲等传中，都没有选录他们的辞赋；汉魏易代之际许多假称“禅让”，粉饰篡夺，虚伪的官样文章，亦一概不载。所选录的文章中，如魏杨阜谏明帝营宫室疏、高堂隆谏明帝营宫室疏、吴骆统谏征役繁数疏、陆凯谏徙都武昌疏、论孙皓不遵先帝疏、贺邵谏孙皓疏、华覈谏孙皓疏，都能反映民生疾苦。揭发当时君主的荒淫奢侈，残虐人民，有一定的史料价值。

陈寿是封建史家，当然要站在地主阶级的立场，维护封建统治；他作《三国志》是在西晋时，所以特别要维护司马氏的统治利益。《三国志》，就书名来看，对魏、蜀，吴三国是平等看待的，而在实际的叙述中，却是以曹魏为正统。书中对于魏国的君主如曹操（曹操自己没有作皇帝，曹丕建立魏朝后，追尊曹操为武皇帝）、曹丕、曹叡等，都列为武帝、文帝、明帝诸纪。而对于吴、蜀的君主如孙权，刘备等，则立为传，以见正统之在魏①。因为司马氏是承继曹魏政权的，所以以曹魏为正统，就是以司马氏的晋朝为正统②。陈寿书中对于司马师废齐王芳、司马昭杀高贵乡公，也都作了隐讳回护。关于这些，前人多已指出。对于历史人物的褒贬，陈寿也是为司马氏的统治服务，因此，常有所歪曲。刘放、孙资本不是好人，当时人对他们的批评很坏。但是由于魏明帝临死时，刘放、孙资力荐司马懿受遗诏辅政，对司马氏“有功”，所以魏元帝咸熙年间，司马昭执政时，还封赏孙、刘二人的儿子。因此，陈寿在《刘放孙资传》中虽然也略加讥弹，但他接着就说：“然时因群臣谏诤，扶赞其义，并时密陈损益，不专导谀言云。”这就为孙、刘二人作了辩护和开脱。这

①《隋书·经籍志》史部正史类序说：“巴西陈寿删集三国之事，惟魏帝为纪，其功臣及吴、蜀之主，并皆为传。”可见《三国志》原本标目本有纪传之名，今本无纪传之名，大概是宋以后人所删。而对于曹魏的君主仍然系以帝名，则是删除未尽之迹。

②陈寿以曹魏为正统，曾引起后世封建史家习凿齿、朱熹等人的非难。他们主张应以蜀汉为正统。按所谓“正统”之说，完全是为封建王朝的统治利益服务的，其中的是非之辨，在今天看来，并无意义，可以不必去管它。这里仅是指出，陈寿以曹魏为正统，是为司马氏的统治服务。

也足以说明,陈寿修史时,对历史人物的褒贬。是为司马氏的统治利益服务的。本来,封建史书都是为封建统治服务的,不过,封建史家的思想有进步与落后的不同。有进步性思想的封建史家,能在一定的程度上揭露封建统治的黑暗,司马迁《史记》之所以卓绝,这也是重要的一点。《三国志》在这方面很有逊色,陈寿为维护封建统治者的利益作了许多隐讳、曲笔。

魏晋时期,大土地所有制有了发展,地主阶级中最上层的世族日渐兴起,垄断政权,所以陈寿修史时,也要维护世族的利益。关于这一点,白寿彝先生在《陈寿、袁宏和范晔》(《北京师范大学学报》社会科学版一九六四年第一期)一文中说:"陈寿也是一个正宗史家,他同样要宣传有神论和封建伦理。他跟班固、荀悦不同的地方,在于后者从维护皇朝利益出发,而他从维护世族利益出发。"白先生又说,陈寿对于曹操、刘备、孙权的取得政权,都称赞他们是天命所归,宣传皇权神授的思想。朝代的更替或敌对国家的兴亡,这里都有一个神意,只要顺从这个神意,就不能说是不对,因此对于那些前朝旧臣而出任新朝的人,如钟繇、华歆、王朗等,都称赞为"俊伟"。这是符合世族的政治利益的,因为在朝代变化频仍的时候,世族可以进退裕如。陈寿品评人物时,对于人物的品量才识特别有兴趣,又喜欢以容貌论人,这也反映了世族的风尚。白先生这些意见都是对的。

我国古代史家很注意写文章。例如《左传》、《史记》,既是史学名著,又是散文杰作。陈寿《三国志》文章的长处就是简练。叙事写人都很爽洁,使人读起来有水净沙明之感,但是在描写历史人物的生动传神方面做得还不够。

总的说来,陈寿所作的《三国志》,记述了汉末黄巾大起义之后一直到魏,蜀、吴三国鼎立时期前后九十多年的历史，搜罗广博，去取审慎，剪裁得法，文笔简净，是一部比较好的史料书。后人要想了解或研究这个时期的历史，应当读《三国志》。不过，作为史料来看，《三国志》也有缺点，上文已经指出。特别是就史观论，陈寿是站在封建地主阶级的立场，维护晋朝司马氏的统治利益，维护世族的利益，宣传君权神授论，对历史人物的褒贬不符合事实，这些都是应当批判的。

9月，为历史系1965级同学讲授史学名著选读一学期①。

11月28日下午1点，先生应吴宓之约赴成都旅馆，并邀吴宓同至文殊院内茶座茗谈，"互述两校社教运动之情形"②。

本月，学校"四清"运动结束③。

12月16日，吴宓久觅刘永济著《屈赋通笺》而不得，先生寄赠一册并附跋语④。

发表文章

谈陈寿的《三国志》(《人民日报》1965年9月17日《学术研究》第82期。河北教育出版社版《缪钺全集》失收)

○ 1966年丙午　先生六十二岁

本年"文革"开始，先生仍在四川大学历史系。

1月4日下午，先生参加学校组织的关于《海瑞罢官》问题的学术讨论会，并作发言。《人民川大》1月8日第446期第三版

①据方述鑫回忆。

②参见吴宓《吴宓日记续集》第7册，北京：三联书店，2006年4月版，第296-297页。

③参见《四川大学史稿》第2卷，第117页。

④参见《吴宓日记续集》第7册，第311-312页。

发表了先生的发言摘要。

4月10日,《人民日报》发表《吴晗同志反党反社会主义反马克思主义的政治思想和学术观点》一文,关于《海瑞罢官》的学术讨论被政治化。

5月16日,中共中央发出《通知》,成为"无产阶级文化大革命"运动正式开始的标志。

5月21日,致函杭州大学中文系刘操南:

操南吾弟如晤:

遵义一别,倏逾廿载,虽音问久疏,然昔年论学谈艺之乐,时时往来于怀。顷奉惠简,三复盥颂,快如觌面。吾弟二十年来,潜心治学,精进不已,佩慰佩慰。大著《太史公书春秋十二诸侯事辑》一册,已收读。以《史记》与《左传》互证,旁征先秦西汉诸书,下采宋人清人辨证考释之说,间附己意,订讹补遗,功力深细,诚足为治春秋史事者极有用之参考书。容暇时再细读推勘,如有一得之愚,当贡诸左右。惟有一事先奉告者:大著中皆用干支纪年。按干支纪年之法,始于东汉行四分历之后(参看胡继勤《时间与历法》一书,《知识丛书》本),司马迁时尚无之。《史记·十二诸侯年表》中之干支纪年,非司马迁原文,乃徐广所注,钱大昕已言之(《廿二史考异》"《史记十二诸侯年表》'庚申共和元年'"条)。鄙意大著中干支纪年可以删去,以存史公之旧,否则注明干支纪年非史公原文,乃徐广注所补,似较妥当。大著论《楚辞》两文,亦均有新解。《离骚》"摄提贞于孟陬"句,应从朱子之解释,钺极同意。解放以后,钺僻处西南,虽偶因公至北京开会,而与浙大故人会晤至少,颇思有机缘能作江浙之游,可与昔年诸旧友谈讌,以慰契阔之怀也。川大近数月中,亦正在进行教改及文化大革命,颇为忙碌。馀俟

续陈，专此，敬颂
著祉。

缪钺启　五月廿一日

浙大诸友均此致候。①

运动开展以后，先生除被贴大字报和减少住房外，未被抄家，未被批斗。

发表文章

论所谓"清官"、"好官"——批判吴晗同志《海瑞罢官》中的错误论点（《人民川大》1966年1月8日第446期）

○ 1967年丁未　先生六十三岁

参加运动中的各种学习和会议。

1月19日，"八·二六战斗团"宣布夺取四川大学的党政大权②。

12月24日，四川省革命委员会筹备小组决定，同意成立四川大学革命委员会③。

○ 1968年戊申　先生六十四岁

参加运动中的各种学习和会议。

春，学校减少先生的一间正房。

4月17日，校革委会发布《第二号通告》，配合社会上落实"中央首长3.15指示"，清查所谓"五·一六"、"三老会"④。

---

①原信复印件，由刘文绮提供。

②参见《四川大学史稿》第2卷，第121页。

③参见《四川大学史稿》第2卷，第121页。

④参见《四川大学史稿》第2卷，第122页

7 月 7 日,先生母亲邹太夫人去世。

本月,校革委会发出《对当前全校工作的安排意见》。其中要求各系各单位继续展开对反动学术权威及修正主义教育路线的批判①。

8 月 27 日②,工人毛泽东思想宣传队进驻四川大学③,与随后进校的解放军代表,组成工人、解放军毛泽东思想宣传队,领导学校斗、批、改④。

11 月,工军宣队在全校进行清理阶级队伍的工作⑤。

○ 1969 年己酉　先生六十五岁

参加运动中的各种学习和会议。

春,因椽檩朽坏,学校对先生所居铮园 13 号所在的整排房屋进行维修,所有住户外迁。先生借居铮园 8 号,仅有居室一间,藏书打捆置于走廊屋檐之下。

秋,返迁铮园 13 号,住房被重新分配,先生夫妇仅得居室一间,另有阁楼一间,置放书籍杂物。

10 月 7 日(阴历八月二十六日),陈寅恪在广州中山大学逝世。年 80 岁。

○ 1970 年庚戌　先生六十六岁

参加运动中的各种学习和会议。

---

①参见《四川大学史稿》第 2 卷,第 122 页。

②《四川大学史稿》所记时间为“9 月”,此处采用当时新闻报道的时间。具体时间经林文光提示后核实,谨此致谢。

③参见《成都组成首批工人毛泽东思想宣传队进驻七所大学领导无产阶级教育革命》,《四川日报》1968 年 8 月 28 日第四版。

④参见《四川大学史稿》第 2 卷,第 122 页。

⑤参见《四川大学史稿》第 2 卷,第 122 页。

3 月，历史系师生到崇庆县白头军垦农场进行“斗、批、改”和劳动锻炼。先生被安排看守庄稼，轰赶麻雀。

5 月下旬，全校教师返校。

6 月，先生随历史系教师到广元县虎跳镇军垦农场进行“斗、批、改”和劳动锻炼。

9 月，解放军宣传队进驻四川大学，从校到系均由军宣队直接领导，实行以连队为单位的军事编制①。

11 月，历史系教师全体返校，继续在学生 4 舍集中住宿，参加军宣队举办的毛泽东思想学习班，开展“批清”运动（批判“极左”思潮，清查“五・一六”、“三老会”）和清理阶级队伍。先生因年龄关系，被允许每周六晚回家，周日晚准时归队。

是年，先生双目患白内障，渐趋严重。

○ 1971 年辛亥　先生六十七岁

参加运动中的各种学习和会议。

7 月 18 日，兰州大学历史系赵俪生来访，并询问徐中舒的近况②。

7 月 19 日上午，参加全连劳动，和黄少荃等一起清理路面，

①参见《四川大学史稿》第 2 卷，第 123 页。

②参见赵俪生《篱槿堂自叙》，上海：上海古籍出版社，1999 年 10 月版，第 155 页。书中有关先生的记述，可能因年代久远的关系，出现两处疏误：1.说当时“缪先生本人和老伴住楼下，其长子（一位理科的副教授）住楼上”。其时，先生长子是一位文科的讲师，也并未住楼上。2.说先生告诉他“徐已从铮园被‘轰’出去，住到有相当一段距离的仓库——绿杨邨去了”。先生并让人带其到绿杨邨见到了徐中舒。此处的“绿杨邨”有误。当时，徐中舒被迫迁居之所，是校外民主路 7 号川大员工宿舍璧还村。而绿杨邨（应为“村”）则是川大的校内宿舍，亦非仓库。

地点即在先生和黄少荃住房前①。下午,黄少荃在家中自尽②。

○ 1972年壬子 先生六十八岁

参加运动中的各种学习和会议。

春,学校恢复招生,并组成教育革命领导小组负责招收工农兵学员和教学工作③。

9月后,学校成立临时党委,开展"批林整风"、教育革命等方面的工作④。

11月24日,中文系张永言来访,借《观堂集林》。

是年,学校恢复系与教研组之建制,先生仍担任中国古代史教研组组长⑤。

○ 1973年癸丑 先生六十九岁

参加运动中的各种学习和会议。

7月18日,成都十中周锡光来访⑥。

7月20日,煤炭部煤炭科学研究院地质研究所任绩来访⑦。

8月20日,致函并汇人民币10元为吴宓祝贺八十寿辰⑧。

---

①黄少荃住房在建庭园,与先生住房斜对。

②参见袁庭栋《怀念黄少荃先生》,张士林编《学林往事》下册,北京:朝华出版社,2000年3月版,第1495页。

③参见《四川大学史稿》第2卷,第128页。

④参见《四川大学史稿》第2卷,第124页。

⑤参见先生1977年3月21日、21日致周治平函(原信底稿,家藏)。

⑥吴宓执教西南师范学院时的学生,该年1月寒假中,曾返校看望吴宓。

⑦先生执教保定培德中学时的学生,先生与其三十馀年未晤。

⑧参见吴宓《吴宓日记续集》第10册,北京:三联书店,2006年4月版,第461、463页。

○ 1974 年甲寅　先生七十岁

参加运动中的各种学习和会议。

1 月 24 日，西北工业大学图书馆姜长英来访。

2 月 3 日，历史系蒙思明去世。解放后，蒙思明曾与先生合议，共同编写《魏晋南北朝史》，然未能如愿。“后又曾于解放后与魏晋南北朝史专家缪钺教授合议，共同编写《魏晋南北朝史》，亦未能如愿”①。

4 月 7 日，西南师范学院历史系漆泽邦来访。

5 月 6 日，漆泽邦来谈。

夏，先生七妹缪鈖和妹夫、美国哈佛大学东亚语言及文化系教授杨联陞回国探亲。先生偕夫人于 8 月 14 日赴北京，与其相聚二十馀日，欢叙二十年阔别之情。并会晤了原保定培德中学校长段云峰及其子中国科学院自然科学史研究所段伯宇、中国社科院历史研究所胡厚宣和童超、人民文学出版社周汝昌等。离京之日，胡厚宣到车站相送②。

10 月 10 日，先生夫妇返抵成都。

11 月 25 日上午，为历史系 1973 级同学讲学习古代汉语应注意的问题。

12 月 6 日下午，继续为历史系 1973 级同学讲学习古代汉语应注意的问题。

---

①陈世松《蒙思明》，四川大学历史文化学院网页“史坛名宿”http://historytourism.scu.edu.cn/history/shiziduiwu/shitanmingsu/331.html，上传时间 2011 年 9 月 26 日，查阅时间 2011 年 10 月 13 日。

②参见先生 1974 年 9 月 4 日、21 日和 10 月 7 日致胡厚宣函（原信扫描件，由胡振宇提供）；周汝昌《往年交契见深情》，《冰茧彩丝集》，第 51 页。

○ 1975 年乙卯　先生七十一岁

参加运动中的各种学习和会议。

2 月 21 日，原保定志存中学学生宋守彭来访。

3 月 24 日下午，为历史系 1973 级、1974 级同学讲“如何查阅古代文献资料”。

5 月 20 日，南开大学历史系王玉哲、杨志玖等来访。

12 月 7 日，保定故人韩丰斋之子韩璧来访。

12 月 8 日和 11 日，为历史系 1975 级学生讲授关于学习古代汉语的方法。

○ 1976 年丙辰　先生七十二岁

参加运动中的各种学习和会议。

5 月 19 日，收到周汝昌寄赠《红楼梦新证》(增订本)。其后先生赋诗致谢。

6 月 23 日，南敦敬来访，为先生代购《宋诗别裁》、《元诗别裁》、《明诗别裁》。

7 月 15 日，南敦敬来访，又送来为先生代购的《唐诗别裁》。

7 月 28 日，唐山发生 7.8 级强烈地震。

8 月 1 日，郑州大学历史系陈显泗来访。

8 月 16 日晚 10 时 6 分，四川松潘、平武间发生 7.2 级强烈地震，此后数日馀震不绝，成都均有震感。

8 月 24 日，成都市发出警报，宣布处于临震状态。

8 月 26 日晚，解除警报。警报期间，先生每晚居于院内临时搭建的防震棚内。

11 月 27 日下午，叶麐夫人邓昭仪来访，先生与其二十馀年未曾晤面。

12 月 3 日，《汉语大字典》编写组梁德曼来访，谈编辑字典事。

12 月 16 日，李天顺来访，携张秀熟函，为先生介绍眼医，治疗白内障。

12 月 20 日，南敦敬、常桂林来访。

是年“文革”结束，在此期间，先生所撰《陈子昂传》清稿和友朋书札散失。“60 年代前期，余应四川人民出版社之约，撰写《陈子昂传》，对于罗庸先生《陈子昂年谱》有所补充。此书甫脱稿，‘文化大革命’开始。在动乱期中，清稿散失，初稿及所作诸条考证亦荡然无存。拨乱反正之后，无从重写，思之怅然。……余所撰《陈子昂传》书稿虽久已散失，而犹忆当时所定之章节目次：一、家世出身；二、进士及第；三、麟台正字；四、从军河西；五、慷慨论政；六、丁忧家居；七、擢右拾遗；八、参军幽燕；九、归里冤死；十、文学造诣”①。

编年诗

《周汝昌寄赠所著红楼梦新证赠订本赋此志谢》

○ 1977 年丁巳　先生七十三岁

本年先生在四川大学历史系任教。

1 月 3 日，周锡光来访。

1 月 12 日下午，南敦敬带三学生来，先生为讲唐诗数首。

2 月 28 日，赴成都市政协礼堂，参加省、市政协联合举行的“隆重纪念台湾省人民‘二·二八’起义三十周年”座谈会②。

2 月 6 日，致函杭州大学中文系夏承焘：

---

①先生《冰茧庵识小录·陈子昂〈送吉州杜司户审言序〉撰写年代》，《四川大学学报丛刊》第 27 辑《古籍整理研究》，1985 年 3 月。

②《四川省、成都市各界人士和在蓉台湾省籍同胞举行座谈会　隆重纪念台湾省人民“二·二八”起义三十周年》，《成都日报》1977 年 3 月 1 日第 1、4 版。

瞿禅先生史席：

一九七四年二月接奉手书，承询拙著《遗山词笺》事，即覆一函，寄杭州大学中文系，不知曾蒙玄览否。近三年来，遥惟尊况佳胜，撰著日新。顷接自长沙来札，三复循诵，喜慰无量。

先生以耄耋高龄，体气康健，北游京华，南览湘岳，胜概豪情，欣羡何极。大作《水调歌头》，逸情云上，豪宕激壮，神似稼轩，敬佩敬佩。在湘中探幽揽胜，谅多新篇，时时赐示，至所盼祷。

弟双目患白内障，于今七年，医药罔效，病与岁增，读书写字，均颇困难，撰述之业，久已废置，虚度岁月，徒增惭恧。惟贱躯尚可，眠食如常，堪以告慰左右耳。二北先生仍在此间中文系工作，身体尚健。

眼疾为累，作此短札，字迹荒拙，尚乞鉴谅。湘云南望，不尽依依。专此奉覆，即颂

著祉。

弟缪钺启　二月六日①

2月8日，重新补写定“关于学习古代汉语”讲稿。

2月12日下午。南敦敬带三学生来谈诗。

2月22日，致函谭其骧：

季龙吾兄史席：

日前张君至皋自沪上归来，道及尊况佳胜并殷勤相念之意，至深感慰。顷又奉到惠寄长函，敬悉阖第情况与吾兄撰著之业以及诸故人消息，三复诵读，快如面谈，欣忭何极。

①原信底稿，家藏。

弟双目患白内障，于今七年，医药罔效，病与岁增，读书写字，均颇困难，撰述之业，久已废置，虚度岁月，徒增惭恧。惟贱躯尚可，眠食正常，差可告慰锦注耳。

吾兄撰述斐然，德业日新，疆域新图，超越前修，敬佩敬佩。尤望能如来札所言，举平生精诣，写为专书，则诚不朽之盛事矣。去年夏间，闻文旌将以开会之便，西游蜀中，冀可以樽酒言欢，倾怀话旧，以慰积年契阔之思。后以事阻，未能如愿，殊深怅悒。仍盼异日能有机缘，得谋良晤也。

近十年中，最初因忙于参加运动，后又患目疾，写字不便，故海内知交，通讯甚稀，惟有时赖往来成都之便人互致问候而已。殊有离群索居，孤陋寡闻之感。

弟与兄相交四十馀年，虽契合甚深，而数更聚散。昔年在广州、遵义相与游从欢讌之乐，论学启迪之益，惓惓于怀，未尝须臾或忘。缅怀旧谊，远念故人，情不能已，口占七律一首，附函呈正。久不作诗，殊愧词句疏拙也。

眼病为累，写字艰难，勉作此札，未能尽意，海云东望，无任依依。专此奉覆，敬颂春禧，并祝

阖第曼福。

弟缪钺谨上　二月廿二日

步青、尚思两先生，晤面时乞代为致候。①

同日，致函夏承焘：

瞿禅先生史席：

奉到十五日手书，敬悉种切。

拙著《遗山词笺》，久未补订。一九六四年初，弟所撰

①原信复印件，由周振鹤提供。

《杜牧传》脱稿(此书人民文学出版社拟于六四年下半年出版,排印清样,弟已亲自校毕,后因社教运动兴起,出版事遂停)。人民文学出版社又约定撰写《元遗山传》,弟拟籍此将遗山诗词有关史事者,重新补加考释,以竟前业。旋以社教运动开始,遂尔搁置,今目翳困人,已无能为力矣。

先生如有雅兴,西游成都,将可以尊酒言欢,倾怀谈艺,欣盼何极。锦城名胜,如武侯祠、杜甫草堂,亦可以一游,以增诗趣也。

弟久未作诗,近有寄怀谭季龙先生一律,附函呈正,以博一粲。专此奉覆,敬颂

春禧。

弟缪钺启 二月廿二日①

3 月 14 日,赴成都市殡仪馆,参加冯汉骥追悼会。

3 月 14 日,南敦敬带二学生来问学。

3 月 28 日,补写定古代汉语讲稿"反切"。

3 月 30 日至 5 月 9 日,共分 8 次,为历史系 1976 级学生讲授"如何学习古代汉语"专题。

4 月 5 日,民盟省委周绶章陪同四川财经学院刘开扬来访。

4 月 26 日,云南大学历史系马曜(幼初)来访。

5 月 25 日,人民文学出版社杜维沫、戴鸿森来访。

6 月 16 日,删改毕《杜牧传》清稿。

6 月 30 日,重写定古汉语语法讲稿"词类之活用"、"词序之变化"两节。

7 月 3 日,重写定古代汉语讲稿"句中的省略"。

7 月 16 日,写定"中国史要籍目录"讲稿。

①原信底稿,家藏。

7月24日，寄出对上海人民出版社“文学古籍选题规划”的书面意见。

7月，先生七妹缪鈖和妹夫杨联陞再次回国探亲，因成都当时属未开放城市，无法抵蓉，而先生眼疾严重，行动不便，亦惮远行，遂遣长子缪慈明代为赴京。

8月9日，缪鈖和杨联陞离京返美①。

8月18日，八妹夫刘之远在南京逝世。

是月，先生作《题茅于美海贝词》诗，《缪钺全集》失收，抄录如下：

> 能从旧体发新思，此是人间绝妙辞。格调不论南北宋，芙蓉出水即清姿。
>
> 卅年磨炼见真淳，写出神州面貌新。漱玉才情犹局限，积薪何必逊前人。

9月1日至15日，共分六次，为历史系1974级学生讲授“古汉语语法特点”专题。

9月19日至28日，共分七次，为历史系1974级学生讲授“中国史要籍评介”专题。

9月26日，校毕《杜牧传》清样。

10月4日，南敦敬带二学生来问学。晚，历史系罗世烈来访，谈招收培养研究生事。

10月12日，国务院批转教育部《关于1977年高等学校招生工作的意见》和《关于高等学校招收研究生的意见》，决定在全国恢复高考招生②。

---

①参见杨联陞1977年7月11日致先生函，杨联陞《哈佛遗墨》，北京：商务印书馆，2004年12月版，第354页。

②参见《四川大学史稿》第2卷，第144页。

10 月 28 日，周锡光来访。

10 月 16 日，华东师范大学言心哲持夏承焘函来访。

11 月 19 日，历史系林向陪同湖南省博物馆熊传新①来访。

11 月 26 日，历史系杨耀坤来访，将赴沙市开会，讨论编写《汉语大字典》事。

12 月 15 日，宁夏大学历史系张知行来访。

12 月，《杜牧传》由人民文学出版社出版。

出版专书

杜牧传（北京：人民文学出版社，1977 年 12 月）

编年诗

《得谭季龙长函赋此寄怀》　《题茅于美海贝词》

①四川大学历史系 1964 届毕业生。

餘慶先生：

四月中曾奉覆一函，並寄拙稿一篇，諒早
登記。秋涼，遙惟　興居萬福。月前吳
傳真君自烟台開會歸來，道及尊意，擬敦
聘　先生任及门博士生吕一飛畢業論文答
辯委員會委員，尊承　惠允，極深感謝。正
式聘書，將由川大校方寄奉。吕君論文清稿，
印成後即寄上。答辯日期，預定於明年三月
中下旬，屆時錦城春暖，景物清妍，正宜於盤
桓論學也。專此，敬頌
著祉

缪　钺拜上　十月七日

[illegible]原書畫社

缪钺先生书札手迹

卷五　1978-1985年

○1978年戊午　先生七十四岁

本年先生在四川大学历史系任教。

1月14日,大连铁道学院胡振绥①来访。

1月17日晨3时,吴宓病逝于陕西泾阳。其后,先生为赋挽诗。

1月24日,张永言来访,谈编辑《简明古汉语字典》事。晚,历史系杨建芳来辞行,将赴泰国探亲。

2月23日至25日,恢复统一招生制度后招收的第一批新生报到入学②。

是月,应夏承焘之邀,为黄宾虹所绘《谢邻图》题诗③。

3月23日至4月2日,中国社会科学院在成都召开中国历史学规划会。其间,先生得以会晤郑天挺、谢国桢、陈乐素等老友。

4月3日下午,南敦敬带学生来问学。

5月15日,上海古籍出版社陈落来访。

---

①胡厚宣之子。

②参见《四川大学史稿》第2卷,第145页。

③先生《夏瞿禅嘱题黄宾虹所绘谢邻图瞿禅永嘉旧居在谢池巷春草池畔》诗,《缪钺全集》第8卷《冰茧庵诗词稿》,第52页。

6月2日下午，先生与徐中舒到锦江宾馆会见中央民族大学费孝通。

7月15日，中华书局谢方来访。

7月，学校公布文、理科学术委员会组成人员名单，先生为文科学术委员会委员①。

8月8日，中国社科院民族研究所孙宏开持费孝通函来访。

9月23日，五冶子弟中学王定璋来访。

10月16日，内蒙古自治区社科院历史研究所林幹来访。

10月18日下午，林幹来先生寓中与历史系马德真等会谈。

10月21日，贵阳民族学院中文系牟应杭持罗元诰②函来访。

10月，恢复研究生培养制度以来的首批硕士研究生入学，先生招收1978级魏晋南北朝史方向硕士研究生4名：方北辰、王炎平、吕一飞、李天祥。

11月8日，在川大新会议室，参与接待美中学术交流委员会“汉代研究代表团”③。

11月9日晚，在寓所接待美中学术交流委员会“汉代研究代表团”团长、美国耶鲁大学历史系余英时④。“在成都，我有机会与

---

①《我校文、理科学术委员会组成人员名单》，《四川大学校刊》1978年7月15日第72期第一版。

②先生执教浙江大学中文系时的学生。

③参见余英时《十字路口的中国史学》，上海：上海古籍出版社，2004年10月版，第66-67页。

④参见1978年11月15日先生致杨忠平函，《哈佛遗墨》，第368页。因为这次接待，由学校安排，迁出了先生所住铮园13号院内的一家住户，将其住房重新分配给了先生。同时，还配置家具，并从历史系博物馆借来古画，进行布置，以为会客之用。“文革”遗留的住房问题，再次得以部分解决。

四川大学历史系教授缪钺交谈。我求见缪教授不仅因为他是一位杰出的学者，而且因为他是我以前的老师钱穆教授的老友和杨联陞教授的内兄。和钱穆一样，缪也是一位自学成才者，精通古籍、历史和文学。在四川大学历史系，他主讲和研究魏晋南北朝时期(220-589)的历史。他的著作很多，其中《读史存稿》(北京，三联书店，1963年)收集了他研究魏晋南北朝史的论文，《杜牧传》(北京，三联书店①，1977年)的初稿实际完成于1964年。他对杜牧(803-853)这位诗人做过详细的编年研究，写成了《杜牧年谱》，此书正待出版。/缪将近八十岁，尽管患有白内障，但'四人帮'倒台后，他恢复了活力，坚持从事科研和教学工作。/交谈中，我了解到整个'文革'期间没有学者进行任何严肃的研究工作。譬如，虽然教授们全都不教学了，但仍要求参加日常的政治会议，学习'革命文件'。有时甚至要过半夜才回家，实已筋疲力尽。……/我从缪钺教授那里得知，除四川大学外，还有两个魏晋南北朝研究中心。一个在武汉大学，由唐长孺主持；一个在山东大学，由王仲荦主持。王是《魏晋南北朝隋初唐史》第1册(北京，三联书店，1962年)的作者。为了培养在这一重要领域的年轻学者，三个中心最近重建了研究生点。……/最后，就中外史学家进行合作的可能性问题，我询问了缪钺和唐长孺两位教授。他们都表示赞成，这很令人鼓舞。我分别问他们，假设《剑桥中国史》丛书的编者邀请他们写有关魏晋南北朝时期那部分，他们是否会考虑接受。他们的反应都是谨慎的，但显然是肯定的。这似乎说明，我们的中国同行变得更为积极，他们进入国际史学家行列中的日子已经到了"②。

编年诗

《吴雨僧挽诗》《夏瞿禅嘱题黄宾虹所绘谢邻图瞿禅永嘉旧居在谢池巷春草池畔》《得郭洽周长函赋此寄怀》

编年词

《点绛唇　题茅于美英译李清照词》

---

①应为"人民文学出版社"。

②余英时：《十字路口的中国史学》，第9-11页。

○ 1979 年己未　先生七十五岁

本年先生在四川大学历史系任教。

3 月 7 日下午、14 日下午、21 日下午，为历史系 1977 级、1978 级同学及部分研究生、教师讲授先秦两汉魏晋南北朝文学概况①。

4 月，在杜甫草堂接待以京都大学文学部吉川幸次郎率领的日本“中国文学研究者访华团”②。先生与吉川幸次郎相谈甚欢，以诗相赠，并于其后出席了吉川幸次郎在四川大学图书馆举行的关于杜诗的演讲会。

6 月 18 日，致函张志岳：

志岳吾兄惠鉴：

华忱之兄转到惠函及大著，远蒙关注，至深感慰，弟双目患白内障已八年馀，医药无效，逐渐加重，迩来读写俱废，几同盲人，故此札由弟口述，小孙元朗代写，尚乞见谅。

十载已还，久疏声问，缅怀旧谊，时在念中。惠札及致忱之兄札均已听读，吾兄力疾授学，并从事撰述，甚可敬佩。大著诸题，弟极感兴趣，暇时当命元朗孙诵读而静听之。

弟虽患目疾，而精神尚好，培养魏晋南北朝史研究生数名，并指导助手教师从事科研工作（如编写《北朝会要》等），不能亲笔撰写，唯凭记忆口说，力不从心，殊自愧也。

数十年中，浙大诸友四散如云，亦间有凋谢者，刘弘度、吴雨僧两先生均已作古，郭洽周先生仍在南京大学从事译

①参见刘学伟、杨戎《朝气蓬勃的老教授》，《四川大学校刊》本年 5 月 3 日第 82 期第三版。

②团长：吉川幸次郎，副团长：桑原武夫，团员：清水茂、黑川洋一、斋藤惇一（医师）、吉川忠夫、狭间直树（秘书）、小南一郎、深泽一幸。

著，谭季龙先生在沪，长期卧病，陈乐素先生春间来蓉开会，数次晤谈，曾道及朴山兄新逝、仲浦兄病目诸情况，子耀、君川诸兄均在杭大。振文兄仍在天津任教否？王星贤兄今在何处？衰年病目，闷损无聊，默思往事，历历在怀。知交零落，念季重之旧游；枯树婆娑，哀子山之新赋。言之弥增深慨矣。

去年口占律诗两首，附函呈正。专此奉覆，即颂

著祉。

弟缪钺口述 元朗代写 八月十六日①

8 月，由魏晋南北朝史研究生小组根据先生 5 月份的课堂录音，整理印制出《先秦两汉魏晋南北朝文学概况》。

9 月，招收 1979 级魏晋南北朝史方向硕士研究生 1 名：陈玉屏。

10 月 8 日，由长孙缪元朗陪同，作为特邀代表随四川省民盟代表团赴京，参加民盟第四次全国代表大会。抵京后，入住西直门外文兴东街 1 号国务院第一招待所。22 日，先生当选为民盟第四届中央委员会委员。会议期间，会见了朱光潜、贺麟、王国松等与会代表中的老友，接待了胡厚宣、茅以升（唐臣）、茅于美②、张志岳、王邦维③、石钟健④、赵松乔⑤等来访⑥，并多次与在京的家人亲友团聚⑦。

①原信复印件，由张安祖提供。

②先生执教浙江大学中文系时的学生。

③四川大学历史系 1977 级学生。时在中国社会科学院攻读硕士学位。

④先生在保定执教中学时的学生。时在中央民族学院工作。

⑤赵松乔，先生执教浙江大学时的史地系学生。

⑥笔者日记所记先生会晤和接待的友人，只是会议休息时笔者所见的部分。正式开会时，先生由同去出席会议的历史系同事李必忠照顾，笔者不在现场。这期间，先生还曾会晤过哪些友人，不得而知。

⑦笔者日记。

是月，先生所作诗二诗，《缪钺全集》失收，抄录如下：

赴京出席民盟第四届代表大会口占一绝

十载沧桑一梦中，梦回征雁尚惊弓。喜逢盛会开言路，天半朝霞照眼红。

一九七九年十月余以事至京志岳兄南游沪杭将返哈尔滨道出京华相逢话故并出新诗见示归后赋此奉寄

居然千里御风行，小聚京华日照明。伏胜解经惟口说，桓谭新论见高情。十年桑海惊多变，七字诗篇更老成。锦水松江万里隔，同看朗月海东生。

11月27日，在家接待川大学生社体“十驾史学社”77级文学史组的社员。

11月29日，在家接待川大学生社体“十驾史学社”78级文学史组的社员。

12月12日，由铮园13号迁居铮楼10栋1单元5号，原住平房被拆，另建楼房。

12月27日，入住四川医学院第一附属医院做白内障摘除手术的术前检查。

12月31日，由医院回家过元旦。

编年诗

《读史记二首》《日本吉川幸次郎教授研精杜诗士林宗仰一九七九年四月率日本学者访华团远来成都拜谒诗圣草堂欢聚欣聆清论奉贻长句以志景慕》《吉川幸次郎教授自日本京都寄诗见怀赋此奉酬》《寄怀莲生妹婿宛君七妹美国哈佛大学》《赴京出席民盟第四届代表大会口占一绝》《一九七九年十月余以事至京志岳兄南游沪杭将返哈尔滨道出京华相逢话故并出新诗见示归后赋此奉寄》

○ 1980 年庚申　先生七十六岁

本年先生在四川大学历史系任教。

1 月 5 日上午，施行右眼白内障摘除手术。

1 月 19 日，出院回家。此后视力逐渐恢复，戴眼镜后至 0.5 度。先生此后十馀年中仅依赖右眼，从事教学和科研工作。

1 月 28 日，致函南京大学中文系程千帆（伯昊）：

千帆先生史席：

接奉手书，拜诵感慰。前岁蒙赐寄尊夫人子苾先生《涉江诗词稿》，清隽馨逸，自成一家。时钺病目十载，视力模糊，未即奉覆，深觉歉仄。去年对右眼白内障施行摘除手术，戴特配眼镜，能勉强看字写字，差堪告慰。弘度先生学问气节卓尔不群，与钺相交数十年，风义笃厚。在十年浩劫中含冤逝世，极可伤痛，得先生大笔，撰述佳传，足以慰其在天之灵。征询轶事，待回忆后当札录奉寄。董理旧稿事，辱承关注，因视力衰损，读写均难，故尚未遑从事也。回忆廿馀年前，在武汉、北京与先生及诸友谈艺论学，意气发扬，而十载沧桑，风云变异，侵寻老病，素业荒疏。故交零落，念南皮之旧游；枯树婆娑，哀子山之新赋。抚今思昔，亦良可慨矣。今年三月，杜甫研究学会举行年会，闻已发请柬，敬邀文旌，极望拨冗惠临，得谋快晤也。小诗一首，附呈哂正。专此，即颂

春禧。

弟缪钺拜上　一月廿八日①

2 月 2 日，先生受聘为民盟中央文教科技委员会委员。

---

①原信复印件，由巩本栋提供。

1980年10月与胡厚宣先生合影

2 月 9 日,先生受聘为民盟四川省委联络委员会副主任。

3 月 25 日,赴杜甫草堂参加成都杜甫研究学会筹备组第二次会议。

4 月,出席在杜甫草堂纪念馆召开的成都杜甫研究会①成立大会,并致开幕词。在这次大会上,先生被选为会长。

6 月 4 日下午,到四川省石油局干部学校讲课。

8 月 11、12 日,迁居铮楼 12 栋 1 单元 6 号。

8 月 23 日上午,出席民盟省委常委扩大会议。

8 月 24 日下午,出席民盟省委常委扩大会议。

8 月 27 日下午,云南大学杨光汉持李埏函来访。

8 月 29 日上午,在学校新会议室参加历史系部分教师与教育部有关负责人的座谈会。

9 月 2 日上午,遵义师范专科学校刘赓扬来访,谈郑珍诗。

9 月 2 日下午、3 日上午赴省民委招待所参加省民族研究学会会议。

9 月 9 日,历史系杨宗遂来辞行,将赴美国访学。

9 月 11 日上午,四川省社科院历史研究所杨伟立来访,谈关于研究成汉李氏政权问题。

9 月 13 日上午,四川人民出版社袁庭栋、成都市委党校温少峰来访。

9 月 20 日上午,哈尔滨师范大学中文系吴忠匡持张志岳函来访;厦门大学历史系唐代经济史研究生李伯重持其父李埏函来访。下午,胡厚宣来访,时来成都参加“中国古文字学会第三届年会”。

9 月 22 日上午,上海古籍出版社葛杰来访,谈拟重印《诗词散论》事。下午,人民文学出版社王思宇来访,谈出版《杜牧年

①1987 年更名为四川省杜甫研究会,1999 年更名为四川省杜甫学会。

谱》事。

9月27日上午，日本京都大学人文科学研究所副教授小南一郎来访。小南一郎先生为吉川幸次郎的弟子，时研究魏晋南北朝志怪小说。

9月27日下午，赴“中国古文字学会第三届年会”聚餐会，与饶宗颐（伯子）、黄盛璋及日本学者伊藤道治等会晤。

9月28日，陕西师范大学中文系张登第携研究生杨恩成、康正梁、杨军来访，讨论唐诗。

9月，《杜牧年谱》①由人民文学出版社出版。

10月2日晚，在家宴请胡厚宣。其后，中国社科院历史研究所张政烺、李学勤等来访。

10月5日，胡厚宣来辞行，并摄影留念。

10月6日，赴杜甫草堂参加杜甫研究会理事会。

10月10日，为历史系1978级同学讲“如何作学年论文”。

10月18日，云南师范学院历史系潘镛来访。

10月21日下午，美国哈佛大学胡秀英因讲学之便，受先生妹婿杨联陞和七妹缪鉁之委托，来访先生。

10月22日下午，赴文史楼，出席1978级魏晋南北朝史方向硕士研究生方北辰、王炎平毕业暨学位论文答辩会，先生任答辩委员会主席，历史系蒙默、罗世烈、马德真和杨耀坤任答辩委员。方北辰的论文题目为《论吴姓世族的形成》，王炎平的论文题目为《王导、谢安与东晋政治》。

10月23日下午，赴文史楼，出席1978级魏晋南北朝史方向硕士研究生吕一飞、李天祥毕业暨学位论文答辩会，云南大学历史系李埏任答辩委员会主席，蒙默、刘琳、马德真和先生任答辩委员。吕一飞的论文题目为《板楯蛮略论》，李天祥的论文题目

①《杜牧之年谱》之增订本。

为《试论前凉政权的历史作用》。

10 月 27 日至 11 月 10 日下午，共分五次，为历史系 1979 级学生讲授唐诗、宋词。

10 月 28 日下午，出席校学术委员会会议，讨论教育部颁发的学位授予条例。

10 月 29 日，开始与历史系马德真、杨耀坤、朱大有商讨《三国志选注》的注释问题。

11 月 1 日，袁庭栋来访，送来四川人民出版社修订再版的先生旧作《杜甫》，袁庭栋为该书修订版责任编辑。

11 月 3 日晚，李埏来访。抗战期间，李埏与先生在浙江大学共事，此为 1956 年北京相见后第一次长时间晤谈。

11 月 5 日晚，先生在家宴请李埏，历史系李必忠作陪。

11 月 8 日下午，中国社科院历史研究所应永琛来访。

11 月 11 日下午，出席校学术委员会会议，讨论有关学位制问题。

11 月 13 日下午，南充师范学院历史系杨尚林来访。

11 月 14 日上午，湖北师范学院中文系章子仲①来访。下午，出席系务会，讨论招收研究生及学位授予等问题。

11 月 16 日下午，成都大学中文系白敦仁（梅庵）、钟树梁来访，商请先生到成都大学讲学。

---

①章子仲为四川大学中文系 40 年代后期的毕业生，曾经吴宓指点，请先生指导其毕业论文。章氏在《以文会友》中说：“吴师指引我请缪钺老师指导我写毕业论文也是颇有深意的关怀。缪师原是历史系聘请的教授。我和学友常去听他博雅清通的讲课。……我的论文稿……题目是《刘知几与章学诚之史学》。先生评分使我惊喜惭愧。他还传话说：‘如不用骈文写，会更好一些。’”（《以文会友》编委会《以文会友：钟肇鹏先生科研、写作六十年纪念文集》，石家庄：河北人民出版社，2006 年 5 月版，第 49 页）

11月17日，赴杜甫草堂纪念馆为其工作人员讲“关于学习杜诗的几点基本知识”。

11月19日、21日下午，赴成都大学讲“顾亭林治学的精神与方法”。

11月26日，在寓中举行历史系古代汉语教学小组会议，讨论加强古代汉语教学事。

12月3日下午，赴杜甫草堂纪念馆，参加与中国社科院外国文学研究所冯至的座谈会。“冯先生深有感慨地说：……郭沫若同志那本《李白与杜甫》，是十年浩劫中唯一大量发行的书。作为科学院的院长，写出这样不科学的作品，我很为他惋惜。……冯先生和……的话，引发了缪老的激情，他说：在‘四害’横行时，杜甫备受冤枉。郭老那本书造成的对杜甫看法的思想混乱是不可低估的。因此，进一步深入研究杜甫及其诗歌的任务是相当艰巨的，学会今后要勉力为之”①。

12月8日下午，为历史系1979级、1980级学生讲学习古代汉语诸问题。

12月13日下午，赴西南民族学院讲治学方法。

12月16日上午，兰州大学外文系水天同来访。

12月17日下午，出席校学术委员会会议。

12月22日下午，为历史系1979级学生讲授“顾亭林治学的精神与方法”。

12月23日下午，出席校学术委员会会议。

12月24日下午，继续为历史系1979级学生讲授“顾亭林治学的精神与方法”。

12月30日下午，赴成都市殡仪馆，参加历史系梁仲华追悼会。

---

①濮禾章：《记冯至先生访问成都草堂》，《草堂》1981年创刊号，第92-93页。

发表文章

成都杜甫研究会成立大会开幕词(《成都日报》1980年4月27日)

出版专书

杜牧年谱(北京:人民文学出版社,1980年9月)

编年诗

《移居　旧居小院,因故拆毁,迁至新居,偪窄不适。半载之后,在故址重建高楼,又复迁入,赋此志感》

○ 1981年辛酉　先生七十七岁

本年先生在四川大学历史系任教。

1月4日下午,中央民族学院民族研究所石钟健来访。

1月12日上午,中国科学院地理研究所赵松乔、水电部成都勘测设计院宋铭奎①来访。

1月14日下午,参加历史系欢送1978级毕业研究生的茶话会。

1月16日中午,方北辰、吕一飞、王炎平、李天祥4位毕业研究生借先生寓所,设宴酬谢先生及历史系刘琳、马德真、杨耀坤、朱大有等4位辅导老师。下午,先生备茶点与诸生聚谈并合影。

1月,《草堂——杜甫研究学刊》②创刊,先生担任首任主编(至1987年底)③。

---

①先生执教浙江大学时的史地系学生。

②1988年更名为《杜甫研究学刊》。

③曾亚兰:《缪钺先生与四川杜甫学会和〈杜甫研究学刊〉》,《杜甫研究学刊》2004年第3期,第25页。

2月10日上午，到滨江旅馆出席民盟省委扩大会议。

2月12日下午，成都市川剧院蒋维明来访。

2月19日下午，参加全校1978级研究生毕业典礼。

本月，《成都盟讯》第2期发表先生文章《纪念民盟成立四十周年》，《缪钺全集》失收，抄录如下：

> 中国民主同盟成立至今四十周年。民盟成员都是知识分子，一向从事于文化教育、科学技术、文学艺术诸方面的工作。现在党中央领导全国人民进行实现四化的宏伟事业，而培养人才、发扬学术是当务之急。民盟在这方面是大有可为的，应当积极组织、发动盟员，创造条件，使他们能够各尽所长，做出应有贡献，庶几不辜负党的期望。
>
> 我是1952年参加民盟的，三十年来，在党的教育与盟组织的关怀帮助之下，使我在学习与工作上获益甚多。
>
> 我从事教学与科研工作迄今五十馀年，甚愧光阴流逝，碌碌无为，况经十年动乱，旧业荒疏，久患目翳，视力衰损，然而在当前党中央拨乱反正、实现四化的感召鼓舞之下，不禁精神奋发，仍愿以炳烛之明，竭驽骀之力，在文化教育事业上略尽绵薄。1964年，我年满六十，曾拟定计划，想就平日研读之心得撰写专著。沧桑十载，夙愿未酬。今眼病为累，已难以检阅群书，亲自撰写，仅能就区区所怀，记忆所及，做有关中国古代史与古典文学方面的专题讲授；同时，亦指导中年教师编写书籍（如《北朝会要》、《三国志选注》）、撰作论文，并培养魏晋南北朝史研究生。
>
> 我总结以往治学之经验，窃不自揆，提出一种蕲向，主要有三点：一、论史结合，就是要在掌握广博而又经过考覈的资料的基础上，运用马克思主义的理论进行分析论断。二、古今结合，就是要“通古今之变”，研究古代历史，联系今

天的实际,阐释数千年中吾国家民族兴衰治乱之迹以及学术文化之发展变迁,彰往察来,以供借鉴。三、文史结合,就是要用文学作品与历史资料互相参证,互相补充,发现问题,树立新义。以上所提出的这一理想,我是虽不能至,心向往之,并愿与我所指导的中青年学人共同勉励。

民盟市委宣传部为纪念民盟成立四十周年,将出版《成都盟讯》专辑。向我征稿,因写此短文,表述对民盟工作的建议以及个人今后的志愿。

3月2日下午,召集留历史系工作的三名毕业研究生方北辰、吕一飞、王炎平谈今后工作及进修事。

3月11日下午,听研究生陈玉屏试讲杨恽《报孙会宗书》。

3月12日上午,赴杜甫草堂纪念馆,参加杜甫研究会理事会,讨论年会筹备事宜。

3月14日下午,赴枣子巷民盟省委办公处,座谈"五讲四美"。

3月26日上午,陕西师范大学历史系黄永年携研究生来访。下午,与马德真、杨耀坤、刘琳商议下学期开设魏晋南北朝史选修课事。

3月,受聘为校历史研究所副所长。

4月4日下午,在第二教学楼为历史系全系学生讲培养古代汉语、文化知识基本功的问题。

4月9日下午,出席校学术委员会会议。

4月10日上午,赴成都市殡仪馆,参加姻亲、四川师范学院刘绍禹追悼会。

4月11日,接受《人民日报》记者毕全忠、新华社四川分社记者林平兰的采访,谈治学经验、方法及对培养人才的意见。

4月17日下午,武汉大学中文系王启兴来访。致函熊德基:

德基先生史席：

接奉手翰，三复捧诵，快如觌面。惠赐玉照两帧，足慰积年契阔之思，而神采奕奕，恍如二十年前在蓉相晤时也。大著两篇，均已拜读。《答客难》一文对于武则天评价诸问题，辨析明确，足以祛疑解惑；而论中国古代小农经济为基础之农业生产兴衰变化之规律一事，尤见通识，又不仅限于论武则天也。论《天雨花》作者一文，根据人间罕见之个山遗集，博采众籍，曲证旁通，考明作者为刘淑英，足以发潜德之幽光，断三百年之疑案。来示所谓《天雨花自叙》中有一句显有错字者，殆指"悼殒葆之殇，危楼思子"。此句确实费解，尊意谓"殒葆"盖"殒节"之误，并举颜延之文为证，颇合情理。小诗三首，另纸写呈教正，其中《移居》一首，借琐事以寓十年浩劫之慨，先生谅有同感也。近照两张，附函寄奉存念。大著论《天雨花》文遵嘱另封寄还。专此奉覆，敬颂著祉。

缪钺拜上　四月十七日①

4月20日至24日，在成都杜甫草堂参加杜甫研究会年会。会上，与加拿大不列颠哥伦比亚大学亚洲学系叶嘉莹初次相逢，探讨诗词，甚为契合。会后，各赋诗一首赠别。

4月26日，致函王仲荦：

仲荦先生惠鉴：

奉到惠札并大著《北周地理志》、《西昆酬唱集注》，谢谢。先生兼治文史、功力深至，极为敬佩。近因事忙，故仅读一部分（以后当再细读全书）。《北周地理志前言》，详述治学甘苦，谨严之风，足矫时弊。钺平日读史，对于北周地

①原信底稿，家藏。

理蓄疑之处，检阅有关条目，亦得以冰融雪释。注西昆酬唱诗，不仅注明典故，且结合作者生平，阐发诗中微旨，尤为可贵。孟伦先生来蓉，道及左右远道相念之意，至深感慰。赠蒲孝荣君之《北周地理志》已转致矣。读《西昆酬唱集注前言》，知先生亦喜李义山诗，与钺有同嗜，去年冬间所作七律一首，附呈指正。专此奉覆，即颂

著祉。

弟缪钺拜上　4月26日①

4月27日上午，叶嘉莹于赴机场离蓉之前，来先生寓所告别。先生提出"愿相与合作，撰写评论诗词之书"的意向。

4月30日下午，出席民盟市委召开的民盟成立四十周年纪念会。

5月1日，上海古籍出版社李国权来访。

5月6日下午，出席川大盟员与民盟中央高天的座谈会。

5月7日，参加市政协文史资料工作会议。

5月8日晚，民盟中央高天来访。

5月27日上午，赴杜甫草堂纪念馆出席《草堂》编委会。

5月28日，与马德真、杨耀坤、朱大有商讨修改《三国志选注》书稿事。

6月4日下午，为历史系学生讲自己的治学途径与方法。

6月5日，赴杜甫草堂纪念馆，为其工作人员讲杜诗。

6月9日晚，赴成都餐厅，出席学校招待美国哈佛大学人类学系张光直的宴会。

6月10日上午，赴杜甫草堂纪念馆，出席《草堂》编委会。下午，在锦江宾馆会见美国亚利桑那州立大学魏世德（John Tim-

①原信底稿，家藏。

othy Wixted)与田浩(Tillman Hoyt Cleveland),谈关于元遗山的问题。

6月中旬,致函华东师范大学中国史学研究所:

华东师大中国史学研究所:

奉到惠札,敬悉贵所为开展对于王国维先生学术的总结和研究,将于今年秋间与明年秋间分别召开国内的与国际的学术会议,闻之甚为欢慰。

静安先生在文学、哲学、古文字、古器物、古声韵、古代历史等等方面均有深诣创获,而能辟新领域、开新风气,享有国际盛誉。而近三十年来,在国内声尘寂蔑,文史各系青年大学生甚至有不知王国维其人者,深可叹息。贵所此举,实为学林盛事,可喜可贺。

辱承征稿,至感盛意。我平生很敬佩静安先生,并爱读其著作,深受教益。四十年代初,我曾撰《王静安与叔本华》一文,对静安先生之为人及其思想见解,略有所论述。近因久患目疾,视力衰损,读书写字,均感困难,拟就平日心得撰写一篇论静安诗词之短文,于十月前寄奉。

我推荐一位对于王静安先生有多年深入研究的学者,就是加拿大籍华裔学者叶嘉莹教授。叶先生于六十年代末期曾在美国哈佛大学任教,近十年中,任加拿大哥伦比亚大学亚洲学系教授,曾著有多种论述中国古典诗词之书,已出版者四种,其中一种即是《王国维及其文学批评》(香港中华书局1980年6月出版),书中分析论断,颇多精解胜义。叶先生今春来成都参加杜甫学会年会,数次晤谈,读其著作,故了解情况。叶先生已返加拿大,其通讯处是:

……

我建议,贵所可以寄函与叶先生联系,邀其参加会议,撰写论文。离成都时，叶先生谓，今年秋后，正值在哥伦比亚大学休假之期，已应南开与北师大两校之聘，将重回祖国讲学，则届时参加会议，更为方便也。

总之，贵所发起举行研究王静安先生的学术会议，是学术上拨乱反正的盛举，我极感兴奋，甚为赞同。从此，静安先生在学术上的卓著业绩以及治学的新精神、新方法，可以在国内发挥作用，有利于四化建设。我预祝这两次会议取得圆满成功。①

6月24日，河南师范大学中文系于安澜②来访。

6月29日，《四川大学校刊》第107期发表先生文章《东风吹绿新园地　愿种繁花处处开——纪念中国共产党诞生六十周年》，《缪钺全集》失收，现抄录如下：

今年是伟大、光荣、正确的中国共产党建党六十周年纪念之期。在这六十年中，我国历史的发展，波澜壮阔，经历了天翻地覆的变化。在新民主主义革命时期，中国共产党领导全国人民进行土地革命战争，击败日本军国主义侵略者；在解放战争中，推翻三座大山，建立了中华人民共和国。建国以来，党又领导全国人民建设社会主义。三十年来，取得了空前的成就，虽然其中也不免有失误，甚至于遭到十年动乱时期的严重挫折，但是党终于能以雄伟坚毅的魄力，拨乱反正，将我们国家、民族于危难之中拯救出来，又正在以光明磊落的态度，总结经验教训，并以远见卓识、苦心孤诣领导全国人民从事于实现四化的宏伟事业。近数年中，工

①原信底稿，家藏。此札底稿无结尾，据先生《发信记录》，发信时间为1981年6月15日。

②先生执教河南大学中文系时的学生。

农业生产的发展和文教事业的变化，充满了冬去春来欣欣向荣的新气象。

我是从旧社会来的知识分子，解放以来，在党的培养教育下，学习马列主义、毛泽东思想，从事教学科研工作。自从建国到1956年，党的各项方针政策得到认真的贯彻执行，百废俱兴，国势昌隆，全国人民对党极为爱戴拥护。1956年，党正在贯彻“双百”方针，开放言路，提倡学术文化，鼓励青年学人向副博士进军，呈现出一种开朗的气象。我当时非常兴奋鼓舞，很想尽绵薄之力以培养人才，曾赋诗两首见志：

其　一

礼经曾寄大同思，
原始初民信有之。
社会千年论发展，
应从今日说明时。

其　二

铅椠勤劬枉费才，
流光一逝不重回。
东风吹绿新园地，
愿种繁花处处开。

我这两首诗的意思是说，少时读《礼记·礼运》，知道所谓“大同”之说，然此不过是先秦儒家美妙的空想，今天在中国共产党的领导下，运用马克思主义的理论建设社会主义，将来进入共产主义，这才能实现真正的“大同”之世；而我自己也愿意在东风的吹拂之中，很愉快地努力于教学工作。

但是，到第二年1957年以后，情况就发生了变化，并不尽如我所想象的那样。六十年代初期，形势好转，我又可以重新振作有为。在这几年中，我编写出版了三种书：《读史存稿》、《三国志选》、《杜甫》，又写完了两本书：《杜牧年谱》、《杜牧传》，也正准备出版。1964年暑假后，开展社教运动，接着就是十年浩劫的“文化大革命”，使我陷入于极度的迷惘、困惑与惋惜、悲愤之中。但是我并未绝望，我相信，久经考验的中国共产党，定能以正气压邪气，而全国人民也正是这样殷勤期待着。果然，1976年10月，一声惊雷，妖雾四散。祸国殃民的四人帮被粉碎了，人心大快，举世欢腾。党总结三十年来的经验教训，重新制定各项切实正确的方针政策，全国出现了前所未有的新气象。

1979年10月，我在北京出席民盟第四届代表大会。当时党号召民主党派作为党的诤友，消除顾虑，畅所欲言，为四化献计献策。我当时心情甚为舒畅，写了这样一首诗：

十载沧桑一梦中，
梦回征雁尚惊弓。
喜逢盛会开言路，
天半朝霞照眼红。

我深深感到，党的广阔胸怀与英明政策，有如红日高照，前途是无限光明的。

我虽然年过七十，并且久患目疾，视力衰损，而仍然愿意尽炳烛之明，竭驽骀之力，在文教工作方面做出贡献。但是更重要的，还是培养中青年学人，因为他们才是将来承担发扬我国学术文化的主要力量。

我教书五十馀年，一向热爱教育工作，也还有一点经验。我在1956年“愿种繁花处处开”的想法，在今日东风飘拂之中，可以如愿以偿了。经过十年浩劫之后，学风士气，深受摧残，今日要培养人才，我想提出下列几点意见。一、要教育青年学人胸怀大志，有爱国主义思想。范仲淹少时即以天下为已任，今日的青年也应当有这样的抱负。我在讲授中国古代史与中国古典文学时,要着重阐发中华民族数千年中的辉煌业绩、宝贵的文化遗产以及有卓越建树的历史人物,使青年学人感发兴起,爱国之心油然而生。二、教育青年本着马克思主义实事求是的精神,坚持真理,主张正义,切忌颠倒是非,随风倾斜,要有学术上的气节与德操。三、教育青年对于学术上论与史、古与今、专与博的种种关系,要能够有正确的认识与掌握。四、指导青年加强基本功的训练。治文史之学者对于语文阅读与表达的能力应当有比较好的素养,要懂目录学,要掌握文化基础知识。以上这几点教育青年人的做法,我虽然不一定能做好,但是要努力做,庶几不辜负党对我的教育培养。顾亭林诗云:“苍龙日暮犹行雨,老树春深更着花。”愿诵此语,以自勉焉。

7月3日上午,参加校党委召开的庆祝中国共产党建党六十周年座谈会。

7月7日上午,参与审议系各专业1981年研究生入学考试试题。

7月9日,致函熊德基:

德基先生史席:

奉到长函,多是肺腑之言,读后甚为感慰。

白内障摘除手术,眼科医生认为并非难事,且效果好者约百分之八九十,惟顺利摘除后,视力恢复情况如何,要看患者具体情况而定。我去年对右眼施行手术,出院后休息三月馀,视力较前好转,生活能够自理,但仍昏花,不能看字。医生为我配一眼镜,带眼镜后,在特定距离、特定视野内可以看字写字,但不能持久,久则目睛疲胀不适(譬如,写此信,要休息数次始能写完)。

先生谓生平写诗都是称心而言,无意“作”诗,其实这正是很高的境界。陶渊明诗都是自然流露,杜工部还不免有"语不惊人死不休"之"作"意也。大作《读三国志》二绝寓意深刻。苏东坡称刘安世为"铁汉"事,见清陆应阳撰《广舆记》,我未见过原书,是见到转引的。

叶嘉莹教授今年五十馀岁,六十年代末,她在哈佛任教,与舍妹婿杨联陞君同事,七十年代,她一直在加拿大不列颠哥伦比亚大学亚洲系教授中国古典文学,并指导博士学位的研究生。其人才华功力都好,所著书已出版者有《迦陵谈诗》、《迦陵论词丛稿》(1980年上海古籍出版社印行)、《王国维及其文学批评》、《古典诗歌评论集》(以上两书均香港中华书局印行)、《杜甫秋兴八首集说》(此书我尚未见到,叶君允将寄来)。诸书析论精细,颇多胜义。叶君主张,用西方学者所擅长之思辨方法,对于中国文学批评中之词句精炼而蕴含深邃的妙语微言加以清晰明确之阐释。今年秋后,叶君在哥大休假一年,已应南开大学之聘,回祖国讲学,将来在京时,定有机缘与先生会晤也。叶君极愿为祖国尽力,培育人才,以诗教培养青年学人之高尚情操与爱国主义思想,曾有诗云:"构厦多材岂待论,谁识散木有乡根。书生报国成何计,难忘诗骚屈杜魂。"近作答叶君诗一首并叶君原作,均另纸写录呈正。

萧颖士在唐代文学史上并无重要地位,外国治汉学者常是喜欢走"冷门",找小题目,这可能与考学位有关。考博士论文往往要求窄而深。要求深是对的,不过,偏僻并不等于就是"深";至于"窄"必须建筑在广博的基础上,如果基础不广而过早求"专"求"窄",则对于培养通才是不利的。

因此我联想到我国培养研究生的工作。78年。我招收了四名研究生,成绩比较好,毕业后,三名留校,编制在我的魏晋南北朝研究室内。79年,我本想招两名,结果,考生成绩差,只取了一名。80 年我未招,估计到考生来源不足。果然,这年川大历史系有五个专业招研究生,因为考生成绩差,一个也没取。今年,我将招收三名研究生,据说,77 级学生中颇有优秀者。我认为研究生必须基础好(如较好的语文阅读与写作能力,尤其是阅读文言书的能力,较多的文化知识,略知治学方法),否则不易培养。培养时应注重在广博的基础上求专精。先生主持所中培养研究生工作多年,定有丰富的经验,区区鄙见,不知亦有可取者否?

拙著《诗词散论》,上海古籍出版社正在重印。去冬,有编辑来蓉,与我面商,照原书样式重新排印,直行,繁体字,我又增加一篇《诗三百篇纂辑考》(亦是在浙大的旧作)。三月中,责任编辑来信说,已付排,但是至今尚未印出。在出版后,将寄奉一册呈正。

先生上次来函问到我的别号,我字“彦威”。

学校放假,稍有空闲,故拉杂书此,以当面谈。专此,敬承

著祉。

缪钺拜上　7 月 9 日①

7 月 15 日,应教育部来函询求,写定关于改革教学的意见。

7 月 27 日,致函夏承焘:

瞿禅先生史席:

惠赐大作词集,能兼古人数家之长,陶冶熔铸,自创风格,运用旧词体写新事物、新情思,境宇恢宏,而仍保存词体固有之特美,遵守精严之韵律,三复拜读,甚佩,甚佩。近日报刊所载诸词,除极少数较佳者外,多是信笔直书,无所谓

---

①原信抄件,家藏。

格律、意境、韵味，殊可叹息。读先生之作，真如于众籁吹万中而聆钧天广乐之音矣。近日校中放假，略可小休，偶作七古一首，附函呈正。专此，敬颂

著祉。

缪钺拜上　七月廿七日①

8 月 6 日，《人民日报》第三版发表专访《“在广博的基础上求专精”——访四川大学历史系缪钺教授》，作者林平兰、毕全忠。

8 月 12 日下午，郑州大学陈显泗、青海师范学院潘达均、上海师范学院吴承平来访。

8 月 16 日晚，巴蜀书社魏尧西携其子、西南师范学院中文系 78 级邓小军来访。

8 月 17 日下午，人民出版社邓卫中②来访，谈重印先生旧作《读史存稿》事。

8 月 31 日至 9 月 18 日，为历史系学生讲选修课专题“研究魏晋南北朝史之意义”。

9 月 25 日下午，出席成都市历史教学研究会成立大会并发言。

是月，先生填《琵琶仙　成都杜甫草堂杜鹃花特盛，赋〈琵琶仙〉词咏之。此调乃姜白石自制曲，声响拗折，韵律甚严，属稿时颇费斟酌也》词，《缪钺全集》失收，抄录如下：

千朵娇红，宛然是、点点杜鹃啼血。开向诗圣堂中，年年寄幽咽。春正好，晴丝缥缈，喜飞下碧云相接。隽语吹兰，灵襟似水，何事轻别？　又谁道瀛海凌波，在天外园

①原信抄件，家藏。

②四川大学历史系 1962 届毕业生。

林植根叶。牵引远人芳思，赋新词吟彻。常慕想高情李杜，照世间永契深结。待得明岁花前，畅怀重说。

10月8日下午、16日下午，赴成都大学讲“治学方法”。

10月21日上午，赴王建墓文物保护管理所，参加杜甫研究会理事会。

10月26日上午，中国社科院历史研究所童超、贵阳师范学院历史系张祥光来访。

10月28日下午，在历史系作“古代汉语”课的示范教学。

10月29日上午，出席民盟召开的与英籍华裔作家韩素音的座谈会。

11月5日，在寓中召集《北朝会要》课题组第一次会议，讨论编纂工作。课题组由先生任主编，刘琳任执行主编，童超、张祥光、马德真、杨耀坤、朱大有、方北辰、吕一飞为课题组成员①。

11月5日下午，出席校学术委员会会议。

11月9日，中华书局刘良富等来访。

11月15日，《国务院学位委员会公报（一九八一年　第三号）》公布了“首批博士学位授予单位及其学科专业和指导教师名单”，其中四川大学的中国古代史学科由徐中舒与先生任导师。

11月19日上午，贵阳师范学院历史系周春元来访。

11月24日下午，出席与由美国来访的台湾学者高准（正之）的座谈会。原浙江大学中文系学生韦自明、萧崇岳来访。

11月27日，李必忠来访，谈在扬州参加唐史学会的情况。

12月5日，出席由民盟召集的关于建设精神文明的座谈会。

12月7日下午，出席校学位评定委员会筹备会。

①其后数年间，缪元朗和景蜀慧、郑小容先后加入课题组。

12 月 8 日至 12 日，四川省哲学社会科学学会联合会成立大会在成都召开，选举产生了省社科联第一届理事会和常务理事会，先生被聘请为顾问。

12 月 9 日下午，上海古籍出版社李学颖、曹光甫来访。

12 月 10 日，国务院恢复古籍整理出版规划小组，先生受聘为成员。

12 月 15 日和 16 日下午，为历史系 1980 级学生讲授顾亭林、屈大均、吴梅村三家诗选。

12 月 16 日，致函张志岳：

志岳先生史席：

两次惠书及大作论文稿均已奉悉。先生在医院养疾期间，犹不惜精力为《草堂》学刊撰文，极感厚谊。

赐示诸诗，清逸酝藉，与先生以往所作似又别具风格。大作《略论杜甫对魏晋南北朝诗歌的继承与发展》，已仔细拜读。持论精辟透彻，具见通识。我仅就抄稿中之误字、脱文以及标点符号之不妥者加以改正。此稿定于明年上半年之《草堂》学刊中印出，将为学刊增添光彩也。

附寄我与吉川幸次郎先生赠答诗手写稿复制件一纸。今年春夏间，日本东京举行汉学会议，我的学生尹君适在日本讲学，参加此会，向我要作品。我来不及写论文，故将与吉川先生赠答诗三首写一横幅寄去，作为纪念，因吉川先生生前即是此汉学会会长也。会中将此写稿复制散发给与会者，并寄我一份。因友朋中多索阅者，故我又在川大复制多份。

近来校中甚重视培养研究生之工作，明年要招收数种①研究生，将甚忙碌。

---

①原文为“种”，疑当作“名”。

此间有浙大校友会，曾来寓告知，明年浙大将庆祝建校85周年，征集诗文。先生如有兴趣撰写诗篇，可寄杭州浙大校庆筹委会办公室，定受欢迎也。我也准备写诗寄去。

尊体康复后，尚望平时加意调摄。专此布谢，即颂著祉。

缪钺拜上　12月16日①

12月20日上午，中文系李崇智来访，赠其所著《中国历代年号考》。书名由先生题签。

12月25日，参加全校研究生毕业典礼。

12月29日晚，出席学校召开的庆祝1982年元旦联欢会。

发表文章

纪念民盟成立四十年（《成都盟讯》1981年第2期。河北教育出版社版《缪钺全集》失收）

略论对杜诗遗产的全面继承（《成都日报》1981年4月2日）

东风吹绿新园地　愿种繁花处处开——纪念中国共产党诞生六十周年（《四川大学校刊》1981年6月29日第107期。河北教育出版社版《缪钺全集》失收）

成都杜甫草堂（《中国建设》第30卷第12期，1981年12月）

编年诗

《一九八一年四月二十日杜甫研究会在成都草堂举行年会赋此志喜》《一九八一年四月叶嘉莹教授自加拿大远来成都草堂参加杜甫研究会年会数日盘桓论学甚契赋此奉贻兼以惜别嘉莹教授即将返加拿大温哥华也》《叶嘉莹教授归温哥华后寄诗见怀情辞恳挚甚可感也赋此答谢》《莲生妹

①原信复印件，由张安祖提供。

婿与宛君妹结缡五十周年赋此志贺寄美国哈佛大学》《叶嘉莹教授寄赠其所著王国维及其文学批评赋此报之》《题缪文远七国考订补缪文远君著七国考订补将由上海古籍出版社印行嘱余题诗以当序言》《古意》《去年植盆兰一株今秋花发喜而赋此》《读古诗》《今年四月二十日初识叶嘉莹教授于成都草堂十月二十日倏已半载矣赋此见怀》《一九八一年十一月唐史研究学会在扬州举行年会余因目疾未能赴约小诗代柬奉呈与会诸公》

编年词

《浣溪沙》(方喜青禽互探看)　《高阳台》(西蜀鹃红)　《琵琶仙　成都杜甫草堂杜鹃花特盛,赋〈琵琶仙〉词咏之。此调乃姜白石自制曲,声响拗折,韵律甚严,属稿时颇费斟酌也》　《虞美人》(寻山当日夸身健)

○ 1982 年壬戌　先生七十八岁

本年先生在四川大学历史系任教。

1 月 5 日,在校图书馆前与历史系 1977 级毕业生合影。

1 月 8 日,出席历史系 1977 级毕业生欢送会。

1 月 16 日下午,出席校学位评定委员会筹备组会议。

1 月 18 日,叶嘉莹携其女赵言慧自昆明抵蓉,小住数日。先生与叶嘉莹具体计划合作事宜。

1 月 19 日,陪同叶嘉莹参观历史系博物馆。

1 月 20 日晚,在家中便宴叶嘉莹,副校长许琦之、历史系赵迎生作陪。

1 月 23 日,叶嘉莹离蓉赴京。

1982年4月与李一氓(左一)、徐中舒(左二)先生摄于杜甫草堂

2月3日，杜甫草堂纪念馆杨铭庆①、濮禾章来访，谈关于纪念杜甫诞辰及研究会年会事。

2月5日上午，与历史系柯建中、陈贤华共同审阅系中各专业研究生试题。

2月6日下午，出席民盟省委联络工作会议。

2月10日上午，日本早稻田大学坂田新来访，谈中国古典诗歌。

2月23日，教育部下达[82]教高一字029号文件《关于四川大学学位评定委员会的批复》，先生任校学位评定委员会委员。

2月27日下午，出席校党委召开的民主党派负责人会议，讨论学校本期工作要点。

2月，招收1982级魏晋南北朝史硕士研究生2名：景蜀慧、郑小容。

3月3日收到国务院古籍整理出版规划小组通知，将于17日在京举行会议。先生因身体原因，不便远行，于3月中旬去函告假，并将对古籍整理出版"九年规划"的详细意见附寄。

3月17日下午，赴学校电教室，看1981年讲杜诗的录象。

3月30日下午，出席1981年校先进工作者表彰大会。

4月3日下午，出席川大民盟支部大会。

4月9日下午，出席校学位评定委员会会议。

4月11日，致函张志岳：

志岳先生惠鉴：

惠札及赐诗，均已奉悉。

辱承远道赐寄祝寿诗，拜诵感慰。钺生于清光绪三十

①先生执教华西大学中文系时的学生。

年甲辰(1904),以虚岁计,今年七十九岁。先生预示吉兆,感激无已。

今年四月,在草堂举行纪念杜甫诞辰大会,继开学会,甚盼文旌戾止,藉增光采,且可以杯酒欢谈,以慰离索,而尊体未尽康复,难以远行,当亦未敢勉乞。好在学会每年举行年会一次,明年四月间,望能南来一游也。

今年三月中,国务院古籍整理小组在京召开会议,钺本拟前往。后因会期推迟,与钺校中工作时间上发生矛盾,又加以近来医生检查,血压升高,心血管供血不足,故只得请假,将对"九年规划"之建议写成书面寄去。

近作七律四首,附呈吟正。专此奉覆,即颂

著祉。

缪钺拜上　4月11日①

4月12日,叶嘉莹自京抵蓉,与先生合作撰写《灵谿词说》②,并在川大讲学。

4月15日下午,先生与徐中舒赴杜甫草堂纪念馆,与国务院古籍整理出版规划小组李一氓晤谈。李一氓提出两项工作:一、整理校点《杨升庵全集》;二、校点有关四川地理的古书,如陆游《入蜀记》、范成大《吴船录》。

4月16日下午,赴杜甫草堂纪念馆,出席杜甫研究会理事会。

4月22日,赴杜甫草堂纪念馆,出席成都纪念杜甫诞生一千二百七十周年大会,并作发言。下午,与徐中舒在草堂休息室和谭其骧畅谈,先生与其相别二十多年。次日中午,与徐中舒等在

---

①原信复印件,由张安祖提供。

②"灵谿"二字取自郭璞《游仙诗》第一首中的"灵谿可潜盘,安事登云梯"句。

成都餐厅宴请谭其骧一行。

4月23日，与许琦之、叶嘉莹、日本京都大学文学部大平桂一①同赴杜甫草堂纪念馆，出席杜甫研究会第二届年会。会议至26日结束。

4月27日下午，出席校学位评定委员会会议。

4月28日上午，出席校学位评定委员会会议。

4月29日上午，出席校学位评定委员会会议。下午，叶嘉莹在川大第二教学楼三楼大教室开讲唐宋词，先生前往听讲。晚，出席学校招待叶嘉莹的宴会。

5月2日，甘肃成县宣传部张忠来访，谈同谷修建杜工部祠问题。

5月3日下午，赴锦江宾馆，出席由民盟省委召开的与费孝通的座谈会。

5月4日上午，赴市政协，参加讨论宪法草案。

5月5日晚，应费孝通之约，至锦江宾馆晤谈。

5月6日下午，往听叶嘉莹讲词。

5月13日下午，往听叶嘉莹讲词。

5月17日，赴大邑安仁镇地主庄园陈列馆，为四川省文化局举办的西南地区文博干部中古史培训班讲课。

5月20日下午，往听叶嘉莹讲词。

5月21日下午，出席系学位评定委员会会议。

5月24日至29日，中国先秦史学会成立暨第一届代表大会在成都四川省民委招待所召开，其间，先生赴招待所和在家中会晤了前来与会的赵俪生、胡厚宣、杭州大学历史系黎子耀、陕西师范大学历史系斯维至、武汉大学历史系郑佩欣、中国社科院历

---

①时为日本京都大学文学部博士研究生，在四川大学外文系担任文教专家，讲授“日本文学史”、“日语词汇学”。

1982年与叶嘉莹、陈邦炎先生摄于杜甫草堂

史研究所孟世凯①、钟遵先、应永琛等，并于 27 日在家便宴赵俪生、胡厚宣、黎子耀等。

5 月 26 日，上海人民出版社顾孟武先来访。

5 月 30 日下午，成都电子工程学院 1978 级学生罗宏翔来访。

5 月 31 日上午，段伯宇来访。

6 月 3 日下午，往听叶嘉莹讲词。

6 月 4 日上午，斯维至来访。

6 月 7 日上午，水天同来访。晚，福建人民出版社李允明来访。

6 月 8 日上午，杨铭庆、濮禾章来访，商议《草堂》第 4 期定稿事。

6 月 11 日下午，往听叶嘉莹讲词。

6 月 15 日下午，北京大学中文系王利器来访。

6 月 17 日下午，往听叶嘉莹讲词。

6 月 18 日上午，中国民主建国会卞孝萱等来访，时卞孝萱以四川师范学院客座教授的身份来川师出席研究生学位论文答辩。下午，赴历史系开会，听柯建中转达南京会议精神。

6 月 24 日下午，往听叶嘉莹讲词。

6 月 25 日上午，河北省博物馆何直刚来访。下午，往听叶嘉莹讲词。

6 月 26 日下午，出席校党委召开的庆祝建党 61 周年座谈会。

是月，先生被成都军区聘为《中国大百科全书·军事卷》、《中国军事百科全书》特约审稿人。

同月，先生作《论词绝句　论张惠言及常州词派》诗，《缪钺全

①四川大学历史系 1959 届毕业生。

集》失收,抄录如下:

> 争言寄托费疑猜,词论常州别派开。欲识《茗柯》“幽约”意,疏帘春晓蝶飞来。

7月1日上午,出席省高教局召开的关于研究生工作的座谈会。

7月3日上午,赴锦江宾馆会见美国威斯康辛大学东亚语言文学系周策纵。

7月5日上午,出席周策纵在四川大学新会议室所作学术报告会,并赠其手书旧作诗词横幅。

7月6日晚,出席学校为叶嘉莹的饯别宴会。

7月10日晚,在寓中设便宴为叶嘉莹饯行。

7月10日,校毕《诗词散论》清样。

7月15日,叶嘉莹离蓉赴京。

7月28日上午,与历史系1978级毕业生合影并出席欢送会。

7月31日下午,出席民盟省委召集的关于廖承志致蒋经国书的座谈会。

8月9日上午,民盟省委王鸿贤、尹兴邦来访,谈盟中央关于知识分子政策讨论情况。

8月10日下午,杨铭庆、濮禾章、曾亚兰来访,商议编辑《杜甫诞生一千二百七十周年纪念》特刊事。

8月13日上午,赴锦江宾馆参加座谈会,谈日本文部省省定教科书歪曲历史事实问题。下午,上海师范大学中文系吴绍烈来访;邓小军来访。

8月23日下午,出席校党委召开的关于下学年学校工作计划的座谈会。

8月25日上午,赴杜甫草堂,出席盟省委召集的盟中央关于知识分子问题会议情况的传达会。

9月3日下午，出席系学术委员会会议。

9月4日下午，为历史系中学师资培训班、研究生讲“魏晋南北朝文化”。

9月5日上午，四川师范学院中文系王文才来访，谈整理杨慎著作事。

9月6日上午，出席市政协各组、委负责人联席会议。

9月10日下午，召集魏晋南北朝史研究室工作会议，讨论科研及研究生培养工作。

9月11日下午，继续为历史系中学师资培训班、研究生讲“魏晋南北朝文化”。

9月13日下午，出席历史系方志培训班开学典礼。

9月15日下午，出席校学位评定委员会会议。

9月16日下午，出席系学术委员会会议。

9月18日下午，为研究生讲培养计划。

9月24日下午，出席校党委召集的学习党的十二大决议座谈会。中国民主同盟中央委员会下发盟中办〔82〕第582号文件，先生受聘为民盟中央文教工作委员会委员。

9月25日上午，出席校学术委员会会议。

9月，招收1982级魏晋南北朝史方向硕士研究生3名：刁忠民、罗新本、许蓉生。

10月14日下午，中国科学院自然科学研究室王奎克、清华大学化工系杨根雨来访，时来蓉出席化学史会。

10月18日下午，出席校学术委员会会议。

10月20日下午，与历史系研究生林小安、方北辰、彭裕商、黄奇逸等同游望江公园，并弈围棋。

10月21日上午，河北大学中文系詹锳来访，曾与先生在浙江大学中文系共事，四十年未曾晤面。晚，江油李白纪念馆欧小白来访。

10月28日上午，西北师范学院郑文君来访。下午，出席校学位评定委员会。晚，《中国社会科学》编辑部冷铨清受舒芜之托来看望先生，并约先生为该刊供稿。

10月29日上午，中央民族学院中文系裴斐①来访。

10月，《江海学刊》第5期发表胡可先《〈杜牧年谱〉商榷》。同期封三刊登了先生对该文的评介："胡可先同志之文，功力颇深。文中对于拙著《杜牧年谱》提出九项商榷意见，其中有几个项目考证精细，足以补正拙著疏误之处，使我收到裨益。如谓《送沈处士赴苏州李中丞招以诗赠行》中之'李中丞'应是李道枢而非李款（拙著曾据冯集梧《樊川诗集注》认为是李款）；《上李中丞书》之'李中丞'应是李让夷而非李回；杜牧姊夫裴俦为江西观察使应系于大中三年而不应系于大中四年，等等，都是正确的。但是也有的项目，其中意见，尚可进一步商榷。总之，胡同志这篇文章是写得相当好的。我建议　贵刊可以将此文发表，体现学术上百家争鸣的精神。"

11月3日上午，出席省史学会理事会。

11月5日晚，冷铨清来访，取去《〈迦陵论诗丛稿〉题记》文稿。

11月10日上午，出席市政协会议。

11月11日下午，美国哈佛燕京学社图书馆吴文津来访。

11月12日下午，中国社会科学院历史研究所黄烈、人民出版社萧远强来访；中国人民大学清史研究室王俊义来访。

11月13日下午，人民出版社张作耀来访。

11月14日上午，先生由缪慈明陪同，回访吴文津。

11月15日下午，为历史系"干部培训班"讲"结合学习历史培养爱国主义思想"。

---

①先生执教华西协合大学中文系时的学生。

11月22日上午，在历史系出席有关学位及职称问题的会议。

11月24日下午，在历史系出席有关学位及职称问题的会议。

11月26日下午，为历史系本科学生讲“宋词”。

11月27日上午，与刘琳共同评阅博士研究生入学考试试卷。

11月，《诗词散论》由上海古籍出版社重印再版，在上海开明书店1948年初版中增入《〈诗〉三百篇纂辑考》一文。

12月2日下午，出席校学术委员会会议。

12月3日上午，参与审议系中各专业1983年研究生入学考试试题。

12月8日上午，省高教局许步由来谈明年邀请叶嘉莹来蓉事。

12月11日上午，省高教局许步由来续谈明年邀请叶嘉莹来蓉事。

12月22日上午，参加对博士研究生考生的复试。

12月24日下午，继续为历史系学生讲“宋词”。

12月28日晚，大平桂一来访，谈诗。

12月29日下午，出席校学位评定委员会会议。

12月，招收魏晋南北朝史在职博士研究生一名：吕一飞。由刘琳任副导师，协助培养。

发表文章

成都纪念杜甫诞生一千二百七十周年大会纪念辞（成都杜甫草堂博物馆编：《杜甫诞生一千二百七十周年纪念刊》，1982年4月）

治学琐言（《文史知识》1982年第9期）

总论词体（《四川大学学报》1982年第3期）

论张惠言及常州词派(《四川大学学报》1982年第3期)
论吴彦高词(《四川大学学报》1982年第3期)
论晏几道词(《四川大学学报》1982年第3期)
论朱彝尊《桂殿秋》词(《四川大学学报》1982年第3期)
论晏几道《鹧鸪天》词(《四川大学学报》1982年4期)
论范仲淹词(《四川大学学报》1982年4期)

出版专书

诗词散论(上海:上海古籍出版社,1982年11月)

编年诗

《祝贺浙江大学八十五周年校庆兼怀故校长竺藕舫先生可桢四首》《读叶嘉莹教授论李义山诗诸文深契微旨赋二绝句》《咏怀》《一九八二年三月唐诗讨论会将在西安举行余以病目未能赴约小诗代柬奉呈与会诸公》《一九八三年为清诗人黄仲则先生逝世二百年其后嗣葆树先生征诗纪念敬赋四绝》《一九八二年四月在成都草堂集会纪念诗圣杜甫诞生一千二百七十周年并举行杜甫研究会第二届年会爰赋歌行以志欢庆》《相逢行赠叶嘉莹教授》《论词绝句　总论词体之特质》《论词绝句　论晏几道词》《壬戌暮春谭季龙兄远来成都倾怀话旧樽酒言欢惓念平生情澜不竭别后即乘船东下归沪重晤未知何日爰赋二律以寄怀思》《论词绝句　论张惠言及常州词派》《论词绝句　论朱彝尊〈桂殿秋〉词》《论词绝句　论晏几道〈鹧鸪天〉词》《论词绝句　论范仲淹词》《论词绝句　论吴彦高词》

○ 1983年癸亥　先生七十九岁

本年先生在四川大学历史系任教。

1 月 12 日下午，召集《北朝会要》课题组会议，总结 1982 年工作情况，制定 1983 年工作计划。

1 月 18 日下午，赴市政协，在文史委会议上讲文史资料工作问题。

1 月 26 日上午，出席系学术委员会会议。

1 月 28 日，致函熊德基：

德基先生：

元月十八日手书及赐示大诗数首，均已拜读，至深感慰。来示说，去年收到拙稿《灵谿词说》之后，曾寄来一长函，但迄未收到。外来函件寄至川大历史系者，我都能收到，因为每天都有人从系办公室给我带来，不知先生赐函何以失落，殊可惋惜。

尊著《唐代民族政策初探》一文，已仔细拜读。资料丰赡，论析精覈。文中谓唐太宗以汉人而习染鲜卑，所以在民族关系上能破除狭隘界域，以宽广胸怀执行开明的民族政策，此论深惬鄙怀。私见常以为，我国古代儒家所倡导的民族观念，认为，民族的界限，重在文化而不沾滞于血统，一方面讲"华夷之辨"、"夷夏之防"，一方面又主张"夷狄而进于中国则中国之"，此两种提法是一种辩证的结合。其目的在于保存当时华夏高度的文化与经济，不使其受到戎、狄等落后部族的干扰，而另一方面又想用华夏高度的文化影响这些落后部族，而引掖其前进于华夏之域，并不因为血统的不同而永远歧视、排挤他们（譬如像今日南非种族主义者那样）。这种开明的见解后来很见效果，使中华民族不断的发展壮大，增加新鲜血液。秦汉时期，春秋、战国时的戎、狄、舒、夷等族均不见了；隋唐时期，魏晋以来内迁的诸族，如匈奴、鲜卑、羯、氐、羌等也不见了；他们都是"进于中国则中国之”。我常以为,唐朝所以能朝气蓬勃,成为盛世,魏晋以来四百年中的民族融合是一个重要因素,因为它给中华民族增添了新鲜血液。在古代君主中,在这方面有两个人最有贡献:汉族君主是唐太宗,少数族君主是北魏孝文帝。他们二人都是有远见大度,消除民族血统的偏见,以华夏——汉族的优秀文化,融合各族,在历史上是很有功绩的。我在讲魏晋南北朝史专题时曾涉及此问题,因读尊文而略发之。先生以为或有可取否?望进而教之。

来示谈到,已写《漫谈诗钟》一文,待刊出后当拜读。诗钟虽是游戏之事,但可以练习作诗的构思之巧与艺术之精。我记得前人所作诗钟有很精彩者,如咏物格,楼与刘备,“其中绰约多仙子,天下英雄惟使君”(集白居易、陆游诗句,贴切、工巧、浑成)。又如嵌字格,“磨”、“画”二字,“去日暗惊磨镜老,看人多学画眉深”(这是黄晦闻先生所作,隐喻感慨)。承询“元、殿、花、眼”,殿何所指,这确实费解,我一时还想不出来。

大诗四首均清峭有致。“偶因避祸欲逃名”句,“名”字入韵,与下文“真”韵不叶,改为“逃名去”,何如?

拙撰《灵谿词说》续稿,又在《《川大学报》》82年第四期中刊出,兹寄奉一册呈教。小诗两首,附博一粲。专覆,敬颂

春禧。

缪钺拜上　元月28日①

2月1日下午,出席学校春节茶话会,

2月4日上午,出席校学术委员会会议。大平桂一来寓辞

---

①原信底稿,家藏。

行,先生以先前手书旧作诗二首横幅相赠,并题记云:“大平桂一先生为友人吉川幸次郎教授之高足弟子,壬戌春日,应聘来四川大学授课,过从谈诗,并读新作,深服其清才锐思,俊逸不群。今聘期已满,行将东归,爰书旧作二首奉贻,以为别后相念之资。缪钺写于成都 一九八二年十二月”

2月8日下午,赴锦江宾馆出席六单位联合召开的春节茶话会。

2月9日上午,赴省政协礼堂出席省社科院春节茶话会。

2月10日上午,赴锦江宾馆出席省委统战部春节茶话会。

2月24日上午,安徽师范大学中文系研究生邓小军来访。

2月27日,致函谭其骧:

季龙吾兄有道:

去年夏间曾寄奉“寄怀”诗二首,谅早尘玄览。近惟新春康娱,撰述日精,为颂为慰。

承示大著《论五藏山经的地域范围》一文,已仔细拜读。尊文考覈《五藏山经》所载诸山之方向里距以及所达之地域,并将《山经》与《禹贡》相比较,推论《山经》写作地点与时代。精思卓识,考订详核,足以廓清诸种迷误之说,如拨云雾而见青天,诚有如汪容甫所谓“欲空曲交会之际以求其不可知之事,心目所及,举无疑滞,钩深致隐,思若有神”者,甚佩甚佩。

旧著《诗词散论》,自1948年由开明书店出版之后,在大陆迄未重印。最近上海古籍出版社重付刊印。兹寄奉一册,敬乞諟正。书中诸文,皆在遵义浙大任教时所撰写,当时虽播迁黔中,而学风朴实,生徒向学之殷,友朋切磋之乐,展卷回思,如温旧梦也。

迩来校中昌言改革,惟多年来积重难返之势,改革亦殊不易也。专此,即颂著祉。

弟缪钺拜上　二月廿七日①

3月7日上午，赴锦江宾馆，出席民盟联络委员会会议。下午，出席历史系方志培训班开学典礼并讲话。

3月8日下午，出席校党委召集的关于学校改革的座谈会。

3月10日下午，出席学校召开的马克思逝世百年纪念会。

3月12日上午，出席四川省纪念马克思逝世一百周年大会。

3月16日上午，出席四川省哲学社会科学规划会议。

3月17日上午，与刘琳、吕一飞商议博士研究生培养计划。

3月23日上午，出席校学术委员会会议。

4月3日晚，云南大学历史系马曜、江应梁来访。

4月5日下午，中华书局李解民来访。

4月15日上午，赴省社科院，出席首届《三国演义》学术讨论会。

4月16日下午，北京图书馆陈翔华来访。

4月19日下午，出席首届《三国演义》学术讨论会，讲“陈寿《三国志》评介”。晚，陕西师范大学古籍研究所黄永年来访。

4月20日上午，陕西省社会科学院张田、王亚平来访，谈杜牧研究的有关问题。

4月21日晚，在家中设便宴招待黄永年。

是月，为黄永年所藏清康熙中刻本《西昆酬唱集》题诗②。

同月，先生作《论词绝句　论刘因词》诗，《缪钺全集》失收，抄录如下：

难从道学觅词人，理障幽情两不亲。开径独行刘梦吉，

---

①原信复写件，由周振鹤提供。

②先生《黄永年出示所藏西昆酬唱集乃周桢王国炜合注者清康熙中刻本刊印精工殊可赏玩此书不见于诸家著录弥足珍也敬题一绝》诗，《缪钺全集》第8卷《冰茧庵诗词稿》，第65-66页。

乐歌一卷见真淳。

5月3日上午,历史系进修教师扬州师范学院曹全华、山西大学卫广来、内蒙古通辽民族师范学院王海燕来访。

5月8日,从1982年秋间,编选旧作论文史诸文,共28篇,名曰《冰茧庵丛稿》,是日清抄整理完毕。

5月9日下午,陕西师范大学历史地理研究所史念海来访。

5月12日上午,袁庭栋来访,谈四川人民出版社拟整理、出版古籍事。下午,与硕士生谈学习方法。

5月15日上午,山东大学历史系王仲荦的研究生袁刚、傅克辉来访。

5月17日下午,出席校学位评定委员会会议。

5月25日下午,上海人民出版社《书林》编辑部王善初来访。

5月27日,将《冰茧庵丛稿》书稿寄上海古籍出版社。

5月29日,四川师范学院中文系刘君惠陪同山东大学中文系殷孟伦(石臞)来访。

6月1日,叶嘉莹抵蓉,与先生继续合作撰写《灵谿词说》。

6月8日下午,民盟川大支部和民盟市委文教科技委员会邀请先生作专题报告《如何欣赏词》。

6月10日下午,先生继续作专题报告《如何欣赏词》。

6月11日上午,赴杜甫草堂纪念馆出席杜甫研究会理事会。

6月17日,外文系丁道谦持其舅父陈道荣所藏《吴宓诗集》来访。

6月24日上午,《四川大学学报》编辑部于德馨①来访。

6月29日下午,民盟省市委联合在民盟市委礼堂举办学术

①于德馨在此前后数年间,由《学报》分工负责《灵谿词说》文稿的编辑工作,与先生过从甚密。

讲座，请叶嘉莹作题为“从中西诗论结合谈旧诗的评赏”的演讲，先生往听，并出席民盟省市委在锦江宾馆招待叶嘉莹的宴会。

6月30日下午，继续往听叶嘉莹演讲。

7月4日上午，出席市政协常委扩大会议。

7月9日上午，与历史系1979级毕业生合影。

7月18日，致函陈少松：

少松同志：

奉到惠札，敬悉社科院文研所与苏州大学明清诗文研究室将联合举办清代诗歌讨论会，辱承邀请参加，甚感盛意。

有清一代，诗歌创作，兼采唐宋之长，而又有新发展，名家辈出，佳什如林，能反映三百年中各种世变，其造诣超出于元明两代之上。但自建国以来，论清代文学者，多注重戏曲、小说，而忽视诗歌，殊属憾事。苏州大学中文系，在钱仲联先生倡导之下，深研清代诗歌，效绩显著，甚为士林推重。预想此次讨论会，群贤毕至，发抒闳论，定有一番盛况也。

我对于清诗夙有兴趣，少时学诗，即从吴梅村入手，后又喜读黄仲则、龚定庵之作。此次嘉会，本拟前往参加，广承教益，且可以藉瞻虎丘、灵岩之胜。无奈久患目疾，视觉模糊（我左眼等于失明，右眼曾施行手术，仍然昏花，带特配眼镜，只能在近距离内勉强看字，但不能持久）。且两腿僵化，行动困难，故近数年来，凡外地开会事，均婉言辞谢。此次清诗讨论会，亦因力不从心，未能应约，至以为歉。区区苦衷，尚乞鉴谅。专此，並致

敬礼。

缪钺启　7月①

---

①原信底稿，家藏。此札未署具体日期，据先生《发信记录》，发信时间为7月18日。

7 月 31 日上午，邓小军来访。晚，王文才来谈整理杨慎全集事。

8 月 5 日下午，成都武侯祠纪念馆谭良啸来谈关于举行诸葛亮学术讨论会事。

8 月 8 日上午，赴省社会科学院，出席四川省历史学会第二次年会。晚，濮禾章来访，谈 1984 年杜甫研究会学术活动事。

8 月 13 日上午，省社科院文学研究所李谊来访，谈 9 月接待美国学者代表团事。晚，设便宴为叶嘉莹饯行。

8 月 17 日上午，成都市图书馆林孔翼来访。

8 月 19 日上午，叶嘉莹离蓉赴京。

8 月 23 日下午，杨耀坤、朱大有偕硕士研究生来谈外出考察访问事。

8 月 27 日下午，出席校党委召开关于下学期主要工作安排的座谈会。

8 月 29 日上午，四川人民出版社段文桂来访。

9 月 3 日上午，杨铭庆来访，谈 1984 年召开杜甫夔州诗讨论会事。

9 月 5 日下午，在校外办会议室参加接待以普林斯顿大学厄尔·迈纳(Earl Miner)为团长的美国学者访华团，与刘若愚、林顺夫等会晤。

9 月 8 日，致函中国唐代文学学会秘书处：

中国唐代文学学会秘书处：

奉到八月廿三日惠札，敬悉本学会将于明年暑假在敦煌举行学术讨论会，拟先确定一个中心问题以便集中讨论，并征询意见。我仔细考虑，拟提出下列一个问题，并附说明。

我所拟的问题是“论唐代诗歌承先启后的作用”。说明如下：

唐代是我国三千年诗歌发展中的黄金时期。三百年中，名家辈出，名著如林，在思想内涵与艺术风格上，均达到空前盛况，而对于后世宋金元明清的诗歌影响甚大。唐诗之所以能如此昌盛，原因固然很多，而其中一个较重要的原因就是：能继承《诗经》、《楚辞》、汉魏六朝诗歌的优良传统，而加以发扬、光大、融合、创新，充分体现中华民族的精神风貌。宋以后的作家，也都在不同程度上从唐诗中汲取营养，而又结合自己的才情、身世有所创新，于是中国诗歌遂有绵延不息的生命力。

深入讨论这个问题是有意义的，不但可以进一步认识唐诗的价值，而且可以为当今新诗的创作提供借鉴。因为任何文学艺术的创新都不能割断本民族的优良传统，但是"五四"以后的新诗创作，多是取法西方，除去少数作家以外，大都忽视中国古典诗词的修养(很少有致力于诵读、欣赏古典诗词者，甚至于不能辨别平仄四声)，因此，不能融化古典诗词的许多长处于新诗创作之中，这不能不说是一个缺陷。研究一下唐诗承先启后的情况，是可以得到启发的。

以上意见，不知是否妥当。专此奉覆，并致

敬礼。

缪钺启　9月8日①

9月9日，中共四川大学委员会下发组干〔1983〕第9号文件，先生被任命为四川大学古籍研究所名誉所长。

9月11日，撰毕对长春电影制片厂所寄电影剧本《赤壁之战》的意见。

---

①原信复写件，家藏。

9月13日,致函上海市社科院文学研究所钱鸿瑛:

鸿瑛同志:

九月一日惠书奉悉。

叶先生在蓉两月馀,与我切磋讨论,她已撰写《词说》两万馀字(论李璟、晏小山),将在《川大学报》发表,刊出后,我将寄给你。叶先生于八月中旬离蓉赴京,飞返加拿大,于八月廿七日抵温哥华,又将从事繁忙的科研教学工作。

来函提到,许忼列氏论周清真词,强调其赞同新法,这个观点是否妥当。我认为,周邦彦思想上尽管偶有同情新法之处,但是他在这方面卷入并不深。许氏将清真《忆旧游》、《瑞龙吟》诸词都解释为政治上的感慨,未免穿凿附会。许氏另有一篇论王安石词的文章,对王词评价过高,我也不同意。我认为,王安石的词,除去极少数几首之外,都无词意词味。现在已不是"批儒评法"时期,对于北宋词人的评价,似乎不必以其对新法的态度如何为衡量标准。王安石有远见、有魄力,能针对北宋积贫积弱的弊病提出改革方案,不愧为杰出的政治家,但是他有缺点,就是不能知人善任,不能检查考覈其新法是否正确执行(在这一方面,诸葛亮胜于王安石)。所以新法制定时用意虽好,但是因为王安石所用多非正人(如吕惠卿、邓绾等等),推行新法时往往变质,益民者反倒害民。当时大官连遭贬责(如司马光等),无人说话,而有正义感的小官郑侠上《流民图》,请求罢免新法(郑侠和王安石诗有"见佞眸如水,闻言耳欲聋"之句,讥其喜佞人,拒正议)。厌恶党争,远离政局的晏小山,独与郑侠交厚,并作"小白长红花满枝"诗,对得意之新党有所讽刺。所以,对于王安石及其新法,都应作一分为二的评价,而对于北宋词人,更不能以其是赞成或反对新法以区分高下也。

1983年10月与王仲荦(前排左一)、史念海(前排左二)、唐长孺(前排左四)、黄永年(前排左五)诸先生及四川大学魏晋南北朝史研究室师生合影

吴世昌氏论东坡词之文,我也读过。他贬低东坡《水龙吟》咏杨花词,持论欠公允,但是他文中有许多论点是好的。他认为东坡三百馀首词中,豪放之作是极少数,北宋末也并不存在以东坡为主将之“豪放派”,而对于近人某些论东坡词者的“八股似的签条”痛加驳斥。这些意见,我很赞成。

十月中旬,唐史学会将在成都举行年会,川大历史系作为举办单位之一及东道主。正在进行筹备工作。我作了一首祝贺诗,兹将复制件附上一份,请指正。此颂
撰安。

缪钺拜上 9月13日①

9月15日下午,出席学校召开的古籍整理研究所成立会。

9月17日下午,为历史系进修教师讲治学方法及讲课方法。

9月21日下午,出席校党委统战部召开的归侨、侨眷座谈会。

9月23日上午,李谊来访,谈10月接待法国学者事。

9月25日上午,陕西师范大学唐史方向研究生黄新亚、齐永峰来访。山东大学秦汉史方向研究生三人来访。

9月29日下午,成都市文化局王幼麟来访;北京师范大学历史系何兹全的研究生李建渝来访。

10月3日下午,北京大学中文系安平秋、刘宏天来访,谈古籍整理。

10月6日上午,出席在校外办会议室与法国高等社会科学学院侯思孟(Donald Holzman)的座谈。

10月7日上午,上海古籍出版社《中华文史论丛》编辑室刘德权、王根林来访。北京大学历史系田余庆、中国人民大学清史

①原信复写件,由钱鸿瑛提供。

研究所王思治来访。

10月9日上午,云南大学历史系李英华来访。

10月11日上午,郑州大学历史系高敏来访。下午,中国社科院历史研究所刘永成等来访。晚,山西大学历史系周立来访。

10月12日上午,《晋阳学刊》编辑部高增德来访。杨耀坤、朱大有来访,谈带研究生外出考察访问的情况。

10月14日中午,中国人民大学语言文学系茅于美与其夫徐璇偕其女来访。

10月16日晚、17日下午,赵迎生、李必忠、陈贤华来谈唐史学会年会筹备事。

10月22日下午,黄永年来访。

10月23日凌晨,先生八妹缪鉌由南京抵蓉探亲。上午,与许琦之、李必忠至成都空军招待所,访晤王仲荦夫妇、西北大学行政郭琦。并晤东北师范大学历史系吴枫、华东师范大学历史系杨廷福、袁光英等。

10月24日上、下午,在四川大学新会议室,与唐史学会诸理事会晤"日本唐代史研究专家访中团"①。晚,出席在锦江宾馆为该访华团举行的宴会。

10月25日下午,李必忠陪同唐长孺、王仲荦、史念海、吴枫、杨廷福、黄永年、天津师范学院历史系胡如雷等来访。

10月26日上午,赴武侯祠,出席诸葛亮研究联合会的成立大会,并作题为"漫谈政治家诸葛亮"的大会发言。

10月28日中午,出席历史系宴请唐史学会诸理事的宴会。

10月29日上午,赴成都空军招待所,出席中国唐史学会第

①团长:堀敏一,秘书长:菊池英夫,团员:日野开三郎、松井秀一、谷川道雄、西川つね子、船越泰次、渡辺信一郎、金子修一、东晋次、高桥继男、大野仁、妹尾达彦、榊良。

二届年会开幕式,下午作题为“用通古今之变的眼光研究唐史”的大会发言。

10 月 30 日上午,出席年会大会,会毕归。

是月,先生填《长亭怨慢》词,《缪钺全集》失收,抄录如下:

> 送君者临崖而返,彩凤翔空,杳然超远。曲沼观荷,当时同倚石栏畔。海风相惜,还肯与传词筒。丽句写幽情,又彷佛池边重见。　　眷念,有风裳水佩,本是植根仙苑。飘零异域,怎忘得故园心眼。愿化作千叶莲华,酿甘露神州浇遍。怕明月圆时,仍照离魂凄断。《初学记》卷二十七引《华山记》云:“华山顶有池,生千叶莲华,服之羽化。”

11 月 2 日上午,出席年会闭幕式及闭幕午宴。先生受聘为中国唐史学会顾问。下午,中州书画社庄昭来访。

11 月 3 日上午,人民出版社吕一芳来访。下午,上海人民出版社林烨卿来访。

11 月 4 日上午,湖南师范学院历史系陶懋炳等来访。

11 月 5 日上午,黄永年来辞行。晚,厦门大学历史系杨际平等来访。

11 月 6 日上午,潘镛来访。

11 月 12 日上午,出席四川省历史学会理事会扩大会议。

11 月 16 日下午,听研究生景蜀慧试讲谢朓《拜中军记室辞隋王笺》。

11 月 17 日下午,听研究生郑小容试讲鲍照《芜城赋》。晚,成都市社科所林成西送来根据录音整理的《漫谈政治家诸葛亮》,请先生校阅。

11 月 22 日上午,瑞典隆德大学博士生王罗杰(Roger Greatrex)来访,时正撰写博士论文《张华〈博物志〉译注》。

11 月 23 日上午,杨铭庆来访,谈杜甫研究会事。晚,民盟省委赵一民等来访。

11 月 28 日上午，出席市政协常委会。下午，原华西大学中文系毕业生林声铮来访，与先生三十馀年未晤。

12 月 1 日上午，参与审议系各专业 1984 年研究生入学考试试题。

12 月 8 日晚，周绥章来访，谈将赴京出席民盟第五届全国代表大会。

12 月 9 日上午，赴锦江宾馆出席杜甫研究会理事会。下午，在学校参加有关古籍整理工作问题的讨论会。

12 月 13 日中午，张秀熟与谭其骧来访。下午，与张秀熟、谭其骧、徐中舒、历史系伍仕谦、复旦大学中国历史地理研究所葛剑雄等同赴任乃强家，继续晤谈。

12 月 14 日下午，为景蜀慧、郑小容两位研究生教学实习做总结评议。

12 月 17 日下午，赴东风饭店，出席省社联理事会。

12 月 19 日上午，杨铭庆来访，谈杜甫研究会事。

12 月 23 日上午，先生八妹缪鉌返南京。下午，出席校学位评定委员会会议。

12 月 29 日下午，出席学术委员会会议。晚，林成西来访。政协成都市委员会发布（1983）〔16〕号通知，先生受聘为市政协第八届委员会文史研究委员会副主任委员。

12 月 30 日下午，出席系学术委员会会议。

12 月，任中国民主同盟第五届中央委员会顾问。

发表文章

怀念郑天挺先生（《南开史学》1983 年第 1 期）

论杜牧、秦观《八六子》词（《四川大学学报》1983 年第 2 期）

论韩偓词（《四川大学学报》1983 年第 2 期）

论岳飞词(《四川大学学报》1983 年第 2 期)

《迦陵论诗丛稿》题记(《中国社会科学》1983 年第 2 期,[英文版]1984 年第 2 期)

治学补谈(《文史哲》1983 年第 3 期)

《三国志》的书名(《读书》1983 年第 9 期)

漫谈政治家诸葛亮(《成都晚报》1983 年 10 月 30 日。因内容重复,未收入河北教育出版社版《缪钺全集》)

论刘因词(《四川大学学报》丛刊《唐宋文学论丛》,1983 年 11 月)

关于杜牧《清明》诗的两个问题(《文史知识》1983 年第 12 期)

王静安诗词述评(《王国维学术研究论集》第 1 辑,上海:华东师大出版社,1983 年)

自传及著作简述(《中国当代社会科学家》(第三辑),北京:书目文献出版社,1983 年)

编年诗

《贺昌群兄逝世十年矣追忆赋此》《论词绝句　论刘因词》《论词绝句　论杜牧与秦观〈八六子〉词》《张志岳寄示所作铸新集赋此报之》《论词绝句　论韩偓词》《许总寄示所作抱一轩诗存赋此报之》《黄永年出示所藏西昆酬唱集乃周桢王国炜合注者清康熙中刻本刊印精工殊可赏玩此书不见于诸家著录弥足珍也敬题一绝》《论词绝句　论刘因词》《桔树》《一九八三年十月唐史研究学会在成都举行第二届年会赋此志贺并呈与会诸公》《论词绝句　论苏、辛词与〈庄〉、〈骚〉》《论词绝句　论陈与义词》《论词绝句　论张孝祥词》

编年词

《长亭怨慢》(送君者临崖而返)

○ 1984 年甲子　先生八十岁

本年先生在四川大学历史系任教。

1 月 3 日下午，历史系进修教师南充师范学院历史系舒大刚来访。晚，周绶章来访，谈民盟第五届全国代表大会情况。

1 月 6 日上午，接受《四川工人报》魏文成的采访。致函郭斌龢：

洽周吾兄史席：

去年十月，舍妹自宁来蓉，详述吾兄及嫂夫人近况佳胜，甚慰积年契阔之思。前乘舍妹返宁之便，谨备薄物，以奉清娱，略表远道相念之意，固不足道也。

近接舍妹来函，云，吾兄所译柏拉图《理想国》一书已峻事，即将刊行问世，嘱弟撰序言一篇。弟对古希腊哲人之书虽梼昧无知，然与兄相交五十年，道义切劘，风雨急而不辍其音，霜雪零而不渝其色，今兄以耄耋之年，成此不朽之译著，弟得以抒写芜辞，附名卷中，陈述吾兄之志业学诣、襟期抱负以及吾二人交谊之真挚，非惟义不敢辞，亦且引为荣幸者矣。

序言结构，先综述《理想国》及柏氏之学之高度价值、深远影响，以及吾兄翻译之甘苦(此两方面，请兄写一较详之资料寄示，以便融入序言中)，然后叙写吾二人五十年之交谊以及吾兄之志业学诣，庶几情文相生，斐然可诵。

至于文体，弟意即用吾辈平日所蕲向之“新文言”，保存传统文章中之“雅言”与情趣，而又融合西欧近日文章中严密之逻辑与灵活之句法。至于题诗，五言排律拘束于声律、对偶、用典等，达意不畅，七言歌行较为适宜。弟近年来用文言所写序言两篇(《〈迦陵论诗丛稿〉题记》、《战国策考辩

序》)、七古两首(纪念杜甫诞辰歌行、题张志岳《铸新集》),均附呈教正。兄认为此种体制合适否。专此,敬承著祉,并贺

年禧。

弟缪钺拜上　元月 6 日①

嫂夫人前均此问安。

1 月 10 日晚,教务处唐绍贤来访,谈研究生培养工作事。

1 月 12 日下午,历史系博物馆叶维持宣纸来,请写横幅,以为馆藏。

1 月 16 日下午,巴蜀书社袁庭栋来访。

1 月 18 日上午,出席市政协会议。下午,马德真来访,谈 11 月中在成都举行魏晋南北朝史学术讨论会事。

1 月 19 日晚,陕西师范大学研究生李鸣来访,送来黄永年的书札及为先生刻治的"缪钺之印"、"彦威"连珠印。

1 月 21 日下午,中央民族大学民族研究所研究生秦和平来访,送来石钟健所赠书籍等;王利器来访。

1 月 24 日,赴锦江宾馆出席四川省古籍整理出版规划小组、古籍整理学术委员会扩大会议。

1 月 25 日下午,赴锦江宾馆出席四川省古籍整理学术委员会会议。

1 月 31 日,张永言来访。

2 月 2 日上午,赴图书馆二楼,出席学校新春团拜会。

2 月 8 日,先生作《去冬气寒今年人日红梅犹未开口占一绝》诗,《缪钺全集》失收,抄录如下:

底事红梅迟未开,东皇使者尚徘徊。瓶花共赏《经巢》

①原信扫描件,由郭喜孙提供。

句，此乐人生得几回？

2月16日上午，召集《北朝会要》课题组会议，总结1983年工作情况，布置1984年工作。

2月18日上午，杨铭庆、濮禾章来访，谈筹备“杜甫夔州诗学术讨论会”事。下午，赴省博物馆，出席关于文博干部培训中心工作的座谈会。

2月20日上午，袁庭栋来访，谈整理先生在省古籍整理会议中的发言稿的问题。

2月28日上午，出席市政协文史资料工作会议。

3月3日上午，书写纪念赵瓯北逝世一百七十周年诗横幅。

3月16日上午，赴武侯祠纪念馆，出席成都市史学会成立大会。

3月18日上午，书写贺中国《三国演义》学会成立七绝诗横幅。

3月21日，致函中国社科院文学研究所施议对：

议对同志：

惠札及寄示大作《建国以来词学研究述评》，均已收读，因为来函说，将于三月中、下旬回北京，所以现在才写回信。

《述评》对于建国以来在“左”的思潮影响下产生的词坛中许多粗暴偏浅之说，加以辨析澄清，并对于词的艺术特质做了深透的阐释，实为有功词苑之作。篇末提到当今词选本，《宋词三百首笺释》、《唐宋名家词选》都是好选本。窃以为俞平伯氏《唐宋词选释》，甄选与评释都相当好，能得古词人之用心，对读者很有益。至于所提到的“褒贬从心、抑扬失实”的某选本，很容易贻误青年，确不宜大量重印。

拙作《灵谿词说》（续稿七），论及苏、辛词与庄骚的关系、简斋词、于湖词，刊载于《川大学报》84年第一期，待出

版后，当寄奉指正。小诗二首，附博一粲。此颂
著祉。

缪钺启　3 月 21 日①

3 月 26 日下午，赴青羊饭店，出席省历史学会常务理事会。

3 月 29 日下午，杨铭庆来访，商谈“杜甫夔州诗学术讨论会”筹备事项。

3 月 30 日上午，古籍整理研究所胡昭曦来访，谈古籍所工作事。

3 月 31 日下午，召集 5 名硕士研究生谈写作学位论文事。

4 月 2 日晚，历史系宴请来蓉参加秦汉史学会年会的诸位理事，先生出席作陪。

4 月 6 日下午，上海古籍出版社江建中来访。

4 月 8 日上午，中华书局邓经元、骈宇骞、潘国基来访。下午，山东大学历史系研究生齐涛持导师王仲荦函来访。

4 月 10 日下午，何兹全等来访。

4 月 16 日上午，杨铭庆来访，商谈“杜甫夔州诗学术讨论会”筹备事项。

4 月 17 日上午，杨铭庆来访，继续商谈“杜甫夔州诗学术讨论会”筹备事项。

4 月 18 日上午，副校长隗瀛涛来访。

4 月 22 日上午，《江海学刊》编辑部许总来访。下午，中华书局张先畴来访。

4 月 23 日至 26 日上午，赴杜甫草堂纪念馆，出席“杜甫夔州诗学术讨论会”，并致开幕词。会议期间，除得以会晤旧识外，初次会面者有林家英、南开大学中文系王达津、暨南大学中文系陈

①原信复印件，由施议对提供。

芦荻、华东师范大学中文系万云骏(西笑)、朱碧莲等。

5月3日,美国汉学者田浩(Tillman Hoyt Cleveland)来访,时在北京大学进行访学,研究诸葛亮。1981年6月曾与先生会晤。

5月5日下午,出席学校新领导召集的民主协商会。

5月7日上午,田浩来谈其研究计划。

5月11日,叶嘉莹由京抵蓉,继续去年之中加文化交流协定,与先生合作撰写《灵谿词说》。

5月12日上午,田浩来辞行。

5月13日上午,隗瀛涛来访,商议与省社科院共同宴请叶嘉莹事。

5月14日晚,出席学校与省社科院招待叶嘉莹的宴会。

5月17日晚,南京师范大学中文系研究生刘长典、萧鹏、程杰持其导师金启华函来访,谈治唐诗、宋词中的问题。

5月24日上午,与赵迎生同访叶嘉莹。

5月29日下午,人民文学出版社盛永祜来访。

6月4日,端午节。下午,出席在省政协举行的纪念屈原诗词朗诵会。

6月6日上午,研究生处罗葆先来访,谈招收博士研究生事。

6月7日上午,武汉师范学院中文系曾绍岷偕研究生曾大兴、喻学才等来访。下午,赴市政协,出席文史资料工作会议并作发言。

6月9日下午,出席学校接待美国密执安州代表团的座谈会。

6月19日上午,陕西师范大学研究生贾宪保持黄永年函来访,谈唐代中尉典禁兵与枢密使的问题。下午,与历史系1980级毕业生合影。

6月20日中午,在寓中设便宴为叶嘉莹饯行,赵迎生作陪。

6月22日下午,成都科技大学王骏、叶嘉莹来寓中商议明日叶嘉莹讲学事。

6月23日上午,应邀赴成都科技大学,听叶嘉莹为辅仁大学在蓉校友及科大学生讲唐诗。晚,出席成都科技大学接待叶嘉莹的宴会。

6月25日上午,隗瀛涛来访;叶嘉莹来辞行。下午,叶嘉莹离蓉赴京。

6月,先生主编的《三国志选注》由中华书局出版。参加本书编写工作的有马德真、杨耀坤、朱大有等。

7月2日,先生受聘为古籍整理研究所名誉所长、历史研究所学术顾问。免去历史研究所副所长。

7月3日下午,出席校学位评定委员会会议。

7月6日上午,巴蜀书社邓南来访。先生受聘为中国《三国演义》学会顾问。

7月7日,刘琳、胡昭曦先后来访,谈古籍整理研究所工作事。

7月10日下午,赴古籍整理研究所,出席工作会议。

7月11日晚,王文才来访,谈筹建李白研究学会事。

7月17日上午,中文系文艺学专业研究生冯川、历史系考古专业研究生罗二虎来访。

7月23日上午,成都军区《战旗报》周大可来访。

7月24日下午,刘京华、谭良啸来访,谈武侯祠纪念馆将改为武侯祠博物馆事,并邀请先生出席28日的建馆座谈会。

7月27日上午,邓小军来访。

7月28日上午,出席武侯祠博物馆建馆座谈会。

7月30日下午,出席成都军区《两用人才报》创刊座谈会,先生受聘为顾问。

8月1日上午,出席校统战部召开的座谈会,谈高教改革问题。下午,《四川日报》黄远流来访。

8月2日,濮禾章来访,谈《草堂》编辑事。

8月3日下午,接受《四川日报》记者黄远流等二人采访,谈培养研究生的经验。

8月6日,为朱碧莲改定《杜牧选集》选目。

8月7日下午,研究生处胡昭曦来访,谈培养研究生事。

8月10日下午,四川师范大学中文系万光治来访,聘先生为四川省智力开发工作者协会顾问;新疆新源军垦中学陈泽①来访。

8月13日,书写一横幅,录李白《古风》第一首,祝贺将于10月在江油举行的李白研究学会成立大会,并于李白诗后题款云:"李白《古风》第一首,乃诗人述志之作。其诗篇超逸卓荦,辉映千古,实与所言相符。一九八四年十月,在江油举行李白研究学会成立大会,谨录此诗,以志祝贺,庶几远承李白遗志,开拓诗境,重振华夏骚雅之正声也。"

8月14日上午,江油李白纪念馆吴丹雨等三人来访,谈成立李白研究学会事。

8月15日上午,《四川日报》黄远流来访,谈修改采访稿事。

8月20日上午,古籍整理研究所刘琳来访,商议招考魏晋南北朝史博士研究生试题。

9月1日上午,四川医学院基础部曾秉衡、朱雪娜来访。下午,与赵迎生谈争取邓小军明年分配来川大做先生古典文学研究助手,及聘请叶嘉莹为川大兼职教授等问题。

9月6日下午,中华书局《文史》编辑部盛冬铃来访。

9月11日下午,华东师范大学图书馆系周茹燕偕研究生三人来访。

9月13日,哈尔滨师范大学中文系研究生刘丽文持张志岳函来访。

---

①先生执教华西协合大学中文系时的学生,二十馀年未曾归蜀。

9月14日，《四川日报》第四版发表“人物专访”《乐育英才——访四川大学历史系缪钺教授》，作者黄远流。

9月17日下午，林孔翼来访，出示“益府兰亭石刻长卷”，请先生题跋。先生建议不写题跋，改为临写全帖相赠①。

9月18日上午，出席四川省第一届哲学社会科学科研成果奖颁奖大会，先生专著《杜牧传》、《杜牧年谱》获荣誉奖。

9月22日下午，德阳市政协曾和清来访。

9月24日，成都市博物馆张应国来访，邀请先生出席市博物馆开馆仪式。

9月26日上午，赴大慈寺，出席成都市博物馆开馆仪式，并参观展览。下午，召集《北朝会要》课题组工作会议。

9月28日下午，出席学校庆祝国庆35周年座谈会。晚，省社科院历史研究所贾大泉来访。

9月30日，先生作《绝句》诗，《缪钺全集》失收，抄录如下：

> 劳逸相参理可寻，莫耽铅椠到宵深。明年重逢神弥健，好慰天涯远客心。

9月，先生受聘为中国唐代文学学会顾问。

10月4日下午，成都军区《两用人才报》社钟祥荣、沈茄来访。

10月6日下午，华东师范大学中文系徐震堮的研究生吴琦幸、吴宣德、伍伟民等来访。

10月7日，为林孔翼临神龙本《兰亭序》全本。

10月9日下午，出席校科研处召开的省哲学社会科学优秀科研成果奖获奖者座谈会。同日，致函夏承焘：

> 瞿禅先生有道：

---

①先生之建议，乃据梅铮铮转述林孔翼之回忆。

1984 年 10 月与周一良先生摄于成都

年来久疏笺候，翔华同志时时函告尊况，籍慰下怀，并数次托其代候兴居，以表远道相念之意。

近承翔华同志转寄惠赐大著《姜白石词校注》、《天风阁丛书》之一《饮水词》，拜领感谢。

先生研治白石词数十年，考释、评论、校注、订乐，各方面造诣均极精深，有功前贤，嘉惠后学，不愧为白石后世之扬子云，无任钦佩。此册《校注》，融入先生以前研治之成果，简要精审，当置诸案头，时时吟诵。清人词集，亟待董理，先生主编《天风阁丛书》，体例谨严，将可以继美《四印斋所刻词》、《彊村丛书》，有功词坛甚巨也。

先生今年八十五岁初度大庆，谨赋诗二首，写一横幅（因视力衰损，看字模糊，殊愧点画疏拙），寄请翔华同志转呈，敬志祝贺。深望颐养天和，撰著日新，为颂为祷。

近作论山谷、梅溪两家词之小文，刊载于《川大学报》中，亦寄请翔华同志转呈，请赐教正。肃此，即颂

著祉。

弟缪钺拜上　十月九日①

10月14日，致函施议对：

议对同志：

惠简及寄示大作诸文，均已读悉。

今年7月初，叶嘉莹先生将离京时，来函嘱寄《川大学报》第二期（其中有其所撰论柳永词之文）给你，当即于7月6日寄上；10月5日，又寄上《川大学报》第三期，其中有拙撰《词说》论山谷、梅溪两家词之文。两次都是寄至北京建国门大街5号（都是挂号的），不知均收到否？来示说，已迁

①原信底稿，家藏。

至赵堂子胡同5号,以后致函当寄新居。

大著《唐宋合乐歌词概论》,从目录及绪论看来,确是一部体大思精之作,其中议论,义据通深,矫正时弊,尤为可贵。绪论中说"讲究格律、讲究形式美与音乐美,这是唐宋词,也是我国诗歌发展的共同规律"。这实在是造微之言。我国古代诗人、词人,正是巧妙利用这几种因素,在其作品中发抒深情远旨,酿成醇美的意境韵味,具有美酒醉人之魅力。可惜晚近有些论者不明此理,在评赏古人诗词时,只强调所谓思想性(如"反映重大历史现实"、"爱国主义"、"描述劳动人民生活"等等),对于古之作者艺术创作之苦心、作品深美闳约之风格,漠然置之,甚至加以贬议。如果照此标准,只求表达所谓思想性的东西,则作散文岂不更为晓畅,又何必要诗、词呢?来函说,在"后记"中拟提到与我互相切磋之谊,至为感谢。

大作《建国以来新刊词籍汇评》,衡论诸书,长短得失,允当深细。有个别极"左"思想严重之书籍,确实不宜再广泛流行。

北京图书馆陈翔华同志日前来函说,京中知交将为瞿禅先生祝贺八十五岁诞辰,我作了两首诗,写一横幅,寄与陈君,托其转交瞿禅先生。诗抄录于下:

朴学奇才张一军,谢邻池草挹清芬(瞿禅先生旧居在永嘉谢池巷春草池畔,黄宾虹曾为绘谢邻图)。词坛今日推宗匠,天下英雄惟使君。

燕云锦水阻同游,金石交亲岁月遒。头白著书神益健,名山大业足千秋。

湘潭韵文学会事,我曾致函表示赞助,但并未敢说应邀赴会,因为十一月前半月,魏晋南北朝史学术讨论会将在成都举行,川大历史系作为东道主,届时事务正忙也。

此覆，顺颂

著祉。

缪钺启　10月14日①

10月17日下午，王善初来访。

10月19日上午，马德真来访，谈筹备魏晋南北朝史学术讨论会事。

10月21日上午，人民出版社吕涛来访。

10月22日下午，浙江人民出版社胡学彦、申屠奇来访。

10月24日上午，校党委副书记伍齐贤来访。

10月25日早，应张秀熟、王文才之约，赴江油，出席李白研究学会成立大会闭幕式并作简短发言。晚，为林家英、人民文学出版社林东海等人讲宋词②。先生受聘为学会顾问。

10月26日上午离开江油，下午抵蓉。

10月29日上午，林家英来访。下午，刘琳来访，赠其所著《华阳国志校注》。

10月30日上午，北京师范大学历史系黎虎等三人来访。

11月2日下午，淮阴师范专科学校中文系周本淳③来访。张祥光来访。

11月3日上午，郑佩欣来访。中午，赴五福村招待所会晤周一良。

11月4日上午，苏州师范大学历史系张承宗、北京师范大学历史系陈乾康来访。下午，赴历史系博物馆接待室，参与接待来蓉参加魏晋南北朝史学术讨论会的外地代表，并出席大会筹备

①原信复印件，由施议对提供。

②参见林东海《博综文史——记缪钺先生》，《师友风谊》，北京：人民文学出版社，2007年3月版，第133－134页。

③先生执教浙江大学中文系时的学生，亦是先生老友钱宝琮的女婿。

组与历史系共同举办的招待晚宴。

11月5日，赴五福村招待所出席魏晋南北朝史学术讨论会开幕式，并致欢迎词。会毕，与熊德基、周一良等晤谈，并互赠文稿。下午，作题为“五胡十六国与北朝时期的民族关系”的大会发言。晚，河南大学中文系华钟彦来访。

11月7日上午，中文系陶道恕受华钟彦之托，来寓为先生吟诵诗词录音。下午，赴文史楼，出席1982级魏晋南北朝史方向硕士生景蜀慧、郑小容毕业暨学位论文答辩会。中国社科院历史研究所朱大渭任答辩委员会主席，李必忠、杨伟立和先生任答辩委员会委员。景蜀慧的论文题目为《郭璞〈游仙〉诗与魏晋玄学》，郑小容的论文题目为《南朝的典签》。

11月8日下午，漆泽邦等四人来访；刘琳来访。晚，华钟彦来辞行。撰毕《略谈杜牧咏史诗》。

11月9日上午，赴五福村招待所参加会议，讨论成立魏晋南北朝史学会事。

11月10日上午，赴五福村招待所参加魏晋南北朝史学术讨论会闭幕式，中国魏晋南北朝史学会宣布成立，先生受聘为学会顾问。下午，赴文史楼，出席1979级魏晋南北朝史方向硕士生陈玉屏毕业暨学位论文答辩会。朱大渭任答辩委员会主席，李必忠、杨伟立和先生任答辩委员会委员。陈玉屏的论文题目为《曹魏两晋兵户制度再探》。

11月14日上午，周一良、田余庆来访。下午，省高教自学考试办公室朱国栋来访，嘱为《四川自考》创刊号题词。

11月15日上午，召集童超、张祥光及校中《北朝会要》参编人员开会，商讨编写工作。

11月16日上午，四川人民出版社刘运勇来访。

11月19日下午，林孔翼来访，取去先生为其所临《兰亭序》。

11月24日上午,与刘琳共阅报考博士生试卷。

11月26日中午,杨廷福的研究生魏承思来访。

11月28日上午,与刘琳共同评阅报考博士生试卷。

12月3日上午,马边县县志办刘允枢、李宝全来访。下午,袁庭栋来访。

12月5日下午,为历史系1983级、1984级学生讲"治学志向与方法"。

12月6日,是日为先生阳历的八十岁寿辰,晚,魏晋南北朝史研究室马德真、刘琳、杨耀坤、朱大有、方北辰、吕一飞等在杨耀坤家为先生设宴祝寿,李必忠夫妇、历史系童恩正夫妇及研究生陈玉屏、景蜀慧、郑小容、刁忠民、罗新本、许蓉生等亦来祝贺。

12月7日下午,参加博士研究生考生方北辰、郑小容的复试(口试)。

12月9日上午,谢元鲁来访。

12月12日,为历史系83级、84级学生讲学习方法。

12月19日上午,为中文系新闻专业大专班讲"词的特质"。

12月25日上午,出席系学位评定委员会会议。

12月27日下午,出席学校召开的征询对于整党意见的座谈会。

12月28日全天出席校学位评定委员会会议。

是月,先生填《卜算子》词,《缪钺全集》失收,抄录如下:

> 不羡彩鸾翔,只恨青禽阻。小雪纷纷窗外飞,梅蕊窗前吐。　　我拟告梅花,珍惜香千缕。好借神奇电讯波,传向天边去。

本年,先生当选为民盟中央顾问委员会委员。

发表文章

论苏、辛词与《庄》、《骚》(《四川大学学报》1984年第1期)

论陈与义词(《四川大学学报》1984 年第 1 期)

论张孝祥词(《四川大学学报》1984 年第 1 期)

杜甫夔州诗综述(《草堂》1984 年第 2 期)

论黄庭坚词(《四川大学学报》1984 年第 3 期)

论史达祖词(《四川大学学报》1984 年第 3 期)

论姜夔词(《四川大学学报》1984 年第 4 期)

词学浅谈答客问(上、下)(《书林》1984 年第 3 期、第 4 期)

杜牧评传(《中国历代著名文学家评传》第 2 卷,济南:山东教育出版社,1984 年)

《三国志选注》前言(《三国志选注》,北京:中华书局,1984 年)

《战国策考辩》(《战国策考辩》,北京:中华书局,1984 年)

出版专书

三国志选注(主编)(北京:中华书局,1984 年 6 月)

编年诗

《去冬气寒今年人日红梅犹未开口占一绝》 《论词绝句 论姜夔词》 《今年是赵瓯北先生逝世一百七十周年赵氏后嗣将举行纪念远道征诗敬赋二首》 《论词绝句 论黄庭坚词》 《论词绝句 论史达祖词》 《中国三国演义学会于一九八四年四月在洛阳成立甚盛事也余以事牵不克赴约芜辞奉贺并呈与会诸公》 《杨廷福先生挽诗》 《论词绝句 论贺铸词》 《论词绝句 论张元幹词》 《莲生妹丈七十寿诗》 《秋怀》 《绝句》 《寄贺夏瞿禅先生八十五岁初度》 《甲子季秋熊德基先生远来成都欢聚数日奉和其七十自寿诗即次原韵》 《论词绝句 论文天祥词》 《论词绝句 论刘辰翁词》 《咏盆中杜鹃花》 《华钟彦先生远游万里途经蓉城于立冬前二日枉顾谈论甚欢归汴后寄示

所作鄂川纪行诗三十六首其中道及成都相晤之事赋此奉酬》《论词绝句 论宋人改词》

编年词

《鹊踏枝》(姑射神山曾说与) 《踏莎行 咏荷花》《卜算子》(不羡彩鸾翔)

○ 1985年乙丑 先生八十一岁

本年先生在四川大学历史系任教。

1月3日上午,古籍所曾枣庄来访,谈古籍所拟编纂《全宋诗》事。

1月7日下午,美国耶鲁大学东亚语文系车淑珊(Susan Cherniack)持余英时函来访,车淑珊时获美中学术交流委员会资助来四川大学研究杜诗。

1月9日下午,川大学生文学社团"启明文学社"聘先生为名誉社长。

1月13日,致函陈邦炎:

邦炎先生:

去年秋间,奉到惠札及大作《论静安词》文稿,往复循诵,极为钦佩。因近数月中诸事丛脞(如筹备并参加魏晋南北朝史学会、组织数名硕士生论文答辩、招考博士生、安排川大古籍所工作等),遂致裁答稽迟,至以为歉。

静安先生《人间词话》,极受重视,阐论者多,而对于其《人间词》,尚未见有作全面深入之探索者。尊文导乎先路,探骊得珠,实为词林有功之作。文中阐述《人间词》为词人之感与哲人之思交织而成之作;又为其《人间词话》理论之实践;而其深沉之哲思自然流露于精美的词艺之中,浑融为一;中西交融而以中为主,古今会合而有创新之功。凡此诸义,均造微之论,甚佩甚佩。

拙作《灵谿词说》续稿《论姜夔词》,已在《川大学报》中刊出。兹寄上一册,请指正。

叶嘉莹先生所撰《论词的起源》一文,已在《中国社会科学》84年第六期中发表,想已见到。此文将来亦收入《灵谿词说》书中。

冬寒,诸希珍摄,此颂

著祉。

缪钺拜上　元月13日①

1月17日上午,哈尔滨师范大学中文系张志岳的研究生雷啸林来访。下午,车淑珊来访。

1月28日中午,车淑珊来访,带来北京大学中文系陈贻焮(一新)送先生的诗稿。下午,出席校研究生处召开的关于研究生工作的座谈会。

1月29日上午,邓小军来访。

1月30日下午,刘仁清来访,谈省智协办学事。

1月,招收魏晋南北朝史方向(在职)博士研究生2名:方北辰、郑小容(历史系)。由刘琳任副导师,协助培养。

2月1日上午,朱国栋送来《自学杂志》社顾问聘书。

2月12日下午,杨铭庆、郭世欣来访,谈《草堂》事。

2月13日下午,淮阴师范专科学校文廿来访,带来周本淳、钱煕夫妇托带之礼物。

2月15日下午,出席学校春节茶话会。

2月18日上午,出席省政府春节团拜会。

---

①原信复印件,由陈邦炎提供。

2 月 19 日上午，张永言来访。

2 月 20 日上午，赴图书馆，出席学校春节团拜会。

2 月 21 日上午，省委聂荣贵来贺春节。

国际史学史委员会委托罗马尼亚历史学家吕西安·波雅(Lucian Boia)编纂《国际著名史学家大词典》，由美国格林伍德出版社(Greenwood Press)出版，并通过中国史学会约请中国史学工作者参与编写。2 月 22 日，先生致函中国社会科学院历史研究所史学史研究室谢保成，接受中国史学会的约请，为其撰写"陈寿"词条①。

3 月 6 日下午，王文才来访。

3 月 20 日，致函程千帆：

千帆先生史席：

久未通候，时在念中。顷奉手书及大作，拜诵感慰。大作论杜子美《饮中八仙歌》，认为此诗标志杜子美清醒的现实主义之起点，见微知著，义据通深，极佩卓识。尊著《古诗考索》即将问世，定多精义，惠允寄赠，先致谢意。

钺近年来，视力衰损，工作繁忙，黾勉以赴，时虞不及。年前整理旧作二十馀篇，集为《冰茧庵丛稿》，付上海古籍出版社刊印。去岁秋冬间，该社出版通讯中已有评价文章，并预告出版日期为八四年十月，而至今尚未出书，盖印刷厂延迟之故。早已函嘱责任编辑，《丛稿》出书后，即直接寄奉左右以求指正。

叶嘉莹先生与钺合作分写《灵谿词说》，已完成唐宋词部分五分之三，尚在继续撰写中。

唐圭璋先生将主编《唐宋词鉴赏指南》，自是词坛盛举。

---

①参见谢保成《缅怀缪钺先生忆"神交"——关于"陈寿"的七封通信》，《魏晋南北朝史论文集》，第 24 页。

承嘱撰稿，尚有困难。去年春间，上海辞书出版社拟编辑《唐宋词鉴赏辞典》，嘱写辞条，钺允诺写十馀篇（每篇约千馀字，体例要求与《唐宋词鉴赏指南》相似），荏苒一年，尚未竣事。已写成者即不便一稿两投，而又无有精力时间另撰新稿，不得已之苦衷，尚乞鉴谅，并请转告圭璋先生，代致歉忱。

江苏古籍出版社已将“《唐宋词鉴赏指南》编写体例”寄来，当另作函答覆。

近作七古一首，附呈指正。专此奉覆，敬承

著祺。

缪钺拜上　3月20日①

3月22日上午，杜甫草堂纪念馆张方伯来访。

3月23日下午，为启明文学社同学讲“宋词鉴赏”。

3月25日上午，杨铭庆来访，谈杜甫研究会事。

3月27日上午，湘潭中学周家乾②来访。下午，四川医学院校史办公室孙文杰来访。陈贤华来访，谈为先生撰写传记事。

3月29日上午，与赵迎生、伍宗华、马德真往四川医学院附一院看望徐中舒。

是月，先生填《满江红　夏历甲子十二月十五日立春，而乙丑正月，余寒料峭，阴雨连绵，静室索居，殊增闷损》词，《缪钺全集》失收，抄录如下：

旧岁迎春，方等待、繁红消息。争料得、新年来了，沈阴无极。丝雨凝愁长日织，遥山和泪伤心碧。问东皇、底事不关情，空无力。　　盈亏事，终难测。呢喃语，从头忆。怕

---

①原信复印件，由巩本栋提供。

②先生执教浙江大学时的史地系学生。

迷蒙燕子，难寻前迹。自有雕梁依旧稳，能栖沧海归来翼。更何时、晴日照西楼，舒胸臆。

4月3日上午，赵迎生来访，谈接待日本明治大学西川常子来校进修中国古代文化事。

4月4日上午，校博物馆童恩正来访，与先生商议接待西川常子事。

4月5日上午，西川常子来访，先生和童恩正与其商谈进修事。下午，刘琳来谈拟定培养博士研究生方案。

4月11日晚，陕西师范大学黄永年的研究生黄利平、斯维至的研究生郭政凯来访。

4月12日上午，车淑珊来访。

4月13日上午，出席历史系召集的关于学分制的座谈会。晚，在校外办餐厅与童恩正共同宴请西川常子。

4月15日晚，谢元鲁来访。

4月17日上午，访西川常子，赠《三国志选注》一部。

4月21日上午，中国社会科学院哲学研究所贺麟由其研究生宋祖良陪同来访。贺麟此行是应哲学系之邀来川大讲学。

4月24日上午，出席校统战部召开的整党座谈会，谈对端正业务指导思想的意见。

4月25日下午，刘琳来商议以《北朝会要》申请"高等学校哲学社会科学博士学科点专项基金"事。

4月26日上午，车淑珊来访，商酌其为先生所撰"陈寿"词条写英译稿事。

4月29日下午，杨铭庆、郭世欣、张方伯来访，谈庆祝杜甫草堂纪念馆建馆三十周年事。

4月30日上午，车淑珊来辞行，并送来"陈寿"词条英译稿清本。

5月4日上午,赴杜甫草堂出席纪念杜甫草堂纪念馆建馆三十周年及纪念馆更名“杜甫草堂博物馆”庆祝大会。下午,出席杜甫研究会理事会。

5月6日晚,由李必忠陪同,回访贺麟。

5月8日上午,赵迎生来访,谈接待叶嘉莹及暑假后邀请哈佛大学杨联陞来校讲学事。晚,在学校工会餐厅宴请贺麟夫妇。

5月9日,致函杨联陞:

莲生弟/七妹如晤:

月前收到来函,后来又收到七妹托瞿先生、于先生寄来照片许多张,最近又看到4月21日七妹致徵明札。我最近工作特忙(三名硕士生本期卒业),又患伤风咳嗽多日,精神疲惫,故迟未作覆。

先报告一个好消息。八妹之女宛子已考上南京工学院研究生(在职),八妹患白内障成熟,入医院施行手术,情况良好。

吾弟来蓉时,在川大讲学,题目、时间、方式等,一切由弟自己安排,只是讲题不宜太专太深,以兴趣较广泛为宜。近来国内大学生(包括一部分研究生)水平较低,此亦十年浩劫之后遗症也。

至于吾弟来蓉住所,有两处可住。一、锦江宾馆,在城中心,距川大约五华里,设备较好,收费较高,外宾来华旅游及工作者均可住。二、川大外专楼,设备不及宾馆,收费较少,但不接待旅游者,而只接待来川大工作者。

国内规定,凡外宾来华,均需有接待单位(吾弟妹74年来华,即是由国际旅行社接待)。吾弟在香港讲学毕赴京,不知由何单位出面接待?如果由北大接待,是否一切费用皆由北大出?由京赴蓉、赴武汉小住期间,用何种方式,是否仍由北大负责或另想办法。请吾弟在京时与北大方面商酌一下。吾弟如果是用探亲旅游的方式来成都，一切自费，由旅行社接待，则比较简单易行（亦须先由北京国际旅行社与四川省旅行社有文件联系）。川大历史系负责人说，吾弟来蓉时，由历史系出面宴请，请讲学，送礼物，安排游览（譬如青城山），均可办，至于整个接待工作，则非历史系力所能及。

国内官僚主义作风，办事拖延，手续繁琐等等，依然存在。

附寄《川大学报》剪页，有我所撰《灵谿词说》续稿。专此，即颂

俪祉。

兄钺拜上　（1985年）5月9日①

5月11日下午，贺麟夫人来寓辞行。

5月15日上午，教务处蔡曙先来访，谈改进教学事；刘琳来访，谈古籍所工作。

5月17日上午，曾枣庄、刘琳来谈古籍整理事，曾枣庄将赴苏州出席教育部召开的古籍整理工作会议。

5月18日上午，曾枣庄、刘琳再次来谈古籍整理事。

5月19日，致函施议对：

议对同志：

来函及所寄各件均已奉悉。久未得音问，方深悬念，读来函，知道你数月中在南方壮游，甚可欣慰。

大作《寿星明》词，改稿较前作更为切当。

吴世昌先生论苏词文，我以前曾读过。其中论苏词之影响在北宋末甚微，认为“北宋根本没有豪放派”，足以驳斥

①原信复印件，由缪鉁提供。

近年来“左”倾的谬论。我很赞同这个意见，去年我在《词学浅谈答客问》中曾征引吴先生之言。当胡(云翼)说尚在流传之时，端须赖此中流砥柱之论也。

吴先生学术论著陆续出版，足以嘉惠士林。其第一卷《文史杂著》，成都书店中尚未见到，俟再访求之。

我近来精力渐衰，而工作仍繁忙，勉力以赴，时虞不及。本学期将有三名硕士生毕业，批改论文，写评语，准备组织答辩工作等，忙了一个多月，因此，咳嗽伤风久未痊愈。

拙撰《灵谿词说》续稿在《川大学报》85年第一期中刊出，兹寄奉一册，请諟正。专覆，即颂

著祺。

缪钺启　5月19日

近作七古一首，附呈吟正。①

5月20日上午，陈贤华送来为先生所作传记初稿。

5月22日上午，成都市社会科学研究所谭继和、李绍海来访，请写“成都市历史学会”长匾。

5月23日晚，陈贤华来谈传记稿。

5月24日上午，陕西师范大学唐宋文学方向研究生王红、苏雨恒、何依工来访。

5月25日，叶嘉莹由南京抵蓉，与先生继续合作，撰写《灵谿词说》。

5月28日上午，出席成都市社会科学研究所成立五周年纪念座谈会。

5月30日下午，曾枣庄、刘琳来访，谈苏州古籍整理工作会议的情况。

---

①原信复印件，由施议对提供。

6月1日下午，王幼麟来访，请先生拟杜甫诗选目，供市文化局组织专家谱曲。晚至锦江宾馆，出席学校招待叶嘉莹的宴会。

6月4日晚，隗瀛涛来访，谈拟聘请叶嘉莹为历史系兼职教授事。

6月6日晚，在家中设便宴招待叶嘉莹，赵迎生作陪。

6月7日上午，王利器来访。下午，曾枣庄、刘琳来谈上午出席校长会议的情况。

6月9日，王利器在成都饭店设午宴招待在蓉友人，先生应邀出席。

6月10日晚，与伍齐贤谈古籍所拟编《全宋诗》事，请校领导支持。

6月11日下午，四川省社会主义学院周绶章来访。

6月13日，撰毕交与中国社科院的《合撰〈灵谿词说〉工作情况汇报》初稿。

6月14日下午，赴四川省社会主义学院为该校教师讲“教授历史课应具有的文化修养”。

6月15日，受聘为巴蜀书社、中国古典文学赏析丛书编辑委员会《中国古典文学赏析丛书》主编。

6月17日上午，刘琳来访，谈古籍所工作。

6月19日下午，马德真来访，谈研究生学位答辩事。

6月21日上午，罗世烈、李必忠、马德真来访，商谈下午举行的研究生学位答辩事。下午，出席1982级魏晋南北朝史方向硕士研究生刁忠民、罗新本、许蓉生毕业暨学位论文答辩会。西南师范大学历史系漆泽邦任答辩委员会主席，李必忠、马德真和先生任答辩委员会委员。刁忠民的论文题目为《南北朝河东裴氏家学之研究》，罗新本的论文题目为《两晋南北朝入仕道路初探》，许蓉生的论文题目为《河东薛氏研究》。

6月22日下午，继续出席研究生毕业论文答辩会。

6月25日上午,曾枣庄来访,谈编《全宋诗》事。下午,漆泽邦来访。

6月27日上午,漆泽邦来访。下午,图书馆刘少平来访,谈诗。

6月28日,写定《合撰〈灵谿词说〉工作情况汇报》清稿。

7月1日下午,刘琳来访,谈古籍所工作。

7月2日下午,与历史系1981级毕业生合影。

7月8日,致函中国社科院文学研究所吴世昌:

世昌先生史席:

久慕高名,未亲光霁。常在各报刊中获读大作诸文,卓识精思,甚为钦佩。施议对君勤敏治学,亲承音旨,时时函告微言绪论,益增向往。近承惠赐尊著《罗音室学术论著》第一卷,拜领感谢。尊著方面广博,论析精微,容当仔细研读,定多裨益。

建国以来,在"左"倾思潮影响之下,论述唐宋词者,怀持偏见,尊豪放而轻婉约,惟知推崇苏、辛(其实对苏辛词之精诣,亦并不能真正理解),而对于欧、晏、周、秦、姜、吴、王、张诸词人,或加以贬抑,或置之不议不论之列,遂使两宋三百年词苑繁花变为黄茅白苇,殊可浩叹。其实所谓"豪放"与"婉约",不过表面上之差异,并非实质上之鸿沟,而词之为体,要眇宜修,终当以含蓄蕴藉为主。即以今人推崇为豪放之宗者苏、辛而论,其佳作如"琼楼玉宇"之篇,"烟柳斜阳"之什,虽超旷雄健,各有不同,而仍归本于深美闳约,惜乎世之以粗犷浅露为豪放者不足以知此。先生迩来论词诸文,义据通深,于世俗谬悠之说,加以摧陷廓清,诚有功词坛之作也。

拙作《识小录》,为川大古籍所编印之《古籍整理研究》

聊充篇幅,另封寄奉,敬乞教正。浅见謏闻,恐无当于大雅也。与我合撰《灵谿词说》之叶嘉莹教授近作《论秦观词》一文,刊载于《四川大学学报》本年二期中,叶教授嘱附寄一册,请赐指正。专此,敬承

著祉。

缪钺拜上 7月8日①

7月17日上午,张永言来访。下午,杨耀坤来访,谈编写《三国志导读》事。

7月18日上午,中文系成善楷来访。

7月19日下午,出席学校聘请叶嘉莹为历史系兼职教授的仪式和晚宴。

7月22日中午,叶嘉莹离蓉赴京。校改陈贤华所撰先生传记。

7月24日下午,钟树梁来访。

7月26日晚,柯建中偕美国俄亥俄州立赖特大学(Wright State University)袁清等来访。

7月29日上午,陈贤华送来所撰先生传记清稿。下午,曾枣庄、刘琳来谈,北大方面来函,否定苏州会议所商定的共编《全宋诗》事,另建议新办法。决定不参加,改为自编《全宋文》。

7月30日,接邓小军电报,言分配到四川大学历史系工作之事已定。

8月4日,致函陶懋炳:

懋炳同志:

数月前接惠函,以事忙稽覆为歉,暑热,遥想起居佳胜。

兹有一问题奉询。为《花间集》作序之欧阳炯与《宋

①原信底稿,家藏。

史》卷四七九《西蜀孟氏世家》中之欧阳迥,是同一人抑或是两个人?

龙榆生《唐宋名家词选》欧阳炯“传记”云:

欧阳炯(《宋史》作迥)(按有的《宋史》本作“迵”,钺注)益州华阳人。少事王衍,为中书舍人。后唐同光中,蜀平,随衍至洛阳。孟知祥镇成都,炯复入蜀。知祥僭号,累迁门下侍郎,兼户部尚书平章事。后从孟昶归宋,为散骑常侍。以开宝四年卒,年七十九(参考《宋史》卷四百七十九),曾为赵崇祚叙《花间集》。

俞平伯《唐宋词选释》欧阳炯条亦云:

欧阳炯,益州华阳人。前蜀时中书舍人,后蜀时为宰相,归宋为左散骑常侍。曾为《花间集》作序。

两家均认为《宋史》之欧阳迥即是为《花间集》作序之欧阳炯。

按《十国春秋》则以欧阳迥(亦作迵,不作迥)与欧阳炯为二人。本书卷五十二有《欧阳迵传》,记其后蜀时为相,后从后主归宋,而卷五十六《欧阳炯传》则只云:

欧阳炯,蜀人,事高主、后主,历官……翰林学士、中书舍人。……炯著有……《花间集序》传世。

据此,则欧阳迵与欧阳炯显然是两人,欧阳炯未尝为相,而欧阳迵未尝为《花间集》作序。

左右精研五代十国史,不知此问题前人有无考订, 左右对此有何看法。暇时,惠示以祛疑惑,至所感盼。专此,敬承

著祉。

缪钺拜上　8月4日①

---

①原信抄件,家藏。

8月13日上午,四川省广播电视大学景蜀慧来访。

8月14日上午,张永言来访,赠其所著《训诂学简论》。邓小军来访,已到学校报到。

8月17日上午,南亚研究所尹协袢来访。

8月18日,贾大泉来访,赠其所著《宋代四川经济述论》。

8月20日,林向来访,谈在新疆参加敦煌、吐鲁番学术讨论会的情况。

8月22日上午,杨伟立来访。

8月24日,出席民盟省市委召开的庆祝教师节大会。

8月25日中午,杨铭庆、郭世欣来访,谈杜甫研究会事。

8月27日上午,杨伟立来访,出示应先生约请而撰写的考证欧阳炯、欧阳迥、欧阳迵的文稿。

8月28日上午,丁浩来访,谈明年举行杜甫研究会年会事。晚山东大学历史系王仲荦的研究生袁刚来访,谈编纂会要事。

8月,《冰茧庵丛稿》由上海古籍出版社出版,责任编辑:王勉、邓长风。

9月4日上午,出席市政协召开的庆祝教师节大会。

9月9日上、下午,刘琳、曾枣庄分别来访,均谈编《全宋文》事。接校房产科正式通知,另将铮楼12栋1单元8号住房分配给先生。

9月10日上午,出席学校庆祝教师节大会,获由四川省人民政府颁发的《三十年教龄教师荣誉证书》。同日,先生作《秋荷》诗,《缪钺全集》失收,抄录如下:

> 翠叶离披见折枝,辞归客燕羽差池。相期明岁花开日,应有清香胜旧时。

9月11日上午,出席校学术委员会会议。

9月12日上午,民盟省委郭履容、王鸿贤来访。

9月13日下午，武侯祠博物馆刘京华、谭良啸来访，谈将举办首届“三国与诸葛亮国际学术讨论会”事。

9月16日，上海辞书出版社严寿澂来访。晚，刘琳陪同全国高校古籍整理研究工作委员会秘书处刘玉才、严建忠来访。

9月17日上午，出席宋代文学讨论会开幕式。下午，作大会发言。

9月19日上午，中华书局杨建成来访，谈《文史知识》事。中午，出席巴蜀书社宴请宋代文学讨论会代表的午餐。下午，出席研究生培养工作会议。

9月20日上午，出席关于《全宋文》编纂的讨论会。

9月21日上午，严寿澂来辞行。

9月22日上午，曾枣庄、刘琳来访，谈编《全宋文》事。

9月27日上午，赴杜甫草堂，出席四川省古籍整理工作会议，并为张秀熟祝贺九十寿辰。

9月28日上午，湖北省博物馆省文物志编辑室刘长荪①来访。下午，应童恩正之邀，参观新近布展完毕的校博物馆。

9月，招收1985级历史文献学专业硕士研究生1名：李永明，由刘琳具体指导。

10月1日上午，程千帆来访，先生赠与《三国志选注》、《读史存稿》。

10月2日上午，西南民族学院历史系陈玉屏来访；北京语言学院温建平来访。

10月3日，将与曾枣庄、刘琳拟定之《编纂〈全宋文〉刍议》寄国务院古籍整理出版规划小组沈锡麟。

10月4日下午，刘琳来访，以2日所写致北京大学历史系邓广铭函付之，介绍曾枣庄、刘琳赴京就编纂《全宋文》事向邓广铭

①先生执教浙江大学中文系时的学生。

请教：

广铭先生史席：

年来久疏笺候，时切驰思，遥惟兴居佳胜，撰述日新，为颂为祷。

四川大学古籍整理研究所成立两载，初具规模，惟尚无重点项目。所中同仁反复酝酿，拟编纂《全宋文》。兹事体大，困难甚多，所中同仁自当黾勉以赴，极望能获得名德硕望如　先生者之鼎力支持，则工作进行将更为顺利。兹介绍副所长曾枣庄、刘琳两君进谒崇阶，面聆清诲。附上《刍议》一份，请赐指正。专此奉恳，敬承

著祉。

缪钺拜上　11月2日①

10月6日下午，赴华西医科大学（原华西协合大学、四川医学院）参加75周年校庆活动，参观校内各地，在广益学舍前与原中文系部分师生合影留念。

10月7日上午，赴外专楼访西川常子，告11月下旬召开"三国与诸葛亮国际学术讨论会"事。

10月10日下午，召集《北朝会要》课题组工作会议。

10月12日，杨联陞夫妇因遵医嘱，外出远行不能超过三周之故，直接由香港飞返美国，取消了原订到北京、武汉、成都访问讲学的计划。失去了与先生最后一次晤面的机会。此前之10月1日，杨联陞在香港中文大学散步时不慎跌伤，仍于10月2日、4和7日在新亚书院主持第七届"钱宾四先生学术文化讲

①原信底稿，家藏。

座”，分三次主讲《中国文化中的“报”、“保”、“包”之意义》①。

10月14日下午，出席校学位评定委员会会议。

10月17日上午，赴华西医科大学第一附属医院眼科诊治眼病。下午，出席校学术委员会会议。晚，华东师范大学中国史学研究所苏渊雷（仲翔）的研究生周一平来访。

10月21日上午，中国社会科学院历史研究所谢保成来访。

10月24日下午，四川省文史馆《文史杂志》编辑部魏学峰来访。

10月25日上午，曾枣庄来访，谈编《全宋文》事。曾枣庄将赴江西、北京。下午，历史系冉光荣来访，谈在美讲学事。

10月26日上午，出席系学术委员会会议。下午，出席校学术委员会会议。

11月2日下午，山东大学历史系郑佩欣的研究生杨希珍、谢韵、王大建来访。

11月3日上午，赴学校招待所回访温建平。

11月4日上午，出席系学术委员会会议。

11月6日上午，中国历史博物馆洪廷彦来访。

11月7-8日，返校参加校庆80周年的昔年历史系毕业学生多人来访。

11月8日下午，王炎平来访，谈在咸阳开会的情况。

11月9日上午，出席四川大学建校80周年庆祝大会。会毕，昔年历史系毕业生20馀人来寓与先生合影留念。

11月11日上午，中国社科院历史研究所孟世凯来访。

11月12日上午，出席系学术委员会会议。

11月14日，撰毕在“三国与诸葛亮国际学术讨论会”上的

---

①参见先生1985年10月1日致杨联陞函（原信复印件，由缪鉁提供）；杨联陞1985年10月10日致先生函，《哈佛遗墨》，第421-422页。

发言稿。

11月15日下午，出席系学术委员会会议。

11月16日上午，中国第二历史档案馆研究室刘景修①来访。下午，谭良啸等来访，谈“三国与诸葛亮国际学术讨论会”事。

11月19日下午，出席系学位评定委员会会议。

11月22日上午，曾枣庄、刘琳来访，谈在北京期间进行关于《全宋文》申报立项事，谓情况顺利。下午，天津师范大学化学系顾炳鸿来访。

11月23日上午，陈翔华来访。

11月24日上午，赴锦江宾馆，出席首届“三国与诸葛亮国际学术讨论会”开幕式。下午，赴武侯祠博物馆参观“诸葛亮史迹陈列”②。

11月25日下午，出席校学位评定委员会会议。

11月29日下午，出席职称评定委员会学科组会议。

11月30日下午，陈翔华来辞行。

12月3日下午，赴西南民族学院，讲治学经验。

12月12日下午，出席系学术委员会会议。

12月13日上午，《天府新论》编辑部王定璋来访。

12月18日上午，赵松乔来访。下午，王幼麟、四川省文化厅文物处高文来访，邀请先生为作曲者讲杜诗，供制曲参考。

12月19日，准备杜诗讲稿。

12月22日，准备杜诗讲稿。

12月23日上午，赴杜甫草堂，为制曲者讲杜诗十首。

12月25日下午，出席校学术委员会会议。

---

①先生老友郭斌龢之外孙。

②由先生题写匾额。

12月26日上午,西川常子来辞行,将于28日返国。

12月27日,出席校学术委员会会议。

12月28日下午,出席校学位评定委员会会议。

发表文章

论贺铸词(《四川大学学报》1985年第1期)

论张元幹词(《四川大学学报》1985年第1期)

冰茧庵识小录(《四川大学学报丛刊》第27辑《古籍整理研究》,1985年3月)

论文天祥词(《四川大学学报》1985年第3期)

论刘辰翁词(《四川大学学报》1985年第3期)

读杜牧咏史诗(《文史知识》1985年第7期)

追忆三位中学老师(《中学生文史》1985年第7期)

治学经验漫谈(《群言》1985年第5期)

《茅于美词集》序(《茅于美词集》,长沙:湖南人民出版社,1985年)

政治家诸葛亮散论(《诸葛亮研究》,成都:巴蜀书社,1985年)

陈寿评传(《中国史学家评传》上册,郑州:中州古籍出版社,1985年)

出版专书

冰茧庵丛稿(上海:上海古籍出版社,1985年8月)

编年诗

《黄尊生先生自香港寄示近作述怀诗四十八首有悲天悯人之意赋此奉答》《郑毅生先生天挺逝世四年矣南开大学将为之编印纪念论文集甚盛事也爰赋五律二首以书怀旧之情》《绝句二首》《林文忠公则徐诞生二百周年》《论词绝句　论张先词》《祝贺文史知识杂志创刊五周年》

《论词绝句 论张炎词》《祝贺张秀熟先生九旬诞辰》《周策纵教授自美国威斯康辛大学寄示近作诗词赋此奉答》《秋荷》《论词绝句 论花间词》《奉和吴子臧先生世昌偶成诗原韵》《论词绝句 论岳飞词》

编年词

《鹧鸪天 夏历甲子岁十二月十五日立春》《满江红 夏历甲子十二月十五日立春,而乙丑正月,余寒料峭,阴雨连绵,静室索居,殊增闷损》《贺新郎 一九八五年七月廿二日,叶嘉莹教授将离成都返加拿大。前一日,西楼话别,相与谈平生志事及相互赏契之情甚悉。别后怅然,遂赋此解》

卷六　1986-1995 年

○ 1986 年丙寅　先生八十二岁

本年先生在四川大学历史系任教。

1 月 15 日上午,隗瀛涛来访。

1 月 16 日上午,遣缪元朗代为参加南亚研究所赵卫邦追悼会。下午,曾枣庄、刘琳来访,谈古籍所工作。

1 月 24 日上午,出席四川大学古籍整理所与巴蜀书社签订《全宋文》出版合同仪式。

1 月 27 日晚,南开大学经济系魏埙①来访。

1 月 28 日上午,谢元鲁来访。

1 月 30 日下午,出席校学术委员会会议。

1 月 31 日下午,出席校学术委员会会议。

2 月 5 日下午,成善楷来访。

2 月 6 日上午,王幼麟、高文来访。

2 月 7 日下午,张永言来访。

2 月 10 日下午,王文才来访。

2 月 14 日下午,邓南来访。

2 月 17 日上午,胡昭曦来访,谈培养研究生事。下午,武汉大学历史系李涵等来访。

---

①先生在保定执教中学时的学生。

2月22日下午，陈玉屏来访。

2月27日下午，中文系吴朝义送来杨明照赠送之《学不已斋杂著》。成善楷来访，谈古书校读。

3月3日上午，丁浩来访，谈杜甫研究会事；先生交付杜甫研究会年会开幕词清稿，以备印制。

3月5日下午，校党委召开在校的各级人大代表、部分省市政协委员、各民主党派负责人、侨联负责人座谈会，畅谈校风学风建设，先生出席会议并作发言①。

3月7日，致函山东教育出版社卢达，应约为《中国历代著名文学家评传》（续编）撰写《颜之推评传》、《史达祖评传》。

3月12日上午，在校外办会议室会晤美国驻中国大使馆文化处孔为廉②。

3月22日，为八妹代撰挽八妹夫刘之远联，置于骨灰盒侧：平生以坦荡为怀论事接人多耿介；致力于地质之学著书探矿尽精勤。

3月25日上午，到文史楼出席与武汉大学历史系教师举行的高教改革座谈会。下午，哈尔滨师范大学中文系张志岳的研究生曹萌、王绍良来访。同日，《四川大学校刊》第150期第三版以《缪钺教授谈校风学风》为题，发表了先生在3月5日座谈会上的发言。“校风学风是一个很重要的问题。经过十年浩劫，风气败坏，在有些青年的心目中，价值观念颠倒，不能明辨是非。现在应该重视这些问题。大学是培养人才的，大学生应当有远大的志向，努力向学，培养品格，将来学成致用，做出贡献，而不可以追求近功浅利，也不应当碌碌无为，甘为庸人。培养学生的良好学风，教师应起主要作用。良师能得到学生的信仰钦佩，他们在讲课、谈话的潜移默化之中，能够培养提高学术的情操、志趣，这也是自古以来中国教育的优良传统。希望校领导鼓励教师既教

①参见《四川大学校刊》1986年3月10日第149期。

②1980年，孔为廉攻博期间曾来成都访问先生，时治魏晋南北朝史。

书,又教人(既为‘经师’,又为‘人师’),这对于培养学风将是有益的。现在,教育界有所谓‘创收’之风。企业应当讲经济效益,而文化教育是要讲社会效益的。所谓‘创收’,如果掌握不当,对于教育事业,对于学风,都是有损害的,也会影响到学生的思想,不安心读书。希望校党委加以正确引导。当然,这是一个全国性的问题,不是仅川大一校而已”。

3月28日上午,杜甫草堂博物馆张方伯、李霞峰来访,谈筹备杜甫研究会年会事。

3月31日中午,《书林》编辑部萧敏、曹扬来访。

4月2日下午,黄永年来访。时黄永年应邀来川大讲版本目录学。

4月3日上午,与李必忠赴招待所回访黄永年。下午,到文史楼为历史系举办的西藏军区干部培训班讲“唐代文化”。

4月4日上午,原浙江大学中文系毕业生王礼鸿来访,与先生四十馀年未晤矣。晚,在校工会餐厅宴请黄永年,邀古籍所、历史系负责人及在川大的唐史学会会员作陪。

4月8日上午,丁浩、郭世欣来访,谈筹备杜甫研究会年会事。

4月11日下午,巴蜀书社刘仁卿来访。晚,杨铭庆来访,谈筹备杜甫研究会年会事。

4月12日上午,赴杜甫草堂博物馆,出席杜甫研究会理事会。

4月13日上午,赴招待所访黄永年。下午,黄永年来辞行。

4月14日上午,中文系陈昌渠来访,谈在洛阳参加唐代文学学会的情况。

4月16日下午,陈玉屏来访。

4月18日下午,沈阳师范学院中文系徐祖勋偕研究生王祥来访;四川文艺出版社蔡忠民来访。

4月19日下午,陕西师范大学中文系研究生傅绍良、吴言生、单书安来访。

4月21日，陈贻焮及夫人李庆粤，人民文学出版社宋红、车淑珊，日本京都大学博士生道坂昭广先后来访。

4月22日，赴杜甫草堂博物馆出席杜甫研究会第四届年会。

4月23日，赴杜甫草堂博物馆出席杜甫研究会第四届年会。晚，贵州师范大学历史系张祥光来访。

4月24日，赴杜甫草堂博物馆出席杜甫研究会第四届年会。

4月25日上午，赴杜甫草堂博物馆出席杜甫研究会第四届年会。25日下午，张祥光来访。

4月27日上午，钱鸿瑛来访。

4月28日，叶嘉莹由京抵蓉，与先生继续合作，撰写《灵谿词说》。

5月3日，出席校学术委员会会议。

5月4日晚，车淑珊来访。

5月10日上午，在校外办会议室参与接待以京都大学小川环树为团长、日京都府立大学花房英树为顾问的日中人文社会科学交流协会第6次访华团。

5月12日晚，赴锦江宾馆，出席学校招待叶嘉莹的宴会。

5月14日上午，曾枣庄、刘琳来访，谈在杭州参加古籍整理会议的情况。下午，中文系华忱之来先生寓所，与叶嘉莹会晤。晚，在寓中设便宴招待叶嘉莹，隗瀛涛、赵迎生作陪。

5月23日上午，刘琳、吕一飞来访，谈吕一飞博士学位论文修改事。下午，李崇智来访，送其所著《中国历代年号考》（第二次印刷［加订补材料］本）。

5月28日上午，四川省广播电视大学景蜀慧来访。

6月4日上午，四川省社科院文学研究所谭洛非、李谊来访。

6月5日晚，王文才来访，谈拟于1988年由杜甫、李白、唐代文学三个学会联合举行年会事。

6月6日上午,王罗杰来访,与先生讨论其博士学位论文《张华〈博物志〉译注》的有关问题。

6月7日上午,陈昌渠来访,亦谈拟于1988年由杜甫、李白、唐代文学三个学会联合举行年会事。下午,王罗杰来访,与先生继续讨论其博士学位论文《博物志译注》的有关问题。晚,张秀熟遣人送来书札并赠巴蜀书社出版的《苏文忠公诗编注集成总案(上下)》。

6月10日上午,童恩正来访,将赴美国出席学术会议。

6月12日晚,曲阜师范大学孔子研究所骆承烈偕历史文献专业研究生伍野春、金家诗、修建军、杨朝明来访。

6月14日下午,王炎平来访,谈在武汉参加学术会议的情况。

6月15日下午,王罗杰来访。

6月17日下午,与历史系1982级毕业生合影。

6月18日下午,出席系学术委员会会议。档案系刘文杰来访。

6月21日晚,赴校外办餐厅,出席历史系招待叶嘉莹的晚宴。

6月23日下午,出席系学位评定委员会会议。晚,叶嘉莹来辞行。

6月24日上午,叶嘉莹离蓉赴京。下午,历史系秦声德来访,谈将赴西北大学工作事。

6月26日下午,王罗杰来访。

6月28日上午,陈昌渠来访。下午,方北辰来访,谈将赴江浙地区参观考察,收集写作博士学位论文的资料。

6月30日上午,华忱之来访;历史系李映发来访,赠其所著《文史拾遗》。下午,王罗杰来访。

7月1日上午,缪文远来访,谈历史文献学会事。

7月2日下午,武汉大学历史系研究生张泽洪来访。

7月4日下午,王罗杰及夫人加惠子来访。

7月6日上午,陈玉屏来访。

7月7日上午,孔为廉来访,送来美国学者研究魏晋南北朝高门世族的资料数种。下午,林向来访,赠其所著《四川名塔》。

7月8日下午,出席校学位评定委员会会议。吕一飞博士学位论文修改稿阅毕。

7月9日下午,王罗杰来访;陈昌渠来访。

7月10日晚,秦声德夫妇来辞行,将赴西北大学工作。

7月11日下午,曾枣庄来访,赠其所撰《苏辙年谱》。

7月12日上午,郑小容来访,谈将赴西北地区参观考察,收集写作博士学位论文的资料。下午,出席职称评定委员会学科组会议;与刘琳交换对吕一飞博士学位论文修改稿的意见。

7月14日上午,漆泽邦夫妇来访。

7月16日上午,缪文远来访,谈历史文献学会事。

7月18日下午,冉光荣来访,谈在美国讲学的情况,并赠其所编《自贡盐业契约档案选辑》。

7月25日上午,由缪文远陪同,赴零三招待所,为历史文献学会培训班讲"两宋词"。

7月28日上午,出席职称评定委员会学科组会议。

7月31日上午,上海教育学院古籍所吴广洋来访,谈整理清人词集事。

6、7月间,邓小军调离川大,任教于西南师范大学汉语言文献研究所①。

8月2日上午,刘琳来访,商议拟定博士研究生入学考试试题事。

8月5日下午,王罗杰夫妇来访。

---

①据邓小军回忆。

8 月 8 日下午，王罗杰夫妇来辞行。

8 月 10 日上午，杨耀坤来访，谈关于编写《三国志导读》事。

8 月 11 日上午，方北辰来访，谈参观考察江浙地区的情况。

8 月 13 日上午，召集马德真、杨耀坤、朱大有，谈关于编写《三国志导读》事；历史系周九香来访，将赴天津开会。

8 月 19 日上午，南京大学中文系研究生潘立勇、周先民、左健来访。

8 月 22 日上午，天津大学建筑系杨学让来访。

8 月 23 日下午，出席成都军区《两用人才报》创刊两周年座谈会。

8 月 25 日下午，陈昌渠来访，告王文才云原拟杜甫研究会、李白研究学会与唐代文学学会 1988 年联合举办年会事不易实现。

8 月 26 日上午，郑诚来访，谈中国近代史问题。

8 月 28 日下午，刘琳来访，拟定博士研究生入学考试试题。周九香来访，谈在天津开会的情况。

8 月 29 日下午，郑小容来访，谈参观考察西北地区的情况。

8 月 30 日上午，漆泽邦来访。下午，出席学校召开的关于下学期工作计划的座谈会。

是月，先生填《踏莎行》词，《缪钺全集》失收，抄录如下：

> 海燕飞来，绿荷相倚，当时影事分明记。无端云散夜风凉，月华如练人千里。　　宇宙无穷，浮生似寄，几人业绩留天地。灵心相结得长存，书成一卷堪名世。

9 月 1 日下午，刘琳来访，誊清博士研究生入学考试试题。

9 月 2 日上午，李谊来访，赠其所著《韦庄集校注》，书名由先生题签。

9 月 3 日上午，马德真来访，谈魏晋南北朝史学会年会及博士研究生毕业暨学位论文答辩会事。

9月5日上午，华忱之来访，请先生为其专著《曹禺剧作艺术探索》写书名题签。

9月6日，先生受聘为北京大学《全宋诗》编委会顾问。

9月9日，校毕叶嘉莹《论辛弃疾词》清抄稿。全部《灵谿词说》繁体直排稿由邓小军、缪元朗清抄后，由先生校对竣事。

9月13日上午，胡昭曦与研究生处工作人员及马德真来访，商谈吕一飞博士学位论文答辩事。下午。曾枣庄来访，谈10月将在成都举行高校古籍整理工作会议事。

9月15日上午，吕一飞来访，谈博士学位论文答辩事。

9月16日上午，古籍研究所罗国威来访，谈研究骈文的问题。

9月20日上午，李谊来访，赠其所著《花间集注释》，书名由先生题签。

9月23日下午，陈贤华来访，送来《中国教育家传》，中刊其为先生所写传记。

9月26日上午，会见美国芝加哥大学历史系何炳棣。

9月，招收1986级历史文献学专业硕士研究生1名：杨世文，由刘琳具体指导。

10月1日上午，陈玉屏来访，谈在烟台参加魏晋南北朝史学会年会的情况。

10月4日下午，刘琳来访，商谈吕一飞博士毕业暨学位论文答辩事。

10月6日上午，上海古籍出版社汪贤度、曹中孚、耿百鸣、陈稼禾来访。下午，马德真来访，谈吕一飞博士毕业暨学位论文答辩会筹备事。

10月7日上午，历史系李祖桓来访，赠其所著《仇池国志》，内刊1948年先生为该书书稿所撰写的审查报告。

10 月 9 日上午，贺麟的研究生郭小平来访，送来贺麟赠先生的《黑格尔哲学讲演集》。将《灵谿词说》全稿寄上海古籍出版社。

10 月 11 日上午，丁浩、郭世欣、杜甫草堂博物馆周维杨来访，谈编辑《草堂》事。

10 月 16 日上午，出席高校古籍整理研究工作委员会第二届委员会，会晤邓广铭等。

10 月 17 日上午，出席四川省第二次哲学社会科学优秀科研成果奖颁奖大会，先生专著《冰茧庵丛稿》、《三国志选注》获荣誉奖。晚，赴省棉麻公司招待所，出席学校招待高校古籍整理研究工作委员会与会人员的宴会。

10 月 18 日，邓广铭应邀在历史系作学术讲演。中午，先生在学校外专楼餐厅宴请邓广铭，邀请学校、历史系、古籍所有关人士作陪。宴毕，邓广铭到寓中与先生畅谈。下午，出席校学位评定委员会会议。

10 月 19 日下午，陈寅恪长女陈流求来访，谈 1988 年将在广州举行陈寅恪学术讨论会事，並邀请先生赴会，先生以“年老体弱，不能远行”辞谢①。先生交付陈寅恪书札复印件一份。

10 月 20 日上午，在校外办会议室参与接待日本唐史学者访华团，会晤日野开三郎等。下午，《小学生报》编辑部蔡友来访。

10 月 25 日上午，宋铭奎、杨质斌②来访。

10 月 29 日上午，刘琳来访，商酌为吕一飞博士学位论文所作评语。

10 月 30 日下午，赴五福村招待所，出席民盟在川中央委员座谈会，谈民盟中央委员准备新老交替事。晚，李必忠来访，谈

①参见先生 1986 年 10 月 29 日致叶嘉莹函(原信复写件，家藏)。

②先生执教浙江大学中文系时的学生。

在广元参加唐史学会年会的情况。

11月2日上午,湘潭大学中文系萧艾偕研究生来访。下午,张永言来访。

11月4日上午,北京师范大学中文系钟敬文来访,合影留念,赠其近作《兰州吟卷》,先生回赠《冰茧庵丛稿》、《江河集》,并谈黄节《蒹葭楼诗》①。下午,萧艾偕5名研究生来寓中听先生讲治学方法。

11月5日下午,与萧艾及其研究生外出在校园内摄影。

11月7日下午,安徽师范大学历史系万绳楠的研究生赵昆生来访。

11月10日下午,李必忠、蒙默来商定吕一飞学科试卷分数。接上海古籍出版社陈邦炎函,告知将由沈善钧任《灵谿词说》责任编辑。

11月11日上午,厦门大学历史系韩升、法律系周东平、历史系博士研究生谢元鲁来访。

11月12日下午,出席校统战部召开的各民主党派负责人座谈会。

11月13日上午,《群言》杂志编辑部委托民盟四川省委召开的《社会主义精神文明与现代化》专题座谈会,会议由彭迪先主持,与会者有马识途、王叔云、刘诗白、吴汉家、康振黄、曹钟梁、潘大逵等。先生被邀出席座谈并作发言。“我们民盟主要是以知识分子为成员的政党,在当前建设社会主义精神文明之中,应当继承、发扬中国古代知识分子的优良传统,而对当代的“四化”建设做出贡献。/知

①钟敬文《赠三教授·一赠缪钺教授》:“未曾识面早心期,促膝欣然恍故如。一席蒹葭诗艺话,锦江秋旅耐追思。”第三句下自注:“我们谈及黄晦闻《蒹葭楼诗》,意甚欢洽。”(钟敬文《钟敬文文集》〔诗词卷〕,合肥:安徽教育出版社,2002年12月版,第317页)

识分子，古代称之为“士”，士的阶层兴起于春秋末期，在二千馀年的历史中，许多优秀的士人（知识分子）起过巨大的积极作用。我认为，古代知识分子的优良传统，有两点应当继承和发扬：一是有远大的志向，二是有崇高的气节。/所谓“远大的志向”，就是以天下为己任，关心国计民生，志在振兴国家。/春秋时曾子曰：“士不可以不弘毅，任重而道远。仁以为己任，不亦重乎？死而后已，不亦远乎？”西汉初，贾谊年二十馀，奏上《治安策》，纵论当时国家大事，指陈利病，极中要害。北宋范仲淹少时即以天下为己任，后来又说，士应当“先天下之忧为忧，后天下之乐而乐”。他作参知政事时，施行庆历变法。明末清初的顾炎武说：“天下兴亡，匹夫有责。”他著《日知录》，虽是研经考史，而更注重“治道”，希望能供开明的君主作为施政的借鉴。/所谓“崇高的气节”，就是坚持真理，主张正义，不肯阿附权势、苟合取容。/在中国历史中，每逢朝政浊乱，或民族危亡之时，总有一部分士人挺身而出，捍卫国家。当内政浊乱时他们主持清议，批评弊政，反对当权者之腐朽营私，而想澄清政治，如东汉末年的党锢之士，明末的东林党人。当民族危亡之时，他们英勇抗敌，百折不挠，如宋末的文天祥，明末的史可法、张煌言等。这些先贤，都在史册中留下了可歌可泣的壮烈业绩，感人很深，是中华民族的精英。/在治学态度上，也要有气节，即是坚持真理，明辨是非，不能因谄附权势，追逐风气，而随时改变自己的观点。西汉儒生辕固生是很正直的人，他曾对当时善于趋炎附势的儒生公孙弘说：“公孙子，务正学以言，勿曲学以阿世。”南朝齐梁之时，佛教盛行，得到帝王的崇奉。范缜在南齐时作《神灭论》，驳斥佛教。当时竟陵王萧子良很信佛教，他劝范缜毁弃《神灭论》，可以升官为中书郎。范缜表示，他不肯“卖论取官”。后来梁朝建立，梁武帝也是很信佛的，他组织了许多人写文章驳难范缜，范缜据理答辩，不畏皇帝的权势，表现了崇高的气节。/我们今天继承中国古代知识分子的优秀品质，就是要继承、发扬这种有远志、有气节、关心国家大事、敢于仗义执言、坚持真理的精神，形成风尚，以矫正“文革”遗留下来的弊风恶习，而树立正气。这对于精神文明将是有助益的”①。

①《专题座谈：社会主义精神文明与现代化》，《群言》1987年第2期。编者为先生发言所加标题为《发扬传统美德，建设精神文明》。

11月20日下午，出席重点学科评审会。

11月23日上午，陶道恕来访。

11月25日上午，刘琳来访，谈指导郑小容博士学位论文事。下午，冉光荣来访，谈在美国讲学的情况。

11月26日下午，出席系学术委员会会议。

11月28日下午，出席系学术委员会会议。

12月3日下午，蒙默来访，请先生为其辑录之《蒙文通学记》题辞。

12月4日上午，为《蒙文通学记》题辞：义据通深百越千年传信史；张皇幽眇春秋三世阐微言。下午，蒙默来取去。

12月5日上午，曾枣庄来访，谈编纂《全宋文》事。

12月7日下午，《长江日报》蓝柏森来访，送交刘永济长女刘茂舒函，函云刘永济诗集即将出版，请先生作序。

12月11日上午，出席校学术委员会会议。下午，杨伟立来访，赠其所著《前蜀后蜀史》。

12月12日下午，出席校学术委员会会议。

12月13日下午，出席校学术委员会会议。

12月18日上午，陶道恕来访。

12月19日上午，杨济堃来访。

12月27日下午，王定璋来访，谈钱起诗。

12月27日，四川函授大学董事会成立，先生被聘为顾问①。

12月31日下午，成善楷来访。

发表文章

《战国策新校注》序（《明报月刊》二十周年纪念特大号，1986年1月）

---

①《四川函大》1987年2月1日《增刊》。

论张炎词(《四川大学学报》1986 年第 1 期)

论李清照词(《四川大学学报》1986 年第 2 期)

杜甫两川诗学术讨论会开幕词(《草堂》1986 年第 2 期)

纪念籍忠寅先生(《文献》1986 年第 3 期)

论张先词(《文学遗产》1986 年第 3 期)

培养研究生的良好学风(《群言》1986 年第 6 期)

张炎《高阳台·西湖春感》赏析(《名作欣赏》1986 年第 6 期)

李祖桓《仇池国志》审查报告(《仇池国志》,北京:书目文献出版社,1986 年)

略论五胡十六国与北朝时期的民族关系(《魏晋南北朝史研究》,成都:四川省社科院出版社,1986 年)

编年诗

《论词绝句　论李清照词》《夏瞿禅先生承焘挽诗二首》《灵谿词说编次付刊赠叶嘉莹教授》《丙寅夏日叶嘉莹教授来蓉与余编定灵谿词说又拟撰写续集计划赋此示嘉莹教授兼以赠别》《王仲荦先生挽诗》《吴子臧先生世昌挽诗》《读陈寅恪先生柳如是别传》

编年词

《踏莎行》(海燕飛來)《江梅引　用姜白石体》

○ 1987 年丁卯　先生八十三岁

本年先生在四川大学历史系任教。

1 月 2 日上午,杨耀坤来访,谈编写《三国志导读》事。下午,《精神文明报》编辑部颜瑞生来访。

1 月 5 日下午,朱大有来访,谈编写《三国志导读》事。

1 月 6 日下午,杨耀坤来访,谈编写《三国志导读》事。致函钱鸿瑛：

鸿瑛同志：

来函收悉。你善于独立思考，能坦率直言，这种精神是可贵的。你说我的《读〈柳如是别传〉》诗，实质方面多些，欠空灵蕴藉，这话有道理。我并非不能写空灵蕴藉的诗词，但是这首诗所以如此作，有其特殊因素。我拟在七言八句中写出柳如是的才华、志节、身世遭遇，蕴含丰富，所以不得不如是写。至于其他意见的讨论，非短函所能尽。不过，从原则上说，论学衡文，应有闳通之见。刘彦和谓“圆照之象，务先博观”，又说，不可以“执一隅之解，拟万端之变”（《文心雕龙·知音》）。这些话还是很有道理的。

你说，鉴赏古人的诗词应当体会作者的真性情。这话固然很对。但是古代每一位名作家，其性情襟怀，千差万别，他们是如何形成的呢？这就涉及到他们中每一个人的天才禀赋、家世出身、文化修养、师友薰陶、当时的社会风习、政治形势以及作家本人的身世遭遇。必须考虑到这些因素，才能探索古代作家透过作品而表现出来的心灵中的奥秘，不至于流于空幻的玄想。陈寅恪先生正是这样做的，他以文史互证之法，论述陶渊明、庾信、元稹、白居易、韩愈，以至于钱牧斋、柳如是、陈端生，都能探索幽微，发千载之覆。你是有灵思睿感的，所以我以前曾劝你多读陈先生的著作，更能受到启发。

拉杂写此，希望你

新年愉快。

缪钺启　元月6日①

①原信复印件，由钱鸿瑛提供。

1月8日,先生当选为民盟中央参议委员会委员。

1月10日下午,杨伟立来访。

1月11日下午,王建墓文物保护管理所秦方瑜来访。

1月12日下午,出席校党委召开的会议,听传达一号文件。

1月15日晚。隗瀛涛来访,请先生审阅其主编之《中国知识分子的历史道路》。

1月17日上午,郑小容来访,谈将出国进修事。撰毕对《中国知识分子的历史道路》一书的评语。

1月20日上午,出席对《中国知识分子的历史道路》的鉴定会。

1月22日晚,中文系周裕锴来访。

1月27日上午,罗世烈来访,带来成都军区聘请先生为《中国军事百科全书》顾问的聘书。

1月,招收1986级魏晋南北朝史方向(在职)博士研究生1名:景蜀慧。由刘琳任副导师,协助培养。

2月1日上午,杨耀坤来访,取去《三国志导读》全稿,送交巴蜀书社。

2月6日下午,日本东京学艺大学教育学部松冈荣志全家来访。松岗荣志研治魏晋南北朝史,时在北京外国语学院日本学研究中心任教。

2月9日下午,郑小容来访,谈其与美国华盛顿大学联系前往进修事。

2月16日上午,景蜀慧来访,已到校报到。下午,刘琳来访,商议为郑小容写推荐书事。

2月20日上午,赵迎生来访,谈向外地三位吕一飞博士毕业暨学位论文答辩委员会委员发送邀请函事。

2月21日上午,马德真来访,谈3月中接待外地三位吕一飞博士毕业暨学位论文答辩委员会委员事。

2月24日晚,伍宗华等来访,谈先生与蒙默合招秦汉史方向博士研究生事。

3月3日下午,杭州大学古籍研究所研究生任平、黄征、金永平、王定焕、许建平持刘操南函来访。

3月7日,因中华书局香港分局1982年版吴庠《遗山乐府编年小笺》错字甚多,先生以《彊村丛书》中移刻之明宏治壬子高丽刊本《遗山乐府》校之,今日校毕。

3月8日上午,钟敬文遣人送来其所作《成都杂咏》二册,嘱题识一册寄还。先生题识云:"大作《成都杂咏》,或吊古兴怀,或友朋酬赠,既多新意,复见性灵,诗笔亦清疏雅健,极耐吟讽,如读龚定庵己亥杂诗。"

3月9日,历史系常正光来谈,送来先生托译的内田吟风书札。自2月中旬,先生将1949年后所作诗词重抄清本,至今日抄至1984年。

3月10日上午,蒙默来访,谈关于合招秦汉史方向博士生事。

3月13日,校图书馆卿三祥先生来访,携来手稿《苏轼著述考》,欲请先生审读,先生以目力不济相辞,但允为其题签。

3月16日下午,刘琳来访,商议制订博士生景蜀慧的培养方案。

3月19日上午,巴蜀书社黄小石来访,谈《三国志导读》出版事。中华诗词学会将于端午节举行成立大会,先生寄赠贺辞:纪念灵均,缅怀兰芷;揄扬风雅,振兴中华。

3月20日晚,周裕锴来访。

3月25日上午,石钟健来访,时来川大出席中国铜鼓学会学术会议;继续抄写诗词清本,今日至1987年。黄烈夫妇晚间抵蓉,下榻学校外专楼后,来寓与先生晤谈。

3月26日。晚,周一良、田余庆抵蓉。

3 月 27 日上午，卿希泰来访，请先生为其所著《中国道教史》写书名题签。下午，出席吕一飞毕业暨学位论文答辩会筹备会议。晚，在学校外专楼餐厅宴请周一良、田余庆、黄烈，并邀有关人员作陪。

3 月 28 日上午，赴文史楼，出席 1983 级魏晋南北朝史方向博士研究生吕一飞毕业暨学位论文答辩会。周一良任答辩委员会主席，田余庆、黄烈、蒙默、张永言、张勋燎和先生任答辩委员。论文题目为《北朝的鲜卑化倾向及其对隋唐的影响》。此为四川省在社会科学方面所举行的第一次博士研究生论文答辩会。

3 月 29 日下午，石钟健来访。

3 月 30 日上午，田余庆在文史楼为历史系师生做题为《桓温先世的推测》的演讲。下午，周一良在文史楼为历史系师生做题为《论中外文化交流史》的演讲。蒙默来访，与先生商议秦汉史方向博士研究生入学考试试题事。

3 月 31 日晚，在寓中设便宴招待石钟健。

4 月 2 日下午，曾枣庄来访，谈在北京图书馆收集《全宋文》资料的情况。晚，黄烈夫妇来辞行。

4 月 3 日晨，赴外专楼为黄烈夫妇送行。上午，赵迎生来访，谈接待叶嘉莹来校讲学事。

4 月 4 日下午，成善楷来访，请先生为其所著《杜诗笺记》题辞。刘琳来访，谈博士生景蜀慧培养方案。

4 月 7 日上午，南开大学张景荫来访。

4 月 9 日上午，刘琳、景蜀慧来访，谈景蜀慧培养方案事。杨兴全、王传玉持射洪县委宣传部介绍信来访，谈纪念陈子昂事。下午，先生由方北辰、吕一飞、陈玉屏等陪同，游览青羊宫。

4 月 13 日上午，出席系学术委员会会议。下午，成善楷来访，谈写《杜诗笺记》题辞问题。同日，致函谭其骧：

季龙吾兄史席：

久未通候，时在念中。遥惟起居康泰，撰著日新，为颂为慰。

日前方北辰君出示吾兄手书，对于弟之博士生吕一飞君论文甚为关注，并指示疏失之处，谢谢，已转告吕君。吕君学位论文答辩会于三月廿八日举行，答辩评审委员七人（其中在校外请来者有周一良、田余庆、黄烈三位先生），全票通过，授予吕君博士学位。吕君拟根据各方面评议的意见，将论文修改加工，提高质量。

顷又蒙赐寄《黄河史论丛》，拜读感谢。吾兄主编此书，所收诸文，谨严切实，不啻一部简明精要的自先秦至清朝的黄河变迁史，将使承学之士深受裨益。尊文对于先秦黄河故道，除去"禹贡河"、"汉志河"之外，又据众所忽略之《山海经》，钩稽探索，考明尚有"山海河"，乃见于记载的最早一条河道，诚为不刊之论。尊撰《前言》中驳斥近三十年在研究黄河史问题上附会"政治"，不顾史实之"左"倾谬论，尤为义正词严，足以发聋振聩。其实，多年来，"左"倾谬论弥漫于文史之学，馀弊至今尤未肃清，又不仅治黄河史为然也。

弟近年来精力日衰，而工作仍繁，只可量力而行。指导博士生四名，已有一名毕业，尚馀三名。与叶嘉莹教授合撰之《灵谿词说》，去年编次成书，共四十一篇，约近四十万字，交上海古籍出版社，今年下半年可能印出，届时当嘱该社就近寄奉一册，敬乞教正。《北朝会要》编纂工作进行迟缓，因无专职人员之故。按计划，应于明年年底完成初稿，恐难以实现也。

江山间阻，会面为难，覙缕书此，聊当晤语。诸希为道珍摄。专此，敬颂著祉。

弟缪钺拜上 4月13日①

4月14日下午，出席系学术委员会会议。

4月19日上午，上海辞书出版社严庆龙、贺银海来访。

4月20日上午，蒙默来访，商定秦汉史方向博士入学考试试题。下午，出席研究生处召开的与国家教委研究生司负责人的导师座谈会。

4月25日下午，赵迎生来访，谈关于叶嘉莹来校讲学筹备事。

4月27日下午，吕一飞来访，谈在武汉参加学术会议的情况。

4月28日上午，刘琳来访，送来博士生景蜀慧培养方案修改稿。

4月30日晚，国家文物局林小安来访。

5月3日晚，马德真来访，谈关于安排叶嘉莹来校讲学事。

5月4日下午，黄永年的研究生孟志伟来访。

5月6日上午，成都市浣花溪风景区建设办公室屈寿先、牟绍基来访，请先生为风景区撰联。

5月9日下午，赴浣花溪风景区建设办公室参观景区模型。

5月11日上午，钟树梁来访，将赴京参加本月31日（端午节）举行的中华诗词学会成立大会。

5月14日上午，马德真来访，谈关于筹备叶嘉莹来校讲学事；方北辰来访，谈撰写古文鉴赏辞条事。

5月15日上午，出席四川大学古典文献研究丛刊编辑委员会成立会议，受聘为编委会顾问。

---

①原信复印件，由周振鹤提供。

5月16日上午，吕一飞来访，送来博士学位论文修改稿；景蜀慧来访，先生以培养方案付之。

5月18日上午，方北辰来访，谈撰写古文鉴赏辞条事。

5月21日下午，刘琳来访，谈在上海参加学术会议的情况。

5月22日上午，屈寿先、牟绍基来访，先生以所撰楹联相示："乘兴上高台看玉垒浮云古今多变；闲来泛溪水接草堂遗迹风雅长存。"并以不能自书大字之故，建议请西南师范大学中文系徐无闻代书。

5月23日，应溧阳县修志办公室函邀，撰写"简历"一份。

5月24日上午，华西医科大学基础部刘国武①来访。

5月25日下午，民盟中央参议委员会吴春选来访。

5月26日晚，约见李崇智，请其向徐无闻转达代书楹联之请。

5月27日下午，赴民盟省委，听吴春选谈近十年之民盟史稿。

6月1日下午，谭继和、秦方瑜来访，带来新刻制的"成都市历史学会"匾额请先生过目，匾额由先生于1985年题写。

6月3日上午，方北辰来访，谈撰写古文鉴赏辞条事。

6月4日晚，出席系学术委员会会议。

6月5日晚，叶嘉莹由京抵蓉，在川大讲学，并与先生合作撰写《灵谿词说续集》。

6月8日下午，叶嘉莹开始举行公开学术演讲（共讲四次），演讲题目为"从中西诗论的结合谈唐五代词的欣赏"。下午和晚上，出席校学术委员会会议。

6月9日晚，天水师范专科学校三位教师来访，请先生为《天

①先生执教华西协合大学中文系时的学生。

水师专学报》题辞。先生为题:“发陇山之灵气;振天水之文风。”①

6 月 10 日下午,出席由国家教委委托四川省教委召开的座谈会,谈川大进行评定职称工作的情况、问题和建议。

6 月 11 日晚,在家中设便宴招待叶嘉莹。

6 月 12 日下午,出席校学术委员会会议。晚,赴省棉麻公司招待所,出席历史系招待叶嘉莹的宴会。

6 月 15 日下午,出席系学术委员会会议。

6 月 18 日晚,赴锦江宾馆,出席学校招待叶嘉莹的宴会。回校后,叶嘉莹来辞行。

6 月 19 日上午,叶嘉莹离蓉赴沈阳。下午,出席系学位评定委员会会议。

6 月 20 日中午,缪文远来访,赠其所著《七国考订补》。下午,出席校统战部召开的座谈会。

6 月 23 日上午,杜甫草堂博物馆曾亚兰来访,谈杜甫研究会事。下午,张应国来访。晚,李必忠偕东北师范大学古籍整理研究所吴枫的研究生孟宪君、李晨光来访。

6 月 28 日上午,数学系胡鹏来访。下午,陈玉屏来访。

6 月 29 日上下午,出席校学术委员会会议。

6 月 30 日上下午,出席校学术委员会会议。中午,漆泽邦来访。

本月,《衡阳师专学报》第 2 期刊登先生于丁卯初夏为该刊题辞:“继承乡贤王船山先生之博学卓识,高风亮节,发扬学术,振兴中华。”

7 月 1 日上午,民盟省委蒋阜南来访。

7 月 2 日下午,景蜀慧陪同中央广播电视大学王援朝来访。

---

①后刊于《天水师专学报》1988 年第 1 期。

7月3日下午,出席校学位评定委员会会议。

7月7日上午,史念海的博士研究生郭声波来访,带来黄永年的书札及所著《唐太宗李世民》。

7月9日下午,吕一飞来访,谈撰写"问学记"事。

7月10日,上午,方北辰、吕一飞来访,继续商谈"问学记"事。

7月11日上午,李崇智来访,谈请徐无闻代书先生所撰琴台故径楹联事。

7月13日中午,中国历史博物馆史树青来访。晚,史树青偕其研究生胡妍妍来访。

7月14日,葛剑雄、谭其骧的博士研究生刘统来访。

7月19日晚,史树青偕胡妍妍再次来访,先生付与约写的两张条幅。

7月20日中午,湘潭大学中文系研究生班张兆勇等8名研究生来访,送来萧艾托带的其所编《六言诗三百首》。下午,赴学校招待所回访史树青,以《冰茧庵丛稿》相赠。

7月21日下午,郑小容来访,谈博士生出国联合培养问题。

7月23日上午,葛剑雄、刘统来访,先生托带照片一张、瓷胎竹编花瓶一对与谭其骧。

7月24日上午,曾枣庄、刘琳来访,谈编辑《全宋文》事,请先生撰《〈全宋文〉序》,并告29日将在四川人民出版社召开《全宋文》编纂体例讨论会。

7月25日中午,李崇智偕徐无闻来访,先生与徐无闻谈浣花溪风景区建设办公室拟请其代书楹联事,徐无闻欣然应允。

7月27日上午,杜甫草堂博物馆刘德一、濮禾章、周维扬来访,谈筹备1989年杜甫研究会年会事。

7月28日上午,屈寿先来访,先生嘱其亲访徐无闻。下午,柯建中来访,请先生写《四川古代史稿》书名题签。刘琳来访,先生示以《〈全宋文〉序》初稿。

7 月 29 日上午，赴四川人民出版社，出席《全宋文》编纂体例讨论会。下午，郑小容来访，谓国家教委已批准其赴美国华盛顿大学进行“国际联合培养”，为期一年。

8 月 3 日下午，屈寿先来访，带来徐无闻所书楹联墨迹。

8 月 4 日晚，黑龙江大学中文系陶尔夫的研究生诸葛忆兵来访。

8 月 9 日上午，杨伟立来访，谈前蜀、后蜀史问题。

8 月 11 日上午，武汉大学历史系陈仲安来访。厦门大学中文系吴在庆来访，留其共进午餐。

8 月 20 日上午，王文才来访。

8 月 29 日下午，柯建中来访，取去请写的书名题签。

9 月 2 日下午，出席学校重点学科建设会议。

9 月 3 日上午，赵迎生来访，告知为纪念教师节，省电视台将于下午派员来为先生拍片。下午，省电视台新闻部应图强、杜晶伟来为先生摄像，马德真、杨耀坤、朱大有前来协助。

9 月 5 日下午，吕一飞来访，谈在京拜访胡厚宣、石钟健、茅于美、赵松乔、裴斐，了解先生在保定各中学及浙大、华大的教学情况。

9 月 12 日下午，郑小容来访，谈在北京培训事。晚，美国西屋电气公司核能部马国均①来访，先生赠以《诗词散论》、《江河集》。寄交北京大学历史系王永兴为纪念陈寅恪先生诞辰百年学术论文集所撰《论元好问词》稿。

9 月 15 日上午，王定璋偕《成都文物》编辑部李景焉来访。

9 月 16 日上午，屈寿先来访；濮禾章、周维扬来访，谈与丁浩同往长沙，与湖南有关方面商定 1988 年在湖南举行“杜甫在湖

①先生执教浙江大学时的工学院电机系学生，曾旁听先生课程。

湘学术讨论会”，杜甫研究会为发起单位之一，并将此次会议作为杜甫研究会 1988 年年会。

9 月 17 日上午，郑小容来访，谈赴美国后撰写论文事。晚，陈昌渠来访。

9 月 19 日下午，贾大泉遣人送来其与陈世松共同主编的《四川简史》。

9 月 21 日下午，杨耀坤来访，送来《中国历史文选》(上册)，书名由先生题签。

9 月 22 日上午，《长江日报》社马昌松来访，带来刘茂舒的书札及所赠礼品。

9 月 24 日晚，校外办赵丹文来访，带来西川常子的书札及所赠礼物。

9 月 25 日下午，中国社会科学院文学研究所施议对来访。

9 月 27 日下午，陈贻焮的研究生陆元昶、马纯来访。

9 月 28 日上午，巴蜀书社何志华来访，谈《中国古典文学赏析丛书》收到的稿件及编审情况，并请先生写四本“赏析集”的书名题签；出席琴台路牌楼竣工交接座谈会。

9 月 29 日上午，李崇智来访。

9 月 30 日下午，民盟中央参议委员会周可欧、《群言》编辑部李富林来访。

10 月 3 日下午，成善楷来访。

10 月 4 日晚，郑小容来辞行，将于 5 日上午启程赴京，9 日赴美国，至西雅图华盛顿大学接受联合培养。先生托带一册《冰茧庵丛稿》，赠与其导师康达维(David R. Knechtges)。

10 月 5 日下午，《四川大学学报》编辑部李方林来访。

10 月 6 日下午，上海师范大学古籍整理研究所张海珊来访。先生于是日受聘为中华诗词学会顾问。

10 月 7 日下午撰毕厦门大学历史系谢元鲁博士毕业暨学位

论文评审意见。

10月10日上午,胡昭曦来寓与先生商量工作,先生提出明年春夏间聘请叶嘉莹来校联合培养指导博士生景蜀慧的建议①。

10月11日下午,曾枣庄来访,谈《全宋文》编纂事。

10月13日上午,人民文学出版社刘文忠来访。下午,出席系学术委员会会议。

10月15日下午,杨耀坤来访,取去史树青寄来供复印的《三国志蠡测》。

10月19日下午,李景焉来访,请为《成都文物》题写刊名。

10月21日下午,赴图书馆,出席研究生培养工作会议。

10月23日上午,历史系在校工会会议室举行"徐中舒先生九十寿辰暨执教七十周年纪念会",先生出席纪念会并送贺联:"负笈遇名师殷契周彝早向海宁承绝业;弦歌开绛帐鸿文朴学更于巴蜀育群才。"(此前,曾为《徐中舒先生九十寿辰暨执教七十周年纪念册》题写封面)会后,与巴蜀书社黄葵商定,由巴蜀书社承印《冰茧庵序跋辑存》。下午,赵迎生陪同国家教委高教一司田珏来访。

10月25日上午,收看十三大开幕式及赵代理总书记讲话的电视转播。下午,出席校学术委员会会议。晚,出席校党委召开的庆祝十三大座谈会。

10月26日上午,继续出席校学术委员会会议。下午,漆泽邦来访,商谈其所编《宋书今译》选目。

10月29日上午,王定璋来访,取去其请写之书名题签。下午,杨伟立先生来访。

10月31日上午,刘琳来访,谈《北朝会要》申请项目事。

---

①参见先生1987年10月12日致叶嘉莹函(原信原件,由叶嘉莹提供)。

11月2日上午，赵迎生来访，商量代校方拟稿向"中国国际经济技术交流中心"申请，同意叶嘉莹取得联合国"Tokten Program"之资助于1988年回国讲学并从事科研合作。

11月3日下午，伍宗华来访，亦谈昨日与赵迎生所商一事，并取去先生所拟申请稿。下午，射洪县文化馆二人来访，商议1988年在射洪县举办陈子昂诗歌讨论会事。

11月6日上午，张永言来访。下午，出席校统战部召开的关于党的十三大精神的座谈会。晚，历史系何崝来谈骈文。

11月7日上午，在校外办会议室，会晤小南一郎。

11月10日中午，李必忠来访，询问先生能否于12月赴京出席民盟中央委员会议，先生请其转告民盟省委代为请假。下午，无线电系严韵谟①来访。

11月14日上午，景蜀慧来访，讲诗词作法。下午，胡昭曦来访，通知学校将于19日下午举行授予吕一飞博士学位仪式，并言国家教委委托先生与胡昭曦审核全国各高校中国古代史及考古学博士点申请重点学科的报表。

11月15日上午，朱大有陪同原川大历史系毕业生欧阳盛来访。西北师范学院古籍研究所路志霄来访。寄袁珂《中国民族神话词典》书名题签。

11月16日上午，赵迎生来访，谈关于邀请叶嘉莹与先生联合培养博士生景蜀慧事。

11月19日下午，参加校学位评定委员会会议后，赴图书馆演讲厅，出席学校第一次博士学位授予仪式，授予吕一飞博士学位证书，并作发言。

11月20日，致函中山大学"纪念陈寅恪教授国际学术讨论会"筹备委员会：

---

①蜀中著名藏书家严谷声之孙。

中山大学"纪念陈寅恪教授国际学术讨论会"筹备委员会：

奉到惠函，敬悉订于1988年五月廿五日至廿八日在广州举办"纪念陈寅恪教授国际学术讨论会"，甚盛事也。承蒙邀请，极感厚意。

陈寅恪先生生平博学通识，高风亮节，为中国近现代学术史中之耆硕，在国内外享有崇高的声誉。此次大会的举办，发扬寅恪先生治学谨严的精神，並研讨其在各种学术领域中精博创新的造诣，对于发扬学术、端正风气，是很有意义的。寅恪先生生前，我曾通函请益，而研读其著作，亦深受沾溉。本当躬赴羊城，参与盛会，追慕学界先哲，恭聆群贤高论。无奈年老体衰，双腿僵化，步履艰难，不能远行（近数年中，凡外出开会事，均婉言辞谢），深以为歉，尚乞鉴谅。预祝大会圆满成功，此致

敬礼。

缪钺启　11月20日①

11月23日上午，曾枣庄来访，谈《全宋文》事。

11月25日上午，胡昭曦来访，商议关于评审重点学科报表事。下午，召集《北朝会要》课题组会议。晚，胡昭曦陪同国家教委有关同志来访，谈评审重点学科事。

11月28日上午，钟树梁来访，送来中华诗词学会顾问聘书。下午，曾枣庄、刘琳来访，谈《全宋文》出版事。

11月，先生与叶嘉莹合著之《灵谿词说》，由上海古籍出版社出版，责任编辑：沈善钧。

12月2日上午，胡昭曦来访，商定关于评审重点学科报表事。致函杨联陞与缪鉁：

①原信复写件，家藏。

莲生弟、七妹如晤：

十一月十一日手书及七妹札，均奉悉。

来函论及书法。我平日读帖之时多，临池之功少，而平生学书也还是走过曲折的道路，最后选定“二王——初唐褚虞欧薛——赵子昂——文徵明”这一条道路，晚年尤蕲向文氏，盖笔姿相近也。曾作《玉虹鉴真帖残本跋》一文，述及学书心得。兹奉呈諟正。

承示昔年在日本京都所作一首绝句甚佳。首句应作“半醉席迁更易樽”。“席迁”二字，非但平仄协调，而倒过来用，更显得句势峭拔。吾弟答吉川诗“横槊豪情泛酒尊”一首亦佳。

挽李方桂先生上联，首二句甚贴切，惟结句“山斗高悬无遗憾”句，末三字意稍质直，且“遗”字应用仄声，改用“留永照”，何如？

承告梁启勋《词学铨衡》，兄尚未见过。当觅购一读。

我近来对于常州派词论家提出的“用无厚入有间”一语论词艺，颇有触悟。董晋卿与周济都提到此语，董氏无有阐释，周氏《宋四家词选目录序论》中略有阐述，谭献亦提到过。我想，借用庄子庖丁解牛“以无厚入有间”一语论词艺，大概是指的词人创作时，透过复杂错综的情势，婉转曲折，以表达其幽微的寄托之思，如庖丁解牛那样。如姜白石之《暗香》、《疏影》，庶几近之。清末蒋敦复在其《芬陀利室词话》中又提出“以有厚入无间”之说，与董、周之说相反。我仔细研寻，蒋氏之说是故弄玄虚，并无意义也。

此颂

俪祉。

兄钺拜上　12月2日

大嫂附笔问候。

恕立、德徵两甥清吉。①

12 月 4 日下午，郑诚陪同沈传经来访，赠其所著《福州船政局》。

12 月 8 日下午，蒙默、杨耀坤来访，商定博士生方北辰、郑小容试卷评分事。

12 月 10 日上午，《百科知识》编辑部杜述胜来访。

12 月 13 日，《冰茧庵序跋辑存》书稿清抄整理毕，并写书名题签。

12 月 14 日下午，刘琳来访，谈《全宋文》出版事。

12 月 16 日上午，王炎平来访，谈在常州参加学术会议的情况。遣缪元朗将《冰茧庵序跋辑存》书稿送交巴蜀书社黄葵。

12 月 19 日下午，出席系学术委员会会议。

12 月 23 日下午，出席系学术委员会会议。

12 月 25 日下午，出席学科组学术委员会会议。

12 月 28 日，出席校学术委员会会议。

12 月 29 日，出席校学术委员会会议。

12 月 30 日，出席校学术委员会会议。

12 月，《宋诗鉴赏辞典》由上海辞书出版社出版，以先生 1940 年 8 月所撰《论宋诗》代序；先生撰写了其中部分条目。

发表文章

论高观国词（《四川大学学报》1987 年第 4 期）

词中的《哀江南赋》——读元好问《木兰花慢》（拥都门冠盖）词（《文史知识》1987 年第 11 期）

晏几道《与郑介夫》诗赏析

①原信复印件，由缪鈖提供。

黄庭坚《新喻道中寄元明用伤字韵》诗赏析

黄庭坚《次韵裴仲谋同年》诗赏析

黄庭坚《次元明韵寄子由》诗赏析

黄庭坚《登快阁》诗赏析

陈与义《雨》诗赏析

陈与义《除夜二首(其一)》诗赏析

陈与义《伤春》诗赏析

姜夔《送范仲讷往合肥三首(其二、其三)》诗赏析(均载《宋诗鉴赏辞典》,上海:上海辞书出版社,1987年)

出版专书

灵谿词说(与叶嘉莹合著,上海:上海古籍出版社,1987年11月)

编年诗

《钟敬文教授寄示成都杂咏其中有见赠诗一首赋此答谢》《寄怀姜长英学兄》《丁卯仲夏送叶嘉莹教授赴沈阳讲南宋词》《郭洽周兄斌龢挽诗》《日本大平桂一君寄赠新著汪蛟门年谱赋此答谢》

编年词

《水调歌头　咏水仙花》《鹊踏枝　寄七妹美国,八妹南京》《踏莎行　丁卯春日,气候异常,感物兴怀,爰赋此解》《夜合花　纪念“七七”抗战五十周年》《点绛唇　盆中水仙,亭亭玉立,夜灯无俚,赋此自遣》

○ 1988年戊辰　先生八十四岁

本年先生在四川大学历史系任教。

1月1日上午,张永言来访。

1 月 2 日下午,民盟省委吴汉家来访。

1 月 3 日上午,钟树梁来访,谈四川省诗词学会筹备事。

1 月 4 日上午,成善楷来访,赠其所作《望江南·题花间诸家词》十七首,并嘱先生转寄一份与叶嘉莹①。

1 月 7 日下午,谢元鲁来访,从厦门大学获得博士学位归来。

1 月 8 日,收到上海古籍出版社寄来的《灵谿词说》样书。

1 月 15 日上午,钟树梁来访,送来《岷峨诗稿》第七期。

1 月 18 日下午,李必忠来访,谈参加民盟省代会的情况。

1 月 21 日上午,刘琳来访,送来巴蜀书社所印《〈全宋文〉序》清样,即行校改。

1 月 23 日下午,刘琳来访,取去《〈全宋文〉序》清样。

1 月 26 日下午,丁浩、濮禾章、周维扬来访,谈《草堂》事。

1 月 29 日上午,李埏夫妇来访,合影留念,时李埏应邀前来主持历史系先秦史方向博士生陈力的学位论文答辩会。下午,朱大有陪同松潘县城建委员会杨世桂、松潘县规划建筑设计室萧培筠来访。

1 月 31 日上午,胡厚宣偕其子胡振宇来访,时胡厚宣应邀前来主持历史系古文字方向博士生方述鑫的学位论文答辩会。先生邀胡厚宣父子明晚来寓中共进晚餐。

1 月,《成都文史资料》开始按季出版,公开发行,先生应邀题辞祝贺:"国故朝章遗闻轶事;秉笔直书可资良史。"

2 月 1 日晚,在寓中设便宴招待胡厚宣父子,并赠与胡厚宣自书条幅两帧,一帧写 1943 年旧作《夜读》诗,另一帧写 1929 年旧作《赠胡生厚宣》诗,并附长跋:"厚宣弟少时从余受学于保定培德中学,一九二八年夏卒业,考入北京大学。寒假归来,余喜其英年迈进,曾赠此诗相勉,忽忽六十年矣。今厚宣弟研治殷虚

①参见先生 1988 年 1 月 10 日致叶嘉莹函(原信原件,由叶嘉莹提供)。

卜辞及商周史，著述精宏，誉满中外。白头相聚，感慨今昔。余喜其不负所期，因重录旧作相赠，以志当年赏契之谊焉。”

2月2日上午，辽宁大学中文系李汉超来访，谈诗词。

2月13日下午，曾枣庄来访，赠其与人合校之《栾城集》。

2月16日下午，张永言来访。

2月20日，受吴在庆之托，厦门大学学生毛昆来访，取去吴在庆请先生为傅璇琮所书条幅。

3月2日上午，赵迎生来访，谈方北辰博士毕业暨学位答辩会邀请校外委员、邀请叶嘉莹来校合作培养博士生留校时间等问题。

3月3日下午，辽宁大学中文系研究生唐伟来访，谈李白游仙诗。

3月7日上午，刘琳来访，送来《〈北朝会要〉编纂工作条例》稿。

3月9日下午，缪文远来访，赠其所著《战国策新校注》，书名由先生题签。

3月18日上午，张永言来访，谈将赴京出席全国人民代表大会。

3月25日上午，谢元鲁来访。

3月，先生主编之《三国志导读》由巴蜀书社出版，参加本书编写工作的有马德真、朱大有、杨耀坤，责任编辑：黄小石。

4月6日上午，濮禾章、周维扬来访，谈将赴湖南岳阳参加“杜甫在湖湘学术讨论会”，先生交付贺信，请其代交大会。

4月12日下午，射洪县委派人来访，请先生书写“陈子昂读书台遗址”碑题。

4月13日上午，方北辰来，与缪元朗协助先生为射洪县书写“陈子昂读书台遗址”碑题。

4月20日上午，赵迎生来访，谈学校已为邀请叶嘉莹一事，致函“中国国际经济技术交流中心”。中午,钟树梁来访,谈将赴湖南岳阳参加“杜甫在湖湘学术讨论会”。

4 月 21 日,应邀为中华书局《文史》杂志复刊十周年书写一条幅,录自作贺诗一首,寄李解民。

4 月 24 日晚,蒙默来访,赠其整理之《蒙文通文集》第一册《古史甄微》。

4 月 26 日下午,档案系黄存勋来访,送来《档案文献学》,书名由先生题签。

4 月 27 日下午,陶道恕来访,谈将赴湖南岳阳参加“杜甫在湖湘学术讨论会”。

4 月,《江海学刊》第 2 期刊登先生为其创刊三十周年题辞:“拓江海文运;振华夏天声。”

4 月,《唐宋词鉴赏辞典》(唐·五代·北宋卷)由上海辞书出版社出版,先生撰写了其中的部分条目。

5 月 9 日上午,古籍所刁忠民来访,送交邓广铭赠先生的《陈亮集》;杨耀坤来访,送来《中国历史文选》(下册),书名由先生题签。

5 月 10 日上午,出席校职称评审会。

5 月 16 日晚,山西大学历史系研究生高生记来访。

5 月 17 日下午,出席学科组职称评审会。

5 月 18 日上午,陶道恕来访,谈在岳阳参加“杜甫在湖湘学术讨论会”的情况。

5 月 21 日上午,刘少平来访。

5 月 24 日上午,出席校职称评审会。

5 月 25 日,出席校职称评审会。

5 月 26 日下午,出席校职称评审会。

5 月 30 日,四川诗词学会将于端午节成立,先生撰书贺联:“承东坡太白遗风重见诗坛振巴蜀;挹沅芷湘兰芳韵喜逢佳节祀灵均。”

6月3日上午,景蜀慧来访,讲诗词作法。

6月4日上午,刘琳陪同北京大学《全宋诗》编纂委员会倪其心来访;晚,李崇智陪同徐无闻来访。

6月6日上午,《文史杂志》编辑部李效才来访,请先生为该刊创刊三周年题辞。

6月7日下午,赵迎生来访,谈接待叶嘉莹事。

6月8日上午,吕一飞来访,谈筹备方北辰博士毕业暨学位论文答辩会事。集班固《汉书·司马迁传赞》及江淹《恨赋》之成句,为祝贺《文史杂志》创刊三周年题辞:“驰骋古今,跌宕文史。”

6月11日上午,赵迎生、马德真来访,谈与北京中华诗词学会联系叶嘉莹来蓉时间安排事。同日,四川大学历史系1985级历史文献学专业硕士研究生李永明的毕业暨学位论文答辩会在西安陕西师范大学举行①,黄永年任答辩委员会主席,赵文润、赵吉惠、刘琳任答辩委员。论文题目为《屠本〈十六国春秋〉研究》。先生因身体原因未能出席。

6月13日上午,社科处伍加伦来访。

6月14日上午,《文史杂志》编辑部来人取去先生所写题辞。晚,成善楷来访,谈将赴宜宾参加四川诗词学会成立大会。

6月18日袁庭栋来访。四川诗词学会成立大会在宜宾市召开,理事会聘请先生为名誉会长。

6月19日上午,陈流求来访,赠先生1988年5月10日在中山大学召开的“纪念陈寅恪教授国际学术讨论会”全体与会者合影一帧。

6月22日上午,永川师范专科学校李坤栋来访,谈编辑《吴

①时四川大学历史系尚未获得历史文献学专业的硕士学位授予权。

芳吉集》事。

6 月 23 日上午,成善楷来访,谈在宜宾参加四川诗词学会的情况。下午,陶道恕来访,谈在射洪参加陈子昂学术讨论会的情况。

6 月 24 日上午,斯维至来访,时应邀来历史系参加先秦史方向博士研究生赵世超、李玉洁的学位论文答辩会。晚,马德真陪同明日举行的先秦史方向博士毕业暨学位论文答辩委员会委员来寓中举行筹备会议。

6 月 25 日上午,赴文史楼,出席先秦史方向博士研究生赵世超、李玉洁博士毕业暨学位论文答辩会,先生任答辩委员会主席,秦学圣、斯维至、蒙默、常正光任答辩委员。赵世超论文题目为《周代国野问题初探》,李玉洁论文题目为《先秦丧葬制度研究》。

6 月 28 日下午,斯维至来辞行。

7 月 5 日下午,河北大学历史研究所漆侠来访,时应邀来历史系参加宋史方向博士生蔡崇榜的学位论文答辩会。撰毕对方北辰博士学位论文《魏晋南朝江东世家大族述论》的评语。

7 月 6 日晚,李埏来访,时应邀来历史系主持宋史方向博士生蔡崇榜的学位论文答辩会。

7 月 8 日上午,吕一飞来访,谈接待瑞典隆德大学东亚语言系王罗杰事。下午,刘琳来访,送来巴蜀书社新出《全宋文》第一册。先生为该书两位顾问之一。

7 月 9 日下午,方北辰在教研室举行预答辩后,与吕一飞来访。

7 月 11 日上午,王罗杰来访。

7 月 12 日上午,刘琳来访,谈将赴京开会。下午,王罗杰来访,问英译《搜神后记》的疑难问题。

7 月 13 日下午,钟树梁、濮禾章来访,谈在岳阳参加“杜甫在湖湘学术讨论会”的情况。

7月14日上午，曾枣庄来访，邀请先生明日上午赴巴蜀书社开会。下午，邀请王罗杰、方北辰、吕一飞、景蜀慧等来寓茶叙。

7月15日上午，赴巴蜀书社，出席关于《全宋文》的工作汇报会。下午，王罗杰来访。

7月16日晚，叶嘉莹由京抵蓉，与先生进行对博士研究生景蜀慧的联合培养，并继续合作撰写《灵谿词说续集》。

7月22日晚，在家中设便宴招待叶嘉莹。

7月23日上午，朱大有来访，送来巴蜀书社新出版之《三国志导读》。中午，西南师范大学中文系赵庆祥受复旦大学历史系蔡尚思委托前来看望先生。

7月25日晚，王罗杰来辞行。先生阅毕汪荣祖著《史家陈寅恪传》，认为“此书甚佳”。

7月26日上午，景蜀慧来访，商议论文选题。下午，与叶嘉莹晤谈，确定景蜀慧的博士学位论文选题为《魏晋诗人与政治》。

7月28日晚，历史系在红瓦食堂设宴招待叶嘉莹，先生应邀作陪。

7月29日上午，马德真来访，告谭其骧因开会时间冲突，不能来蓉主持方北辰的博士学位论文答辩会，商议改聘朱大渭。

7月30日下午，杨耀坤来访，谈在兰州参加学术会议的情况。

本月，为吴在庆《杜牧论稿》题辞。“吴在庆君治学勤敏，于唐代文学致力尤深。近数年中，与余通书论学，新思卓见，颇多启发。今吴君集其所撰论述杜牧诸文，为《杜牧论稿》，极望其能早日刊行问世，以加惠士林也。一九八八年七月缪钺写于四川大学历史系”①。

8月4日下午，与叶嘉莹晤谈，商定由先生代历史系起草一

①吴在庆《杜牧论稿》，厦门：厦门大学出版社，1991年3月版，插页。

份"工作汇报",说明叶嘉莹在川大与先生合作指导博士生的工作情况,供叶嘉莹回京后交中华诗词学会。

8月5日江西诗词学会将于11月在南昌成立,先生应邀为之撰书贺联:"诗歌承先哲遗风自有黄杨竞爽;山水发人间清气请看章贡双流。"

8月7日上午,写定叶嘉莹在川大期间的"工作汇报"清稿。下午,叶嘉莹来辞行,以"工作汇报"付之。

8月8日上午,叶嘉莹离蓉赴京。

8月11日下午,射洪县县委宣传部张克清来访,请先生为"陈子昂学术讨论会纪念集"题签。

8月17日下午,刘琳来访,谈方北辰博士毕业暨学位论文答辩会筹备事及在北京举行的"《全宋文》编辑出版报告会"情况。

8月19日上午,曾秉衡、朱雪娜来访,谈英译中国诗词问题。

8月20日,写定方北辰博士学位论文评语清稿。受聘为《北朝研究》编辑部、平城北朝研究会主办之《北朝研究》杂志社顾问。

8月25日上午,教务处李安澜来访;

8月29日下午,陶道恕来访,送来《岷峨诗词》第9期。

8月31日下午,马德真来访,商定方北辰博士毕业暨学位论文答辩会的具体日程安排。

9月2日下午,华南师范大学唐宋文学方向研究生叶颖来访。黄烈、朱大渭由京抵蓉。

9月3日上午,黄烈、朱大渭、张永言、张勋燎、马德真、吕一飞等来先生寓中,举行方北辰博士毕业暨学位论文答辩筹备会。巴蜀书社段文桂来访。晚,在红瓦村食堂宴请各位答辩委员。

9月5日上午,赴文史楼,出席1985级魏晋南北朝史方向博士研究生方北辰毕业暨学位论文答辩会,黄烈任答辩委员会主席,朱大渭、张永言、张勋燎和先生任答辩委员。论文题目为《江东世家大族述论》。

1988年10月与湘潭大学来访研究生合影

9 月 13 日上午,《教育导报》编辑部叶懋良来访。

9 月 15 日晚,杨耀坤陪同原历史系 1957 级学生林明均来访。

9 月 22 日下午,在寓中召开《北朝会要》课题组会议。

9 月 23 日晚,童恩正来访,谈在美国讲学的情况。

9 月 28 日下午,张永言来访。

9 月 30 日上午,李必忠陪同西北大学历史系周伟洲等来访,周伟洲赠其所著《吐谷浑史入门》。

10 月 6 日上午,赴校外办会议室,参与接待台湾文化大学黎东方。

10 月 9 日下午,赵松乔来访。

10 月 17 日上午,出席由四川省社会科学联合会、四川省社会科学院、四川省历史学会、四川大学联合在川大召开的“徐中舒教授学术思想讨论会”开幕式,并讲话。

10 月 18 日,致函吴绍烈:

绍烈先生:

奉到九月廿八日惠书,知文旌已由兰皋返沪。《上海诗词》创刊号及稿费,均已收到,请释念。

日前接路志霄先生来函并寄赠该校古籍所整理出版之书三种,已覆函致谢矣。

关于传统诗词用韵问题,鄙意以为不宜做过多的更张,更不能牵就今日普通话之读音(如果将入声字读成平声入韵,将非常不协调)。至于侵、覃韵,收 m 闭口音(闽、粤方音仍是如此),普通话中虽与真、寒韵读音几乎相同,然细揣之,侵韵之“深”、“寻”、“音”、“琴”、“阴”等字,自有一种凄清之音,与真、文韵诸字有别。大凡传统之文艺,都有其多年发展形成的一套规格,融浑协调,不可轻易变动。譬如昆曲道白必用苏白，京剧道白则用韵白（鄂皖间方音），至于平剧道白（这种剧种是晚起的）始用京白。如果演昆曲《游园惊梦》之杜丽娘用北京话作道白，则必将引起听众之笑噱也。

我现在指导的一名博士生景蜀慧，虽治史学，亦爱好诗词，其所拟论文题目是《魏晋诗人与政治》，即拟仿陈寅恪先生文史互证之法进行探索。景君练习作诗词，尚有清气。兹嘱其抄录三首，附函奉呈审正。

近作《八声甘州》词，呈正。词中"一读《钱神论》，落叶都愁"。自来词人似尚无此沉痛之句，盖未尝经历如此时世也。

此颂

著祉。

缪钺拜上　10月18日①

10月21日上午，出席校学位评定委员会会议。

10月23日下午，张永言来访。

10月24日，撰毕对厦门大学唐史方向博士研究生刘海峰学位论文《唐代教育与选举制度综论》的评审意见。

10月25日上午，郑小容来访，谈一年来在美国西雅图华盛顿大学接受博士生中外联合培养的情况。

10月30日中午，湘潭大学中文系研究生袁方、方大丰、雷宜逊、彭崇伟持萧艾函来访。

11月1日上午，缪文远来访，带来巴蜀书社请其转交的《冰茧庵序跋辑存》清样。

11月2日上午，方北辰来访，谈在重庆参加学术会议的情况。

---

①刘衍文、艾以主编《现代作家书信集珍》，上海：汉语大词典出版社，1999年6月版，第581-582页。

11 月 3 日上午，成善楷来访，赠《文史》第 29 辑，中有其所撰《招魂笺记》。

11 月 5 日上午，蒋阜南来访，谈民盟中央会议情况；刘琳来访，商议明年招收博士生事。

11 月 8 日上午，缪文远来访，付以校毕的《冰茧庵序跋辑存》清样，请其转交巴蜀书社。

11 月 16 日，民盟第六次全国代表大会闭幕，先生被选为中央参议委员会委员。

11 月 21 日下午，陶道恕来访。

11 月 23 日上午，曾枣庄陪同上海古籍出版社李国章来访。

11 月 24 日上午，郑小容来访，呈交有关出国学习的总结汇报材料。下午，巴蜀书社何志华来访。

11 月 29 日下午，丁浩、濮禾章、周维杨、曾亚兰来访，以叶嘉莹赠杜甫草堂博物馆《杜甫秋兴八首集说》付之。赵迎生、谭继和陪同中国社会科学院历史研究所蔡美彪来访。

12 月 3 日上午，胡昭曦来访，谈在香港中文大学讲学的情况。

12 月 4 日晚，赴工会餐厅，刘琳、马德真、杨耀坤、朱大有及先生培养的 9 名研究生为先生设宴祝寿。

12 月 9 日下午，华忱之来访。

12 月 10 日下午，王文才来访，取去约写的条幅。

12 月 12 日下午，钟树梁来访。

12 月 13 日下午，中文系张志烈来访，送来王仲荦夫人郑宜秀托交的王仲荦著《隋唐五代史》，书名由先生题签。

12 月 22 日，拟秦观词选目，寄与钱鸿瑛。

12 月 27 日下午，方北辰、吕一飞来谈关于先生申报国家教委优秀教学成果奖事。

12 月 28 日下午，出席研究生部召开的中外合作培养博士生指导教师会议。

12月30日上午，卿希泰来访，赠其主编之《中国道教史》第一册，并邀先生出席在新会议室举行的有关该书的座谈会。

是年，与叶嘉莹合撰的《灵溪词说》获1988年全国古籍优秀图书二等奖。

发表文章

论汪元量词(《四川大学学报》1988年第1期)

常州派词论家“以无厚入有间”说诠释(《四川大学学报》1988年第2期)

略谈如何继承发展传统诗词的创作(《上海诗词》1988年第1期)

《全宋文》序(《文献》1988年2期)

歌颂纯贞爱情的佳作——读元好问两首《摸鱼儿》词(“雁丘辞”与“双蕖怨”)(《文史知识》1988年第4期)

我所收藏的马一浮先生诗词(《文献》1988年第3期)

从以“肖”代“萧”谈起——不可用同音代替法造简化字(《群言》1988年第7期)

论词的空灵与质实(《四川大学学报》1988年第3期)

不无危苦之辞，惟以悲哀为主——评李清照、刘辰翁、汪元量三家的“元夕”词(《文史知识》1988年第10期)

韦庄《荷叶杯》(记得那年花下)赏析

晏几道《鹧鸪天》(彩袖殷勤捧玉钟)赏析

苏轼《卜算子》(缺月挂疏桐)赏析

黄庭坚《谒金门》(山又水)赏析

秦观《八六子》(倚危亭)赏析

岳飞《小重山》(昨夜寒蛩不住鸣)赏析

姜夔《长亭怨慢》(渐吹尽)赏析(均载《唐宋词鉴赏辞典》，上海：

上海辞书出版社,1988年)

李白《访戴天山道士不遇》赏析(《李白诗歌赏析集》,成都:巴蜀书社,1988年)

出版专书

三国志导读(主编)(成都:巴蜀书社,1988年3月)

编年诗

《文史杂志创刊以来发扬学术嘉惠士林深受海内外推重余亦为爱读者之一值此复刊十周年之际爰贡芜辞以志祝贺》《读汉史杂咏四首》《一九八八年六月陈子昂学术讨论会在射洪县举行赋此寄怀》《书怀》

编年词

《虞美人　迎春辞》《玲珑四犯　追忆旧游,兼怀近事,寒宵静坐,赋此自遣》《临江仙　一九八八年一月,胡厚宣弟自北京来成都,在四川大学留住数日,谈宴话旧,感慨今昔,别后赋此寄赠》《鹊踏枝　春分已过,春寒未减》《浣溪沙　施议对君和周景韩先生〈西江月・咏麻雀〉词,作〈浣溪沙〉,能出新意,赋此和之》《水调歌头　〈灵谿词说〉刊行问世,合著者叶嘉莹教授自温哥华寄示绝句二首,倚声和之》《八声甘州》(看枫江兰径转平芜)《汉宫春　戊辰重阳》《点绛唇　叶嘉莹教授自温哥华函告,将应聘赴台湾讲学,赋此寄之,望其能为祖国统一大业尽力焉》《踏莎行　风争利世,斯文日丧。"草木有本心,何求美人折",或亦士君子自处之道,而国事则可忧矣》

○ 1989年己巳　先生八十五岁

本年先生在四川大学历史系任教。

1月3日下午，方北辰、吕一飞来谈为先生准备申报国家教委优秀教学成果奖资料事。

1月4日上午，谭洛非陪同《羊城晚报》社鲁阳①、《羊城晚报》社彭纹、西南民族学院张汉成来访。

1月16日下午，马德真来谈郑小容博士毕业暨学位论文答辩会的筹备工作，议定，聘请何兹全、周伟洲为校外委员，答辩时间定于五月下旬或六月上旬。

1月27日上午，赴电教室，与有关人士共同观看教学成果奖电视申报片，其后，有与会人士认为内容尚需充实，并提出补充修改意见，决议开学后继续工作。会后，吕一飞、方北辰同来寓中商议此事。

1月28日上午，赵迎生来访，商定今夏仍邀请叶嘉莹来校与先生合作培养博士研究生。

1月29日下午，施在德送来其父施幼贻所著《吴芳吉评传》。该书以先生1932年《吴碧柳挽诗并序》代序。

2月1日上午，陈玉屏来访，赠其所著《魏晋南北朝兵户制度研究》。

2月6日下午，成善楷来访。

2月7日上午，陈流求来访。

2月11日下午，《文献》编辑部袁俐来访。

2月13日下午，曾秉衡、朱雪娜来访。

2月19日下午，陶道恕陪同《岷峨诗搞》编辑部刘传茀等来访。

2月24日上午，钟树梁来谈重印清末三位蜀中女诗人集事。

2月27日上午，钟树梁送来有关清末蜀中三位女诗人之资料。

---

①原名刘美藩，系先生执教浙江大学中文系时的学生。

3 月 1 日晚，王文才来访，并赠其新著《杨慎学谱》。

3 月 7 日下午，景蜀慧来访，为其讲汪容甫文，并赠其《汪容甫文笺》。方北辰、吕一飞来，商议填写国家教委教学成果国家级特等奖申请表事。

3 月 13 日上午，何崝带来巴蜀书社委托代交的《冰茧庵序跋辑存》第二次清样。

3 月 15 日上午，景蜀慧来访，为其讲汪容甫《自序》，并拟一联，嵌“蜀慧”二字，以勉励治学精进，不畏艰阻，更上一层。联云：“蜀道艰难此地有崇山峻岭；慧心缥缈乘风去玉宇琼楼。”

3 月 16 日，晚，马德真陪同张祥光来访，商讨编《北朝会要》事。3 月 17 日下午，召集《北朝会要》课题组会议。

3 月 20 日上午，何崝取去校毕之《冰茧庵序跋辑存》第二次清样，送交巴蜀书社。

3 月 29 日上午，赵迎生来访，商议邀请叶嘉莹夏季来校继续合作事。

是月，先生作《文献杂志创刊十周年爰赋小诗以志祝贺》诗，《缪钺全集》失收，抄录如下：

> 中华典籍数千年，考献征文赖此端。学术商量通世界，鸿篇岂止万人传。

4 月 17 日，吕一飞送来教学成果奖《申报书》文稿及《申报书》表格，下午，先生开始誊写《申报书》。

4 月 18 日上午，继续誊写《申报书》。晚，吕一飞来取去《申报书》。

4 月 19 日应台北《国文天地》杂志社之约，寄出 4 种个人资料。

4 月 22 日上午，看“胡耀邦同志追悼会”电视实况转播后，接受了《四川日报》记者胡传建的采访。“实况转播结束后，记者来到85岁的缪钺教授家中,老教授沉思片刻,缓缓地说:耀邦同志坚决支持邓小平同志的改革政策,破除极左思潮的流弊,平反冤假错案,尊重知识分子,敢于向腐败现象作斗争。因此,他得到各阶层人民的赞扬和支持,尤其是知识分子。我们要化悲痛为力量,努力完成耀邦同志的未竟事业"①。

4月29日,从研究生部得到消息,今年无人报考魏晋南北朝史方向博士生。

5月2日上午,南亚研究所黄祖文来谈;写定郑小容博士学位论文评语清稿。下午,方北辰、吕一飞来谈教学成果奖《申报书》事,学校派吕一飞赴京收集资料。

5月4日上午,蒙默、朱大有来商议景蜀慧"魏晋南北朝文史结合研究"课程试卷评分。

5月5日上午,西安外国语学院比较文学研究室黄世坦来访。

5月6日下午,郑小容来访,出示何兹全的来信。修改方北辰起草的教学成果奖《申报书》稿。

5月8日上午,方北辰来取去《申报书》稿,送交蔡曙先。下午,副校长王庭科、蔡曙先来谈,商酌《申报书》稿。

5月9日,誊写《申报书》。

5月10日,继昨日后,将《申报书》誊写毕;方北辰、吕一飞来访,吕一飞带来在京时请胡厚宣、赵松乔、朱大渭撰写的有关先生教学情况的回忆材料。

5月11日上午,吕一飞来,取去《申报书》,送交教务处。晚,四川省电视台以专题报道的形式,播放了四川大学电教室拍摄的题为《缪钺》的电视片。致函严寿澂:

寿澂同志:

---

①《全川各族各界群众隆重悼念胡耀邦同志》,《四川日报》1989年4月23日第二版。

远隔沧溟,时切怀念,顷奉手书,快如面晤。

左右在美国攻读博士,以文史哲相结合研治中国学术文化,并吸收西方学者之新观点、新方法,境界日进,闻之甚慰。王船山之学术博大精深,而其哲思深邃,且有胜于顾亭林者。左右选王船山为博士论文研究题目。定能多有创获也。

大作读宋人诗绝句,笔致清疏,更多卓识,其中论后山、简斋、白石诸作深惬鄙怀。读晦闻先生《蒹葭楼诗》中提到其吊王静安诗"徒闻朴学悲君去,独有纲常不敢言"之句。钺昔年读黄先生诗亦曾注意此句。此句如出于遗老之手不足怪,而出于早年从孙中山进行革命之黄先生,则大可玩味。诚如尊论所谓,政治立场可以不同,则风义名节则毫无二致也。

近作诗词数首,多伤时感事之作,另纸录奉指正。

《灵谿词说》问世以后,正与叶嘉莹教授合撰《词说》续集。大作论诗绝句中提到汪水云。汪氏乃宋末元初一位异军特起之作者,其诗、词皆掉臂独行,有真性情,惜后人对汪氏重视不够。年前曾撰《论汪元量词》一文(《灵谿词说续集》之一),刊载于《川大学报》中。兹将该文剪页寄奉 諟正。专此奉覆,即颂
著祉。

缪钺拜启 五月十一日①

5月12日上午,吕一飞来告,已将《申报书》及附件送交省教委。

5月15日下午,杨耀坤来访,时于康定师范专科学校授课结

---

①原信复印件,由严寿澂提供。

束后返校。

5月16日上午，河南教育学院沈伟方来访。

5月19日上午，学校组织部韩军美陪同历史系1954级同学、贵阳师范大学历史系吴运芳来访。

5月20日上午，杨伟立来访。晚，李必忠来访，送来《山坳上的中国》。

5月中旬，四川大学历史系1986级历史文献学专业硕士研究生杨世文的毕业暨学位论文答辩会在西安陕西师范大学举行①，黄永年任答辩委员会主席，赵文润、牛致功任答辩委员。论文题目为《试论魏晋南北朝时期文献学的成就》。先生因身体原因未能出席。

5月27日上午，景蜀慧送来郑小容博士学位论文国内外学者评阅意见综述稿。

5月29日上午，填写郑小容博士学位论文答辩申请表。下午，马德真来谈教学成果奖申报鉴定及郑小容博士学位论文答辩事。

5月30日上午，填写教学成果奖申报成果鉴定书。下午，景蜀慧、郑小容来告在中国古代史教研室举行学位论文预答辩的情况。

5月31日上午，马德真来谈准备教学成果奖申报成果鉴定事，以鉴定书付之。

6月1日下午，赴电教室，观看经过修改补充的教学成果奖电视申报片。

6月5日上午，郑小容来谈答辩事。下午，景蜀慧来谈郑小容博士学位论文答辩有关资料已准备完毕，并交研究生部；为其讲解《周易》“明夷”卦，勉其“利艰贞”。

---

①时四川大学历史系尚未获得历史文献学专业的硕士学位授予权。

6月6日上午,郑小容来告答辩会不能如期举行。谢元鲁来访,取去请先生所书条幅。

6月8日上午,赴学校电教室,出席教学成果奖申报成果鉴定会。鉴定委员会由彭迪先、张秀熟、潘大逵、隗瀛涛、王文才、张永言、石柱成组成,彭迪先、张秀熟、潘大逵因交通不便,未能亲临,皆表示同意,并在鉴定书上签名,彭迪先并附来了长篇发言稿。先生在会上作了简要陈述。各位委员一致同意将成果呈交国家教委,申报特等奖。

6月9日上午,陶道恕来访。

6月14日上午,写定对厦门大学历史系博士研究生马良怀学位论文《崩溃与重建中的困惑——魏晋风度研究》的评语①。下午,周绥章来访,了解先生近来的工作。

6月15日上午,马德真来谈,准备在7月初为郑小容举行博士学位论文答辩。

6月16日上午,郑小容来谈准备论文答辩事。补充修改台北《国文天地》编辑部寄来之由丁原基所写《缪钺教授的学思历程》文稿。

6月18日下午,景蜀慧送来近作《鹊踏枝》词三首,先生认为“甚佳”。

6月19日上午,郑小容带来何兹全的电报,谓将如期来蓉出席7月5日的博士毕业暨学位论文答辩会;张永言来访。下午,马德真来谈郑小容博士毕业暨学位论文答辩会的准备情况,并带来其所著《史通导读》中的《史通》选注稿,请先生审阅修改。

6月23日上午,刘琳来谈郑小容博士学位论文答辩事。

6月24日,数日中,审阅修改马德真《史通》选注稿,今日完

①后马良怀致函先生,请其同意将评语以《关于〈崩溃中的迷惘与重建中的困惑〉》为题,交《江汉论坛》发表,载1992年第11期。

毕。下午，校外办赵丹文送来西川常子的赠礼。

6月30日午后，吕一飞来谈省教委要求上报先生数十年教学成果总结事。

7月1日下午，方北辰、吕一飞送来“总结”稿。傍晚，接何兹全电报，谓定于7月3日上午7时许乘火车抵蓉。

7月2日上午，吕一飞取去先生略作修改的“总结”稿。下午，方北辰送来誊清的“总结”清稿。

7月3日上午，吕一飞取去“总结”清稿。下午，郑小容送来7月2日何兹全电报，谓于1日晚在火车站候车一夜，车开无时，心脏不适，不能来蓉。先生开始出现腰痛症状。

7月4日下午，胡昭曦、马德真来访，谓校中决定，郑小容的博士学位论文答辩推迟到暑期以后举行，郑小容先分配到历史系任教；以修改完毕的《史通》选注稿付马德真。

7月7日上午，曾枣庄来访，并送《全宋文》第三册。

7月12日上午，中文系王克让送来成善楷讣告，先生托王克让代送花圈。

7月15日上午，遣缪元朗赴殡仪馆，代为参加成善楷追悼会。

7月17日下午，景蜀慧来访，送来其为先生所印冰茧庵笺纸。

7月29日上午，伍宗华来谈历史系郑小容申请赴美探亲三月事。

7月30日上午，马德真来访，商定郑小容博士学位论文答辩日期暂定为10月9日。

本月，《社会科学研究》第4期刊登先生于己巳(1989年)仲春为纪念该刊创刊十周年的题辞：“融贯古今跌宕文史；拓新理论启发方来。”

8月6日，致函田余庆：

余庆先生：

承赐大著《东晋门阀政治》一书，拜领感谢。

尊著所论诸问题，多是钺平日读史时深感兴趣者，有的亦曾做过一些思考，但未能如先生之旁征曲证，抉发隐微。读后心目开朗，深受裨益。

钺平日对于古人论治学态度与方法者，深佩黄山谷、汪容甫两人之言。黄山谷云："陈履常正字，天下士也。读书如禹之治水，知天下之络脉，有开有塞，而至于九川涤源，四海会同者也。"（《豫章黄先生集》卷十九《答王子非书》）汪容甫云："某记诵之学，无过人者，独于空曲交会之际，以求其不可知之事，心目所及，举无疑滞，钩深致隐，思若有神。"（《汪容甫年谱》壬辰年《与达官书》）窃谓尊著之造诣，颇与黄、汪两家所说者相契合。

全书系统严密，首先对于"门阀政治"做了明确的界说，认为："门阀政治"乃是皇权与士族互相依存的共治国家之格局，只有东晋时是如此，保持了百年之稳定。南朝政治以皇权为主，士族虽仍居高位，但其作用大不如前，故不得再称为"门阀政治"。又概括"门阀政治"形成之条件是："东晋一代，皇帝垂拱，士族当权，流民出力，门阀政治才能维持。"又借"王与马共天下"一语，阐述东晋皇权与士族共治局面之来龙去脉，以后"庾与马"、"桓与马"、"谢与马"等，仍是此种格局。直至东晋末年，太原王氏中之两支分别参与孝武帝与司马道子君相之间的争权而同归覆灭，门阀政治从此终结，而为次等士族代替门阀士族重建皇权政治制造了条件。这种通贯的阐论，真是所谓"如禹之治水，知天下之络脉"者。

尊著中所阐论之诸问题，如郗鉴在东晋政局中之微妙关系及其平衡政局之积极作用、庾王江州之争、桓氏世系问题(刑家桓范之裔)、北府兵问题(追溯到郗鉴之镇京口)、淝水之战的性质及评价问题、孙恩卢循问题,等等,均能于纷繁之史料中,“钩深致隐,思若有神”。深可敬佩。书末“后论”,从各方面对于门阀士族作了综合的论述,是一篇高度的概括。

以上是钺读尊著后的一些感想,覼缕陈之,以当晤谈,恐未必得当也。此颂

著祉。

缪钺拜上 8月6日①

8月9日下午,景蜀慧来访,带来自栽葡萄,先生以《词林集珍》及所书绝句诗五首相赠,并与其评论《蒹葭楼诗》,商酌其学位论文的设想。

8月13日,曾秉衡、朱雪娜来访。

8月21日上午,成都市博物馆苏晓梅来访,送来张应国著《曹操新传》;钟树梁来访。晚,中文系硕士研究生李永红来访,其学位论文选题阐论叶嘉莹的文学理论,向先生了解有关资料。

8月22日上午,李永红来,抄录叶嘉莹论著目录及有关叶嘉莹著作评论文章的目录,先生为其略讲叶嘉莹治学之特点,并赠《灵谿词说》。

8月23日上午,景蜀慧来访,以所书葡萄诗稿赠之,并在所赠《词林集珍》第一册上题辞:“蜀慧同学弟雅好倚声,日益精进,爰赠此书,以供清赏。己巳初秋缪钺。”

8月28日上午,民盟省委王鸿贤来访;晚,李永红来访。

是月,台湾《国文天地》本年第8期刊登《缪钺教授的学思历程》,作者丁原基。

---

①原信复印件,由田余庆提供。

9月4日下午,刘琳来访,并送《全宋文》第四册。

9月9日下午,蔡曙先来访;邓南来访。

9月10日晚,原华西协合大学中文系毕业生高宝龙来访。

9月12日上午,缪文远来谈其撰著计划。

9月17日上午,李谊来访,请先生为其辑校的《历代蜀词全辑》作序。

9月21日,下午,民盟省委周泽成来访。应张世林之约,集班固《汉书·司马迁传赞》、江淹《恨赋》、《周易·系辞》、韩愈《进学解》词句祝贺中华书局《书品》创刊五周年:"驰骋古今跌宕文史;钩深致远含英咀华。"

9月23日上午,马德真来访,商议接待何兹全及筹备郑小容博士毕业暨学位论文答辩会的有关事宜。下午,李谊来访,允为其《历代蜀词全辑》撰写题记。

9月26日上午,缪文远陪同简阳中学退休教师傅承烈来访。

9月27日晚,何兹全乘机抵蓉,郑小容赴机场迎接。

9月28日上午,何兹全来访,马德真亦来商议答辩安排。

9月29日上午,赵迎生、伍宗华、马德真来商议郑小容博士毕业暨学位论文答辩会事。下午,何兹全、蒙默、刘琳、马德真来寓中出席郑小容博士毕业暨学位论文答辩预备会。会后,先生在工会餐厅宴请与会者及历史系有关人员。

9月30日上午,赴文史楼,出席1985级魏晋南北朝史方向博士研究生郑小容毕业暨学位论文答辩会,答辩委员会由何兹全任答辩委员会主席,张永言、蒙默、周锡银与先生任答辩委员。论文题目为《慕容鲜卑汉化问题》。

9月,《冰茧庵序跋辑存》由巴蜀书社出版,责任编辑:栾永平。

10月1日晚,何兹全来辞行。

10月2日凌晨,郑小容、缪元朗送何兹全赴机场,飞机7时按时起飞。

10月3日上午，陶尔夫的研究生陈枫来访。

10月7日下午，李谊来访，以《〈历代蜀词全辑〉题记》付之。

10月10日上午，傅承烈来访，取去先生为其书写的书名题签。

10月13日，《文献》第4期发表先生文章《〈文献〉杂志创刊十周年感言》，《缪钺全集》失收，抄录如下：

《文献》是我最爱读的杂志中之一种，每一期到手，我都要仔细阅读，分类摘录其中重要文章目录，以备异日查阅参考。《文献》中诸文，如善本秘籍之评介、古书校勘训诂之新成果、文史专题之探研、当代学者之传记、中外学术信息等等，都使我读后深获裨益。我平生治学服膺顾亭林先生，认为学以致用，借古鉴今，固贵有通识创见，然必须建立在坚固的徵实基础之上。晚近有些文章，游谈无根，怪论骇俗，虽或能哗众取宠于一时，而转瞬即逝，诚如季羡林先生所讥“江山代有才人出，各领风骚数十天”者（《书品》1988年第4期50页。重点号是引者加的）。《文献》诸文，悃朴无华，论证详赡，虽无惊俗之语，而有笃实之功，其学术价值是经得住长期考验的。此其可贵者也。值此创刊十周年之际，爰赋小诗，以志祝贺：

中华典籍数千年，考献征文赖此端。
学术商量通世界，鸿篇岂止万人传。

我有两点建议：

1、加强国际学术交流。外国汉学家（包括华裔学者），常能接触广博的资料，具有创新的观点、精密的方法，他们研究我国古代文献之成果，对于我们有他山攻错之益。希望能加强联系，邀请他们撰稿，在《文献》上刊载，有利于国际学术交流，宣扬祖国文化。

2、适当的采用繁体字。通行的简体字中，有一部分是以音同音近而代替者，如几代替幾，斗代替鬭，叶代替葉，只代替隻，种代替種，征代替徵，并代替並，里代替裏，后代替後；甚至于有一个字代替两个以上之字者，如发代替發、髮两个字，干代替乾、幹、榦三个字。复代替復、複、覆三个字。象这些简体字，如果用在校勘、注解、考释古书的文章中，将会造成意义上的极端混乱，使读者困惑不解，甚至于误解。又如古人名字，如用简体字，也容易引起麻烦。譬如建安文人徐幹，如用简体字，写成“徐干”，读者乍一看，將不知是何许人；又如西晋时“楼船下益州”的王濬，如用简体字，写成“王浚”，则与同时的割据幽州之王浚变成一个人了。所以我建议，《文献》所刊文章，应适当的采用繁体字。

1989年3月，写于四川大学历史系

10月14日上午，郑小容来，告知，学校安排其与应届毕业的研究生及新招的研究生40馀人下乡至彭县，为期至明年7月。

10月17日上午，濮禾章、周维扬来谈《杜甫研究学刊》事。

10月18日，填写《邀请短期外国专家登记表》，建议邀请叶嘉莹明年6、7月间来川大，继续合作培养博士研究生景蜀慧。

10月21日上午，景蜀慧来，告知11月初将赴桂林出席魏晋南北朝史学会年会。

10月23日下午，方北辰来谈其出国访问事宜。

10月27日，致函吴熊和：

熊和先生：

赐寄大著《唐宋词通论》，拜领感谢。

久仰先生为瞿禅先生高足弟子，研治词学，造诣精深。大著《唐宋词通论》第一版印出时，钺已购读，深服其取资博赡，立论精实。此次重印，在"附录"中增加三篇，皆考释精详，读后益人神智，而《关于鲖阳居士〈复雅歌辞序〉》一篇尤为精彩。《复雅歌辞》久已亡佚，不意此书之序仍存于天壤间，幸赖先生治学勤劬，于《古今合璧事类备要》中辑出，并加以阐释，借以看出南宋初词坛风气之衍变，实为有功词史之作。

月前我校张永言先生自杭州开会归来，道及先生远道相念之厚意，至深感慰。拙著《冰茧庵序跋辑存》小书，将由巴蜀书社出版，待印出后当寄奉諟正。

专此布谢，敬颂

著祉。

缪钺拜上　10月27日①

10月28日上午，郑小容来，谈在彭县升平乡下乡20天的情况；李崇智来谈校点《顾千里集》的问题。

10月31日下午，刘少平来访。

11月2日，先生《六十五年育才之经验与艺术》获国家教育委员会普通高等学校优秀教学成果奖国家级特等奖。

11月7日上午，接受《中国教育报》记者左春明采访。下午，曾枣庄来访，谈明年10月将在成都召开宋代文化讨论会事。

11月14日上午，再次接受左春明采访。

11月21日上午，民盟省委许广清、尹显强来访，代表民盟省委，为先生祝寿。下午，张志烈来访，并带来新出之《杜甫研究学刊》。

11月28日下午，苏州大学中文系王钟陵来访。

11月29日下午，吕一飞偕日本留学生丸山雅美来访。

---

①原信底稿，家藏。

11月30日下午,四川师范大学历史系谢元鲁来访,谈在西安参加唐史学会年会的情况。

12月4日上午,南充市人民政府林云阶、陈扬清、郭志道来访,谈将在南充建立陈寿纪念馆事。成都画院郭生来访。

12月8日下午,马德真来谈成立三国研究中心事。

12月12日,先生《六十五年育才之经验与艺术》获四川省普通高等学校第一届优秀教学成果奖一等奖。

12月15日下午,谭良啸来谈成立三国研究中心事。

12月23日下午,出席校学位评定委员会会议。

12月27日傍晚,吕一飞送来朱大渭赠先生的《纪念陈寅恪教授国际学术讨论会文集》。

12月,《灵谿词说》由台北《国文天地》杂志社出版。

发表文章

论张惠言《水调歌头》五首及其相关诸问题(《四川大学学报》1989年第1期)

刘永济《云巢诗存》序(《文献》1989年第1期)

中外合作培养研究生的经验(《群言》1989年第4期)

"烦琐考证"辨析(《文史知识》1989年第5期)

宋词与理学家——兼论朱熹诗词(《四川大学学报》1989年第2期)

论王清惠《满江红》词及其同时人的和作(《四川大学学报》1989年第3期)

论金初词人吴激(《四川大学学报》1989年第4期)

《〈文献〉杂志创刊十周年感言》(《文献》1989年第4期。河北教育出版社版《缪钺全集》失收)

赋手文心,开倚声家未有之境——评张惠言《水调歌头》(珠帘卷春晓)(《文史知识》1989年第11期)

黄庭坚《虞美人》（天涯也有江南信）赏析

贺铸《青玉案》（凌波不过横塘路）赏析

史达祖《满江红》（缓辔西风）赏析（均载《百家唐宋词新话》，成都：四川文艺出版社，1989年）

吴激《人月圆》（南朝千古伤心事）赏析

元好问《水调歌头》（牛羊散平楚）赏析

元好问《木兰花慢》（拥都门冠盖）赏析

元好问《摸鱼儿》（恨人间、情是何物）赏析

元好问《摸鱼儿》（问莲根、有丝多少）赏析

刘因《玉漏迟》（故园平似掌）赏析

元好问《临江仙》（夏馆秋林山水窟）赏析

刘因《玉楼春》（未开常叹花开未）赏析

陈维崧《夏初临》（中酒心情）赏析（均载《金元明清词鉴赏辞典》，南京：南京大学出社，1989年）

论元好问词（《纪念陈寅恪先生诞辰一百周年学术论文集》，北京：北京大学出版社，1989年）

颜之推评传（《中国历代著名文学家评传》续编一，济南：山东教育出版社，1989年）

史达祖评传（《中国历代著名文学家评传》续编二，济南：山东教育出版社，1989年）

《杜诗笺记》题辞（《杜诗笺记》，成都：巴蜀书社，1989年）

郭斌龢译柏拉图《理想国》序

《玉虹鉴真帖》残本跋（均载《冰茧庵序跋辑存》，成都：巴蜀书社，1989年）

出版专书

冰茧庵序跋辑存（成都：巴蜀书社，1989年9月）

灵谿词说（与叶嘉莹合著，台北：《国文天地》杂志社，1989年12月）

编年诗

《早春书怀示景蜀慧时景生正撰写博士论文魏晋诗人与政治》《再读柳如是别传》《读王文才君新著杨慎学谱有感于近代蜀人某君事口占一绝非贬责汉代扬子云也》《文献杂志创刊十周年爰赋小诗以志祝贺》《己巳清明日为景蜀慧讲授汪容甫汉上琴台之铭赋此示之》《论词》《成善楷先生挽诗》《咏史》《景蜀慧撰写博士论文魏晋诗人与政治文中论及曹植嵇康阮籍陶渊明诸人赋此示之》《蜀慧所植葡萄结实以数枝见贻赋此报之》《戏占一绝》

编年词

《鹊踏枝　余本吴人,生长燕赵。抗战前夕,留居广州者一年;抗战期中,淹滞宜山遵义者八载。追忆旧游,爰赋此解》《鹊踏枝》(耳畔惊闻灵鹊语)《鹧鸪天　己巳暮春,感事而作》《鹊踏枝》(一夕惊雷春已去)《浣溪沙》(莫抱琵琶旧谱寻)《浣溪沙　撰毕〈迦陵诗词稿序〉,寄叶嘉莹教授,复赋此阙》《祝英台近　中秋怀远》《浣溪沙》(残睡初醒梦尚疑)《贺新郎　景生蜀慧出示新作〈齐天乐〉词,寓读史感事之思,赋此和之》《念奴娇　刘笃龄先生寄示家藏旧砚拓片,刻后蜀花蕊夫人宫词残句,征求题咏,赋此报之》《浣溪沙》(几上银屏一抹霞)

○ 1990 年庚午　先生八十六岁

本年先生在四川大学历史系任教。

1 月 4 日上午,四川少年儿童出版社纪光碧和出版社负责人来访,商议编辑出版古诗选本事。

1 月 8 日上午,赵迎生、伍宗华来访,商议为编纂《北朝会要》的需要,调郑小容从农村提前回校。致函程千帆:

千帆先生史席：

新年伊始，遥惟兴居佳胜，撰述日新。

惠书及大作，均已奉读。王瑶先生忧郁逝世，海内人士同此悲悼。大作《浣溪沙》二首，悼念亡友，幽咽怨断，诚为张皋文所谓感物造端，兴于微言，以相感发，可以道贤人君子幽约怨悱不能自言之情者，洵属倚声之上乘也。

钺近来体气渐衰，而本职工作仍繁，只得黾勉从事。去年所作小诗三首，附呈正律。此覆，即颂

新年之禧。

缪钺再拜　元月八日①

1月9日上午，郑小容来告，校、系领导已批准其寒假后在校工作，不再下乡。下午，赴图书馆前参加全系教职工合影。

1月10日晚，中文系周裕锴来访，请先生为成善楷先生诗词稿作序。

1月12日下午，纪光碧送来古诗选目，请先生审阅。

1月13日下午，曾枣庄、刘琳陪同北京大学古籍整理研究所孙钦善来访。开始厘定删补古诗选目。

1月20日下午，郑小容来访，从彭县归来。

1月21日晚，周裕锴来，先生出示所撰成善楷《〈霜叶诗词稿〉序》初稿。

1月22日下午，纪光碧来，以所定古诗选目付之。

2月5日下午，赵迎生陪同哲学系贾顺先来访。

2月7日下午，袁庭栋来访。

2月8日下午，台北《国文天地》杂志社林庆彰、邱镇京来访，贾顺先亦来会晤。

---

①原信复印件，由巩本栋提供。

2月9日晚，在校工会餐厅与贾顺先共同宴请林庆彰、邱镇京。

2月10日上午，纪光碧来谈古诗选本事。

2月13日上午，民盟市委宣传部杨晓红、沈静来访。

2月20日上午，巴蜀书社在川大召开《中华文化要籍导读丛书》、《中国古典文学赏析丛书》、《古代文史名著选译丛书》的出版座谈会，先生因腿软乏力，不能赴会，遂托人带交了发言稿。下午，西南民族学院中文系祁和晖、巴蜀书社周锡光来访。

2月22日上午，纪光碧来谈古诗选本事。

2月23日上午，纪光碧来谈古诗选本事。

2月27日上午，民盟市委车自龙、杨晓红来访，车自龙询问关于《国文天地》杂志事。

2月28日上午，为《晋阳学刊》创刊十周年题辞："濬发新思，弘扬故学；立足山右，放眼神州。"下午，马德真来谈出差东南，访问各地学者的情况。

3月5日上午，濮禾章、周维扬来谈杜甫学会改选事。

3月7日下午，纪光碧来谈古诗选本事。

3月17日，《中国教育报》第一版发表《冰茧——记四川大学历史系教授缪钺》，作者左春明。

3月19日上午，从研究生部招办得到消息，今年无人报考魏晋南北朝史博士生。

3月21日下午，召集《北朝会要》课题组工作会议，议决，全书26个项目在年内完成，定期检查。

3月24日晚，江西大学研究生欧阳崇书持罗元诰介绍函来访。

4月4日上午，《四川画报》社记者马红丁来寓，拍摄先生与曾枣庄、刘琳共商《全宋文》编纂工作的照片。

4月10日上午，马红丁再次来寓摄影。下午，罗国威来谈编写骈文鉴赏集事。

4 月 14 日晨,八妹缪鉌自南京来蓉探望先生。上午,出席四川大学三国史研究中心成立大会,先生任中心主任。

4 月 17 日上午,胡振绥来访,带来胡厚宣赠书《苏德美日所见甲骨集》。下午,李永红送来其硕士学位论文《试论叶嘉莹的文学批评理论体系》。

4 月 22 日下午,应姻亲朱佩君之邀,访成都画院,朱佩君请先生为画院新楼撰书联语。

4 月 24 日下午,罗国威来谈编写六朝骈文鉴赏集事。

4 月 25 日上午,李永红来谈,先生赠与《冰茧庵序跋辑存》。下午,王文才、陶道恕来访。

4 月 26 日,写毕评审赵俪生《中国土地制度史》的意见。晚,方北辰、吕一飞来谈市政府拟修建蜀汉城事。

4 月 29 日上午,为吴宓诞辰九十五周年纪念会撰写贺联:“治学以中西相济为宗文运拓新途自有高怀传百代;处世具独立不惧之概沧桑经巨变长留清节在人间。”

4 月 30 日上午,《中国文化》杂志编辑部刘梦溪来访,先生与其相谈甚欢。将吴宓诞辰九十五周年纪念会贺联寄黄世坦。

5 月 2 日上午,刘梦溪再次来访,继续与先生的谈话。晚,校党委书记饶用虞、校长林理彬陪同国家教委朱开轩来访。

5 月 3 日上午,罗国威来访,出示六朝骈文赏析选目,先生加以删补。

5 月 8 日上午,赴武侯祠博物馆,出席成都蜀汉城学术论证会,并作发言。

5 月 10 日上午,马德真来访,送来其所写《史通导读》下半部文稿,请先生校阅。

5 月 15 日,先生受聘为中国艺术研究院《中国文化》杂志学术顾问。

5月16日,校阅毕马德真《史通导读》下半部文稿。

5月17日上午,西南民族学院罗新本来访,取去先生所书“四川民俗学会”字幅。

5月25日上午,马德真来取去其《史通导读》文稿。

5月26日下午,原华西协合大学中文系学生张子良来访。

5月31日晚,吕一飞来谈其与方北辰赴南充考察的情况。

6月8日下午,苏渊雷的研究生沈诗醒等人来访,沈诗醒带来苏渊雷赠书《钵水斋文史丛稿》等。

6月10日晚,秦方瑜来访,请先生为王建墓博物馆永庆院撰联。

6月13日中午,四川省档案馆邓碧清来访。

6月14日晚,李永红送来其硕士学位论文印本。

6月19日上午,朱大有来谈编写《北朝会要》事。晚,张志烈来谈,并送新出《杜甫研究学刊》。

6月21日下午,秦方瑜来访,先生以所作永庆院联语付之:“乱世出雄才铁马金戈能向蜀疆开霸业;永陵寻故迹霓裳玉册重修宫苑发幽情。”

6月22日上午,南充市委宣传部陈扬清来访。为成都画院新楼书写自撰联语:“上承黄筌之遗风妙笔夺天公能画出锦江春色;新建琼楼于静苑危栋供远眺更招来玉垒浮云。”

6月25日上午,南充市张善生、陈扬清、林云阶来谈修建陈寿“万卷楼”事。

6月26日下午,致函曾大兴:

大兴同志:

惠札及大作《柳永和他的词》均已奉悉(赠与叶先生之一册,等她来华时转交),谢谢。

大作之特长有二:一、全面细致的对柳永为人及词作加以论析,破除近三十馀年中"左"的观点,对柳永做出公允评价,肯定其在词史中的地位。二、搜集资料广博,给读者很大方便。

来函询及我治学所受张孟劬与王静安二位先生之影响情况。张先生,我很熟,亲承音旨,书札往还,他兼通文、史、哲,治学兼有浙东宏通与浙西博雅两派之长,不过,方法、态度还是承继乾嘉。缺乏新的开拓,如西方影响。我从张先生处受益者是史学与辨章学术、考镜源流之学。至于王静安先生,我并未亲炙,只是读其著作。王先生与陈寅恪先生是我在近代学者中最崇敬的两位。他们二人都能融贯中西,开拓学术中的新领域、新方法,并提出精辟的创见,对学界有很大启发。至于学词,我受《人间词话》之影响很深(叶先生亦如此)。我与叶先生论词,认为,唐宋至清,词之大变有四:一、柳永、二、苏轼、三、周邦彦、四、王静安。王氏用西方哲学、美学观点论词、作词,实能别开新境,异于前辈词家朱、王、况、郑等。

来函提到《缘情探史诗、隐境说词风——从〈诗词散论〉到〈灵谿词说〉》一文,此文是许总、许结所作,登载于《川大学报》84年第四期。另外《川大学报》87年第二、三两期刊登《〈灵谿词说〉笔谈》共六篇,亦可参看。《川大学报》,谅贵校图书馆中一定有。

近三年中,我与叶先生合撰《词说》续集,已发表十馀篇,大部分在《川大学报》中。常与论词的友人钱鸿瑛同志(上海社科院研究员)曾撰《周邦彦研究》,即将出版。你如愿意,请将尊著寄一册赠钱君,其通讯处是"……"①,邮编是200083。此颂

---

①此处详细地址,由笔者省略。

文安。

缪钺启 6月26日

昭岷先生均候。①

6月27日下午，郑小容来告，已获美国领事馆所发签证，将于下周赴西雅图探亲。

6月30日上午，郑小容、景蜀慧携点心来酬师，中午，先生在家设便宴为即将赴美探亲的郑小容饯行，并合影留念。下午，先生八妹缪鉌启程返宁。是日，天津民俗博物馆王蛰堪来函，聘请先生为其发起的中青年吟社——鸿雪社顾问。

7月2日下午，郑小容、图书馆陈力来，陈力为先生与郑小容摄影，先生将托带给杨联陞、叶嘉莹的礼物交与郑小容。

7月4日上午，四川少年儿童出版社余林、郑尚来谈编辑《中国圣人》丛书事。

7月6日下午，杨耀坤来谈编选其论文集事。

7月14日上午，丁浩、周维扬等来谈杜甫研究会事。

7月16日上午，《求是》杂志编辑部苗苏菲来访，因先生获国家教育委员会普通高等学校优秀教学成果奖国家级特等奖之故，约先生写关于从教六十馀年的感想、体会，供教师节时发表。

7月18日，写定《六十六载话师道》清稿②。

7月21日上午，钟树梁和四川省诗书画院李维嘉来访。

7月25日下午，贵州人民出版社袁华忠来访，送来聘请先生为该社《中国历代名著全译丛书》编委的聘书。

7月30日上午，周锡光来谈出席吴宓先生诞辰九十五周年纪念会的情况。

8月2日下午，胡昭曦陪同台湾中央研究院历史语言研究所

①原信复印件，由曾大兴提供。

②按此文发表时，有两段原稿被删。

黄宽重来访。

8月6日，应约为襄樊市隆中诸葛武侯祠堂撰联："大业定三分筹策隆中鱼水君臣千古契；遗文逾廿卷垂名禹域恢弘韬略万年新。"

8月9日上午，华西医科大学基础部朱玲来访。

8月18日，先生受聘为中国元好问学会名誉会长。

8月21日下午，民盟函授大学郭焱来访。

8月22日，为《四川政协报》撰写题辞："广益集思，发扬民主；乐群敬业，振兴中华。"

8月26日，致函程千帆：

千帆先生史席：

前奉手示，并大作《赵少咸先生遗书序》，非但文辞峻洁，而惓念师门，足征风义之笃，拜读甚佩。

钺少读史书，慕顾亭林之为人，有激浊扬清之志。长更世变，波谲云诡，始知书生之见，迂远而阔于世情。迩来读陶渊明诗，更有所悟。昔黄山谷谓东坡"少读范滂传，晚和渊明诗。"坡公殆亦深有会于此旨欤。作《拟古》一首抒怀，并《浣溪沙》小词，并呈郢正。

去冬撰《历代蜀词全辑题记》一文，近已在《文献》中刊出，寄上复制品一份，请諟正。肃覆，敬承

著祉。

缪钺再拜　8月26日①

9月9日，撰毕对中文系朱庆之博士学位论文《佛典与中古汉语词汇研究》的评审意见。

9月10日，誊写对朱庆之博士学位论文的评审意见。

9月14日，致函陈邦炎：

①原信复印件，由巩本栋提供。

邦炎先生史席：

顷奉8月25日手书及惠寄大作《癸亥删存稿》、《从时与地看草窗词》、《关于词的素质、风貌、容量的思考》等，拜领感谢。

承告在美国开会情况，国际间交流研治词学之心得与经验，对国内词学界可收他山攻错之益。先生对草窗词研究精深，夙所钦佩。尊著《思考》一文，所阐论者，确是词学上一个大问题，值得深入讨论。我反复阅读，甚佩其中之崇论闳议，但亦有个别问题尚可商榷者。略陈鄙见如下：

一、尊文谓，前人所说词的婉媚要眇之特质，仅适用于晚唐五代词，其后词之演变，即大大超出了这个界限。这话是有见地的，也是符合事实的。不过，如果不仅看表面，而更从深一层观察，则可感觉到，即便是南宋的爱国壮词，在慷慨激昂中仍隐含婉媚要眇之美，而不同于同类的诗作，兹举壮词泰斗辛稼轩词为例。辛词《摸鱼儿》(更能消)词，发抒其忧时、抗金、怀才不遇之感，可谓豪荡激昂，但吟讽之馀，仍会感觉到其中所隐含的要眇宜修之韵味，与陆放翁发抒壮怀之诗作如《夜登千峰榭》、《书愤》等，其质素、风貌究竟不同。即以苏东坡而论，苏词是被称为能“一洗绮罗香泽之态”者，但是经后世名家评定，苏词佳处仍然是“清丽舒徐”(张炎语)、“韶秀”(周济语)、“春花散空，不著迹象”(夏敬观语)等等，也就是仍能保持词之特质者。至于苏词中之过于散文化者，如《沁园春》：“当时共客长安。似二陆初来俱少年。有笔头千字，胸中万卷，致君尧舜，此事何难。用舍由时，行藏在我，袖手何妨闲处看。身长健，但优游卒岁，且斗尊前。”虽一向推尊苏、辛之元遗山，且认为此词“其鄙俚浅近，叫呼衒鬻，殆市驵之雄，醉饱而后发之，虽鲁直家婢仆且羞道，而谓东坡作者误矣”(《东坡乐府集选引》)。

可见词体虽不断变化,而其特质还是要保持在一定限度之内的。李易安作《词论》,提出词"别是一家"之说,殆亦有见于此。至于两宋词风貌质素之繁变,非婉媚要眇所能概括,这也是应当考虑的。我以前曾提出用"深美闳约"四字概括词之特质,似较为妥当。

二、尊文谓词之容量广阔,并不亚于诗,因此不同意王静安"诗之境阔"之说。按,尊文曾谓:"不同的容体各有其适于容受之物。"这话是对的。因此,词体所适于容受之物较诗为少,这也是事实。在诗中,如杜甫之"三吏"、"三别",白居易之《秦中吟》、《新乐府》,又如杜甫之《赴奉先咏怀》、《北征》,韩愈之《南山》,白居易之《长恨歌》、《琵琶行》等等,其内容绝非词体所能容纳,这是显而易见的。即以同一兼长诗词之作者而论,其词之内涵也往往较诗为少。如宋代之苏东坡、黄山谷、陆放翁,以至于清代之王渔洋、朱竹垞、龚定庵等,莫不如是。苏东坡是运用词体表达情思能力最强的人。刘熙载曾说,苏词"无意不可入,无事不可言"。其实不然。试取苏诗与苏词比较观之,其诗之内涵较词更为广阔。即以我自己的创作经验而论,有不少情思,可以用诗写,而难以用词写,但是如发抒所谓"幽约怨悱不能自言之情",则词又较诗为适宜也。

尊文论词,注重通变,这确是通识之论。正因为词体随时演变更新,它才能有较强之生命力。昔年与叶嘉莹教授论词,共认为,一千年来,词凡四变:一、柳耆卿(创慢词铺叙之体,拓大容量);二、苏东坡(诗化,提高境界);三、周清真(辞赋化,浑厚精工);四、王静安。王氏以西方哲理、美学融入词中,开前人未有之境,可惜他后来治学方向转移,故未能多致力于词的创作。"五四"以来的新诗作者,也想借鉴西方诗歌之意境、格律,别启新途,可是因脱离传统,故所作远未成熟。

以上所陈读尊著后之零碎感想，谅多不妥之处，请先生进而教之。近作《历代蜀词全辑题记》一文，在《文献》中刊出，兹将复制件附呈諟正。专此奉覆，即颂

著祉。

缪钺拜上 9月14日①

9月15日下午，陈翔华来访。

9月16日上午，张永言来谈其博士生朱庆之学位论文答辩事。黑龙江大学中文系刘敬圻来访。

9月19日上午，王罗杰来访。下午，徐州师范学院中文系胡可先来访。"一九九〇年九月，学会与《学刊》②在杜甫草堂举办第六届年会，我作为特邀代表参加盛会。……与会期间，我还特地到四川大学拜访了缪钺先生。其时，先生已有八十六岁，但精神很好，正在伏案写作。对我来说，这是一次终生难忘的请教的好机会。因为我从一九八一年始就杜牧研究向缪先生请教，至一九九〇年已有十年，其间书信不断，就是没有机会当面聆听教诲。本次拜访，缪先生先从杜甫研究，进而至唐宋文学研究，直至文史哲与创作贯通等方面精心指导，长达两个多小时而不倦"③。

9月24日下午，刘琳来谈关于编写《北朝会要》及准备景蜀慧学位论文答辩事。

9月27日上午，张永言来谈请先生出席朱庆之博士毕业暨学位论文答辩会事。

9月28日上午，出席朱庆之博士毕业暨学位论文答辩会。答辩委员会由蒋礼鸿、刘坚任答辩委员会主席，祝鸿熹、赵振铎、项楚、向熹、张永言与先生任答辩委员。论文题目为《佛典与中古汉语语汇研究》。下午，马德真来谈关于景蜀慧博士毕业暨学

①原信复印件，由陈邦炎提供。

②指四川省杜甫研究会和《杜甫研究学刊》。

③胡可先《我与〈杜甫研究学刊〉》，《杜甫研究学刊》，1997年第1期。

位论文答辩会筹备工作。

9月29日下午,在寓中开茶话会接待王罗杰,方北辰、吕一飞、陈玉屏、景蜀慧、缪元朗等人作陪;张永言、朱庆之来访。

9月30日上午,朱大有来谈编写《北朝会要》事。

10月5日,致函程千帆:

千帆先生史席:

9月5日手书及大诗,早已奉悉。顷又蒙赐寄数十年前钺致弘度先生书札、诗词稿复制件数十通,拜领感谢。《闲堂自述》亦拜读。

钺致友人书札,多未存稿。此次重读诸复制件,恍如隔世。其中诗词,亦有未存稿者,可以补入也。弘度先生致钺书札及诗词,"文革"期间,虽经骚乱、播迁,但大部分幸尚保存,数年前,曾复制寄交茂舒。

来函所示四十年代尊作五古一首,道出阮、陶心事,实获我心。窃以为司马子长作屈贾合传,真是千古卓识。屈原、贾谊之高才伟抱及其坎坷之遭遇(直道不容),是很有代表性的。中国二千年来优秀士人大抵都是屈、贾类型,阮、陶二公亦屈、贾之流也。近作《拟古》诗一首,发抒此旨,附呈指正,此诗虽称心而言,而辞语质直,乏冲夷之趣。

尊撰绝句《独携》五首,堪称诗史,悼念王瑶先生一绝,尤为沈痛感人。读《闲堂自述》,具见先生平生治学之艰贞历程及精深造诣。

近作《虞美人》词一首,附呈正律。此颂

著祉。

缪钺拜上　10月5日①

①巩本栋编《程千帆沈祖棻学记》,贵阳:贵州人民出版社,1997年10月版,第219-220页。

10 月 10 日下午,陈泽来访。

10 月 12 日上午,丁浩、周维扬来访,送来上月杜甫研究会的会议资料;张子良等来访。下午,李劼人故居纪念馆易艾迪送来其父成恩元遗著《敦煌棋经校释》。

10 月 15 日上午,刘国武等送来华西医科大学校庆文件;贵州人民出版社叶光大来访。下午,召开《北朝会要》课题组会议。

10 月 17 日上午,王罗杰来辞行。

10 月 22 日下午,张永言来访。

10 月 24 日下午,江苏溧阳县委朱柏庆、奚渭明来访。

10 月 25 日下午,召开《北朝会要》课题组会议。

11 月 4 日上午,贵阳中医学院吴家荣来访。

11 月 5 日上午,先生在读过档案系罗辉映的论文后,邀请其于本日来寓交谈;郭生来访。

11 月 6 日下午。赵迎生陪同德阳市委李永寿①来访。

11 月 7 日上午,钟树梁、谭良啸先后来访。

11 月 10 日上午,哲学系研究生邓金堂来访,送来贺麟赠送先生的《文化与人生》。

11 月 16 日,先生七妹夫杨联陞在美国马萨诸塞州阿灵顿家中去世。

12 月 14 日,填写景蜀慧博士学位论文答辩申请书中导师的评阅推荐意见。

12 月 15 日,撰毕对北京师范大学历史系薛军力博士学位论文的评阅意见。

12 月 17 日上午,张志烈来谈《杜甫研究学刊》事。

12 月 20 日下午,巴蜀书社周伯谦来谈编辑《中华大典》事。

本月,先生《冰茧庵序跋辑存》获四川省第四次哲学社会科

①四川大学历史系 1961 届毕业生。

学优秀科研成果奖荣誉奖。

发表文章

陈师道词论与词作(《四川大学学报》1990 年第 2 期)

词品与人品(《四川大学学报》1990 年第 3 期)

唐宋词中“感士不遇”心情初探(《四川大学学报》1990 年第 4 期)

指导、帮助、激励、支持(我与民盟)(《群言》1990 年第 5 期)

《历代蜀词全辑》题记(《文献》1990 年第 3 期)

不惜歌者苦,但伤知音稀——读晏几道《临江仙》词(《文史知识》1990 年第 8 期)

六十六载话师道(《求是》1990 年第 17 期)

六十五年育才之经验与艺术(《高等工程教育研究》1990 年第 4 期)

叶嘉莹《迦陵诗词稿》序(《中国文化》第 3 期,1990 年)

读《靖康稗史笺证》(《书品》1990 年 4 期)

回忆吴宓先生(《回忆吴宓先生》,西安:陕西人民出版社,1990 年)

《周邦彦研究》序言(《周邦彦研究》广州:广东人民出版社,1990 年)

《诸葛亮形象史研究》序言(《诸葛亮形象史研究》,杭州:浙江古籍出版社,1990 年)

《诗海拾贝集》序(《诗海拾贝集》,兰州:甘肃人民出版社,1990 年)

《古诗十九首》(涉江采芙蓉)赏析

郭璞《游仙诗》(京华游侠窟)赏析(均载《先秦汉魏六朝诗鉴赏辞典》,西安:三秦出版社,1990 年)

编年诗

《杜兰亭先生元旦寄诗赋此奉酬》 《韩国磐教授自厦门寄示题拙著冰茧庵序跋辑存诗二首赋此奉酬》 《己巳除夕》 《庚午初春书怀》 《拟李义山无题》 《读陶渊明〈饮

酒〉诗》《修改景蜀慧博士论文第三章陶渊明论析赋此示之》《读后汉书》《送及门郑小容博士经上海赴美国探亲》《拟古二首》《读王建宫词戏仿其体》《拟古》《秋柳二首》

编年词

《风入松》（去年今日共寻春）《洞仙歌　咏杜鹃花，一名踯躅》《点绛唇　余艺盆兰，紫蕤初发，幽香远溢，怡人情志；忽遭风雨，憔悴堪怜，枨触中怀，爰赋此解》《浣溪沙》（一载凄凄入梦疑）《念奴娇　咏葡萄》《虞美人　庚午中秋，天阴无月》《鹊踏枝　庚午重阳》《眼儿媚》（惊回残梦更凄然）《浪淘沙　一九九零年十一月，妹丈杨莲生教授病逝于美国哈佛大学，闻讯悲恸，赋此悼之。至亲无文，故措辞质直》

○ 1991年辛未　先生八十七岁

本年先生在四川大学历史系任教。

1月2日致函马良怀：

良怀同志：

去年12月23日手书奉悉。尊撰论“魏晋风度”一文，探索魏晋名士之所以放诞不羁，乃是对当时暴政之反抗（如嵇康）或蔑视（如阮籍），并非如某些“左”倾论者所谓是地主阶级腐朽本性之表现。此论点甚有见地。陈寅恪先生曾谓，评论古代哲学家，“必须备艺术家欣赏古代绘画雕塑之眼光及精神。……对于其持论不得不如是之苦心孤诣，表一种之同情，始能批评其学说之是非得失，而无隔阂肤廓之论”。你论文中的观点，是符合陈先生这一要求的。

后汉桓灵之际，政乱世衰，当时有正义感之士大夫。如李膺、陈蕃、范滂等，毅然而起，昌言正论，激浊扬清，有澄清天下之志，对当时政治社会产生很大影响。由于奄寺擅权，大兴党锢之狱，广肆株连，摧残士气，卒致黄巾起义，东汉灭亡。曹氏、司马氏阴谋篡权，排除异己，当时正直之士，如孔融、嵇康以反抗被害，阮籍以猖狂苟全。士气屡遭摧残之后，于是有正义感之士大夫走上另一条曲折之路，即是狷介自守，关心政治而不深介入政治（他们认为，介入也是无用的），这就是陶渊明的道路。

我曾想著论阐析二千年中中国士人心中的两个"情结"，即是传道与求知。所谓"传道"，即是想以道指导政治之渴望（为王者师），以及道被势压之后的愤慨（如屈原《离骚》）。所谓"求知"，除去政治上得君行道之愿望之外，还有人品、学诣、艺术等各方面的求知（"士为知己者死"、"不惜歌者苦，但伤知音稀"）。这两个情结，用不同形式表现于二千年来各种文学作品之中，成为深透了解中国古典文学之钥匙。

我平日读史学文，很重视二千年来中国士人对于国家民族之重大贡献，亦较深了解他们心中之苦闷与迷惘，惟因年老体衰，琐事丛脞，胸中所蓄，多未能达之于笔下。希望年富力强，学有根柢如足下者，能在这方面多作贡献，勉之勉之。此覆，即颂

新年之禧。

缪钺启　元月二日①

1月9日，徐中舒逝世，遣缪慈明、缪元朗代赴徐家吊唁。

1月16日上午，遣缪慈明、缪元朗代为出席徐中舒追悼会。下午，朱庆之来访。

①原信复印件，由马良怀提供。

1 月 17 日下午,赵迎生来谈接待叶嘉莹来访事。

1 月 19 日上午,景蜀慧来访,告知校、系已同意接受其来川大工作。

2 月 2 日上午,赵迎生来谈接待叶嘉莹事。

2 月 4 日上午,马德真来谈接待叶嘉莹事。

2 月 6 日上午,景蜀慧来谈,嘱其于叶嘉莹来蓉期间应做诸事。

2 月 7 日中午,作为景蜀慧的博士导师之一,叶嘉莹由京抵蓉。下午,叶嘉莹来寓中看望先生,同行者有其侄叶言材、侄媳梧岛薰子。

2 月 8 日上午,叶嘉莹来访。下午,叶嘉莹来寓中对景蜀慧的论文进行指导评议,先生和赵迎生、马德真、刘琳与听。

2 月 9 日上午,叶嘉莹来寓中,谈编辑《灵谿词说续集》积稿,准备出版事。晚,叶嘉莹来辞行。

2 月 10 日早,叶言材夫妇来辞行。中午,由缪元朗赴机场送叶嘉莹及叶言材夫妇登机返京。

2 月 22 日下午,刘传茀来访。

2 月 24 日下午,王文才来访。致函刘梦溪:

梦溪先生:

献岁发春,遥惟道履贞吉。

惠札、景文评语及《中国文化》第三期,均已拜领,甚为感谢。

先生对于景君论文,奖饰逾恒,足见勉励后学之盛意,钺与景君同深感慰。承嘱景君论文第二章二、三两节可以改写后再求精深。当即照办,嘱其改写后再呈諟正。

《中国文化》第三期,选稿精审,装印美观,既弘扬中国优秀的传统文化,而又有时代气息,在今日各种期刊中可谓出类拔萃者。

尊撰评寅恪先生《柳如是别传》一文，读后甚为钦佩。钺平生极服膺陈氏之学，《柳传》亦曾细读，但愧未能如先生所见之圆融透辟也。

去秋所作《秋柳》诗二首，另纸附呈諟正。虽不敢仰企渔洋，而借物感事之旨则一。诗中慨叹近两年中知识分子之遭遇感受，第二首末两句则借渊明以自况也。

迩来体气日衰（今年八十七岁），时虞疲惫，一切工作，只能量力而行。专此奉覆，敬颂著祉，并贺

春禧。

缪钺拜上　2月24日

尊夫人痊安。①

3月2日上午，哲学系张绍英、中文系甄尚灵来访。

3月9日上午，朱庆之来访。

3月16日上午，陶道恕来访。

3月17日上午，评定鸿雪社第一届诗词课卷。

3月18日上午，南充师范学院历史系刘静夫、李纯蛟来访。下午，刘传茀来，斟酌修改马识途词稿。

3月20日中午，马德真及缪元朗赴机场迎接周一良、朱大渭。

3月21日下午，在先生寓中召开景蜀慧博士毕业暨学位论文答辩预备会，周一良、朱大渭、王文才、蒙默、刘琳、马德真与会。会毕，先生在学校外专楼餐厅设宴招待诸位委员。先生和周一良互赠著作，先生并有赠诗。

3月22日，赴文史楼，出席1987级魏晋南北朝史方向博士研究生景蜀慧毕业暨学位论文答辩会，周一良任答辩委员会主

①原信复印件，由刘梦溪提供。

席，朱大渭、王文才、蒙默和先生任答辩委员会委员。学位论文题目为《魏晋诗人与政治》。

3月24日晨，马德真及缪元朗赴机场送周一良、朱大渭登机返京。

3月25日上午，杨伟立来访。

3月26日下午，方北辰来，商定魏晋南北朝史研究室上报“八五”期间研究课题为“魏晋南北朝文化研究”。

4月13日上午，陶道恕来访。

4月15日下午，秦方瑜来谈先生为王建墓博物馆手书“宁园”二字放大刻匾事。

4月19日晚，李必忠陪同厦门大学郑学檬来访。

4月22日晚，李必忠陪同中山大学历史系胡守为来访。

4月26日，寄出为季聪收藏之夏承焘词作手迹的题跋。“一九八六年五月，夏瞿禅先生遽归道山，余赋挽诗，有‘中仙去后无词笔，玉笥山头更哭君’之句，用张玉田悼王碧山《琐窗寒》词题序中‘余悼之玉笥山’及词中‘自中仙去后，词笺赋笔，便无清致’之语。时光流逝，倏已五载。今季聪君寄示夏瞿禅寄陈从周先生之《蝶恋花》词手迹，展卷惘然，弥增怀旧之思与人琴之痛矣”①。

5月7日上午，信阳师范学院周培聚来访。

5月8日下午，校博物馆江玉祥送来《西南丝绸之路研究》。

5月10日下午，茅于美偕西南交通大学社会科学系王浩吾来访。

5月12日下午，茅于美来访。

5月14日晚，黄永年来访。

5月18日下午，茅于美来访。

---

①题跋复印件，由季聪提供。

5月24日下午，陶道恕来谈，送来程千帆委托转交之新著。

5月29日下午，原华西协合大学中文系学生王光媛、赵彬生、刘紫阳、吴其茂、高愈勋、史铄等来访。

5月30日下午，杨耀坤陪同西昌中学吴金相来访。

6月15日下午，方北辰陪同故宫博物院林小安来谈。

6月16日，评毕鸿雪社第三届诗词课卷。

6月19日上午，缪文远来谈关于成都古籍书店建店35周年事。

6月22日下午，陈昌渠来访。晚，赵迎生陪同李永寿来访。

6月24日下午，方北辰来谈关于筹备三国文化研讨会事。

6月26日上午，景蜀慧来，请先生为其即将由台湾文津出版社出版的博士学位论文《魏晋诗人与政治》作序。

6月，向《岷峨诗稿》编辑部推荐魏新河词作。"魏新河君为空军飞行员，从戎之暇，不废倚声。魏君曾从游于天津词家寇梦碧、王蛰堪诸先生之门而受其熏陶，在创作实践中，训练严格，故甫逾弱冠之年，而所作慢词能以周清真为宗，严守格律，复能创发新意。魏君与余通书谭艺，余深赏其才，更喜传统诗词作者后继有人，故介绍其词作刊布于《岷峨诗稿》中，而略志数语于此。一九九一年六月，缪钺"①。

7月2日下午，方北辰来告，其博士学位论文《江东世家大族述论》将由台湾文津出版社出版。

7月5日上午，景蜀慧来告，川大调令已到省广播电视大学，电大已同意其即可到川大报到。

7月10日下午，景蜀慧来校报到后来谈，先生以《〈魏晋诗人与政治〉序》稿付之。四川省社会科学院巴蜀文化研究中心成立，先生受聘为顾问。

7月17日，连日来，先生在以往所写的几篇《自传》的基础

---

①《岷峨诗稿》第21期，成都：巴蜀书社，1991年版，第39页。

上，重新撰毕一份较为完整的《自传》。

7 月 20 日下午，谭洛非来访，送来四川省社会科学院巴蜀文化研究中心顾问聘书。

7 月 22 日下午，孙钦善来访。

7 月 27 日下午，川大历史系 1961 届同学数人来访。刘琳来通知，下周国际宋代文化研讨会在金牛宾馆三楼会议室举行开幕式，先生腿脚不便，上楼费力，不必出席。

7 月 29 日上午，周本淳来访。下午，郭斌龢之女郭奉杕来访，先生留其共进晚餐。

7 月 30 日上午，裴斐、周本淳来谈。

7 月 31 日上午，沈锡麟来访。

8 月 1 日上午，前来出席国际宋代文化研讨会的台湾学者郑向恒、王保珍、张高评、叶政欣、赖丽娟等来访。下午，湖南师范大学出版社张辉学来访。

8 月 8 日下午，先生不慎从沙发中倾跌于地。

8 月 15 日下午，罗世烈陪同重庆师范学院历史系陈以真①来访。

8 月 18 日上午，捷克斯洛伐克科学院东方研究所李沙娃来访，与先生谈西方汉学的研究现状及陶渊明诗等，还谈及 50 年代先生曾接待过的捷克汉学家白力德。

9 月 2 日，集古书（《汉书·司马迁传赞》、江淹《恨赋》、班固《两都赋序》、《文心雕龙·时序》）成语，祝贺岳麓书社建社十周年："驰骋古今跌宕文史；润色鸿业运集休明。"

9 月 3 日下午，历史系景蜀慧来，出示邱镇京手札，请先生写《中国历代名人像传》书名题签。

9 月 7 日上午，刘琳偕新招博士研究生庄剑来访。庄剑为先

①据罗世烈回忆，陈以真"文革"前曾在川大历史系进修。

生招收的最后一位博士研究生，时先生年老体衰，已无力承担过多的指导工作，主要由副导师刘琳负责培养。

9月8日下午，刘茂舒偕其夫皮公亮来访，谈刘永济《云巢诗存》出版情况。

9月12日下午，在寓中举行茶话会，接待王罗杰，方北辰、吕一飞、景蜀慧及缪元朗作陪。

9月18日上午，袁庭栋来，请写张秀熟文集《二声集》书名题签，即写毕付之。

9月19日下午，召集《北朝会要》课题组会议，讨论编纂情况。

9月21日上午，校出版社伍加伦、江玉祥来，请先生写《退溪全书今注今译》书名题签。下午，刘少平来访。

9月22日，致函程千帆：

> 千帆先生史席：
>
> 数月前，承蒙惠赐大著《被开拓的诗世界》一书，拜读之后，因琐事丛脞，稽迟未覆为歉。近又蒙赐赠大著《程千帆诗论选集》及与吴新雷先生合著之《两宋文学史》，拜领感谢，并请代向吴先生致谢。
>
> 大著数种，均系多年积蓄之精深学诣之表现，所谓深造自得，厚积而薄发者，读之诚能益人神智。同时，又可以看出，在三十年极“左”思潮影响之下，怀瑾握玉高才卓识之士如先生者所经过之坎坷历程及坚忍不拔之操，更使人感佩无极也。
>
> 钺迩来体气日衰，时感疲惫，除去承担少数必要工作（如培养博士生、主编《北朝会要》）之外，惟愿清心省事，以临晋人法书，读陶渊明诗自娱。近作小诗二首，附录呈正。
>
> 专此，敬颂

著祉。

缪钺拜上 9月22日①

9月27日下午，方北辰陪同省对外友协张惠明、莫春海来谈关于举办三国文化论研讨会事。

10月1日下午，马德真陪同川大历史系往届毕业生数人来访。先生获国务院政府特殊津贴证书，从1990年7月起享受政府特殊津贴。

10月3日下午，方北辰来谈筹备三国文化讨论会事。

10月5日晚，射洪县委宣传部冯万志、文化局王传玉来访。

10月8日上午，《旅游文化报》编辑部朱安玉来访。

10月11日下午，方北辰来谈筹备三国文化讨论会事。

10月12日上午，方北辰陪同张惠明等来寓中为先生摄制录像，用于三国文化讨论会的宣传。

10月13日上午，就筹备三国文化讨论会事，接受时在中国新闻社驻川站实习的川大新闻系1988级学生萧冬梅的采访。

10月15日下午，庄剑来谈博士学位论文选题事。

10月17日下午，张永言来访。

10月23日下午，刘少平来访。

10月24日下午，市文管会周尔泰来谈保护明代建筑九眼桥的问题。

10月25日中午，周尔泰来访，再谈保护九眼桥事。

10月26日下午，文献出版社曹月堂来访。

10月28日，先生记："近数日劳累，体气日衰。双腿更僵化，时虞倾跌，行动艰难。"

10月30日下午，童超来访。

---

①原信复印件，由巩本栋提供。

1991 年 11 月在“国际三国文化讨论会”上发言

11 月 1 日上午，赴岷山饭店出席国际三国文化讨论会。因双腿僵化，到饭店后，坐轮椅进入会场，并作题为《研究三国史的重要意义》的大会发言。后接受《三国梦》剧组孙道临的采访，并与俄罗斯李福清、美国罗慕士、日本上野隆三等晤谈。中午 12 时归寓。此为先生最后一次出席学术会议。

11 月 2 日上午，朱大渭与兰州大学历史系张大可来访。

11 月 4 日上午，《成都晚报》社何平来访。傍晚，何平来取去转交李福清的《三国志选注》。

11 月 6 日上午，庄剑来谈学位论文选题事。

11 月 8 日上午，丁浩、周维扬来商谈 1992 年在巩义市举办杜甫诞生 1280 年纪念会事。致函程千帆：

千帆先生史席：

十月十七日手书，早已读悉。事忙稽覆为歉。

大作《读蠲戏斋诗杂记》及重九感怀诗，均已拜读。感怀诗健笔纵横，寄慨深至。

惠简所示尊著《宋文学史》中疏漏之处，均遵嘱在原书中改正。迩来出版社校对不细，时有误植。《宋文学史》93 页 3 行，“照耀乾坤四百卷”。“卷”字应是“春”字之误植。又 135 页 13 行，“王安石希望苏轼在南京定居”。按“南京”应作“建康”，盖宋代之“南京”在今河南商丘，非今之南京市也。

迩来又细读先生与吴新雷先生合著之《两宋文学史》，资料翔实，考订精细，体系紧密，而识解宏通，评价平允，尤为特色，与时下流行之文学史诸书，拘泥于僵化理论模式与极“左”观点者迥乎不同。第其品格，殆与鲁迅《中国小说史略》相近。

来函建议，钺与弘度先生书札论学之语辑录成册，以备付刊，至感厚意。待稍暇，当从事于此。

近作短文一篇，附呈諟正。冬寒，伏乞为道珍摄。此颂著祉。

缪钺拜上　11月8日，立冬日①

11月10日上午，邓南来访。

11月14日傍晚，方北辰来访，将于18日启程赴京，转飞瑞典，进行学访，先生托其到京后代为拜访周一良、田余庆，并转交所送四川名茶。

11月17日傍晚，周尔泰来访，仍谈九眼桥保护问题。

11月20日下午，张志烈来访。晚，成都市考古队王毅等来谈保护九眼桥事。

11月21日，阅颜振吾编《胡适研究丛录》，认为"此书资料丰富，对于了解胡适为人治学，很有助益"。

11月24日，应何平之约，撰毕《忆华西大学广益学舍》。

11月28日上午，巴蜀书社范勇来访。

11月30日中午，四川经济广播电台陈笛来寓为先生作广播录音，谈关于保护九眼桥的问题。

12月7日。下午，何平来取去文稿。上海学林出版社钱丽明、叶丰等来访。

12月9日，近两三日中，应程千帆之约，清抄与刘永济论学书札共五通，供南京大学《古典文献研究》刊用。

12月13日上午，伍加伦来告四川大学出版社已同意出版先生的《冰茧庵剩稿》。

12月14日上午，刘琳来谈编纂《北朝会要》、招考博士生诸问题。

12月17日上午，清理近数年中致友人书札存稿。

---

①巩本栋编《程千帆沈祖棻学记》，第221页。

12月20日上午，四川大学出版社陈建明来谈《冰茧庵剩稿》出版事。

12月21日陈玉屏来谈关于评价诸葛亮问题。

12月24日，方北辰来谈在瑞典学访情况。致函万绳楠：

绳楠先生史席：

成都会晤，倏已六年，每读大著，时切怀念。顷奉十二月十五日手书，甚为感慰。称谓过于撝谦，愧不敢当。先生乃陈寅恪先生及门弟子，我是私淑者，我们应是同辈行中人。

大著《魏晋南北朝文化史》，早已拜读。此书是开创性之作，其中论析《孔雀东南飞》与《木兰辞》，甚为精彩。整理听寅老课笔记所写《魏晋南北朝史讲义》，亦足以嘉惠士林。可惜此书印数不多，读者多未能买到，是否可请黄山书社重印。

我治史之馀，亦好吟咏，自愧才力疏拙，辱蒙奖饰，愧不敢承。我常想将李义山绵邈幽美之情韵与黄（山谷）陈（后山）峭劲宕折之笔势融合为一，惜乎有志未逮也。尊作《读古史有感》寄慨遥深，结尾二句尤有超然之致。

拙撰《叶嘉莹迦陵诗词稿序》附诗词各一首，在《中国文化》杂志第三期刊出。兹附寄复制件一份，乞諟正。我与叶先生合撰之《灵谿词说》一册，另封挂号寄奉。专覆，敬颂著祉。

缪钺拜上　12月24日

迩来年老体衰，工作只能量力而行。现在正在促成《北朝会要》完稿，并培养博士生，已毕业四名，上半年又招收一名。暇时练习书法，等精神好时，将写一条幅寄奉。①

---

①原信复写件，家藏。

发表文章

钱宝琮《骈枝集》序(《文献》1991 年 1 期)

朱淑真生活年代考辨(《文献》1991 年 2 期)

《三国志》传抄本的“祖本”(《书品》1991 年 2 期)

论朱淑真生活年代及其《断肠词》(《四川大学学报》1991 年 3 期)

朱淑真卒年再考辨(《文献》1991 年 4 期)

二千多年来中国士人的两个情结(《中国文化》第 4 期,1991 年 8 月)

陶渊明“好读书不求甚解”新释(《中国文化》第 5 期,1991 年 12 月)

忆华西大学广益学舍(《成都晚报》1991 年 12 月 28 日)

景蜀慧《魏晋诗人与政治》序(《魏晋诗人与政治》,台北:文津出版社,1991 年)

关于诸葛亮躬耕地究竟在何处的一点意见(《诸葛亮躬耕地望论文集》,北京:东方出版社,1991 年)

宋代文化浅议(《国际宋代文化研讨会论文集》,成都:四川大学出版社,1991 年)

编年诗

《一九九一年三月周一良先生莅临四川大学主持及门景蜀慧博士论文答辩委员会赋此志谢》《今年气候冷暖异常春尽犹衣棉衣赋此志感》《庚午岁暮退密先生寄诗相赠次韵奉和》《感兴》《无题》《胡厚宣八十寿诗》《退密先生赐和感兴诗仍步原韵奉答》《秋怀》《无题　感事作》

编年词

《八声甘州》(问苍穹灿烂众星辰)　《菩萨蛮》(芳菲三月寻春

去）《菩萨蛮　秋燕》

○1992年壬申　先生八十八岁

本年先生在四川大学历史系任教。

1月1日上午,朱庆之送来张永言贺年卡,并谈将于8月赴印度学习梵文事。先生于本日记:“今年我八十八岁矣。老境渐侵,精力日衰,惟思清心少事,读庄子《逍遥》、《齐物》之论,渊明《饮酒》、《贫士》之诗,忘怀俗务,‘量力守故辙’而已。”

1月2日下午,张志烈来谈与先生共同编选《全唐诗精华录》①事。

1月3日上午,钟树梁来访。

1月7日下午,马德真来告,历史系拟于10月为先生举行预祝九十寿辰暨任教七十周年的纪念会②。

1月12日先生“今日作《书怀》诗一首,颇得意”。是为先生所作最后一首旧体诗。

1月15日下午,中文系王世德来访。

1月20日上午,刘琳来谈编写《北朝会要》事,商定22日召开编纂小组会议;吕一飞来谈赴南充考察陈寿纪念馆的情况。

1月22日上午,张应国夫人送来张应国新著《孙权新传》,书前有先生所书朱彝尊《满江红·吴大帝庙》词。下午,在寓中召开《北朝会要》课题组会议,讨论编写问题。

1月28日晚,张志烈来谈编写《全唐诗精华录》事。

---

①1995年,该书由巴蜀书社正式出版时,更名为《唐诗精华》。

②1987年10月,历史系曾举办“徐中舒先生九十寿辰暨执教七十周年纪念会”,时徐中舒已因病住院,未能亲临,众以为憾。有鉴于此,历史系决定提前为先生庆贺九十寿辰。

1月29日，撰联祝贺钟敬文九十寿辰："民间文学源头水；九十高龄岭上松。"

1月30日上午，丁浩、周维扬来访，告知4月将在巩义召开由巩义市人民政府、四川省杜甫研究会共同主办的"纪念杜甫诞生1280周年学术研讨会"，并送来顾问聘书。

2月2日下午，饶用虞、林理彬陪同省委杨汝岱来贺春节。

2月8日上午，叶光大来访。晚，《文史杂志》编辑部邓卫中来访。

2月12日下午，王文才来访。

2月19日上午，景蜀慧送来由文津出版社出版的博士论文《魏晋政治与诗人》。

2月29日晚，历史系漆鹏陪同校老干处周述炎来为先生按摩。从是日起，周述炎隔日为先生按摩一次，直至先生住院。

3月10日上午，省高教局李安澜来访。

3月12日，华东师范大学中文系施蛰存致函先生，聘先生为华东师范大学《词学》编辑委员会顾问编委。

3月14日下午，马德真陪同中央电视台《三国演义》摄制组王扶林来访。

3月26日上午，缪文远陪同省中医学院陈治恒来寓为先生诊治，并开药方。

4月5日上午，隗瀛涛来访。

4月9日下午，谭洛非来访。

4月10日上午，吕一飞来访。同日，《光明日报》第三版发表《心有"灵犀"境》，作者蒋力。

4月11日下午，陶道恕、陈昌渠先后来访。

4月15日上午，张永言来访，并赠先生其所著《语文学论集》。

4月20日，先生受聘为国务院古籍整理出版规划小组顾问。

4 月 21 日上午，陈流求来访，转交吴宓之女吴学昭致先生函。下午，马德真陪同李永寿来访。

4 月 23 日上午，蒋维民来访，并赠先生其所著《李调元》。

4 月 27 日下午，刘少平来访。

4 月 29 日上午，中文系冯宪光陪同中央文史馆孔凡章来访。

5 月 4 日晚，先生入厕倾跌。

5 月 14 日，先生写最后一天的《日常要事随录》："上午，周医生来。各种功能衰退，可虑。"

6 月，先生受聘为中华诗词学会首届诗词大赛顾问。

9 月 15 日，南京农学院农业遗产研究室单人耘来访①。

10 月 15 日，学校在新二会议室召开"缪钺教授九十寿辰暨从教七十年庆祝会"，先生与会并致答谢辞。"老人静静地倾听着祝辞、贺电，始终将一种平和安详的目光投向右前方，这样一位老人，一生淡泊明志，一生奋斗不止，他用有些发颤的声音感谢所有人对他的鼓舞，他仍然说很惭愧。当一名电视台记者为抢镜头滑倒在雨地上，缪老投去了关切的注视；当赶不上发言的人纷纷拥向老人时，缪老一路拱手称谢，那眼光分明有一种歉意：有劳大家了"②。"各位同志：今天大家在此为我举行九十寿辰及执教七十年庆祝会。我深受教育，但同时也感觉惭愧。我从事教学科研工作七十年，在培养人才，撰写论文、专著各方面虽然做出了一定的成绩，也发生了影响。但是距离所理想者尚远，没有达到应有的高度。我感谢同志们对我的鼓励与关怀。现在我虽然年老体衰，仍愿在有生之年，尽炳烛之明，竭驽骀之力，做一些对学术有贡献的事，不辜负同志们的鼓励与期望。谢谢大家。"③

10 月 5 日，在音讯隔绝四十多年以后，先生收到陈槃自台北

---

①单人耘 1993 年 11 月 11 日致先生函（原信原件，家藏）。

②孟蔚红、张纾《硕德上寿九十载　高文鸿论七十秋——缪钺教授九十寿辰暨从教七十年庆祝会速写》，《成都晚报》1992 年 10 月 18 日第二版。

③先生发言稿原件，家藏。

寄来的诗集，于是日回信：

檠庵吾兄：

海峡睽隔，时劳梦想。顷奉惠寄《疏桐高馆诗》，三复循诵，快如晤面，欣慰何极。其中引及拙稿，尤深感激。回忆当年吾兄在南溪李庄时，诗简往返之乐，恍如隔世，言之增慨。

弟年近九旬，体气虚弱，神智消歇，几如残废之人。近来惟求养生，带病延年。撰著之业，力不从心。

暇时不废吟咏，新旧稿数首，附呈郢正。海天东望，不尽依依。此颂

著祺。

弟缪钺拜上　1992年10月5日①

10月6日，致函唐长孺：

长孺尊兄先生史席：

奉到赐札及为弟祝寿诗，三复捧读，感激涕零。吾兄久患目疾，乃竟不辞辛劳，亲笔作书，深情如海，感念难尽。回忆五十年代初期，在武汉相识，对于吾兄人品学问，衷心钦佩。数十年来，吾兄治史精勤，卓然名家，能得寅恪先生之薪传，而董理注释吐鲁番资料，尤为千秋绝业。弟杂学旁骛，游骑无归，岁月蹉跎，愧无成就。今年近九旬，精力日衰，此后惟有带病延年而已。言之增愧。山川阻隔，晤面难期，惟望保重珍摄，共享期颐之寿。眷念良友之心情，亦如长江东流之无尽也。古人诗云：平生师友酬恩泪，洒向深宵梦里时。近每诵斯言，益增同感。老病侵寻，言不尽意。书法拙劣，辞句鄙陋，望能见谅于知己如吾兄者也。此颂

著祉。

---

①原信复印件，由王汎森、陈鸿森提供。

弟缪钺再拜 十月六日①

10月,《冰茧庵剩稿》由四川大学出版社出版,责任编辑:张纪亮。先生与叶嘉莹合著之《词学古今谈》由台北万卷楼图书有限公司出版。

发表文章

“淮阳”与“雉阳”(《文史》第34辑,1992年5月)

冰茧庵札记——填词经验两篇(《国文天地》1992年7期)

从平易中见深沉——陶渊明《与殷晋安别》诗赏析(《文史知识》1992年7期)

杜牧卒年再考辨(《文史》第35辑,1992年6月)

简化字刍议(《中国文化》第6期,1992年9月)

关于《崩溃中的迷惘与重建中的困惑》(《江汉论坛》1992年11期)

王仲荦先生遗诗序(《文献》1992年4期)

读《苏轼〈念奴娇〉词赤壁词正格》书后(《大江东去——苏轼〈念奴娇〉正格论集》,1992年,香港:吴多泰中国语文研究中心)

“花间”词平议(《俞平伯先生从事文学活动六十五周年纪念文集》,成都:巴蜀书社,1992年)

回忆妹丈杨联陞教授——我与联陞教授的诗词赠答(《冰茧庵剩稿》,成都:四川大学出版社,1992年)

出版专书

冰茧庵剩稿(成都:四川大学出版社,1992年10月)

词学古今谈(与叶嘉莹合著,台北:万卷楼图书有限公司,1992年10月)

---

①原信照片,由唐刚卯提供。

编年诗

《辽西毕彩云寄示无题诗赋此答之》《一九九二年元月书怀》

○ 1993 年癸酉　先生八十九岁

本年先生在四川大学历史系任教。

2 月，先生与叶嘉莹合著之《词学古今谈》由岳麓书社出版，责任编辑：潘云告、曾果伟。

5 月 23 日，先生荣获由四川省文学艺术界联合会颁发的从事文艺工作四十年荣誉证书。

8 月，先生与叶嘉莹合著之《词学古今谈》由台北正中书局出版。

10 月 18 日，河南漯河方志办孟巍坚特意来蓉看望先生①。26 日，先生受聘为陈寿《三国志》研究会名誉会长。

11 月，先生与胡昭曦、林万清共同主编的《中国野史集成》由巴蜀书社出版，责任编辑：范勇、何锐、李卫红。书前有先生与胡昭曦共同署名的序言，实由胡昭曦执笔。

发表文章

杜甫《和裴迪登蜀州东亭送客逢早梅相忆见寄》赏析

杜甫《倦夜》赏析

杜甫《宿府》赏析（均载《杜甫诗歌赏析集》，成都：巴蜀书社，1993 年）

人生可贵是真情——读陶渊明《归去来辞》札记（《六朝史论集》，合肥：黄山书社，1993 年）

---

①据孟巍坚回忆。

出版专书

词学古今谈(与叶嘉莹合著,长沙:岳麓书社,1993 年 2 月)

灵谿词说(与叶嘉莹合著,台北:正中书局,1993 年 8 月)

中国野史集成(与胡昭曦、林万清共同主编,成都:巴蜀书社,1993 年 11 月)

○ 1994 年甲戌　先生九十岁

本年先生在四川联合大学(四川大学、成都科技大学)历史系任教。

春,应张世林之约,为《传统文化与现代化》创刊一周年题辞:"跌宕文史;博通今古。"①

4 月上中旬,贵州人民出版社程小铭来访,时先生已卧床不起,仍与其交换了不少对《中国历代名著全译丛书》的意见②。

4 月 22 日,先生病情日渐严重,入华西医科大学第一附属医院治疗。

本月,四川大学与成都科技大学合并,更名为四川联合大学(四川大学、成都科技大学)。

5 月,举行魏晋南北朝史方向博士生庄剑毕业暨学位论文答辩会,周伟洲任答辩委员会主席,龙显昭、刘琳、方北辰任答辩委员会委员。论文题目为《十六国时期的北方世族》。先生因病缺席。

5 月,先生受聘为《中华大典》工作委员会、《中华大典》编纂委员会《文学典》顾问。

7 月 2 日,因病情缓解,先生出院回家疗养。

---

①后刊于《传统文化与现代化》1994 年第 2 期。

②程小铭 1992 年 9 月 30 日致先生函(原信原件,家藏)。

9月，作为《巴蜀学林丛书》之一，由四川大学历史系编辑的《冰茧彩丝集——纪念缪钺教授九十寿辰暨从教七十年论文集》由成都出版社按《丛书》统一的体例版式印制出版。

12月13日，先生病情恶化，住华西医科大学第一附属医院治疗。

○ 1995年乙亥　先生九十一岁

1月6日晨7时20分，先生因久病不治，在华西医科大学第一附属医院与世长辞。缪钺教授治丧委员会发布讣告，并在川联大东区文科楼424室设立灵堂。

1月12日上午，先生追悼会在成都殡仪馆举行。会后，先生遗体由川联大校、系领导和家属护送至成都北郊火葬场火化。

4月21日上午，先生的骨灰由家属、生前友好和学生安葬于都江堰青城后山味江公墓。

8月30日下午3时20分，先生夫人贾湘蘋女士逝世，终年89岁。其后，骨灰送味江公墓与先生合葬。

附　　编

1995 年

6 月,先生与张志烈共同主编的《唐诗精华》由巴蜀书社出版。责任编辑:何锐、罗红。

12 月,先生与叶嘉莹合著之《灵谿词说》获国家教委全国高等学校首届人文社会科学研究优秀成果奖一等奖。

1997 年

1 月,先生《冰茧庵序跋辑存》(繁体增补本)得文津出版社邱镇京、汉学研究中心刘显叔、成功大学中文系江建俊鼎力相助,由台北文津出版社出版。

11 月,先生《冰茧庵诗词稿》(竖排繁体本,缪元朗整理)由河北教育出版社出版,责任编辑:王亚民、李自修。因出版社校对不精,殊多舛误。

1999 年

12 月,先生《缪钺说词》(缪元朗编)由上海古籍出版社出版。

2003 年

5 月 28 日,先生《元遗山年谱汇纂》手稿入藏国家图书馆。

2004 年

7 月,《缪钺全集》(全 8 卷,缪元朗、景蜀慧编校整理)由河北教育出版社出版。责任编辑:邓子平、高树海。卷目如下:

第一卷(上下)　冰茧庵读史存稿

第二卷　冰茧庵古典文学论集

第三卷　冰茧庵词说

第四卷　《三国志》与陈寿研究

第五卷　杜牧研究

第六卷　中国文学史讲演录(唐以前)

　　　　中国史上之民族词人

第七、八合卷　冰茧庵序跋随笔

　　　　　　　冰茧庵札记

　　　　　　　冰茧庵诗词稿

7 月 21-23 日,中国魏晋南北朝史学会、四川大学、四川省历史学会、西南民族大学在四川大学联合举办"中国魏晋南北朝史学会第八届年会暨纪念缪钺先生百年诞辰国际学术研讨会"。

12 月 6 日,适逢先生百年诞辰,四川大学历史文化学院在四川大学主持召开"缪钺先生百年诞辰纪念座谈会"。

2008 年

5 月,先生《诗词散论》由陕西师范大学出版社重新出版。责任编辑:周宏。

2009 年

7 月,先生《古典文学论丛》(缪元朗编)由浙江大学出版社出版,为该社策划的《百年求是学术精品丛书》之一。责任编辑:王萍。

附录一　缪钺先生七十年学术生涯述略

缪元朗　景蜀慧

缪钺先生,字彦威,江苏溧阳人。1904 年 12 月 6 日(清光绪三十年甲辰十月三十日)生于直隶迁安县(今属河北省),后随家寓居保定。1922 年先生中学毕业,考入北京大学文预科。1924 年冬,因父亲逝世,先生遂辍学教书以赡养家人。先生虽从此不再有正式接受大学教育的机缘,但始终坚持不懈地自学,同时也开始了长达七十年的教学和治学生涯。在此期间,师长启迪、朋辈切磋、教学相长也成为先生学问增进的三大助力。

先生少承庭训,在中学毕业以前,已较为系统地掌握了文字、音韵、训诂及目录学的知识,在北京大学文预科的学习时间虽然不长,但对章太炎先生在古文声训之学上的精深造诣与论述经史之超卓识解,深为佩服。以后治学亦能博览清代学者著述而兼采诸家之长,如黄(宗羲)、全(祖望)、邵(晋涵)、章(学诚)的识解闳通,钱(大昕)、段(玉裁)、二王(念孙、引之)的考证精核,而尤慕汪中的“博极群书,文藻秀出”,且毕生推崇顾炎武“博学于文”、“行己有耻”的经世致用之学。近代学者中,先生曾亲承张尔田先生之教诲。张先生精研文史哲之学,兼有浙东学者之博通与浙西学者之专精,先生治学,深受其沾溉。先生又喜读王国维、陈寅恪两先生著作,在思想学术上服膺两先生之学识精博、融贯中西,能开拓新领域,运用新方法。1944 年夏天后,先生还曾向陈寅恪先生通函请益,更得陈先生学术之影响。

抗日战争以前，先生先后任教于保定私立培德中学、志存中学、省立保定中学高中部，除每周教课十馀学时外，其馀时间均刻苦自学，非星期天皆住校（据原培德中学学生任绩先生回忆）。当时相与往还论学者，师长有张效直先生，友人有李濂镗（杏南）、梁国常（鹤铨）、薛声震（效宽）、高苏垣诸先生。在此期间，曾于1930年秋赴河南大学中文系任教授一年，与刘节（子植）先生过从颇密，深得切磋之益。1935年秋又曾赴广州学海书院任教授及编纂一年，与龙榆生、谭其骧诸先生定交。抗战军兴，先生携家南下，经开封、武汉抵达重庆。时浙江大学已内迁至广西宜山，先生于1938年9月初曾任教于四川省江安县省立江安中学，旋即于10月赴贵州宜山，应聘为浙大中文系副教授，1940年初随浙大迁至贵州遵义。1941年被聘为中文系教授。时浙大在竺可桢校长的执掌下，人才济济。先生与文、史两系同事多有往来，切磋学问，理工科教员钱宝琮、章俊之、杨耀德和外文系的陈逵等先生，亦因喜好文史哲理与古典诗词，与先生交厚。当时至浙大短期讲学的一些学者，如马一浮、刘永济、钱穆诸先生，亦与先生相得甚契。这些交往，日后都成为先生难忘的美好记忆①。与此同时，先生开始与中研院史语所的陈槃、劳榦、王崇武等先生通函论学。抗战胜利以后，因江浙物价昂贵，难以养家，先生未能随浙大迁返杭州，而是留在成都，应华西协合大学之聘，任该校中文系教授兼中国文化研究所研究员，同时兼任四川大学历史系教授，常与闻宥、徐中舒、蒙文通、冯汉骥、叶麐、蒙思明先生往还论学。除上述学者，先生平生交游中，相与研讨学术，深得切磋之益者，尚有吴宓、朱自清、郑天挺、夏承焘、贺麟、谢国

①先生1957年12月27日与张仲浦书谓“回忆黔北山城，朝夕论学，今各处一方，不复能时获诸友切磋之益，何胜惓念”。1983年3月20日与张志岳书谓“昔年黔中诸友盍簪之乐，今日思之，如在天上矣”。

桢、苏渊雷、唐长孺、何兹全、胡厚宣、史念海、周一良、王仲荦、熊德基、杨联陞、赵俪生、周汝昌、韩国磐等先生。

1950 年，先生仍任原职。1952 年院系调整，先生遂专任四川大学历史系教授。1981 年，由国务院学位委员会批准为首批博士研究生导师。1995 年 1 月 6 日病逝于成都。

先生治学，早在执教中学时即已开始，七十年中，著述斐然可观。所研究的领域，主要集中在中国古代史、中国历史文献学、中国古典文学等方面。出版的专著有《元遗山年谱汇纂》、《中国史上之民族词人》、《诗词散论》、《杜牧诗选》、《杜甫》、《读史存稿》、《杜牧传》、《杜牧年谱》、《冰茧庵丛稿》、《灵谿词说》（合撰）、《冰茧庵序跋辑存》、《冰茧庵剩稿》、《词学古今谈》（合撰）等。此外，还编写了高等院校文科教材《三国志选》；又主编《三国志选注》、《三国志导读》等。晚年还主持编撰了《北朝会要》。

在中国古代史方面，先生的研究涉及思想、文化、经济、民族、人物等诸多方面，其早年研究的一个重点是先秦诸子与儒学，先后发表了《与钱宾四论战国秦汉间新儒家书札》、《论荀学》、《先秦书中孔老关系诸史料之检讨》、《论〈墨经〉的撰著时代》、《〈吕氏春秋〉错简》、《〈吕氏春秋〉中之音乐理论》等文章。在这些早年所作的文章中，虽有先生晚年认为“还拟多作修改”者，如《〈吕氏春秋〉撰著考》①，但多不乏新见。上世纪 40 年代中期，先生又发表了《读〈二程全书〉》的长篇书评，详论程颢、程颐兄弟二人在宋代思想史、学术史上的地位和影响，同样体现了先生在古代思想史研究方面的精深造诣。

在探索中国思想史的同时，先生对 20 世纪传入中国的西方

①详见缪钺《冰茧庵丛稿·自序》，上海：上海古籍出版社，1985 年版，第 1 页。

之学也表现出浓厚的兴趣,1948 年先生在悼念朱自清先生的文章中曾明确提出:“居今日而治中国学术,又与古时不同。今日之中国,因受西洋影响,一切皆在蜕故变新之中,学术自亦不能例外。如徒读古书,不能接受新见解、新方法,则食古不化,非徒无益,且反为学术进步之梗。然若只能采用新见解、新方法,而古书根底浅薄,了解不深,论述多误,则亦不能胜批判地接受旧文化以创造新文化之责任。”①这些见解的来源可追溯到多年前在浙大时的阅读实践,先生晚年回忆这段往事时曾诚恳地写道:“执友吴宓、郭斌龢两先生常劝我多读西方学者之书,并加以帮助,可惜我在这方面努力不够,愧负良友。”②当时先生在郭先生的帮助下,读了英译本《柏拉图语录》、安诺德《文学评论集》、罗色蒂兄妹之诗、叔本华《意志与表象之世界》等西文著作。这种阅读的结果之一,便是《王静安与叔本华》一文的发表。先生在该文的开头写道:“吾近读叔本华之书,对于王静安之为人及其思想见解,更有新悟,爰抒所得,草成此篇。”③这篇探讨王国维性格和思想特征的论文非常成功,三十年后,叶嘉莹著《王国维及其文学批评》一书论及王氏性格,尚能见其影响④。1995 年,有学者回顾指出:

> 缪钺在大陆王学史上的地位更不容小觑,因为他在 40 年代写的《王静安与叔本华》一文,堪称中国第一篇从发生学角度揭示王氏为何接受叔氏的心理动因的影响比较专

---

①缪钺:《考证批评与创作——敬悼朱佩弦先生(自清)》,《西方日报》1948 年 9 月 26 日《朱自清先生追悼会特刊》。

②缪钺:《自传》,《冰茧彩丝集》,成都:成都出版社,1993 年版,第 573 页。

③缪钺:《诗词散论》,上海:开明书店,1948 年版,第 68 页。

④详见叶嘉莹《王国维及其文学批评》第一编第一章,香港:中华书局,1980 年版。

论。他指出:"王静安对于西洋哲学,并无深刻而有系统之研究,其喜叔本华之说而受其影响,乃自然之巧合。申言之,王静安之才性与叔本华盖多相近之点,在未读叔本华书之前,其所思所感,或已有冥符者,唯未能如叔氏所言之精邃详密,乃读叔氏书,必喜其先获我心,其了解而欣赏之,远较读他家哲学之为易。……"可以说,若无皓首穷极王氏、叔氏原著精髓之功力,与潜心洞烛巨魂之睿智,想必谁也道不出这番穿透力极强之高论。①

上世纪40年代中期,先生所撰有关西学之文《评贺麟译斯宾诺沙〈致知篇〉》,独运睿思,显示了研究西学之学术素养和水准。针对清末以来中西学体用关系之争,先生指出:

体用一源,未可截而为二,有甲体即有甲用,有乙体则必有乙用,故中学之体,自产生中学之用;反之,如欲得西学之用,亦必先研求西学之体也。所谓西学之用,国人以肤浅之观察最易见者,即其机械之巧,制造之精,工业之盛(尤其清末人所见大都如是)。实则西学之用,并不止于此,此不过其一端而已。然即此一端,亦非仅工匠之能事,实赖科学家之智慧,而推源于追求真知之精神。此种精神,古希腊人已深具之。文艺复兴以来,特为发扬光昌,遂有近三百馀年欧西灿烂之文明。返观吾国民族,自古即缺乏这种追求真知之精神。西方学者,论古希腊哲学率谓亚里士多德以后之哲学为衰退时期,因其只注重实用,无复前人为真知而求真知之科学精神,殆已落入第二义。若本此意见以衡量吾国先秦诸子,其不落于第二义者几希。惟所谓辩者如惠施、

①聂中义:《世纪初的苦魂》,上海:上海文艺出版社,1995年版,第207-208页。

> 公孙龙等，颇能以纯逻辑方法探求事物之本性。然重实用之中国民族，不能欣赏此种纯理智之探讨，故辩者之学，在当时为诸家所排，西汉以后，光沉响绝。中国民族不能产生科学，固无足怪。抗战以还，创巨痛深，国人深切感知，苟非积极科学化、工业化，此后吾中华将不能立国于天地之间。故提倡科学振兴工业之声盈于朝野，此固可喜之现象。窃以为犹当更进一步，求其本原，即培养国人纯理性的追求真知之精神。吾国民族虽缺乏此种精神，然并非绝无也。先秦时则有惠施、公孙龙等辩者之学；魏晋玄言，论“才性四本”、“声无哀乐”，皆探求事物本性，而不重实用之目的。两宋理学，一方面虽似带有宗教性，而另一方面亦极重穷理致知。再观史籍及各家文集所载，畸人俊士具有科学精神者，亦偶或遇之。惟此一粒追求真知之种子，在中国民族性中，发育不善，其力甚微，故至今国人思想犹多陷于阴阳五行，冬烘迷信。此后当尽量培养而发扬之，庶几中国可以产生纯逻辑、纯哲学，纯科学。①

这段论述对中外古今观照融通，不囿陈说，今天读来，犹见思考之深且有针砭时弊之意义。此后数十年间，除去在上世纪80年代中撰写了《郭斌龢译柏拉图〈理想国〉序言》外，先生没有再发表过有关西学研究的文章，但阅读西学之书的习惯却一直保持到晚年(50年代更开始阅读马列及苏联学者的著作)。80年代，杨联陞教授从国外给先生寄来了一些西文书，国内出版社也出版了一批西方理论书籍，先生在阅读上甚为用力，一些理论方法如接受美学、诠释学、意识批评、法国新史学派的某些观点等都曾被先生不著痕迹地运用于晚年撰写的论著之中。

---

①《思想与时代》第31期，1946年2月。

抗战结束以后，先生因兼任四川大学历史系教授之故，将魏晋南北朝史作为主要的研究方向，研究的范围涉及此一时期的政治、学术思想、典章制度、民族关系和历史人物，发表了多篇论文，其中《清谈与魏晋政治》、《北魏立三长制年月考》、《东魏北齐政治上汉人与鲜卑之冲突》、《北朝之鲜卑语》均有创新之见解。其中《清谈与魏晋政治》为先生在魏晋史研究方面的一篇力作，针对传统的清谈误国论，先生以缜密的文思，精核的考辨，清疏隽雅之文笔，辩驳清理旧说，对魏晋清淡之性质、特点、不同发展时期与政治的不同关系，作了深入系统的分析，尤其指出清谈政治在东晋时所起到的安内攘外之作用以及以王导、谢安为代表的清谈派理想之政治家形象对后世士大夫的影响。其文体现了先生治史的识见功力，为以后学人在此方面的研究奠定了新的基础。到上世纪末，此文作为学术经典，收入王元化等主编的《释中国》一书。《东魏北齐政治上汉人与鲜卑之冲突》一文，代表了先生上世纪前半叶在研究魏晋南北朝民族史方面所达到的深度。文章从对东魏北齐历史上几次重大政争的分析入手，通过深人细密的史实考辨，揭示这些政争后面所隐含的矛盾冲突的历史真象，并从代表先进文化的汉族士大夫改良朝政的失败，说明了高氏政权不能解决其境内民族融合的重大问题，故为北周所灭乃有以然也。其文运用陈寅恪先生《隋唐制度渊源略论稿》所阐述之民族观，而对当时史家研究较少的北齐之政治与民族进行了透辟独到的探索，其研究结论从一个侧面进一步证明了陈先生的观点，并有所补充。1962年，先生曾将有关魏晋南北朝史的14篇论文编为一册，名《读史存稿》，次年由三联书店出版，成为国内外研治魏晋南北朝史者非常熟悉的专书。上世纪80年代之后，先生特属意于魏晋南北朝文士与政治的关系问题，不仅指导一名博士研究生运用文史结合、文史互证的方法，撰写了论述魏晋诗人与政治的学位论文，自己也发表了如《两千多年来中国士人的两个情结》、《陶渊明"好读书不求甚解"新释》、《人生可贵是真情——读陶渊明〈归去来辞〉札记》等文章，并撰写了关于谢灵运的一系列札记。

古人年谱传记之學是先生史学研究的重要组成部分，先生先后编撰了鲍照、王粲、颜之推、颜延之、魏收、杜牧、元好问等人的年谱，为陈寿、颜之推、杜甫、杜牧、史达祖写过传记或评传。其中最为著名者当推《颜之推年谱》、《元遗山年谱汇纂》和《杜牧传》、《杜牧年谱》。《颜之推年谱》为创新之作，因资料详尽，考证精当而常为研究者所称引。《元遗山年谱汇纂》是综合翁方纲、凌廷堪、施国祁、李光廷四家《元遗山年谱》，取长补短，拾遗订误而重新编写的，其中特别详述遗山著书论文之意见及其生平交游事迹，以见当时文坛风气。钟山书局在 1935 年，以《国风》半月刊第 7 卷第 3 期、5 期专号的形式出版，为先生所发表的第一部专著。1990 年，山西人民出版社印行《元好问全集》，主编姚奠中征得先生同意，将《年谱》作为附录收入《全集》，并在该书《前言》中说："缪钺教授《元遗山年谱汇纂》发表于 1935 年，荟萃了诸家年谱之长，足资参证。"①进入 21 世纪后，研究金元词人的学者回顾上世纪的学术成果，仍认为此谱是民国时期金元词人年谱编纂的代表性成就：

> 1935 年，缪钺《元遗山年谱汇纂》在《国风》杂志上陆续发表，这是民国时期金元词人年谱编纂的代表成就。这部年谱在综合翁方纲、凌廷堪、施国祁、李光廷四家元好问年谱的基础上取长补短，拾遗订误而成，其中关于元氏交游及

①《元遗山全集》，大同：山西人民出版社，1990 年版，第 6 页。可惜因编者逐录之误，致使其错讹甚多，实为遗憾。

论文，著述尤为详尽。①

《杜牧年谱》之初稿完成于1940年，后在1941、1942两年，以《杜牧之年谱》为名，分上、下卷，先后发表于《浙江大学文学院集刊》。此谱被认为“是20世纪最早的一部全面、系统、深入地研究杜牧生平的著作，不仅理清了杜牧的生平行踪，为不少诗文作了精确的系年，廓清了一些历代相传的讹传与谬误，而且对杜牧的身世思想及诗文艺术风格均有简约精到的发明，为后来的杜牧研究提供了极大的方便，使得杜牧研究有了一个质的飞跃”②。此后，先生又旁稽群籍，校订疏误，弥补缺漏，于1964年重新写定，“文革”以后由人民文学出版社在1980年刊行。作为开创之作，《杜牧年谱》在学术界以“颇为详备”而受到重视③，在《年谱》的基础上，先生还写成了《杜牧传》一书，1977年由人民文学出版社出版。

因为是草创之作，《杜牧年谱》中的考证与诗文编年不免有疏误之处，故此后又有学者发表文章，进行补正。20世纪以来，对先生《杜牧年谱》中的系年问题进行商榷和补充的有王达津、胡可先、吴在庆、曹中孚、郭文镐、王西平等先生④。但先生在杜

①崔正海主编，刘静、刘磊著《金元词研究史稿》，济南：齐鲁书社，2006年版，第161-162页。

②杜晓勤主编《20世纪中国文学研究·隋唐五代文学研究（上）·第七章　晚唐五代诗歌研究·第六节　杜牧研究》，北京：北京出版社，2001年版，第610页。

③胡可先：《杜牧诗文编年考证》谓：“缪钺先生的《杜牧年谱》颇为详备，对研究杜牧及其作品起了很大的作用。”见《四川大学学报》1983年第1期。

④详见杜晓勤主编《20世纪中国文学研究·隋唐五代文学研究（上）·第七章　晚唐五代诗歌研究·第六节　杜牧研究》，北京：北京出版社，2001年版，第634-635页

牧研究方面的筚路蓝缕之功，则为学术界所公认，有关的评价亦非常中肯："在近代学者中，真正为杜牧研究打下科学基础的是缪钺先生。缪钺先生的《杜牧年谱》和《杜牧传》是一切研究杜牧的人所必读的。近十年来，在缪钺先生的基础上，不少同志对杜牧作了新的探讨，特别是有关杜牧诗文的辨伪和系年问题，收获更大。"①

在中国历史文献学的研究领域，先生早年三十岁时，即著有《典籍述略》，发表于《国风》的这篇长文显示了先生"考镜源流"的学术素养和坚实的文献学功底。以后先生在此方面的研究成果，主要表现在对《三国志》的注释上。上世纪60年代初，教育部委托南开大学历史系郑天挺教授主编"中国史学名著选读"丛书，用作高校"史学名著选读"课程教材。先生承担了《三国志选》的编选和注释工作，1962年8月编成，全书约20万字，共选注纪、传19篇，由中华书局出版。"在本世纪出版的众多《三国志》白话注本中，这是问世很早的一种。它虽然属于大学历史系本科学生教材的性质，却依然表现出鲜明的学术特色。首先，从其选录的标准来看，除了选入著名的政治人物、军事人物之外，还对那些在发展经济方面业绩突出的人物（如任峻、郑浑、仓慈等），在创造文化和研究科技方面贡献巨大的人物（如曹植、华佗等），以及周边活动的少数民族（如乌丸、鲜卑等），给予充分的重视。这正是当代学者新观念的体现。其次，全书的注释虽然在文字上力求简明通俗，但在内容上却极为精当"②。正因为有上述优点，所以出版之后受到高校师生和普通读者的欢迎，一再重印，至今印数已超过数十万册。1984年，中华书局又出版了由先

①傅璇琮：《〈杜牧论稿〉序》，见吴在庆著《杜牧论稿》，厦门：厦门大学出版社，1991年版，第2页。

②方北辰：《缪钺与古籍整理》，《传统文化与现代化》1998年第1期。

生主编的《三国志选注》，注释工作由先生指导，四川大学魏晋南北朝史研究室马德真、朱大有、杨耀坤三位教师具体承担，先生亲自撰写了前言。该选本作为当时“二十四史”选注本中分量最大的一种，产生了较大的学术影响。国务院古籍整理出版规划小组《古籍整理出版简报》1985 年第 141 期发表了王而山先生的长篇书评《深入浅出，雅俗共赏——读〈三国志选注〉》，认为此书有几个特点：一、篇目选择的典型性；二、注释的通俗性；三、选注的学术性，指出先生所撰《前言》对《三国志》的作者、成书、旧注作了详尽的阐述，对一些学术界有分歧的问题，都提出了自己的见解，从学术价值看，是《三国志》研究的新成果。关于《选注》对裴松之注的详释，对前人旧注和最新研究成果的吸收，对卢弼《三国志集解》的间有补正以及对地名考证的精确等，文中都予以充分的肯定，并由此总结说：“《三国志选注》是一部好的古籍注本”，“给进一步研究《三国志》和研究三国时期的历史廓清了道路，创造了条件。”1987 年，巴蜀书社又出版了先生主编的《三国志导读》，该书内容分为导读与选文两大部分，先生自己撰写了导读中的“陈寿《三国志》评介”一节，并指导马德真、朱大有、杨耀坤等三位教师分别撰写其馀三节，即“如何阅读《三国志》裴注”、“读《三国志》的几个方法问题”、“研读《三国志》参考书简介”。选文部分则是从《三国志选注》中抽出五篇，加以补充修订而成。此书被认为是在巴蜀书社编辑出版的“中华文化要籍导读丛书”中，质量比较好的一种①。

上述三书，构成了先生在《三国志》整理研究方面的著作系列。配合《三国志》注释的工作，从上世纪 60 年代起，先生又开

①“巴蜀书社编辑出版的‘中华文化要籍导读丛书’中，缪钺等著《三国志导读》是比较好的一种。”见王子今：《20 世纪中国历史文献研究》，北京：清华大学出版社，2002 年版，第 334 页。

始撰写研究陈寿其人其书的论文。1962 年,先生在《历史教学》第 1 期发表了《陈寿与〈三国志〉》,后来《三国志选注》一书的前言,即以此文为基础增订而成。1985 年,先生又应中州古籍出版社之约,为《中国史学家评传》撰写了《陈寿评传》。在这几篇文章中,先生除对陈寿生平事迹进行梳理介绍,对《三国志》的立传标准、史料取舍、文字特色等进行评论分析之外,还特别就一些向来有争议的问题,做了深人细致的考辨。1983 年,先生在《读书》第 9 期发表《〈三国志〉的书名》一文,考证辨析《三国志》书名问题。针对当时中华书局标点本《三国志》在"出版说明"中说魏、蜀、吴三书本是各自为书,到了北宋雕版,始合为一种,改称《三国志》的观点,先生指出:这虽然是小的疏误,却有可能引起广大读者的误解。文中以《晋书·陈寿传》、《华阳国志·陈寿传》、《宋书·裴松之传》、《魏书·毛修之传》、《隋书·经籍志》的确凿记载为证,说明自两晋南北朝以至唐初,都称陈寿所著为《三国志》,其书得名并非晚在北宋之时。后来中华书局重印此书,及时采纳了先生的正确意见,将有关的文字删除。先生又曾在《书品》1991 年第 2 期发表了《〈三国志〉传钞本的"祖本"》,先生在文中认为,完成于西晋时期的《三国志》开始是以传钞本的形式流传,1924 年新疆鄯善县和 1965 年新疆吐鲁番市英沙古城出土的两种晋代手钞本《三国志·吴书》残卷,便是现今所能见到的最早的传钞本。至于传钞本的"祖本",根据《晋书》卷八十二《陈寿传》和《北堂书钞》卷一百四"赍纸写国志"条引王隐《晋书》的记载,应是在陈寿卒后,洛阳令张泓派人至其家钞写的本子,这个本子由西晋政府正式收藏。以后《三国志》的传钞,大概都是根据这个本子,因此可以说它是《三国志》传钞本的"祖本"。上述两种出土的晋代写本残卷,与"祖本"出现的时间相距不远,很可能是从官府所藏"祖本"转钞而来。至于《三国志》的刻印本,即使是现今传世时间最久的宋刻本，在文字的存真上亦不及两种晋代写本，较之“祖本”及陈寿原稿，就更有相当的差异了。这两篇文章题目虽小，文亦不长，却均可谓言之有物①。

中国古典文学是先生早期和晚期治学的重点。先生对先秦及魏晋以来历经唐宋以迄于清代的各种文学体式，如诗骚、魏晋辞赋、六朝五言诗、唐宋诗词之特质与流变，历代之重要作者如屈原、曹植、王粲、陶渊明、颜延之、鲍照、颜之推，以迄金元之元好问、清代之汪中、黄仲则、龚自珍、郑珍、王国维等，都有专文论述。其中诗词研究的成果尤为突出。先生的第一篇论文《诠诗》发表于1929年5月《学衡》杂志第69期，文中析论诗之质、诗之用，甫一发表，即受到蜀中学者刘咸炘先生的推重，不仅在所著《风骨集》中将此文作为附录收入，并在“题记”中说：“《风骨集》印成，适于《学衡》杂志见此篇，究本括末，简要超常，不独非时流钞剿芜冗者比，即先士名论亦未有是，吾撰《诗评综》，广采精择，贯穿编次，其所论辨，不越乎是。因附印集后，以为读斯集之准则。”②先生其他论诗之文，无论是论述某一时代之诗，还是评论某一诗人的作品，也皆能通观诗之全貌，比较同时代诗人之异同，上考其渊源，中察其流变，下观其影响，获得超越前修的独到见解。《论宋诗》一文在此方面可谓范例，文中首论唐、宋诗之区别：

> 唐诗以韵胜，故浑雅，而贵蕴藉空灵；宋诗以意胜，故精能，而贵深折透辟。唐诗之美在情辞，故丰腴；宋诗之美在气骨，故瘦劲。唐诗如芍药海棠，秾华繁采；宋诗如寒梅秋

①本段参考方北辰《缪钺与古籍整理》，载《传统文化与现代化》1998年第1期。

②刘咸炘：《推十书》，成都：成都古籍书店，1996年影印本，第3册第2036页。

> 菊，幽韵冷香。唐诗如啖荔枝，一颗入口，则甘芳盈颊；宋诗如食橄揽，初觉生涩，而回味隽永。譬诸修园林，唐诗则如叠石凿池，筑亭辟馆；宋诗则如亭馆之中，饰以绮疏雕槛，水石之侧，植以异卉名葩。譬诸游山水，唐诗则如高峰远望，意气浩然；宋诗则如曲涧寻幽，情境冷峭。唐诗之弊为肤廓平滑，宋诗之弊为生涩枯淡。虽唐诗之中，亦有下开宋派者，宋诗之中，亦有酷肖唐人者；然论其大较，固如此矣。……就内容论，宋诗较唐诗更为广阔；就技巧论，宋诗较唐诗更为精细。然此中实各有利弊，故宋诗非能胜于唐诗，仅异于唐诗而已。

以下更举唐人以为不能入诗或不宜入诗之材料，而宋人皆写入诗中的诸多例证，以说明宋诗内容之更为广阔；又从用事、对偶、句法、用韵、声调诸端立论，以阐释宋诗技巧之更为精细。然后总结道："宋人略唐人之所详，详唐人之所略，务求充实密栗，虽尽事理之精微，而乏兴象之华妙，故唐诗中深情远韵，一唱三叹之致，宋诗中亦不多觏。"此文的观点长期被同行引用，而文笔之精美，象譬之切当，则更为读者所乐道。有读者认为该文"雄视有宋三百年之诗作，评判优劣，阐发幽微，卓识宏论，随处可见"①。1987 年上海古籍出版社出版《宋诗鉴赏辞典》，选此文代序，说明时近半个世纪，该文的水平仍居于宋诗研究的前列。

《〈遗山乐府〉编年小笺》是迄今所见先生的第一篇词学论文，为先生所著《元遗山年谱汇纂》的副产品，发表于 1936 年《词学季刊》第 3 卷 2 期、3 期，堪称为上世纪 30-40 年代元遗山研究

---

①西津：《宋诗鉴赏之大观——评〈宋诗鉴赏辞典〉》，香港《大公报》1988 年 3 月 29 日《读书与出版》副刊第 305 期。

的代表性成果①。当代学者所撰《金元词研究史稿》对该文相当推崇：

> 在汇纂遗山年谱的基础上，缪钺还完成《遗山乐府编年小笺》一文，作为《元遗山年谱汇纂》的副产品分两期发表于1936年的《词学季刊》第三卷二期和三期之上。该文于遗山生平事迹，广加征引考证，也是一篇不可多得的力作。因其所据底本是由朱祖谋校刊明弘治壬子高丽本的《彊村丛书》本，并不是遗山词集的足本，所以，缪钺只完成了部分作品的编年笺注工作。该文系年自金章宗泰和八年(1208)迄于元太宗十年(1238)，文中对元好问词作进行准确系年的有五十首之多，还有两首作品存疑。值得注意的是缪钺在论文开篇称赞元好问的文字："元遗山生长云朔，禀质清刚，遭际沧桑，心怀隐痛，故其乐府能于清雄之中，别饶深婉。苏辛以降，殆罕匹俦。"这段评价既注意到了作家风格与作家生存环境及时代背景的密切关联，又能给予元好问嗣响苏辛的高度赞语，因此得到后人的广泛征引。与此同时，缪钺还揭示出遗山词作背后隐藏的深层忧患意识，文中称其所作"宫体八首，兰成哀国之心；薄命三章，江令自伤之作"。并且，缪钺自言他的编年笺注做到了"发锦瑟之秘，庶无憾于郑笺；籀灵均之辞，亦有资于王逸"，确是对自己这篇论文中肯的评价。②

①"30-40年代，元氏研究的成绩主要表现在研究角度转换，此可以缪钺、郭绍虞、方孝岳等人的成果为代表。"(李修生、查洪德主编：《20世纪中国文学研究·辽金元文学研究·第三章　元好问》，北京：北京出版社，2001年版，第50页)

②崔正海主编，刘静、刘磊著《金元词研究史稿》，济南：齐鲁书社，2006年8月版，第162页。

以后先生又陆续发表《论词》、《论李易安词》、《论辛稼轩词》、《姜白石之文学批评及其作品》等词学论文，探讨词体之特质，深析李清照锐感之心灵，论证辛词所具含之豪放与闲适双重意境，评析白石之以江西诗法入词，而“凡此种种评断及识见，盖皆可谓为‘探索隐微’能‘于空曲交会之际，以求其不可知之事’者”①。1948 年先生选取 10 篇论文集为《诗词散论》，由开明书店于 1948 年 9 月印行②，此书的出版奠定了先生在中国古典文学研究领域的学术地位。曹聚仁先生在上世纪 50 年代初所撰之《文坛五十年》中曾指出，当代文艺批评家之中，朱自清、王力、周作人为前辈权威，而“后起的钱钟书（他著有《谈艺录》），缪钺（著有《诗词散论》），他们的见解以及贯通古今中外的融通之处，每每超越了王国维、鲁迅和周作人”③。在 1982 年，叶嘉莹教授曾经回忆说：“我对缪先生之钦仰，盖始于三十馀年前初读其著作《诗词散论》之时。我当时所最为赏爱的评赏诗词的著作有两种，一种是王国维的《人间词话》，另一种即是先生的《诗词散论》。我以为这两本书颇有一些共同的特色，那就是他们都不只是诉之于人之头脑，而且也是诉之于人之心灵的作品。在他们的著作中，都是既充满了熟读深思的体会，也充满了灵心锐感的兴发。”④

在对《昭明文选》的研究中，先生事先有明确的指导方法和预期目标，在 1947 年 3 月 3 日与陈槃先生的信中，先生谓“清人治《文选》者，多注意于声韵、训诂、名物、典制诸端，弟拟用文史

①叶嘉莹：《论缪钺先生在诗词评赏与诗词创作两方面之成就》，《冰茧彩丝集》，成都：成都出版社，1994 年版，第 17 页。

②该书此前曾以《缪钺文论甲集》为名于 1944 年由成都路明书店出版。

③曹聚仁：《文坛五十年》，上海：东方出版中心，1997 年版，第 384 页。

④叶嘉莹：《我的诗词道路》，石家庄：河北教育出版社，1997 年版，第 65 页。

互证之法研究《文选》中诸名篇，论其旁涉之意义，发其隐微之旨，或可为'选学'开一新途径"。这一计划可能因第二年就兼任四川大学历史系的专职教授，工作的重点转向中古史类的课程和研究而有所耽误，今天所能见到的成果仅有发表于 1947 年的《〈文选〉赋笺》一文，所涉及的只是《文选》中的四篇文章：《两都赋》、《登楼赋》、《闲居赋》和《洛神赋》。或许这并不是先生计划的全部，但先生的这一研究成果仍以它仔细独到的分析获得了学界的承认，被收入由俞绍初、许逸民主编的《中外学者文选学论集》①。而在此之前的 1963 年，先生将《〈文选〉赋笺》的第三部分《潘岳〈闲居赋〉》更名为《读潘岳〈闲居赋〉》收入《读史存稿》出版。后人撰《现代潘岳研究综述》，遂将《读史存稿》第二次印刷时间误为该文初次发表的时间，将该文纳入 1949 年以后至 80 年代潘岳研究的成果加以评述，认为"缪钺的《读潘岳〈闲居赋〉》(《读史存稿》，三联书店出版，1982 年 5 月)也是一篇不可多得的有独到见解的文章"②。

1952 年以后，先生虽专任四川大学历史系的教职，却没有间断对古典文学的研究，也没有停止过对研究动态的关注，"文革"前，先生所发表的有关古典文学的论文中有两篇坦陈己见的文章，特别值得一提。50 年代后期，在古典诗词评论中，因受"左"的思想影响，盛行专就其思想性立论的研究方法，视艺术性为禁区。先生在 1957 年发表《杜牧诗简论》一文，有针对性地强调"我们论诗时，必须记住所论的是'诗'，不是散文论著，尽管思想性在诗中是很重要的，但是仍然不能只阐发它的思想性，不能只说明作者思想与意图的价值，而必须结合它的艺术性，说明诗的

①该书作为郑州大学古籍研究所规划的《文选学研究集成》丛书之一，于 1998 年由中华书局出版。

②李朝阳：《现代潘岳研究综述》，《贵州文史丛刊》，2005 年第 3 期。

意境、风格、韵味,甚至于技巧方面的种种特点”①。在上世纪50年代末,这样的文字是不随大流的,它表明先生在学术上尚希望保持一份独立的思考。1962年先生又发表《关于李清照词》一文,对时人评论中全面否认李清照词中之“爱国的情感”的观点进行辩驳,提出:“如果说李清照词中有忠愤之语,固然有点过誉,但是完全否认其中有爱国的情感,恐怕也是不公允的。”针对贬责李清照词“哭哭啼啼”的说法,先生认为不应用今天的标准去衡量李清照,也不能用当时士大夫的标准去衡量一个女词人,“在封建社会中,一个国破家亡、暮年丧偶、飘泊无归的女子,作词时还不许她哭几声,未免太苛求于古人了”②。这种深具理解之同情,招来了以后的非议,在“文革”的大字报中,有人指责先生研究的都是古代文人,说杜牧是先生之兄,李清照是先生之妹。

上世纪80年代初,先生开始与加拿大不列颠哥伦比亚大学亚洲学系叶嘉莹教授合作,撰写词学专著《灵谿词说》。从1982年至1986年的5年间,先生撰成论文23篇。1987年《灵谿词说》由上海古籍出版社出版,该书纵论唐五代两宋著名词人、词作、词论,但在体例、写法和立论阐释上,都有所创新。尤其在体例方面独创一格,将以往的论词绝句、词话、词学论文、词史等各种体裁的内容熔为一炉。每篇开头,先用一首或数首七言绝句撮述要旨,以醒眉目,然后再附以详细的散文说明。书中每篇文章按论述内容之时代次序编排,可见词史发展之脉络。其书出版后,得到学界好评,在上世纪末,有研究者在总结20世纪中国词学研究时指出:“缪钺、叶嘉莹的《灵谿词说》虽然是作家专论的合集,但因将唐宋词人一一论述,论述中又注意词人在词史上的地位和作用及承继关系的寻绎,实际上是一部高水平的唐宋

①《光明日报》“文学遗产”副刊第162期,1957年6月23日。

②《成都晚报》,1962年2月15日。

词史。二位作者学力深厚，方法新颖，因而新见迭出，常有发人深思之笔。”①《灵谿词说》撰成出版后，先生与叶嘉莹教授继续合著《灵谿词说续集》，评论的词家由唐宋下移至明清，在1987年至1991年的数年间，先生撰文12篇，结集以后，以《词学古今谈》为名由岳麓书社在1993年出版。进入本世纪后，人们对先生和叶嘉莹教授的这次合作有了更深的认识，指出两位先生“是当代词学领域难得的学人，因为他们的存在，弥漫于学界近半个世纪的浮躁之风，终被拂去，我们于此窥见了古诗词研究的切实之路。而这条路的出现，其意义已越来越明显了”②。在这两部词学论著中，先生保持了从词人的创作心态及艺术风格揭示词的特质与词人之词心的治词特色，以望九高龄为中国词学研究献上了他一生凝聚的心血。有学者因此推许先生为“20世纪继王国维之后最有深度的词学批评家”③。也有学者认为先生虽然不以专治词学为业，但此方面造诣却甚为不凡：“梁启超以及俞平伯、缪钺等等学人，虽不专搞词学，但词学造诣却十分精深。”④这样的评价其实颇有见地，“不专搞词学”恰恰正是成就先生词学名家精深造诣的一个因素，值得一析。先生治学的范围以及成就，已如前述，正是因为先生对中国古代史、中国历史文献学以及中国古代文学史均素有研究，学养深厚，才使得先生在治词时能视野开阔，论证左右逢源，时有精邃之新见。而在旧体诗词创作方面的深厚造诣，也使得先生能深入体会古人创作的甘苦，细微体察古人作品深蕴的内涵，于幽微要眇空曲交会之

①吴相洲：《二十世纪中国词学研究述评》，《北京大学学报》1999年第2期。

②孙郁：《在“为己”与“为人”之间》，《光明日报》，2002年6月27日。

③曾大兴：《缪钺对王国维词学思想的继承与超越》，《四川大学学报》2006年第6期。

④严迪昌等：《传承、建构、展望——关于二十世纪词学研究的对话》，《文学遗产》1999年第3期。

际理解古人的词心，在论诗、论词时言人所未言。先生曾在悼念朱自清先生的文章中，称美朱先生治中国文学“兼能考证、批评与创作，故无一偏之蔽，而收交流互通之益”，认为“此其所以为通人之第一点”①。若以先生一生对中国古典文学的研究成果来衡定，亦庶几可谓臻于“兼能考证、批评与创作”的通人境界。然而，尽管先生在中国古典文学的研究方面倾注了一生心血，但同时也留下了不少遗憾。先生晚年一再表露他希望招收指导中国古典文学方向博士生的心愿，但由于当今文史学科之隔，先生最终没有机会培养这方面的专门人才。如今回想，这恐怕不仅是先生个人的遗憾。

除丰硕的治学成果外，教书育人是先生对社会的另一重大贡献。先生是著名教育家，一生以为国家民族培养人才为荣，常谓“得天下英才而教育之，不亦乐乎”。先生善于因材施教，乐于提携扶持后来才俊，从中学到大学，受先生教育影响而在各学科卓有建树的学生很多，而先生的教学艺术，也经过近七十年的锤炼臻于炉火纯青。总结起来，先生教学主要有两大特点：第一，不仅传授知识，阐明理论，更注意培养学生独立思考的能力，怀疑探索之精神。通过文史课程的讲授，在介绍中国文化之优秀传统的同时，让学生感受古代贤人志士的高风亮节，增强其社会责任感。第二，特别讲求教学艺术，以增强感染力。现今不少年过花甲的学者，至今犹能回忆起当年听课时如沐春风的生动情景，对先生在讲授过程中表现出的超常记忆力，也极为叹服。80年代以后，先生除有时为本科生讲授专题外，主要承担硕士生、博士生的培养工作，他对门下弟子明确提出三项要求，即为人耿介、治学谨严、作事勤敏，教育学生正直、坦诚，不曲学阿世，媚俗

①缪钺：《考证批评与创作——敬悼朱佩弦先生（自清）》，《西方日报》1948年9月26日《朱自清先生追悼会特刊》。

取容。由于先生的学识品格和身体力行,教书育人,1989年,先生荣获普通高等学校优秀教学成果国家级特等奖。

先生平生主要的业馀爱好之一是创作旧体诗词。先生在二十岁时已有工诗之名,在以后七十年中,先生虽历经播越,南北流转,但读书治学授业之馀,不废吟咏,对诗词之道,始终情有独钟。由于深湛的学养,过人的禀赋,加之潜心研究,博采名家,先生所建构之诗词境界,非常高迈幽远。先生常说,好诗应兼有唐宋诗之长,既有情韵,绵邈幽深;复具哲理,曲折峭拔,相互融合,可创新境。而对于词,先生特重其空灵蕴藉要眇宜修之婉约本色,曾以诗概括其优美之境:"论词拟悬最高境,奇气灵光兼有之。玉宇琼楼绕远想,斜阳烟柳寄幽思。由来此事关襟抱,莫向蛮笺费丽辞。察物观生增妙趣,庭中嘉树发华滋。"可谓深谙词中三昧。先生诗作中的近体诗,乃是以宋人之骨而兼唐人之韵,又透入其学者的器识涵养与特有之孤高清介气质,因而富于沉郁顿挫之致,疏丽清秀之美;古体诗则更多受到陶渊明、杜甫那种深挚真淳、直书胸臆的诗风影响,工拙皆忘,朴质无华。由于质性所近,先生在创作中,尤喜采用传统的倚声之道。其作主要宗祖两宋,如先生自言:"小令取法秦观、晏几道,慢词取法周邦彦、姜夔,并兼采他家之长,蕲向深美闳约。"特别到晚岁,先生多历世事,深于哀乐,对两宋词风的熔铸愈见精醇,所作如《鹊踏枝》("谁知兰成心独苦")及《风入松》("去年今日共寻春")诸词,寄托深远而浑融无迹,在艺术审美上达到很高的境界层次①。在先生九十寿辰时,饶宗颐先生在贺辞中说"八荒虽大,

①按上世纪90年代,先生将自己平生所作,手订为《冰茧庵诗词稿》3卷。1997年由河北教育出版社出版单行本,由于校对不精,印出后舛误甚多,出版社发现问题后,虽决定停止发行,但已有部分流入坊间。先生泉下有知,恐当为之叹息。

间气不常钟，具史汉之气骨，泽唐宋之英华，史家而兼精词翰，人才如翁者，可指而数也”①。在先生百年冥寿之际，学者刘梦芙亦指出“缪先生为文史通才，文学方面则诗词与骈、散文皆色色精妙，他日重修二十世纪文学史，应有其崇高地位也”②。

先生亦精于书法，在《自传》中自述：“我亦喜书法，临摹碑帖，见异多迁。初学书时，摹柳公权、赵孟頫，后转而学魏碑，独喜《张黑女墓志》。至于小楷、行书，初学赵孟頫，后学王羲之、王献之父子，而草书则摹孙过庭《书谱》。中年以后，致力于智永及初唐欧、虞、褚、薛四家。晚岁则喜摹文征明小楷及行书。平生作书，以萧散秀逸为宗，服膺黄庭坚韵胜之说。惟自愧读碑帖多而临池功少，胸中所蓄不能达之于笔下。”有论者认为，先生的“书法颇得学养之助”，“而缪先生当千馀年后，其诗文书法皆能得魏晋之髓，若非其学养至深厚，是难以达到这一境界的”③。可以一提的是，长期以来，先生对要求其赠送书法作品或请他为书刊题签的个人和单位，几乎从未拒绝过，并且总是一再试写，

---

①饶宗颐：《再谈荆门太岁戈》，四川大学历史系编《冰茧彩丝集》，成都：成都出版社，1994 年版，第 475 页。

②按刘梦芙先生在其文中认为，就其所知的现当代“名家如陈寅恪、潘伯鹰、唐玉虬、钱钟书等皆不填词；汪东、张伯驹、唐圭璋、龙榆生等皆不为诗；邵祖平、潘受、施蛰存、程千帆等词逊于诗；顾随、夏承焘、沈祖棻、寇梦碧等诗不及词。诗词俱堪称一流大家者，惟马一浮、钱仲联、饶宗颐等数人而已。新文化运动健将如鲁迅、陈独秀，小说家郁达夫，作旧体诗可称高手，而于倚声之道皆未曾致力。缪先生为文史通才，文学方面则诗词与骈、散文皆色色精妙，他日重修二十世纪文学史，应有其崇高地位也”。见所撰《灵光腾彩笔，青史照丹心》，中国魏晋南北朝史学会、四川大学历史文化学院编《魏晋南北朝史论文集》，成都：巴蜀书社，2006 年版，第 21 页。

③张社：《缪钺》，《近现代百家书法赏析》，成都：四川大学出版社，1996 年版，第 323 页。

直至满意才送出。

先生本为纯粹之学人，毕生以著述为乐，只要条件允许，教学的同时，一直笔耕不辍。直到1992年八十八岁时，始因衰老羸疾停笔。当年先生刚到浙大时，宜山常遭日机轰炸，师生虽讲授如恒，教师科研工作则十分困难。1940年后，浙大迁校遵义，生活环境相对安稳，科研条件有所改善，先生遂不断有研究成果问世。从1941年10月到1945年2月，仅张其昀先生主持的《思想与时代》杂志，就发表了先生13篇文章。2007年，为纪念浙大110周年校庆，浙江大学出版社出版了由段怀清先生所编的《〈思想与时代〉文选》，"从原刊中遴选近60篇有代表性的文章"，而先生有5篇文章入选。令人感慨的是，先生从中年到老年，一再遭逢乱世，中年遇日寇入侵，北方无法安放一张平静的书桌，以至颠沛流离；1949年后，频繁的政治运动乃至"文革"，先生穷于应付，同样难以拥有一间宁静的书斋。可以想象，如果没有这些家国的劫难，先生完全可以留下更多的论著。然而在现实中，先生却有多项研究计划没来得及完成。在1961、1962年间，先生曾与中华书局、人民文学出版社和中国青年出版社分别约定编写《柳宗元传》、《元好问诗词选》、《魏孝文帝传》，其中《柳宗元传》后因吴文治先生同名专著出版而放弃，而其他两本专著的撰写计划则因其后连续不断的政治运动而搁置。先生晚年每以此为憾，他曾经有过这样的感慨："在六十年代初期，我精力未衰，很想就平日研治文史胸中所蓄者，整理爬梳，撰写两三部专著。而十年动乱，劫历沧桑，旧业顿荒，良时虚度。"①因为"良时虚度"，先生晚年还在1983年5月11日写给吴在庆先生的信中说："我早想写一部《樊川文笺证》，亦因困于目力，不能独

①缪钺：《〈冰茧庵丛稿〉自序》，上海：上海古籍出版社，1985年版，第2页。

立进行。”①值得庆幸的是,2009年中华书局出版了吴在庆先生的《杜牧集系年校注》,吴先生在该书的《前言》中说:“也算是完成了缪钺先生的心愿。”②

对于过往的研究,先生自己并不完全满意,晚年曾有所总结。在1992年,他曾经写下了这样的感悟:“余年少时,读书少,敢于发表意见,虽亦时有一得之愚,但不免偏颇浅薄。及年岁渐长,读书渐多,尤其是到晚年,涉猎更富,觉得许多意见,前人都说过了,苟非深造自得,不敢轻易发论。诚如颜之推所说,读天下书未遍,不得妄下雌黄也。”③由此,在晚年,先生对发表出版论著之事更为审慎。在2004年12月6日,在由四川大学历史文化学院主持召开的“缪钺先生百年诞辰纪念座谈会”上,袁庭栋先生曾作发言,可以让我们对此有更深入的了解。征得袁先生的同意,谨将发言稿《两件足以让我们永远警醒的小事——深情怀念缪钺老师》抄录于下,以为本文之结语:

> 从1957秋年到1972年底(其中有两年多中断),我一直在川大历史系生活。读研究生时,虽然缪钺老师不是我的指导老师,但仍是教研室的主任。这以后,我在成都当了

①此想法实则在1937年5月5日给龙榆生先生的信中已经有所表露,先生说自己当时“撰次《杜牧之年谱》、《补笺樊川诗文集》,粗就檃括,尚未杀青”。此时成稿的《补笺樊川诗文集》“诗”的部分,应该就是后来在1957年由人民文学出版社出版的《杜牧诗选》,而对杜牧“文”的笺证,却一直未能实现。《杜牧诗选》一书,亦曾得到学界好评,被认为“是一部很有学术价值的杜牧诗作选注本”(杜晓勤主编:《20世纪中国文学研究·隋唐五代文学研究(上)·第七章 晚唐五代诗歌研究·第六节 杜牧研究》,北京:北京出版社,2001年版,第636页)。

②吴在庆:《杜牧集系年校注》,北京:中华书局,2008年版,第20页。

③缪钺:《读书未通不可轻下议论》,见《缪钺全集》第七、八合卷,石家庄:河北教育出版社,2004年版,第244页。

多年的历史书籍的编辑（其中包括担任过缪钺老师著作的责任编辑），业馀也搞一些科研，不仅在工作上与系上的老师们有很多联系，还回系兼过课。可以说，在这断断续续的近四十年间，听取过缪钺老师的很多教诲，与缪钺老师有过很多接触。今天，在深情敬仰与怀念缪钺老师诞辰100周年的纪念会上，心中想说的话的确很多很多。为了节约时间，我只讲两件“小事”，但却是两件足以让我永志不忘和永远警醒的“小事”。

1983年，在那刚过了一片书荒之后出现的到处找书读的大好时期，刚恢复正常业务工作的各个出版社都在到处找稿子出书。而当时还处在拨乱反正之中，新写的书稿极少，作为一个历史书籍的编辑，我就把主要目光放在过去可能有旧稿的老先生们的身上，几乎拜访了蜀中所有的老师。这其中，缪钺老师是我组稿计划中的重中之重。因为在我们这一辈人的心中，缪钺老师不仅是著名的魏晋南北朝史专家和古典文学专家，还是全国高教系统中国古代史魏晋南北朝史部分教学大纲的制定者之一，过去上课的讲义又是我们所学过的讲义中写得最好的讲义之一，稍作整理就可以出版，而且会是很受欢迎的高水平学术著作。于是我满怀信心地去向缪钺老师组稿，而且表明了一定要出版当时完整保存着的缪钺老师的《魏晋南北朝史》讲义（我们读本科时，缪钺老师给我们年级上的完整的课程只有魏晋南北朝史，所以我手中只有这份讲义），以及可能交给我的其他讲义或书稿。没有想到，老师竟然十分干脆地拒绝了我的请求，对我的一片热忱泼了一瓢冷水。他说：“这几年没有做学问，我目前没有可以出版的书稿，《魏晋南北朝史》讲义虽然是完整的，但是没有出版的必要，因为王仲荦先生的书已经出版了（按，1961年，上海人民出版社出版了王仲荦先生的《魏晋南北朝隋初唐史》的上册,下册一直未出版。1980年初上海人民出版社出版了王仲荦先生修订的《魏晋南北朝史》上下册,缪钺老师指的就是此书),他送了我,我仔细看了。他的书比我的讲义要写得详,写得好,现在大家要读魏晋南北朝史方面的书,我都推荐王先生的书,我的就不用出版了。"我当然再行诉说了一些原因,但是老师的态度非常坚决,我只好不再多说了。

一年以后,四川古籍整理出版规划小组成立,我是筹建小组的工作人员,也是参与制订与组织落实《四川古籍整理出版规划》的工作人员。缪钺老师是我们礼聘的四川古籍整理出版规划小组学术委员会的负责人之一,对四川古籍整理出版规划小组的工作是十分支持的,曾经参加过几次有关的会议,那段时期我和他也有过多次工作上的接触。但是,在一件重要的工作任务上,我再次被老师坚决拒绝。

《四川古籍整理出版规划》中有一重点项目,就是陈寿的《三国志新注》。当我满怀希望地提请由他担任主编,领导系上的几位中青年教师共同完成这一重点项目时,他明确表示不行。他说:"目前不能搞《三国志新注》,因为裴注是难以逾越的。以我们今天能够做出的努力,在文献上不会超过卢弼多少,考古资料又太少,搞不出高水平的东西来。在前四史的注本中,为什么卢弼的《三国志集解》受到的评价不高,就是因为没有多少新的东西。如果要搞新注,要再等几年后看情况再说,现在不行。"缪钺老师的意见是坚决的,是正确的。我就未再坚持。所以当年将《四川古籍整理出版规划》中的重点项目一个一个落实之后,《三国志新注》这一项目一直空着。

二十多年过去了。上面这两件"小事"在我心中的印象有如刀切斧凿,一直记得清清楚楚。这不仅因为缪钺老师是我多年编辑工作中唯一的两次主动上门求稿而被拒的作者(我曾将此事向一位出版界的前辈谈过,他也说是难得难得,实在难得)。更重要的是缪钺老师在继续当我的老师,他永远在教我应当怎样作人,教我应当怎样作学问,教我应当怎样作编辑。回首我的编辑生涯,扪心自问,我所负责编辑的书稿近百种,没有一本是要钱不要质量的低俗之作。当我在实在无法以一己之力抵御某些我不愿顺从而又不能拒绝的风气时,我只能选择了离开让某些人羡慕的那个岗位。多年来,我一直在业馀治学,也写过并出版过较多的自己的著作,但是我从来没有利用手中那点权和关系而搞过一本粗制滥造的东西。多年来,我所以能在做学问上和学术著作编辑工作上保持一线应有的品德,和很多老师的教导分不开,这其中,缪钺老师的身教与言教是一个十分重要的原因。缪钺老师留给我们的这些宝贵的精神财富,我们川大学子应当奉之若拱璧,一代又一代地传下去。

谨以此短文作为缪钺老师诞辰100周年纪念活动中的一棵小花,敬奉于缪钺老师之灵右。

(本文在撰写过程中,还参考了下列三文:陈贤华《缪钺》,见《中国现代教育家传》,湖南教育出版社1986年版;刘琳《缪钺先生的治学道路与学术特色》;钱鸿瑛《缪钺与中国古典诗词研究》,均见《冰茧彩丝集》。本文于2000年发表于朝华出版社出版的《学林往事》上册,原文正标题为《通贯古今　回翔文史》,此次作为附录收入,以原副标题为正标题,并进行了一些修改补充。特此说明。)

附录二　陈寅恪先生对缪钺先生的学术影响

缪元朗

缪钺先生是当代著名的历史学家、文学史家，他的研究领域主要集中在中国古代史、中国古典文学、中国历史文献学等方面。抗战以前，缪钺先生多数时间是在保定的私立培德中学、私立志存中学和河北省立第六中学任教，其间，又曾任河南大学教授、广州学海书院教授兼编纂；抗战爆发，违难南下，曾短期执教于河南省立信阳师范学校和四川省立江安中学，以后任浙江大学副教授、教授；抗战以后，任华西协合大学、四川大学教授。

在近代学者中，王国维、陈寅恪二先生对缪钺先生的学术影响最为显著，缪钺先生明确地讲："读到王静安、陈寅恪两位先生的著作，对我影响很大。"①对王、陈二前辈学问的博大精深，缪钺先生的体会也非常深入真切，在一次为四川大学历史系 1977 级学生所作有关治学方法的学术报告中，缪钺先生特别提出，王国维、陈寅恪两位史学大师淹通文史，"心中如具灵光，各种学术，经此灵光所照，即生异彩"②。缪钺先生没有获得向王国维先生请教的机会，但却曾向陈寅恪先生通函请益。陈贤华先生

①缪钺：《自传及著作简述》，北京图书馆《文献》丛刊编辑部、吉林省图书馆学会会刊编辑部编：《中国当代社会科学家》（第三辑），书目文献出版社 1983 年版，第 337 页。

②景蜀慧：《魏晋诗人与政治》，台北文津出版社 1991 年版，第 1 页。

所撰《缪钺》中就说:“1944年,先生开始向陈寅恪先生通函请益。”①这篇传记文稿在写作之前,作者采访过缪钺先生,成稿以后又经缪钺先生过目,这一说法应该是准确的。按通函之时,缪钺先生居贵州遵义,而陈先生则于1943年底抵成都,任教于燕京大学(借用华西协合大学校址)。至1945年秋,陈先生离开成都,转道昆明、印度,赴英国治疗眼疾。杨联陞先生在《陈寅恪先生隋唐史第一讲笔记》中记:“一九四六年四月十六日与周一良兄(当时青年学人中最有希望传先生衣钵者)同随赵元任先生夫妇,到纽约卜汝克临二十六号码头停泊之轮舟中,探望先生。时先生……对一良与联陞近况,垂询甚详。……先生又询及联陞之内兄缪钺彦威②,云曾数度通信。”③文中的“数度”一词,亦可说明到1946年通信的时间尚短,因此次数不多。这可以从侧面证明陈、缪二先生在1944年开始通信的可能性最大。而在陈先生离开成都一年后的1946年8月,缪先生始抵成都,任教华西协合大学。因此之故,在缪钺先生有关的文章中,从未说过曾有拜谒陈寅恪先生的经历,因此,1944年开始的通信联系成为了两人惟一的交往方式。

近年来,有学者在一些文章中对陈、缪二先生的学术交往做了一些推测,其中不乏“过当”之处,如王川新近发表的《陈寅恪与四川学者的交往述论》(以下简称王文)一文,就存在这样的内容。王文以“陈寅恪与缪钺之交往始于20年代末”为子目,并具体论述说:“关于陈、缪之交往,二人的故友吴宓是关键人物。缪

①陈贤华:《缪钺》,《中国近代教育家传》编委会编:《中国近代教育家传》(第三卷),湖南教育出版社1986年版,第200页。

②缪钺先生字彦威,原书此处标点为“缪钺、彦威”,误。

③杨联陞:《陈寅恪先生隋唐史第一讲笔记》,张杰、杨燕丽选编:《追忆陈寅恪》,社会科学文献出版社1999年版,第185-186页。

钺说，二十年代经人介绍与吴宓始有神交，此后长达半个世纪。1929年夏缪钺至清华与吴宓首次相见，二人论学论文，甚为投机。很可能，缪钺与陈寅恪二氏在清华园通过吴宓的中介而相识。陈寅恪到清华后，与吴宓为邻。吴宓居舍成为海内外文人雅集的'名庠'，缪钺《清华园访雨僧兄》等诗均言及，如缪钺诗有'故人有佳趣，邀我过名庠'之句。"①

关于1929年夏天缪钺先生对吴宓先生的拜访，在已出版的《吴宓日记》中没有记载，而在缪钺先生的《冰茧庵诗词稿》中有一首写于该年的诗，名为《清华园访吴雨僧三首》②，记录了当年的会晤。缪钺先生1988年撰写的《回忆吴宓先生》一文，也写到了这次相会。但《清华园访吴雨僧三首》（诗长不录），无一句提及与陈相晤的事，《回忆吴宓先生》一文，对与吴宓先生的会面有颇为详细的回顾，仍然没有涉及陈寅恪先生。根据蒋天枢先生《陈寅恪先生编年事辑》，这一年陈寅恪先生是住在清华，只是已于1928年春"由工字厅迁居南院二号，与赵元任先生比邻"③。非复初到清华时，与吴宓先生为邻的情况了。当然，居所的远近并不妨碍吴宓先生向陈寅恪先生引见缪钺先生，但关键是缪钺先生自撰的文字和曾过目的文章，都只说从1944年起向陈寅恪先生通函请益，而未言曾经亲聆教诲，并且在没有其他旁证材料

①王川：《陈寅恪与四川学者的交往述论》，《中山大学学报》，2004年第6期。

②见缪钺先生《冰茧庵诗词稿》，《缪钺全集》（第八卷），河北教育出版社2004年版，第9页。又收入吴宓自编诗集《故都集上》，《吴宓诗集》，商务印书馆2004年版，第202页。此诗前为吴先生写于1929年7月17日的《写怀二首》，后为吴先生写于8月8日的《清华园中即事》，由此可知，缪钺先生的访问时间应在此期间。

③蒋天枢：《陈寅恪先生编年事辑》（增订本），上海古籍出版社1997年版，第69页。

可资证明的情况下，两人的相见只能是一种不存在的"很可能"，由此说"陈寅恪与缪钺之交往始于20年代末"，显然有欠考虑。顺便应该指出的是，缪钺先生诗中"邀我过名庠"一句中的"名庠"，应按对"庠"字本意的解释，理解为清华学校，王文将清华工字厅吴宓的居舍"藤影荷声之馆"释为"海内外学人雅集的'名庠'"，显属千虑一失。

陈寅恪先生与缪钺先生之间的通信，保留下来的只有一通，现已收入陈寅恪先生《书信集》，时间被定于1944年8月25日。为论说清晰，此处不妨将全信抄录如下：

> 彦威先生道席：
>
> 　　读大作七律四首，敬佩之至，知公于此道深矣。尊著文学论曾于此间书肆见之，亦拜读一过，非精于文、诗、词如公者不能为也。惜赐寄之本尚未收到，岂邮局误耶，抑燕大传达之误耶？以后如蒙惠书，乞寄：成都华西坝广益学舍四十五号，不由燕大转，当较妥也。敬叩
>
> 撰安。①

这封信的前半部分是陈寅恪先生对后学的勉励，体现了他扶植晚辈的一贯风范。后半部分表达了对于未能收到缪钺先生所寄"文学论"的惋惜，并告缪钺先生以家庭通讯地址，以免日后再次出现邮误。王文认为："时缪钺执教于贵州遵义，从信函来看，此前缪钺曾将所撰论著'赐寄'成都华西坝的陈寅恪②，这也

---

①陈寅恪：《陈寅恪集·书信集》，三联书店2001年版，第254页。

②王文在未全文引用陈寅恪先生信函的情况下，使用陈函中针对缪钺先生寄呈专著所用谦词"赐寄"，来表述缪钺先生给陈寅恪先生寄呈所撰论著一事，极易使读者产生误会，误认为"赐寄"一词是缪钺先生在寄呈所撰论著时所用语言。尽管使用了引号，但如此遣词，亦显属千虑一失。

是缪陈二人交往应更上溯的又一侧证。"①这一分析不无道理，但这样的"上溯"仍然不能超过1944年。陈寅恪先生在此信中所提及的缪钺先生的"文学论"，是指《缪钺文论甲集》②，该书收入了缪钺先生在遵义期间所作的9篇文论，于1944年7月由成都路明书店出版，所以陈寅恪先生说"曾于此间书肆见之"。由此我们知道，在1944年《缪钺文论甲集》出版以后，缪钺先生曾寄呈陈寅恪先生求教，但因邮误，陈寅恪先生未能收到。缪钺先生又奉函陈寅恪先生，随信附上自作七律四首，并道及寄呈《缪钺文论甲集》一事，因此有了陈寅恪先生8月25日的这封回信。故缪钺先生与陈寅恪先生的通信交往似仍不能早于1944年。王文又认为："事实上，此③前二人已有所交往。如1943年1月陈寅恪致函浙大教授方豪（1910-1980），说'先生与彦威先生读史精博如此，至为钦服'。"④其实，陈寅恪先生之所以在致方豪先生的书札中提及缪钺先生，只是出于行文的礼貌。陈寅恪先生之所以这样回信，方豪先生在《陈寅恪先生给我的两封信》中交待得非常清楚："三十二年二月十日，我在重庆《益世报》文史副刊第廿六期发表《相偷戏与打簇戏来源考》，是答复缪彦威先生（钺）论北朝胡俗书……曾寄奉寅恪先生一份，印刷模糊，纸张粗劣，寅恪先生覆书……"⑤很明显，陈寅恪先生的"覆书"是写

①王川：《陈寅恪与四川学者的交往述论》，《中山大学学报》，2004年第6期。

②《缪钺文论甲集》后更名为《诗词散论》，由开明书店于1948年9月出版，流布更为广泛，《缪钺文论甲集》则不大为人所知。缪钺先生以后在自编的《论著目录》中亦未列入此书。

③指1944年8月25日。

④王川：《陈寅恪与四川学者的交往述论》，《中山大学学报》，2004年第6期。

⑤方豪：《陈寅恪先生给我的两封信》，张杰、杨燕丽选编：《追忆陈寅恪》，社会科学文献出版社1999年版，第327-328页。

给方豪先生,而不是写给缪钺先生的;信中谈及缪钺先生,并说在方豪先生所寄的公开发行的报纸上读到方豪先生与缪钺先生讨论胡俗的书信,并不能据此说明陈寅恪先生就与缪钺先生发生了交往。故此,以书信中的这两句话,来证明"此前二人已有所交往",仍显理据不足。方豪先生在文章中明确说,给陈寅恪先生"寄奉"的是"三十二年二月十日"(即1943年2月10日)的《益世报》副刊,但收入陈寅恪先生《书信集》的给方豪先生的覆书落款日期却是"(一九四三年)一月六日"①,双方书信往还的时间出现倒错,而方豪先生言之凿凿,所寄报纸副刊"印刷模糊,纸张粗劣",印象极为深刻,好像不可能会是在2月10日以前寄出的抄稿。为此,按收信时间在后来推算,陈寅恪先生的这封回信应该是写于收信后的第二年,即1944年年初的1月6日,而不是《书信集》整理者标注的"(一九四三年)一月六日"。这在战时交通不便的状况下是很平常的事。此时,方豪先生与缪钺先生同事于浙江大学,缪钺先生有没有在方豪先生处读到过陈寅恪先生的这封回信,现在无法知晓。可以有这样一个假设,缪钺先生读过此信,受方豪先生呈文陈寅恪先生的启发,在1944年将自己的《缪钺文论甲集》直接寄呈陈寅恪先生,开始了与陈寅恪先生的书信交往。当然,这还需要进一步的求证。

陈寅恪先生与缪钺先生之间往还的信件,至今仅发现和发表了上述一通,而且内容极为简单明了,其他信件内容如何,已无从揣测。但在一篇介绍缪钺先生的文章中,却出现了这样的记述:"他又与国学大师陈寅恪通信长达八年之久,互相讨论、争辩,其言辞时而激烈,时而平和,不明内情之人定会以为二人

①陈寅恪:《陈寅恪集·书信集》,三联书店2001年版,第249页。

有不共戴天的深仇大恨。”①且不说“通信长达八年”这样准确的时间段由何种依据确定，就是对所谓陈、缪往还信件行文内容的描述，也完全与陈、缪两位先生的修养、品格相背离。缪钺先生对像陈寅恪先生这样的前辈是十分尊敬的，就是与同辈，乃至晚辈，在讨论学术问题时，对对方也都是非常礼敬的；这一点从已经发表的缪钺先生与钱穆、方豪、刘永济等先生以及路梅村、张志明、罗时进等其他学者的论学书札中，有充分的体现。而陈寅恪先生对于愿意受教的后生晚辈，从来都具有大师风范，诲人不倦，态度平和。上述文章，单纯追求可读性，毫无根据，就凭空臆造所谓“细节”，而且还使用“二人有不共戴天的深仇大恨”这样的语言，杜撰他人阅读陈、缪书信后“定会”产生的印象，令人遗憾。文章还说：“在长期的互辩中，缪钺的研究益发登堂入室。他相继在文学、语言学、史学、儒学等方面写成高水准的论文二十馀篇，后来缪钺将这一时期的所有文章汇成《诗词散论》。”②能在陈寅恪先生的门下，以自身的研究水平“登堂入室”，或许是缪钺先生的愿望，但历史没有给缪钺先生这样一个机会。1988 年，中山大学召开纪念陈寅恪教授国际学术讨论会，唐长孺先生曾以三首绝句相贺，对未能立雪陈门，内中有句云“讲堂著籍恨无缘”，想必缪钺先生也会有与此类似的遗憾。正因为如此，缪钺先生自己从来没有，也不敢说自己是陈寅恪先生的“入室”弟子。相反，缪钺先生非常明确地说自己是陈寅恪先生的“私淑者”。在 1991 年 12 月 24 日回覆万绳楠先生的信中，就万绳楠先生在来函中

①李殿元、李松涛：《巴蜀高劭振玄风——巴蜀百贤·一代宗师缪钺》，四川人民出版社 2001 年版，第 424 页。

②李殿元、李松涛：《巴蜀高劭振玄风——巴蜀百贤·一代宗师缪钺》，四川人民出版社 2001 年版，第 424 页。

以“晚”自称，而以“师叔”相尊的写法，缪钺先生说：“称谓过于撝谦，愧不敢当。先生乃陈寅恪先生及门弟子，我是私淑者，我们应是同辈行中人。”此外，缪钺先生的开明版《诗词散论》仅收入了9篇论文，多论文学，均作于执教遵义浙江大学期间，这些论文自然受到陈寅恪先生治学方法的启发，但都发表于向陈寅恪先生通函请益之前。上述文章的这一段表述，与实际情况不相符合。

缪钺先生向陈寅恪先生直接通函请教的时间虽晚，但阅读陈氏著作，受其影响的时间应该大大早于1944年。上文言及缪钺先生在《自传及著作简述》中说，“读到王静安、陈寅恪两位先生的著作，对我影响很大。”而在其后的教学和科研中，缪钺先生特别服膺陈寅恪先生提倡的“文史互证”的治学方法。缪钺先生曾说：“研究文学的人要知人论世，必须熟悉历史；研究历史的人也可以从文学作品中得到启发，能更深透的理解、阐述历史问题。所以，文史互证确是治学的一个行之有效的好方法。陈寅恪先生在这方面曾作出卓越的贡献。他的专著《元白诗笺证稿》以及《桃花源记旁证》、《读哀江南赋》、《读莺莺传》、《韦庄秦妇吟校笺》等一系列的许多篇论文，都是旁征博引，比勘精密，识解敏锐，抉发深微，往往由近及远，以小见大，发前人所未发，示后学以津梁，为我们树立了很好的榜样。”①谈到自己效仿陈氏的学术实践，缪钺先生说：“我在教学与科研过程中，常是用文史结合的方法，触类旁通，互相印证，涉猎既广，探索渐深。我的专著与论文，多是在这种情况下撰写出来的。”②缪钺先生的这些论文和专著，在学术界颇有影响，邓长风先生在评论缪钺先生的论文集《冰茧庵丛稿》时说：“缪钺先生数十年来出入文史之间，治

①缪钺：《治学补谈》，《文史哲》，1983年第3期。

②缪钺：《治学琐言》，《文史知识》，1982年第9期。

史之审慎与工文之宏博两擅其长，发为文字，遂成不刊之论。”①胡可先先生在评价缪先生晚年力作时认为“《灵谿词说》②最能体现先生文史哲融会贯通，又通过自己的创作以体会古人词心的治学方法。该书对每一位词人的论述，都先以论词绝句引起，后以创作为中心，结合时代特征、词人经历、词话诗话，以探讨古人作词之用心，实为一部体大思精，具有开创意义的巨著”③。卞孝萱先生则认为“‘文史结合’是我国学者的优良传统，近代王国维、陈寅恪两前辈继承发展，当代则有缪师高举这面旗帜”④。诸位学者对缪钺先生在此方面所取得的成绩都予以了肯定。

对于陈寅恪先生在史学研究方面对缪钺先生的影响，不惟先前周一良先生将缪钺先生归于“或多或少受了陈先生学风的影响”，而在魏晋南北朝史研究领域“作出贡献而并非陈先生及门弟子者”的范围⑤。近年又有陈弱水先生发表《现代中国史学史上的陈寅恪——历史解释及相关问题》一文，认为唐长孺先生、牟润孙先生和缪钺先生是三位并非陈先生的学生而又深受其学术影响的学者，并指出：“缪氏治史，选题和研究取向，都可算是‘陈派’的。他因为也研治文学，还特别师法陈氏文史互证

①邓长风：《出入文史　纵论百家——读〈冰茧庵丛稿〉》，《群言》，1986年第4期。

②与叶嘉莹教授合著，上海古籍出版社1987年版。其中论文由两位作者分别撰写。

③胡可先：《缪钺先生的大师风范》，《文史知识》，2004年第7期。

④卞孝萱：《〈开元升平源〉新探》，四川大学历史系编：《冰茧彩丝集——纪念缪钺教授九十寿辰暨从教七十年论文集》，成都出版社1994年版，第334页。

⑤周一良：《纪念陈寅恪先生》，纪念陈寅恪教授国际学术讨论会秘书组编：《纪念陈寅恪教授国际学术讨论会文集》，中山大学出版社1989年版，第21页。

的方法,以史说文,以文证史。"①第一句话虽稍涉绝对之嫌,却也认识到了缪钺先生在史学研究中师法陈寅恪先生的明显倾向。

在对缪钺先生史学研究成果的个案评价中,研究者也明显注意到了这种影响的存在。以缪钺先生的《东魏北齐政治上汉人与鲜卑之冲突》一文而言,文章从对东魏北齐历史上几次重大政争的分析入手,通过深入细密的史实考辨,揭示这些政争后面所隐含的矛盾冲突的历史真象,并从代表先进文化的汉族士大夫改良朝政的失败,说明了高氏政权因不能解决其境内民族融合的重大问题,致使国力衰败,终于不敌北周而为其所灭的前因后果。该文自觉运用陈寅恪先生《隋唐制度渊源略论稿》所阐述之民族观,而对史家研究较少的北齐之政治与民族进行了透辟独到的探索,其研究结论从一个侧面进一步证明了陈先生的观点,并有所补充。因此,刘振华先生通过这篇文章,得出了"陈、缪二先生对北朝民族关系的考察相得益彰,有异曲同工之妙"的结论②。黄永年先生则在其专著《六至九世纪中国政治史》中说"至于寅恪先生指出的其制度为隋唐所承袭的北齐,只有缪彦威(钺)先生撰写的发表在1949年四川大学《史学论丛》第一期上的《东魏北齐政治上汉人与鲜卑之冲突》一文较有影响,但所论证实尚未能精当。因此,我在这里就得从东魏、北齐的胡汉问题和西魏、北周的关陇集团入手,对缪彦威先生和寅恪先生分别作商榷,然后进而论述唐代的事情"③。尽管认为应该商榷,但非

①陈弱水:《现代中国史学史上的陈寅恪——历史解释与相关问题》,《中国文化》第19、20期合刊,2002年。

②刘振华:《论缪钺先生对魏晋南北朝史研究的贡献》,《学海》,2005年第4期。

③黄永年:《六至九世纪中国政治史》,上海书店出版社2004年版,第4页。

常明显，黄永年先生也意识到了陈、缪在这方面研究成果上的联系。

除上述文章外，缪钺先生1950年发表于《中国文化研究汇刊》中的另一篇论文——《北朝之鲜卑语》，就鲜卑语在北朝流行运用的情况，以及与北朝政治、经济、文化的关系，作了详尽的论述。这篇文章与陈寅恪先生1936年3月发表的《东晋南朝之吴语》一文，均从社会语言学的角度就语言对社会之影响进行了深入的探讨，而从选题到行文，都可看出陈文对缪钺先生撰写此文的启发诱导之作用。而鲜卑语的问题，亦为陈寅恪先生所关注。蒋天枢先生在《陈寅恪先生编年事辑》一书中，于1935年下记陈寅恪先生研读《高僧传》，多有识语，其中有“考史而兼及语言者”，则举陈寅恪先生对《释法藏传》中“藏在末行，出众独立，作鲜卑语答”一段的识语为例，蒋天枢先生接着写道：“下并附著：《颜氏家训·教子篇》、《隋书》三二《经籍志》经部小学类……等目备参考。似先生于‘鲜卑语’问题曾欲有所论述。”①此可谓陈、缪二先生在思考史学问题方面的暗合之处。有的文章虽不能像此文一样明显，但还是从取径上能够察觉到这种潜在的“影响”。譬如陈寅恪先生1935年曾发表过一篇名为《元白诗中俸料钱问题》的论文，由元白诗为切入点，“拈出唐代地方官吏俸料钱之一公案”。二十多年以后的1957年，缪钺先生发表了《陶潜不为五斗米折腰新释——附论东晋南朝地方官俸及当时士大夫食量诸问题》，从那种出入于史料和诗文之间的考证推演，可以发现陈文对缪钺先生“影响”力的长期缓释之作用又成潜移默化之效果。

从20世纪70年代后期开始，陈寅恪先生的学术地位恢复

①蒋天枢：《陈寅恪先生编年事辑》（增订本），上海古籍出版社1997年版，第90-91页。

正常,文集系统出版,其影响力得到前所未有的释放;而学界对于这位史学大师的缅怀之情更是难以抑制,不但评论如潮,而且还纷纷组织各种纪念活动,主要是举办学术讨论会和编辑出版纪念文集。缪钺先生对这些都感到极为欣慰。但遗憾的是,因目力衰损,双腿无力,他此时已经不能远赴外地参加各种纪念陈寅恪先生的学术会议,只能致函祝贺。例如1987年11月,在收到中山大学"纪念陈寅恪教授国际学术讨论会"筹备委员会的邀请函后,缪钺先生曾于11月20日作如下回信:

中山大学"纪念陈寅恪教授国际学术讨论会"筹备委员会:

奉到惠函,敬悉订于1988年五月廿五日至廿八日在广州举办"纪念陈寅恪教授国际学术讨论会",甚盛事也。承蒙邀请,极感厚意。

陈寅恪先生生平博学通识,高风亮节,为中国近现代学术史中之耆硕,在国内外享有崇高的声誉。此次大会的举办,发扬寅恪先生治学谨严的精神,并研讨其在各种学术领域中精博创新的造诣,对于发扬学术、端正风气,是很有意义的。寅恪先生生前,我曾通函请益,而研读其著作,亦深受沾溉。本当躬赴羊城,参与盛会,追慕学界先哲,恭聆群贤高论。无奈年老体衰,双腿僵化,步履艰难,不能远行(近数年中,凡外出开会事,均婉言辞谢),深以为歉,尚乞鉴谅。预祝大会圆满成功,此致

敬礼!

如遇组稿,缪钺先生力所能及,便会欣然接受。1986年8月,在收到以季羡林、蒋天枢、周一良、王永兴、邓广铭等先生的名义寄来的"为纪念史学大师陈寅恪先生百年诞辰编印论文集征文启事"后,缪钺先生于9月底作覆联系人王永兴先生:

永兴先生:

月前奉到征稿启事，拟编辑论文集纪念陈寅恪先生百年诞辰，诚为学林盛举。

辱承征稿，甚感厚意。陈寅恪先生，是我最敬佩的前辈学者，平日治学，深受其沾溉，自当撰文纪念。惟现在还不敢预定题目。因为近几年中，各报刊曾发表许多篇论述陈先生学术造诣及其治学精神、方法的文章，其中不乏佳作。如再撰文，须有较深刻新颖之见解，故尚须再反复研读陈先生之著作，简练揣摩，酝酿成熟，始能着笔。先此奉告，并颂著祉！

缪钺先生原计划撰写一篇评述陈寅恪《柳如是别传》的文章，为此，他再次研读该书，在书上作了许多符号，还收集抄录了一些相关的资料，但后来他告诉笔者，自己还是无力完全把握陈寅恪先生在此书中的精诣深蕴，最终放弃了这个选题计划。以后载入北京大学中国中古史研究中心所编《纪念陈寅恪先生诞辰百年学术论文集》的，是他精心撰写的《论元好问词》。到1991年4月22日，缪钺先生在给刘梦溪先生的信中说："尊撰评寅恪先生《柳如是别传》一文，读后甚为钦佩。钺平生极服膺陈氏之学，《柳传》曾细读，但愧未能如先生所见之圆融透辟也。"应是缪钺先生对过去曾付出之努力的回顾和感慨。1986年11月，在准备写作的同时，缪钺先生写下了《读陈寅恪先生〈柳如是别传〉》诗。到1987年9月以《论元好问词》交稿以后，缪钺先生还又一次重温了陈寅恪先生晚年的这部心血之作，在1989年2月又赋诗《重读〈柳如是别传〉》，作为对陈寅恪先生晚年透过"颂红妆"、"表彰我民族独立之精神，自由之思想"的响应，以诗言志怀人，寄寓深情，这似乎成了暮年缪钺先生与前辈陈寅恪先生心灵沟通的特殊方式。

附记：在本文的撰写过程中，深得与中山大学历史系景蜀慧教授、四川大学历史系王东杰教授讨论之益，并蒙其指点提供部分资料线索，在此谨表谢忱。

（原载《史学史研究》2008年第1期）

主要参考文献

（以出版时间为序）

1.方豪《方豪六十自定稿》下册，台北：学生书局，1969 年 6 月版
2.汪篯《汪篯隋唐史论稿》，北京：中国社会科学出版社，1981 年 1 月版
3.竺可桢《竺可桢日记》第 2 册，北京：人民出版社，1984 年 1 月版
4.钱穆《八十忆双亲 · 师友杂忆》，长沙：岳麓书社，1986 年 7 月版
5.《中国现代教育家传》编委会编《中国现代教育家传》第三卷，长沙：湖南教育出版社，1986 年 7 月版
6.贵州省遵义地区地方志编纂委员会《浙江大学在遵义》，杭州：浙江大学出版社，1990 年 2 月版
7.黄世坦编《回忆吴宓先生》，西安：陕西人民出版社，1990 年 7 月版
8.吴在庆《杜牧论稿》，厦门：厦门大学出版社，1991 年 3 月版
9.保定市政协文史资料研究委员会编《保定文史资料选辑》第 9 辑，1992 年 8 月版
10.周培聚主编《信阳师范学校志》，开封：中州古籍出版社，1993 年 9 月版
11.金毓黻《静晤室日记》（第 3 册），沈阳：辽沈书社，1993 年 10 月版

12.许明主编《我与中国20世纪》,开封:河南人民出版社,1994年9月版
13.四川大学历史系编《冰茧彩丝集》,成都:成都出版社,1994年9月版,
14.谢国桢《瓜蒂庵文集》,沈阳:辽宁教育出版社,1996年9月版
15.李允豹主编:《河南新文学大系(1917-1990)》(史料卷),开封:河南大学出版社,1996年12月版
16.巩本栋编《程千帆沈祖棻学记》,贵阳:贵州人民出版社,1997年10月版
17.萧公权《问学谏往录》,上海:学林出版社,1997年12月版
18.夏承焘《夏承焘集》第6册,杭州:浙江古籍出版社、浙江教育出版社,1997年版
19.夏承焘《夏承焘集》第7册,杭州:浙江古籍出版社、浙江教育出版社,1997年版
20.吴宓《吴宓日记》第3册,北京:三联书店,1998年3月版
21.吴宓《吴宓日记》第6册,北京:三联书店,1998年6月版
22.葛剑雄编《谭其骧日记》,上海:文汇出版社,1998年9月版
23.四川联合大学历史系编《徐中舒先生百年诞辰纪念文集》,成都:巴蜀书社,1998年10月版
24.吴宓《吴宓日记》第10册,北京:三联书店,1999年3月版
25.赵俪生《篱槿堂自叙》,上海:上海古籍出版社,1999年10月版
26.刘衍文、艾以主编《现代作家书信集珍》,上海:汉语大词典出版社,1999年6月版
27.张士林编《学林往事》下册,北京:朝华出版社,2000年3月版
28.王学珍等主编《北京大学史料》第2卷上册,北京:北京大学出版社,2000年12月版
29.张晖《龙榆生先生年谱》,上海:学林出版社,2001年5月版

30.郑天挺《及时学人谈丛》,北京:中华书局,2002 年 9 月版
31.钟敬文《钟敬文文集》(诗词卷),合肥:安徽教育出版社,2002 年 12 月版
32.缪钺《缪钺全集》,石家庄:河北教育出版社,2004 年 7 月版
33.余英时《十字路口的中国史学》,上海:上海古籍出版社,2004 年 10 月版
34.杨联陞《哈佛遗墨》,北京:商务印书馆,2004 年 12 月版
35.《费巩文集》编委会《费巩文集》,杭州:浙江大学出版社,2005 年 1 月版
36.任铭善《无受室文存》,杭州:浙江大学出版社,2005 年 7 月版
37.龙沐勋等著,张寿平辑释《近代词人手札墨迹》(中),台北:中央研究院中国文哲研究所,2005 年 11 月版
38.四川大学历史文化学院编《蒙文通先生诞辰 110 周年纪念文集》,北京:线装书局,2005 年 12 月版
39.竺可桢《竺可桢日记》,《竺可桢全集》第 6 卷,上海:上海科技出版社,2005 年 12 月版
40.竺可桢《竺可桢日记》,《竺可桢全集》第 7 卷,上海:上海科技出版社,2005 年 12 月版
41.吴宓《吴宓日记续集》第 1 册,北京:三联书店,2006 年 4 月版
42.吴宓《吴宓日记续集》第 2 册,北京:三联书店,2006 年 4 月版
43.吴宓《吴宓日记续集》第 4 册,北京:三联书店,2006 年 4 月版
44.吴宓《吴宓日记续集》第 7 册,北京:三联书店,2006 年 4 月版
45.吴宓《吴宓日记续集》第 10 册,北京:三联书店,2006 年 4 月版
46.中国魏晋南北朝史学会、四川大学历史文化学院编《魏晋南北朝史论文集》,成都:巴蜀书社,2006 年 4 月版
47.《以文会友》编委会编《以文会友:钟肇鹏先生科研、写作六十年纪念文集》,石家庄:河北人民出版社,2006 年 5 月版

48.《四川大学史稿》编审委员会编《四川大学史稿》第 2 卷,成都:四川大学出版社,2006 年 8 月版

49.《四川大学史稿》编审委员会编《四川大学史稿》第 4 卷,成都:四川大学出版社,2006 年 8 月版

50.《四川大学史稿》编审委员会编《四川大学史稿》第 5 卷,成都:四川大学出版社,2006 年 8 月版

51.杨天宏主编《川大史学·中国近现代史卷》,成都:四川大学出版社,2006 年 8 月版

52.竺可桢《竺可桢日记》,《竺可桢全集》第 8 卷,上海:上海科技出版社,2006 年 12 月版

53.竺可桢《竺可桢日记》,《竺可桢全集》第 9 卷,上海:上海科技出版社,2006 年 12 月版

54.竺可桢《竺可桢日记》,《竺可桢全集》第 10 卷,上海:上海科技出版社,2006 年 12 月版

55.林东海《师友风谊》,北京:人民文学出版社,2007 年 3 月版

56.刘节《刘节日记》上册,郑州:大象出版社,2009 年 6 月版

57.封越健、孙卫国编《郑天挺先生学行录》,北京:中华书局,2009 年 7 月版

58.许君远《读书与怀人》,北京:中国长安出版社,2010 年 7 月版

59.顾颉刚《顾颉刚日记》卷八,北京:中华书局,2011 年 1 月版

60.成恩元《成恩元文集》(上),成都:四川民族出版社,2013 年 4 月版

先生《日常要事随录》(1973 年 5 月 8 日-1978 年 10 月 21 日、1980 年 8 月 11 日-1992 年 5 月 14 日)手稿

部分《国立浙江大学校刊》、《华西协合大学校刊》、《新华大》、《人民川大》、《四川大学校刊》、《工商导报》、《成都日报》、《成都晚报》、《四川日报》

后　记

大概是在本世纪初吧，笔者开始为祖父缪钺先生编写这本编年事辑。到2004年7月，曾将初稿的前半部分以《缪钺先生生平编年(1904–1978)》为题，提交给“中国魏晋南北朝史学会第八届年会暨纪念缪钺先生百年诞辰国际学术研讨会”(后收入大会论文集公开出版)。12月，又将全稿提交给“缪钺先生百年诞辰纪念座谈会”，请祖父的生前友好和同事审阅。其后根据收集到的意见和陆续发现的资料，对全稿的体例、内容又进行了几次修改补充，终于有了现在这样的定稿。

应该这样说，这是一位生命历程几乎与20世纪相始终的前辈学人的编年事辑，因为此前缪钺先生有关文史研究的论著和旧体诗词的作品已经流传于世，这样一本编年事辑，或许会为部分读者所需要(其他的人来做这项工作，或许会比笔者做得更好。笔者只是在别人没做之前，抛砖引玉而已)。缪钺先生有《全集》出版，但搜罗未备，有近50首诗词和30多篇篇幅长短不一的文章未能收录，成为集外诗词文。笔者一直相信，像缪钺先生这样的老一代学人，写什么、不写什么、什么时候写什么，或许都会成为后世读者的关注点。因此整理、提供一份相对完整的资料，还是很有必要的，至少可以免去读者的翻检之劳。本书收录了这些集外诗词文，正为与《全集》璧合。为了使读者对缪钺先生的学术经历和学术造诣有更为明晰的了解，笔者将自己和景蜀慧合撰的一篇论文以及一篇拙文作为附录，置于书后。

本书在编写过程中，2008－2010 年间，被纳入四川大学“211 工程”子项目中国区域历史与文化“晚清民国四川学术文化系列”；2012 年，被列为四川省社会科学规划一般项目（SC11B008）。对有关机构的资助，谨此致谢。

玄明五叔、景蜀慧女士、王东杰先生、林文光先生在不同时间曾通读本书全稿，提出了许多具体的修改意见，使本书体例更加得当，行文更加谨严，内容更为充实。在此深表感谢。同时，还要感谢为本书编写工作提供资料的各位祖父的生前好友和故友的家属、学生，感谢关心、支持本书编写工作的各位师友和家人。感谢向笔者提供资料或帮助笔者核对资料的王东杰、秦和平、胡可先、李永明、陈默、李新峰等诸位先生。感谢四川大学历史文化学院院办姜莉、李雪梅女士在项目管理方面提供的帮助。中华书局慨允承印，高义可感，亦敬谢之。责任编辑李天飞先生做了许多细致的工作，谨致谢忱。赵胥先生帮助与书局联系出版事宜，并请来新夏老先生为本书题签。两位的盛情，更令我由衷感激。拙著编排之际，来新夏先生于 3 月 31 日因病辞世。住院前写就的书名题签，竟成绝笔。原拟于下月赴津开会之时，趋府拜谢，不意天人永隔，终成遗恨。惟感念之情，将深铭肺腑。

限于资料之不足和笔者的水平，本书定有许多疏误，这些自当由笔者负责。本书出版之后，还请读者批评指正，或提示其他资料线索，以利进一步增订。至所感盼。

2013 年 11 月，缪元朗写于晴轩

赐教处：610064　四川成都武侯区望江路 29 号四川大学历史文化学院

电子邮箱：miaoyuanlang@ 126.com